EL CABALLO DE ORO

JUAN DAVID MORGAN

EL CABALLO DE ORO

Planeta

Diseño de portada: Estudio la fe ciega / Domingo Martínez

© 2017, Juan David Morgan

Derechos reservados

© 2017, Editorial Planeta Mexicana, S.A. de C.V.
Bajo el sello editorial PLANETA M.R.
Avenida Presidente Masarik núm. 111, Piso 2
Colonia Polanco V Sección
Delegación Miguel Hidalgo
C.P. 11560, Ciudad de México
www.planetadelibros.com.mx

Primera edición impresa en México: octubre de 2017
ISBN: 978-607-07-4419-8

Impreso en los talleres de EDAMSA Impresiones, S.A. de C.V.
Av. Hidalgo núm. 111, Col. Fracc. San Nicolás Tolentino, Ciudad de México
Impreso y hecho en México - *Printed and made in Mexico*

A Gretel, que aún sonríe a mi lado mientras escribo, y a Anne Marie y a Juancho, gracias a cuya amistad mis palabras encontraron nuevos senderos

Agradecimientos

Mi hijo, Jorge Enrique, primer lector de lo que escribo, y mis amigos, Ernesto Endara, Felipe Motta Jr., Irina Ardila, Rosa María Britton, Jorge Eduardo Ritter, Arístides Royo, Berna Calvit y, del otro lado del Atlántico, Ángela Romero y Elisa Fenoy, leyeron los primeros borradores y sus observaciones y consejos contribuyeron a que *El caballo de oro* saliera de su establo mejor enjaezado. Tengo para con ellos una deuda de gratitud impagable.

En el vagón que le servía de oficina, pobremente iluminado por una pequeña lámpara de keroseno, el coronel Totten repasó una vez más las cuentas del día. «Los últimos controles», murmuró para sí.

Mientras colocaba cuidadosamente el legajo en el cajón de su escritorio, un relámpago alumbró el compartimiento y a los pocos segundos el ruido familiar de un trueno resonó en sus oídos. George Totten sonrió con amargura. «¿Es que no cesará de perseguirme, ni siquiera el último día?».

Se puso de pie, se acercó a la ventanilla y se inclinó para contemplar la noche. Un nuevo centelleo iluminó su rostro austero y macilento, enmarcado por una tupida barba negra en la que asomaban las primeras canas.

—Me has atormentado durante cinco largos años, ¿qué esperas para desatarte ahora? —gritó, y su voz se confundió con el eco de un trueno más cercano.

En ese instante se abrió la puerta del vagón y el rostro imperturbable de James Baldwin se asomó en el vano.

—¿Pasa algo, coronel? —preguntó.

Totten se irguió. Una expresión extraña se dibujaba en su rostro.

—Nada, retaba a nuestra vieja enemiga. ¿Estamos listos?

—La cuadrilla nos espera en el lugar escogido. Traiga su capote, que aunque estamos en plena estación seca no demora en llover.

Totten cogió su capote, descendió los tres peldaños y comenzó a caminar al lado del ingeniero Baldwin.

—Siempre llueve, ¿no? Siempre... —gruñó.

Bajo el resplandor intermitente de las descargas eléctricas, la figura alta y desgarbada del jefe de las obras del ferrocarril contrastaba con la más baja y compacta de su asistente. Obedeciendo a una vieja costumbre, tan pronto dejaron atrás los dos vagones, la plataforma y la locomotora, ambos hombres continuaron su camino sobre los durmientes. Marchaban en silencio, conscientes de la trascendencia del acto que iban a realizar. Premonitorios, los relámpagos intensificaban su fulgor y los truenos se sentían cada vez más seguidos. Cuando llegaron al sitio en el que aguardaba la cuadrilla, las primeras gotas, gruesas y pesadas, comenzaban a caer.

—La luz que nos regala la naturaleza hará innecesarias esas antorchas, muchachos —rezongó Totten.

Baldwin se adelantó, tomó el mazo que sostenía uno de los obreros y se lo entregó a su jefe.

—Llegó la hora, coronel —dijo con solemnidad poco acostumbrada.

Los obreros acercaron las antorchas y Totten observó con detenimiento el tramo de riel que hacía falta afianzar para culminar tantos años de esfuerzos.

—¡Denme un par de buenos pernos! Espero que el travesaño no sea de guayacán negro —bromeó el coronel.

—Escogimos uno de madera suave. Mañana lo reemplazaremos —respondió Baldwin en el mismo tono jovial.

El coronel colocó con cuidado el perno en el agujero de la grapa y se aprestó a clavar el último riel de la primera vía férrea que uniría el Atlántico con el Pacífico, la más difícil, la más ingrata y la más trágica de las obras que había emprendido.

Con el primer golpe el cielo pareció estallar. El chasquido violento de una nueva descarga iluminó el lugar con claridad diurna, el retumbar del trueno estremeció la bóveda celeste y un descomunal aguacero se desató sobre la veintena de hombres que integraban el grupo. Enardecido, Totten se deshizo del capote y comenzó a clavar con furia.

—¿Creíste acaso que vencerías, maldito demonio? Este mazazo es por los sueños truncados; éste por tanto dolor; éste por todos los muertos...

La lluvia, la llama oscilante de las antorchas y el parpadeo de los relámpagos daban a la escena un aspecto fantasmal. Mientras Totten lanzaba imprecaciones y golpeaba sobre los durmientes, las caras empapadas y expectantes de los obreros desaparecían para volver a iluminarse revelando expresiones de incredulidad, sorna y compasión. Algunos pensaban que después de cinco años de penas, privaciones, frustraciones y angustias, el coronel había perdido el juicio, no así Baldwin, que conocía muy bien el temple de su jefe.

Como si obedeciera a una señal acordada de antemano, con el último golpe amainó también la tormenta. Totten se irguió lentamente y devolvió el mazo al jefe de la cuadrilla.

—Hemos terminado, muchachos. Con mucho esfuerzo y sacrificios, la naturaleza ha sido conquistada y por primera vez en la historia una vía férrea une dos grandes océanos. Deben sentirse orgullosos de ser parte de este momento. Les doy las gracias y les pido que me acompañen a dárselas también al Creador.

Sorprendidos por el inusitado arranque de religiosidad del jefe, los que tenían gorro se descubrieron y todos inclinaron la cabeza.

—Quienes logramos sobrevivir a esta odisea te damos gracias, Señor, y te pedimos que acojas en tu seno a los hermanos que sucumbieron. Amén.

—Amén —corearon los demás, aliviados al comprobar que George Totten conservaba la cordura.

En el camino de regreso, los ingenieros marcharon en silencio entre los rieles hasta que Baldwin quiso saber el destino del tren.

—Esta noche volvemos a la estación de Culebra —anunció el coronel—. Mañana nos trasladaremos a la terminal del Atlántico para preparar el primer tránsito completo entre Aspinwall y Panamá.

Instalado nuevamente en su vagón-oficina, mientras la locomotora comenzaba a jadear, Totten se sentó a escribir el borrador de su informe final. Para evitar que el traqueteo del vehículo hiciera ilegible la letra, apoyaba firmemente el cuaderno contra su muslo derecho.

Culebra, enero 27, 1855

Honorables Señores
Miembros de la Junta Directiva Panama
Railroad Company New York

Honorables Señores Directores:

Me complace informarles que en la noche de hoy, 27 de enero de 1855, han quedado concluidos los trabajos en la línea del ferrocarril entre Aspinwall, estación terminal en el Atlántico, y la terminal del Pacífico en la ciudad de Panamá. Hace apenas unos minutos, el último riel fue clavado personalmente por mí en un punto ubicado diez millas abajo de la estación de Culebra, cima de la división continental. Mañana realizaremos la primera travesía interoceánica.

Con esta carta remito los datos que completan la información que a lo largo de estos cinco años he estado enviando a la empresa. Como pueden observar los señores directores, el costo aproximado de la obra ascendió a la suma de ocho millones de dólares...

En este punto, George Totten dejó de escribir. ¿Cómo hablar del costo de la obra y dejar a un lado tanto dolor, tanta penuria? No, el precio del ferrocarril de Panamá no podía medirse únicamente en dólares y centavos. El coronel se levantó de su silla y, balanceándose al ritmo del vagón, se encaminó hacia el camastro en el que solía reposar cuando el cansancio lo vencía. Antes de cerrar los ojos volvió a formularse la pregunta que desde hacía mucho tiempo lo atormentaba: ¿valió la pena?

En sus cuarenta y seis años de existencia, George Muirson Totten había participado en construcciones de gran envergadura. En los Estados Unidos, su país de origen, ayudó a construir varios canales fluviales y lacustres y algunas de las primeras líneas ferroviarias en el estado de Pennsylvania. En el extranjero, junto a su antiguo socio John Trautwine, había logrado del gobierno de Nueva Granada la concesión para el dragado y ensanche del Canal del Dique, entre el río Magdalena y la bahía de Cartagena. Muchas dificultades fueron vencidas para llevar adelante esta gran obra, pero nada parecido a la tragedia que significó la construcción del ferrocarril de Panamá. ¿Cuántos seres habían muerto en el esfuerzo?, ¿cuántos perdieron para siempre la salud y las ilusiones?, ¿cuántos desaparecieron sin dejar huellas, ni siquiera una cruz que los custodiara en su viaje hacia el más allá? Totten nunca imaginó que pudiera existir tanto egoísmo, tanta insensibilidad, tanto odio, tanta miseria humana como la desatada por la fiebre del oro de California que, semejante a una maldición bíblica, cayó sobre el istmo y la empresa del ferrocarril. En su fuero íntimo estaba convencido de que las pestes, las epidemias, el sufrimiento extremo, eran consecuencia de la ira divina desatada para castigar el afán de lucro desorbitado que el oro había despertado en la humanidad. En cambio, para Baldwin, su invaluable ayudante de campo, la importancia de la labor compensaba con creces el vía crucis. «Ninguna obra magna como la que estamos llevando a cabo puede realizarse sin un sacrificio igualmente grande», solía afirmar. Pero en la mente del coronel Totten seguía revoloteando la misma pregunta: ¿valió la pena?

PRIMERA PARTE

> «Los hombres que hacen la historia
> no tienen tiempo para escribirla».
>
> METTERNICH

1

William Henry Aspinwall se levantó de su escritorio y se acercó al ventanal que daba sobre los muelles de South Street. A sus cuarenta años era un hombre elegante, de mediana estatura, robusto sin ser gordo. El cabello, cuidadosamente peinado, caía sobre la barba oscura que contrastaba con la albura del rostro y el azul celeste de los ojos, tan claros que se diría que Aspinwall no tenía nada que ocultar. Su figura y expresión eran las de una persona sincera, afable y bondadosa, cualidades que lo distinguían de los demás líderes de empresa neoyorquinos. Entre sus pares y amigos, el presidente y director ejecutivo de Howland & Aspinwall tenía reputación de justo y ecuánime, atributos difíciles de adquirir en el rudo mundo de los negocios marítimos, donde la expresión «lobo de mar» no describía únicamente a los curtidos capitanes de navío.

Con las manos cruzadas detrás de la levita, William contempló el bosque de jarcias y mástiles desnudos que se balanceaban bajo la mortecina luz de la tarde. Aquel año de 1847 los rigores del invierno habían caído prematuramente sobre Nueva York y al final del día era poca la actividad que se observaba en los muelles. Entre los mástiles distinguió sin dificultad los más altos y angostos del *Rainbow*, el más rápido de todos los buques de vela que integraban la flota de

Howland & Aspinwall. Con mucha paciencia había logrado William persuadir al resto de los socios de la necesidad de construir barcos cuya velocidad fuera capaz de satisfacer el ritmo siempre creciente de los negocios. Gracias a su visión y entusiasmo, la firma era ahora propietaria de los cuatro veleros más veloces que surcaban las aguas del Pacífico, yendo y viniendo del Lejano Oriente. Además del *Rainbow*, los clíper *Natchez*, *Ann McKim* y *Sea Witch* hacían de Howland & Aspinwall la empresa con mayor empuje en el inconmensurable mercado de la China. El resto de sus embarcaciones explotaban con igual éxito el comercio en el Mediterráneo, en las Indias Occidentales y en la América del Sur. William Aspinwall, sin embargo, sentía un cariño especial por el *Rainbow,* que en el mundo marítimo ostentaría siempre la distinción de haber sido el primer clíper en surcar los mares a velocidades nunca antes alcanzadas, desplegando orgullosamente su enorme velamen sobre la estilizada silueta del casco, del que había desaparecido la excesiva redondez de popa de las viejas embarcaciones. Sabía que muy pronto el vapor sustituiría al viento, pero en los anales de la navegación el nombre de Howland & Aspinwall quedaría inscrito como la firma naviera que lanzó al mundo el primer clíper.

Sin embargo, la razón que motivaba la reunión de socios próxima a celebrarse no guardaba relación directa con la construcción de nuevos barcos. En la mente del presidente de la Junta Directiva de Howland & Aspinwall bullían ideas de mucha más trascendencia cuando la voz del ujier lo sacó de sus meditaciones.

—Ya están aquí todos los socios.

—¿Llegó también tío Samuel?

—Sí, señor. A pesar del frío que hace allá afuera, fue el primero en llegar.

La biblioteca, que hacía las veces de sala de reuniones, estaba ubicada al fondo del segundo piso, a pocos pasos del despacho del presidente. Igual que el resto de las oficinas, se trataba de una habitación sobria, de madera oscura y muebles sólidos y pesados. La ventana, pequeña en comparación con el tamaño de la estancia, daba sobre Jones Court, una de las oscuras callejuelas laterales que desembocaban en South Street, por lo que aún durante el día se requería la luz de las bujías para iluminar la habitación. En la pared del fondo colgaban los grabados a tinta de los navíos que integraban la flota de Howland &

Aspinwall. Estos dibujos, un enorme mapamundi, situado frente a la ventana, y una pequeña bandera azul y blanca, colocada en el centro de la mesa, eran los únicos adornos. Cuando William entró por la puerta que abría al pasillo, le esperaban sentados alrededor de la mesa sus tíos Samuel Howland y Gardiner Greene, fundadores de la firma, su hermano John Lloyd Aspinwall y su primo William Edgar Howland, hijo único del tío Samuel.

—Buenas tardes. Les agradezco que hayan asistido a pesar del corto aviso, sobre todo a usted, tío Samuel.

Todos comprendían que la presencia del viejo Sam Howland significaba que esa tarde se abordarían asuntos trascendentales.

—¿De qué se trata esta vez? —preguntó el tío Samuel sin más preámbulo.

—De algo sumamente importante que requiere del consejo y decisión de la junta de socios —respondió William mientras se sentaba a la cabecera de la mesa—. Ayer, finalmente, después de larga espera, el gobierno aprobó el traspaso a nuestra firma de la concesión para la explotación del servicio marítimo entre Panamá y Oregon que nos hizo Arnold Harris.

—¿Significa que ese sinvergüenza especulador queda definitivamente fuera?

—Así es, tío Samuel. La concesión y el subsidio para el transporte de correos ahora pertenecen, exclusivamente, a nuestra nueva empresa, Pacific Mail Steamship Company. El término de la concesión es de diez años, prorrogables, y el subsidio anual que nos otorga el gobierno para transportar el correo será de ciento noventa y nueve mil dólares. Uno de los propósitos de esta reunión es aprobar formalmente los contratos de construcción de los tres navíos que contempla la concesión. Como ya hemos visto, se trata de embarcaciones de alrededor de mil toneladas, con doscientos pies de eslora, treinta y cuatro de manga y veintiuno de calado, movidas a vapor por ruedas de paletas de madera y tres mástiles con velas de apoyo. La mejor cotización la hemos recibido del astillero William Webb & Co., que ofrece construir cada uno de los navíos a un costo de doscientos mil dólares. Hemos escogido los nombres de *California*, *Oregon* y *Panamá*.

—Aparte de los nombres, que no tienen mayor importancia, todo lo demás es historia sabida, William —interrumpió Samuel Howland, impaciente—. Ya hemos discutido bastante sobre el riesgo que significa montar una empresa con medio millón de dólares de capital, además de préstamos por otro medio millón, con el propósito de explotar una ruta en la que todavía hoy casi no existen puertos ni comercio. Pero te dimos un voto de confianza y seguiremos adelante. Si lo que quieres ahora es un acta formal para la aprobación de los contratos de construcción, cuenta con ella.

William Aspinwall miró con detenimiento a su tío y sonrió casi con mansedumbre.

—Ni nuestra inversión inicial ni los préstamos serán tan cuantiosos. Tengo en mi poder documentos firmados por posibles inversionistas que están dispuestos a aportar hasta el cuarenta por ciento del capital de la nueva empresa naviera.

William se levantó, se dirigió a la ventana y le dio vueltas al mapamundi hasta encontrar el sitio deseado.

—He estado analizando los hechos que movieron a nuestro gobierno a otorgar concesiones y subsidios para el transporte marítimo, una en el Atlántico, entre la Costa Este de los Estados Unidos y Panamá, y otra en el Pacífico, entre Panamá y la Costa Oeste. El propósito fundamental es, por supuesto, disponer de un servicio postal que les permita mantener contacto permanente y fluido con Oregon y California, además de contar con navíos que de manera regular y segura lleven a los funcionarios y los militares que administrarán y custodiarán las nuevas posesiones. Se trata de zonas de gran extensión y enorme potencial y nuestras naves transportarán todo lo que haga falta para su desarrollo, incluidas familias enteras que irán en busca de nuevos horizontes. Por lo pronto, de allá se están exportando, aunque en poca cantidad, pieles, cueros y maderas preciosas. Este desarrollo de la Costa Oeste...

—Perdona que interrumpa, William, pero creo que los que estamos aquí reunidos conocemos todo esto. Además, sabemos también que el contrato más jugoso nos lo ganó George Law, quien tendrá el monopolio de la mucho más productiva ruta del Atlántico.

—Así es, tío Samuel, así es. Pero los antecedentes son necesarios para explicar mi propuesta.

—¡Oigámosla de una vez por todas! —exclamó inquieto el viejo Howland.

—Decía que el desarrollo de la Costa Oeste constituye una prioridad en los planes de Washington, sobre todo ahora que se vislumbra
la terminación de la guerra con México y la incorporación de California como territorio de la Unión. Quiérase o no, el transporte entre
el Este y el Oeste será cada vez más intenso y la ruta de Panamá es
la más rápida y económica. La del cabo de Hornos es muy larga y
arriesgada, tanto como lo es atravesar los Estados Unidos en carreta
o a caballo. A lo que voy es que tenemos que concentrar nuestra atención en el desarrollo de la ruta de Panamá. Actualmente los pasajeros
y la carga llegan a Chagres, un villorrio en la costa atlántica del istmo, que apenas cuenta con un muelle. De allí navegan por el río del
mismo nombre para luego continuar a lomo de mula hasta Panamá,
donde vuelven a embarcarse rumbo a San Francisco. Debo añadir
que tan consciente está nuestro gobierno de la importancia de la ruta
del istmo que el año pasado celebró un tratado con Nueva Granada
para protegerla y asegurar su control. Lo que yo propongo, en pocas
palabras, es construir una vía de comunicación eficiente a través de
Panamá.

Las últimas palabras de Aspinwall sacaron de su sopor a los socios.

—¿Qué clase de vía? —preguntó enseguida el tío Samuel.

Aspinwall intercambió miradas con su hermano John y su primo
William Edgar.

—En realidad, aún no lo sabemos. Habrá que estudiar a fondo el
asunto. Lo que sí sabemos es que si lo logramos no solamente seremos la empresa de transporte más importante en el desarrollo de los
nuevos territorios del Oeste sino que, al mismo tiempo, estaremos
abaratando costo y distancias en nuestro comercio con China y el
Lejano Oriente. Lo pueden apreciar mejor aquí, en el mapamundi.

Precedidos por Samuel Howland, los socios se acercaron para seguir de cerca las explicaciones de William Aspinwall.

—Actualmente nuestra área más importante de comercio, que representa casi tres cuartas partes de los ingresos, son los mercados
del Caribe, América del Sur y Europa. Todos sabemos, sin embargo,
que el Lejano Oriente es, con mucho, el mercado que más potencial
ofrece, sólo que la distancia impide desarrollarlo adecuadamente. Si
abrimos un paso a través de Panamá que una los dos océanos, China
nos quedaría a la vuelta de la esquina.

—¿No estarás pensando en un canal? —preguntó casi con sorna su tío Gardiner Green.

—Como dije, aún no estoy seguro.

—¡Desciende de las nubes, William! —exclamó el viejo Howland—. Desde la época de la colonia se ha estado hablando de un canal por Panamá y jamás se ha concretado nada.

—Lo sé, lo sé. Acepto que el canal sería una empresa muy ambiciosa y especulativa, pero un ferrocarril sería mucho más factible. ¿No les parece?

—¿Un ferrocarril? —El tío Samuel meditó un momento—. ¿No es también una idea descabellada? Y ¿qué piensan de todo esto tu hermano John y tu primo William Edgar, que hasta ahora no han abierto la boca?

Quien respondió fue el joven Howland.

—Will ha estado consultando el asunto con nosotros, papá. Creemos que vale la pena explorarlo.

—¿Y por qué nadie había dicho nada?

—Porque antes queríamos estar seguros de contar con la concesión postal en el Pacífico —respondió John Aspinwall.

—Un ferrocarril... —musitó, más calmado, el más viejo de los socios mientras regresaba a su silla.

William Aspinwall esperó a que todos estuvieran sentados antes de continuar.

—Lo que necesito de ustedes es la autorización para explorar la posibilidad de construir un canal o un ferrocarril a través del istmo de Panamá.

—¿Por qué insistes en hablar de un canal? Suficiente complicación será construir una vía férrea, en lo que no contamos con ninguna experiencia.

—Es verdad, tío Gardiner. Por eso he pedido la colaboración de dos individuos que pueden ayudarnos a tomar la decisión. Ellos aguardan en la antesala y si me permiten los hago pasar.

—Que pasen, que pasen —masculló el tío Samuel. En su ánimo la curiosidad parecía haber sustituido a la impaciencia.

Minutos después, William Aspinwall regresaba seguido de dos hombres a quienes presentó como el abogado John Lloyd Stephens y el ingeniero James Baldwin. Ambos aparentaban alrededor de treinta y cinco años, pero no podían ser más diferentes: alto, delgado, de rasgos finos y elegantemente vestido, Stephens; bajo, cuadrado y enfundado en un abrigo en el que se adivinaba un uso prolongado e inmisericorde, Baldwin. El abogado procedió a dar la mano con finos modales a cada uno de los socios mientras Baldwin se limitó a pronunciar unas palabras ininteligibles e inclinar brevemente la cabeza antes de tomar asiento.

—El ingeniero James Baldwin tiene una vasta experiencia en la construcción de ferrocarriles. Además, recientemente trabajó en Nueva Granada, muy cerca del istmo, en la apertura del Canal del Dique, la vía acuática que unió el río Magdalena con la bahía de Cartagena. John Lloyd Stephens, quien desde hace muchos años abandonó la práctica de las leyes, es un experimentado viajero que conoce mejor que nadie la región centroamericana, incluyendo Panamá. Además...

El tío Gardiner interrumpió a William.

—¿Es usted el famoso escritor? —preguntó.

—A sus órdenes —respondió Stephens.

—He leído todas sus obras y soy uno de sus admiradores. Gracias a usted he podido visitar países y lugares a los que nunca viajaré: Egipto, Arabia, Tierra Santa, Turquía, Rusia, y no sé cuántos más. También ha descubierto y revelado usted al mundo la cultura milenaria de los mayas. Realmente, es un honor tenerlo entre nosotros.

—Le estoy muy agradecido —respondió el aludido, inclinándose levemente.

—Debo añadir —intervino Aspinwall, satisfecho— que, a petición del presidente Van Buren, John Lloyd recorrió Centroamérica en 1839, precisamente con el propósito de explorar las posibilidades de construir un canal o un ferrocarril interoceánico. Además, habla español y gracias a sus viajes mantiene excelentes contactos con las autoridades de Nueva Granada, que nos serán muy útiles a la hora de negociar la concesión para la construcción de la vía que escojamos.

—Espero que usted no comparta con mi sobrino la quimera de construir un canal a través del istmo —refunfuñó el tío Samuel.

—Sería una obra grandiosa, pero en mi opinión imposible de realizar por ahora. Algún día los buques cruzarán de uno a otro océano a través del istmo de Panamá, pero me temo que ninguno de los aquí presentes vivirá para verlo.

«Otro soñador», pensó el viejo Howland, mientras con los dedos huesudos de su mano derecha tamborileaba sobre la mesa.

—En cambio, un ferrocarril es perfectamente factible.

El que había hablado era Baldwin.

—¿Quisiera explicarnos qué le hace pensar así? —preguntó el tío Gardiner.

—La distancia entre ambos océanos es relativamente corta en el istmo, unas cincuenta millas, y entiendo, además, aunque esto habrá que comprobarlo en el campo, que la altura de la cordillera es menor que en el resto de la región. No sé si lo saben, pero para construir una vía férrea se requiere que la máxima elevación sea inferior a seiscientos pies; de otra manera, la locomotora no tendría fuerza para arrastrar los vagones.

—No, no lo sabíamos —respondió Gardiner—. En realidad no conocemos nada sobre ferrocarriles.

—Hemos hecho planes —dijo Aspinwall— para que Stephens y Baldwin se embarquen inmediatamente rumbo a Panamá a fin de comprobar la viabilidad del proyecto. Ya acordamos las condiciones generales bajo las cuales prestarán sus servicios a Howland & Aspinwall y solamente quedan por afinar algunos detalles.

—¿Y qué condiciones son ésas? —quiso saber el tío Samuel.

—Aparte de que cubran mis gastos, no espero nada por desplazarme a Panamá —se adelantó Stephens—. Para mí el viaje será una nueva oportunidad de continuar compartiendo con los lectores mis experiencias en regiones ignotas. Sin embargo, si la empresa decide construir la vía férrea, entonces William sabe de mi interés por participar en la aventura como accionista y director.

—Además —añadió Aspinwall—, si concluyen que el proyecto es viable, seguirán hasta Bogotá para obtener de las autoridades de la Nueva Granada un compromiso que nos permita llevar a cabo la obra.

—Y si no consiguen nada de los granadinos, nuestro abogado viajero escribirá otro libro —bromeó el viejo Sam.

Stephens rio de buena gana, mostrando unos dientes blancos y parejos bajo el bien cuidado bigote.

—No lo dude, mi estimado señor. Figúrese las cosas que podré contar luego de atravesar el istmo, tomar un navío que me deje en el puerto de Buenaventura para de allí marchar a pie y a lomo de mula hasta alcanzar los tres mil metros en los que los conquistadores españoles, por razones que solamente ellos y Dios entienden, decidieron levantar la muy austera ciudad de Santa Fe de Bogotá.

El que rio ahora fue el viejo Sam.

—Admiro su entusiasmo, joven. ¿Cuándo tienen previsto embarcarse?

—Si ustedes están de acuerdo, mañana mismo zarpa el *Liberty* del muelle que está justo enfrente de esta oficina. Baldwin y yo ya hemos reservado pasajes.

—Pues ¡buen viaje! Y no crea que porque pronto cumpliré ochenta años he dejado de soñar.

2

INCIDENCIAS DE VIAJE DE JOHN LLOYD STEPHENS

Inicio este nuevo relato hoy, 17 de diciembre de 1847.

Hace diez días zarpamos de Nueva York y después de escalas en Savannah y La Habana nos encontramos muy próximos a las costas del istmo de Panamá, donde está previsto arribar mañana con la salida del sol. Durante la travesía no hemos enfrentado mayores contratiempos. El *Liberty* ha navegado con buen viento, que arrecia a medida que nos acercamos al ecuador. Me acompaña el ingeniero James Baldwin, un hombre callado que parece interesarse únicamente por las cosas de su profesión. Ambos viajamos por cuenta de la empresa naviera Howland & Aspinwall, la más importante de los Estados Unidos, que nos envía en misión confidencial a explorar las posibilidades de construir un canal o un ferrocarril que una los océanos Atlántico y Pacífico a través del istmo. Estoy seguro de que un canal está aún muy distante en el horizonte de la historia, pero William Aspinwall, quien dirige con buen tino la empresa, ha insistido en que no descartemos el tema de antemano. Si los análisis de Baldwin determinan que la construcción de la línea férrea es viable, seguiremos hasta Bogotá para solicitar de las autoridades de la Nueva Granada un contrato que permita a Howland & Aspinwall llevar a cabo la obra. Cuento con buenos amigos en las altas esferas del gobierno, razón principal de mi participación en la aventura. Además, debo servir de guía a Baldwin en sus exploraciones a través del istmo.

Los socios de Howland & Aspinwall son una combinación interesante de tradicionalismo y audacia. Los fundadores, y particularmente el viejo Sam Howland, ven con aprensión el progreso acelerado de la navegación, pero son lo suficientemente inteligentes y flexibles para dejar que los más jóvenes mantengan la empresa al ritmo de los tiempos.

William Aspinwall, con quien ya me une un sentimiento de amistad, es un caballero en todo el sentido de la palabra y su reputación de hombre justo es bien merecida. Sus actos dejan entrever una profunda sensibilidad social y respeto por las ideas ajenas. Es, sin duda alguna, el visionario del grupo y suya es la idea de que, con el dominio de la ruta de Panamá, Howland & Aspinwall se convierta en la empresa de transporte más importante del mundo. Su entusiasmo contagioso me impulsó a pedirle participación accionarial en el proyecto del ferrocarril transístmico, proposición que no solamente aceptó sino que enseguida me ofreció la presidencia de la futura empresa. «Tu nombre al frente del proyecto le dará credibilidad y hará más fácil la colocación de las acciones», fueron sus palabras. Aunque dudo mucho que el nombre de un viajero escritor sirva para atraer inversionistas, acepté y le agradecí la distinción.

Diciembre 18

Amanece. Baldwin y yo hemos subido a cubierta a contemplar el arribo. Tan encrespado está el mar que es preciso aferrarnos a la baranda para mantener el equilibrio. El sol lucha por desgarrar las nubes, cuyos retazos se afanan por permanecer prendidos al espinazo azulado de la cordillera, mientras cúmulos tormentosos, que se aproximan desde el Oeste, se empeñan en ocultarlo. Nos rodea el silencio. Solamente se escucha el constante batir del viento en el velamen y el impetuoso golpeteo de las olas contra el casco. Al acercarnos más a la costa, el capitán da la orden de terminar de recoger velas y echar el ancla.

«No será posible bajar los botes con este mar», le comento a Baldwin. «¿Acaso no podemos acercarnos más al puerto?», pregunta el ingeniero.

Le explico que Chagres es, en realidad, un villorrio miserable levantado en la desembocadura del río que le da el nombre. La barra de arena que nos obliga a permanecer alejados de la costa también mantiene tranquilas las aguas dentro de la ría, otorgándole a Chagres la dudosa categoría de puerto.

Los tripulantes han terminado las maniobras y cuando el navío se detiene el oleaje comienza a sacudirlo con mayor brusquedad. Los pocos pasajeros que habían subido con nosotros han optado por regresar a sus camarotes. Aunque los jirones de agua y espuma que saltan sobre cubierta nos empapan, dejándonos sabor a sal, Baldwin y yo decidimos continuar presenciando ese amanecer gris donde el sol ha dejado de brillar.

«Observe, Stephens: parece que intentan bajar un bote», me comenta Baldwin, inclinado sobre el barandal. «Es una temeridad. No hay manera de desembarcar pasajeros con este tiempo», le respondo. Pero Baldwin está en lo cierto. Con gran dificultad, algunos miembros de la tripulación han comenzado a descolgar uno de los botes en el que dos marineros, obviamente asustados, se esfuerzan por mantener el equilibrio. Una vez en el agua, agarran los remos y, desesperadamente, tratan de alejarse del barco. El oleaje, cada vez más violento, les impide avanzar y no han transcurrido diez segundos cuando el bote va a estrellarse contra el casco, da una voltereta en el aire y vuelve a caer, panza arriba, sobre las olas. Los marineros han desaparecido y pasa más de un minuto de angustiosa espera hasta que uno de ellos emerge luchando por tomar aire y permanecer a flote. Finalmente, logra aferrarse al salvavidas que le lanzan sus compañeros. Una y otra vez, el bote vuelve a chocar contra el casco hasta hacerse pedazos. Del otro marinero no se supo más.

Diciembre 21

Poco después de la tragedia se desató una tormenta de truenos y relámpagos y llovió durante dos días, casi sin interrupción. De vez en cuando, desafiando los elementos, Baldwin me acompañaba a cubierta para presenciar el espectáculo, particularmente impresionante de noche cuando la costa, acosada por la parpadeante luz de los relámpagos, parecía un gigante a punto de levantarse.

«Y yo que pensaba que estábamos en la estación seca», comentó el ingeniero, meditando, sin duda, en las dificultades que habría que enfrentar para trazar una línea ferroviaria con semejante tiempo. «Estamos, efectivamente, en el comienzo de la estación seca», le respondí y agregué que durante la época de lluvias, que iba de abril a diciembre, llovía mucho más.

El tercer día el sol rompió el cerco de nubes, la serranía apareció en su azul plenitud y el mar amaneció en calma. Baldwin y yo tomamos el primer bote y mientras nos acercábamos a tierra aproveché para iniciar mi labor de guía.

«Aquí se empequeñecen y mueren los Andes», le dije, señalando el suave relieve de la cordillera. Luego le indiqué las ruinas del castillo de San Lorenzo, que desde hace más de doscientos años languidece en la cumbre de la ladera oriental del delta. Expliqué que el fuerte había sido erigido por los españoles para defender la boca del Chagres, vía expedita de acceso al istmo. «Ésa fue la ruta por la que penetró el pirata Morgan. Después de tomar el fuerte, remontó el río, franqueó la división continental y cayó sobre Panamá, entonces una de las más ricas ciudades españolas». «¿Se conservan todavía los cañones?», preguntó James. Me mostré gratamente sorprendido de su interés por la historia y le indiqué que hacía ocho años, cuando visité el fuerte por primera vez, allí estaban, casi intactos. «Me preocupa poco el pasado —respondió—. Pero el deterioro de los cañones nos ayudará a determinar el calibre de hierro que requeriremos para los rieles de la vía». Ambos reímos.

Al contemplar por primera vez el poblado de Chagres, Baldwin no pudo ocultar su decepción, que iba en aumento a medida que el bote se aproximaba a la orilla. Nada parecía haber cambiado desde mi primera visita. La población, que no pasa de setecientas personas, es una mezcla de aborígenes y negros, en cuyo color de piel y rasgos apenas se perciben las huellas lejanas de algún antepasado de raza blanca. Todas las casas están construidas con paredes de caña brava, techo de paja, piso de tierra y las aberturas de las puertas y ventanas cubiertas con pingajos. Las calles, permanentes fangales, no siguen ningún patrón y en ellas, entre gallinas, canes raquíticos, cerdos mugrientos y moscas, los niños juegan desnudos. No existen ni policías, ni curas, ni autoridad alguna. El mandamás de la comunidad es el más próspero de los boteros, únicos lugareños que tienen asegurado el ingreso que les proporciona transportar a los viajeros por el río. Unos quince bongos, de doce pies de largo y cuatro de ancho, rústicamente escarbados en el duro tronco del guayacán, yacen boca abajo sobre el fango de la orilla. Una apatía contagiosa flota en un ambiente caluroso y húmedo.

«¡Cuánta miseria! —exclamó mi compañero—. ¿Es así todo el país?».

Le aclaré que aunque los demás poblados que orillaban la ruta eran igualmente atrasados, las cosas mejorarían una vez que llegáramos a la ciudad de Panamá. «Por lo pronto —añadí—, comeremos los alimentos y beberemos el agua y el vino que traje. Salvo alguna que otra fruta, es mejor no ingerir ni tomar nada de aquí, a menos que lo preparen ante nuestros propios ojos».

Entre los que acudieron a recibirnos se destaca un personaje que sobresale por su blancura. Alto, vestido a la usanza de los lugareños, el individuo procede, sin duda, de las regiones nórdicas de Europa. Tan rubios son su barba y bigotes que sólo se notan de muy cerca. En un perfecto inglés se presenta. «Bienvenidos a Chagres. Soy Peter Eskildsen, propietario del mejor hotel de la villa. Me sentiría honrado si tan distinguidos visitantes aceptaran hospedarse en él». Mientras hablaba, Eskildsen observaba con creciente curiosidad las cajas de madera que contenían los instrumentos de trabajo de Baldwin, quien comenzaba a inquietarse. «Mucho gusto», respondí. Me identifiqué y le presenté a James Baldwin como mi asistente. Agregué que estábamos aquí por encargo del Instituto Americano de Ciencias Naturales para estudiar y recoger especímenes de la flora y fauna del istmo. Acepté encantado su ofrecimiento y también le pedimos que nos ayudara a contratar al mejor equipo de boteros capaz de conducirnos mañana a Gorgona. Baldwin me miró aliviado y el nórdico nos pidió que lo siguiéramos.

El hotel era, sin duda, la mejor edificación del lugar. Más amplia que las demás, había sido construida al fondo del caserío, donde comenzaba la ladera. Aunque de idénticos materiales que el resto de las casas, se la notaba más nueva y aseada, y como allí el agua de lluvia no se estancaba, permanecía a salvo de los perennes lodazales. Tenía cuatro habitaciones, separadas por mantones de tela burda, en las que pendían dos hamacas. No había mosquiteros y me felicité por la precaución de traerlos. En una esquina, una mesa con un platón y al lado la bacinilla. Las habitaciones abrían al centro de la posada, donde se ubicaba la cocina de fogón abierto y una mesa con ocho sillas. Esa noche, mientras degustábamos la tercera botella de vino, con nostalgia exacerbada por el alcohol Peter Eskildsen contó la larga historia que resumo aquí.

Nació nuestro reciente amigo hace treinta y dos años en Norfold, una pequeña ciudad del norte de Noruega donde, igual que su abuelo, su padre y casi todos los hombres de su pueblo, fue marino desde los siete años. En 1842 llegó a Chagres después de que el capitán del navío en el que servía como tercer oficial le impusiera injustamente la pena de destierro por insubordinación y lo abandonara en una de las islas del Archipiélago de las Mulatas. «Por suerte para mí —dijo el nórdico—, entre los aborígenes de esas islas el albinismo tiene connotaciones sobrenaturales, y como soy alto, blanco, rubio y de ojos azules, me recibieron como enviado especial de la luna. Todo iba bien hasta que se impuso la necesidad de la carne y me uní a una de las indias. Ambos tuvimos que escapar de la ira de los nativos y, luego de mil peripecias, vinimos a dar aquí. Poco tiempo después, mi mujer fue raptada por sus paisanos y los esfuerzos por encontrarla fueron inútiles». Tras una pausa, Eskildsen agregó lacónico: «La negra que atiende la cocina es su reemplazo». Cuando el nórdico quiso saber más sobre nuestra misión, también bajo el influjo desinhibidor del vino, Baldwin inventó elocuentes explicaciones científicas en torno a la riqueza de la flora y fauna del istmo que ni él mismo entendió. Fue también obra del vino que esa noche las hamacas fueran lecho mullido para que, desentendidos de los ratones, los mosquitos, las moscas y las cucarachas, durmiéramos como lirones.

Diciembre 22

Por la mañana despierto sobresaltado. Un gallo decidió utilizar la ventana de mi habitación como escenario para anunciar entusiasmado el despuntar del día. Baldwin, que también ha madrugado, me espera para desayunar. Frente al fogón, la compañera de Eskildsen revuelve ollas con afán. Cortésmente rehúso las frituras de puerco y maíz que nos ofrece. Baldwin, que observa las viandas con fruición, me mira desilusionado.

«Hace unos años, en Nicaragua, caí en la tentación y me tomó tres meses recuperarme de un ataque de disentería. Te sugiero conformarte con lo que hemos traído: jamón cocido, carne, frutas secas, galletas de vainilla y té». «Pero si eso fue lo que cenamos anoche», responde con tristeza. «Y es lo que comeremos durante el resto del viaje, salvo alguna fruta que recojamos o algún animal que cacemos y preparemos nosotros mismos. El camino es largo y no podemos darnos el lujo de enfermar».

Mientras desayunamos aparece Peter acompañado de un negro muy alto a quien presenta como José, el mejor y más honrado botero del Chagres. «Pueden confiar plenamente en él. Además, habla algo de inglés». Les digo que hablo su lengua con fluidez y comenzamos a negociar en español. El nórdico, que sin duda recibe una comisión, trata de ayudar al botero. Finalmente, por veinticinco dólares oro, acordamos contratar dos bongos, uno para el equipo y la carga y otro para nosotros. Le ofrezco, además, como incentivo, diez dólares adicionales si para llegar a Gorgona demora doce días. «Pero si siempre lo hago en menos de cinco», responde el negro, asombrado. «Lo sé, pero en cumplimiento de nuestra misión, mi compañero y yo tenemos que detenernos varias veces a lo largo de la travesía para recoger y analizar plantas e insectos». El negro se rasca la cabeza. «Deme entonces veinte dólares más». Le ofrezco quince, que acepta, y con un apretón de manos cerramos el trato. Mientras caminamos hacia los botes Eskildsen nos advierte que de vez en cuando hay que defenderse de los felinos y los cocodrilos, sobre todo si vamos a estar saltando a tierra. «Espero que tengan armas, porque los machetes de José y sus ayudantes no serían suficientes». Por precaución, omito decir que conmigo viaja un rifle Winchester, último modelo, y que Baldwin lleva un revólver Colt de seis tiros. «Porto una vieja pistola que no disparo hace muchos años; espero no necesitarla», miento con indiferencia. Eskildsen menea la cabeza y al despedirnos nos entrega un sobre y nos explica que desde que llegó a Chagres hace cuatro años escribe cartas a su familia sin recibir respuesta. «Tal vez si la envían desde Nueva York algún día llegará a Norfold».

Nuestro plan es detenernos cada tres millas para que Baldwin estudie el terreno y el posible trazado de la ruta. A ambos nos parece que el margen oriental del río es el indicado por ser menos irregular. Los boteros, dos en cada embarcación, impulsan los bongos con pértigas que clavan en el fondo, aunque de vez en cuando se valen de los remos para avanzar más rápido. Se mantienen muy cerca de la orilla, donde el río es más llano y no tan fuerte la corriente. Para defendernos de los insectos, a los que nuestros boteros no prestan la menor atención, procuramos cubrirnos el rostro con retazos de tela mosquitera. Las picadas, sin embargo, son feroces y frecuentes y el calor insoportable.

El delta ha quedado atrás y a medida que nos adentramos en la espesura el Chagres se va angostando. Sobre nuestras cabezas los árboles comienzan a entrelazarse formando una inmensa bóveda, cuyo verdor cambia conforme el sol penetra o no. «Es como entrar en una catedral con vitrales de diversos tonos de verde», comenta Baldwin, sorprendiéndome con la metáfora. Ante el avance de los bongos, aves de diverso plumaje y tamaño levantan perezosamente el vuelo. Desde los árboles, aullando unos, otros en solemne silencio, grupos de monos curiosos nos acompañan fugazmente en nuestro recorrido.

«Alto aquí», dice Baldwin, que acaba de divisar un claro en la cortina de caña brava. De mala gana los boteros acercan los bongos a la orilla y saltamos a tierra. Mientras descargamos el equipo, advertimos dos cocodrilos a escasos veinte metros de nosotros. Por prevención cargo el rifle, que enseguida atrae la mirada codiciosa de nuestros guías. Un par de ellos abren camino con los machetes y Baldwin inicia su trabajo. Recoge primero muestras del suelo, arma su teodolito, le entrega el metro al botero que ha designado como su ayudante, le ordena adelantarse unos cincuenta pasos, observa a través del telescopio, hace anotaciones en una libreta, se adentra un poco más en la espesura con la cinta de medir en la mano y vuelve a escribir. Dos horas más tarde estamos de vuelta en los bongos. «Si seguimos perdiendo tiempo no llegaremos a Gatún antes de que oscurezca y tendremos que pasar la noche en el río», nos advierte José. Le explico que tenemos que hacer nuestro trabajo y que en el transcurso del primer día nos detendremos dos veces más para que el ingeniero repita el ritual. La oscuridad nos sorprende mucho antes de llegar a Gatún y apresuradamente despejamos un área en la que levantamos la tienda de campaña para pasar la noche. Los boteros, de mal humor, permanecen junto a los bongos que han arrastrado a la orilla. Atraídos por la luz de la fogata, nos invaden insectos de toda clase. Ni siquiera dentro de la tienda estamos a salvo de los más minúsculos. Mientras la selva se inunda de sonidos extraños, cuya polifonía y volumen van en aumento, Baldwin me pregunta si no temo que los boteros desaparezcan con nuestras pertenencias. Le respondo que a pesar de las recomendaciones de Eskildsen debemos mantenernos vigilantes. Enfundados hasta las narices en nuestros sacos de dormir, esa primera noche resulta casi imposible conciliar el sueño.

Diciembre 25

Es Navidad. Hace tiempo que esta fecha me encuentra en algún lugar remoto. Desde que hace doce años falleció mi esposa, la Navidad ha perdido todo su sentido. Baldwin, que es soltero, extraña a su madre y a sus tres hermanas. «Desde que murió mi padre, soy el único hombre de la casa», dice nostálgico.

Han pasado tres días de la misma rutina, aunque después de la primera noche hemos optado por calcular nuestras paradas de modo que podamos pasar la noche en alguna de las aldeas que bordean el Chagres. Las dos anteriores pernoctamos en Ahorca Lagarto —¡vaya nombre!— y Buena Vista.

De pronto, a pesar de que es mediodía, la bóveda del río comienza a oscurecerse. Alarmados, los boteros gritan, se hacen señas y dirigen los bongos hacia la orilla. Cuando los interrogo me explican que llueve mucho en la cabecera del río y debemos guarecernos cuanto antes en un lugar seguro mientras pasa la creciente. Subimos los bongos y los arrastramos a un promontorio, unos treinta metros selva adentro. «Son muy precavidos», comenta Baldwin irónicamente, agotado por el esfuerzo. Le respondo que hasta en verano las crecientes del Chagres pueden ser muy peligrosas. Transcurre más de una hora antes de que percibamos un rumor sordo y profundo, como si el río arrastrara truenos, que se agiganta por segundos y ahoga la algarabía de la jungla tropical. Un viento repentino y húmedo sacude la espesura y el

Chagres, embravecido, se hincha ante nuestros ojos. Arrastrando lodo, piedras y troncos, la cabeza de agua avanza amenazadora y pasa a menos de diez metros del sitio que ocupamos. Poco a poco retorna la calma, los animales vuelven a su guirigay y la selva recupera sus ecos y rumores. Resbalando por la ladera, regresamos al río, que otra vez corre tranquilo. Baldwin se ha detenido a medir la anchura de la creciente. Nos comenta que las aguas han subido diez metros, dato importante a la hora de construir los puentes. En su inglés elemental, José le recuerda que estamos en verano. «¿Y cuánto más crece en el invierno?», pregunta Baldwin. «A veces hasta el doble», responde José sin vacilar.

Diciembre 29

La travesía continúa sin mayores contratiempos. Anoche nos dimos el gusto de cenar carne fresca gracias a un puerco salvaje, similar al jabalí, que los oriundos llaman saíno y que, para júbilo de los boteros, acerté al primer disparo. Por la tarde arribamos a Barbacoa, villorrio que durante la estación lluviosa es el término de la ruta fluvial y punto de partida de la etapa que se hace a lomo de mula hasta Panamá. La iglesia y algunas casas de adobe indican que el poblado existe desde los tiempos de la colonia. Aunque todavía estamos lejos de la división continental, a partir de Barbacoa comienza el ascenso y el río se torna más correntoso. José nos recuerda que ha llovido mucho y nos sugiere que continuemos por tierra, pero yo insisto en que para cumplir nuestra misión es preciso recorrer el río hasta Gorgona. José se resiste y durante la discusión que sobreviene los otros boteros se acercan, amenazantes. Dos de ellos blanden machetes. Con una determinación inesperada, Baldwin, revólver en mano, les ordena retroceder. Para evitar problemas más graves, intervengo y negocio con José diez dólares más por el resto del trayecto. La desconfianza nos obliga a trasladar el equipo y la carga a la posada en la que pasaremos la noche. A la mañana siguiente, cuando partimos para Gorgona con la salida del sol, nuestros guías parecen tranquilos. Aun así Baldwin lleva el revólver al cinto, donde todos lo pueden ver.

Enero 1, 1848

Hoy empieza el año 1848. Nuestros brindis y manifestaciones de alegría asombran a los boteros, que no tienen la más remota idea de la fecha que festejamos. Cuesta trabajo comprender que existan personas tan desentendidas del tiempo, seres humanos cuya existencia transcurre en el día a día, sin pensar en el futuro ni recordar el pasado. Al hacerle el comentario, Baldwin, que no deja de sorprenderme con su original filosofía, me responde que la pobreza no conoce de calendarios. «Cuando se vive en una miseria continua, ¿qué importan las fechas?», sentencia.

Como no ha vuelto a llover, hemos remontado la última parte del trayecto sin mayor dificultad. Diez días —dos menos de lo acordado— nos tomó el recorrido fluvial, pero aun así he entregado a José el dinero pactado. Ahora que he visto lo arduo de su labor, los dólares que le regateé me trajinan un poco la conciencia. Los boteros nos dejan en Gorgona, donde arribamos a la caída de la tarde. Tan pronto descargamos los bongos y le entregamos su paga, José y sus compañeros emprenden el viaje de retorno. Según me ha dicho, en menos de dos días estarán de vuelta en Chagres. Al advertir mi incredulidad me recuerda que en lugar de empujarse con pértigas ahora remarán a favor de la corriente. «Además nos turnamos para dormir en los bongos y nunca nos detenemos». Un sentimiento de lástima me invade mientras medito en la lenta monotonía de sus vidas y los contemplo remar en sus toscas embarcaciones, río abajo, en un eterno presente.

Gorgona, igual que el resto de los pueblos del Chagres, está construido sobre una colina que lo protege de las frecuentes crecientes, donde una curva pronunciada del río crea un apacible remanso. Además, es el único de los que llevamos recorridos en cuyos ejidos existen pastizales donde pacen algunas cabezas de ganado. La iglesia, aunque deteriorada, es hermosa, y el tañer de las campanas nos indica que algún cura oficia en sus altares. Baldwin y yo decidimos reposar aquí un par de días y esa noche, mientras cenamos una gallina adobada, cortesía de la dueña de la posada, repasamos el camino recorrido. Según los cálculos del ingeniero, que durante diez días no ha alterado en lo más mínimo su método de trabajo, hemos cubierto un total de treinta millas, veintidós entre Chagres y Barbacoa y ocho entre Barbacoa y Gorgona. «No parece haber ningún problema para construir una vía férrea en la margen oriental del río», es su conclusión. Y añade: «Lo importante ahora es encontrar un paso en la división continental de una altura inferior a seiscientos pies. Pero de eso nos ocuparemos pasado mañana».

Enero 3

La estancia en Gorgona ha sido agradable y nos ha proporcionado el descanso que necesitábamos. La villa es mucho más ordenada y aseada que Chagres y, aunque prevalece el mestizaje, en muchos lugareños se advierte la ascendencia europea. El alcalde, uno de los mestizos en el que predominan rasgos españoles, nos ha visitado para inquirir sobre el propósito de nuestro viaje y le hemos contado la misma historia de las plantas y los insectos. Atendiendo su recomendación contratamos a Blas, un mulero que a cambio de veinticinco dólares oro nos promete dos ayudantes y tres mulas para transportarnos hasta Panamá. Acepto sin regatear y esta mañana hemos iniciado a lomo de mula el ascenso de la cordillera. Transitamos entre desfiladeros por el viejo camino empedrado construido por los españoles hace más de dos siglos para transportar el oro y la plata. A pesar de que el fango cubre lo poco que queda de los adoquines originales, le resulta más fácil a Baldwin colocar el teodolito y realizar mediciones. A media mañana nos detenemos para descansar y al volver la mirada contemplamos en lo profundo de la cañada el sitio donde el río Obispo se torna en el principal afluente del Chagres, dos brazos de agua que se entrelazan en la espesura bajo un cielo profundamente azul. «Espléndido paisaje», comenta Baldwin, y ciertamente es de los más hermosos que he contemplado en mis viajes. «Si construimos el ferrocarril levantaré aquí una cabaña, un refugio para escribir», le digo. «Espero que tenga espacio para invitados», responde Baldwin, que ama la naturaleza tanto o más que yo.

A media tarde llegamos al lugar que nuestro guía señala como el punto de menos altura en la división continental. Como fue necesario desviarnos del camino, hemos dejado las mulas al cuidado de los ayudantes y Baldwin ha traído únicamente el instrumento con el que estudia la altura. Después de un momento de vacilación, ante el asombro de Blas, exclama jubiloso: «¡Trescientos veinte pies! ¡Un ferrocarril a través del istmo es factible!». El propósito fundamental del viaje ha sido alcanzado y celebramos con un apretón de manos y un abrazo. Anochece cuando llegamos a Cruces, aldea situada en la cima de la cordillera, la más antigua y atractiva que los españoles construyeron en la ruta transístmica. Aunque es evidente el deterioro que la lejanía de años más prósperos ha dejado a su paso, las calles están bien trazadas, la iglesia es hermosa y son más numerosas las construcciones de cal y canto. «A partir de mañana todo será descenso hasta Panamá», nos informa Blas cuando arribamos a nuestra posada.

Enero 5

Finalmente nos acercamos a Panamá, término de nuestra misión exploratoria. La pendiente, pronunciada y resbaladiza, ha hecho el descenso más arduo que el ascenso. Tan pronto franqueamos la división continental se advierte un cambio dramático en el clima y la naturaleza: a pesar de que todavía hay mucho barro, en la vertiente del Pacífico el verano ya se ha afianzado, no hay casi nubes y el viento norte es más fresco y constante. Todos marchamos al ritmo de una recién encontrada alegría, Baldwin y yo porque la primera etapa de nuestra misión está a punto de concluir con éxito y nuestros guías porque pronto culminarán la travesía. Hasta las mulas, siempre adustas y retraídas, parecen más ufanas. Pernoctamos en un villorrio que con el inmerecido nombre de «Paraíso» languidece en la ribera del río Grande. Aparte de una hermosa vista, nada nos hace evocar la imagen que el nombre sugiere. Casas pajizas, calles trazadas sin método ni armonía, y gente que parece clavada para siempre en pequeños taburetes colocados frente a sus viviendas, desde donde nos miran pasar con absoluta indiferencia. Casi todos, niños y mujeres incluidos, fuman unos cigarros flácidos y torcidos y escupen continuamente. Tan desaseada e invadida de insectos y alimañas está la única posada del lugar que decidimos levantar nuestra tienda de campaña en las afueras y pasar allí la noche. Salimos cuando amanece y poco después del mediodía contemplamos desde el último estribo de la cordillera la atractiva ciudad de Panamá, construida sobre una pequeña lengua de tierra que lame el mar.

Después de dejar atrás los arrabales, cruzamos el revellín, el foso y la Puerta de Tierra de la antigua villa. Las murallas, aunque en ruinas, todavía hablan de tiempos de esplendor y abolengo, de aquel pasado glorioso cuando Panamá era el eje de la colonización española. La ciudad, en la que se advierten huellas de tiempos mejores, es como una anciana que a pesar del paso de los años todavía luce con orgullo sus viejos encantos. El diseño de las calles es impecable, las plazas acogedoras y los campanarios de sus muchas iglesias la acercan al cielo. Los panameños, que a lo largo de la historia tanta gente han visto ir y venir, conservan aires distinguidos y galantería dieciochesca y reciben al extranjero con un natural y sencillo calor hogareño.

Hospedados en el confortable Hotel Central, situado frente a la plaza de la catedral, Baldwin y yo comenzamos enseguida la preparación de nuestro informe y recomendaciones. Estamos de acuerdo en que la manera más expedita de abrir una ruta a través del istmo es combinando la navegación fluvial con una vía férrea. Así, en un inicio, los viajeros y la mercadería que llegan al Atlántico podrían navegar en pequeños vapores por el Chagres hasta Gorgona para luego abordar el tren que los llevaría a Panamá. Una vez establecida y aceptada definitivamente la ruta, se podría sustituir el tramo fluvial y llevar el camino de hierro hasta Chagres.

También hemos decidido que Baldwin emprenda inmediatamente el regreso a Nueva York para rendir su informe de modo que permita a Aspinwall avanzar en sus planes. Yo partiré hacia Bogotá a fin de obtener de las autoridades neogranadinas la concesión oficial que legalice la construcción de la vía férrea y la operación de la ruta como la hemos concebido.

Enero 30

Hace dos días arribé a Bogotá y ayer me reuní con Victoriano de Diego Paredes, secretario de Relaciones Exteriores, a quien conocí la primera vez que visité la capital de la Nueva Granada, seis años atrás.

Según Paredes, el gobierno está deseoso de llevar a cabo la obra del ferrocarril transístmico que traerá prosperidad económica a la muy olvidada provincia de Panamá. La última empresa a la que recientemente el gobierno granadino otorgó una concesión para construir la vía férrea fracasó en Francia, su país de origen, al no lograr atraer suficientes inversionistas. El secretario Paredes me permitió leer una copia de aquel contrato y me expresó que el gobierno estaría dispuesto a conceder condiciones similares, salvo que esta vez exigirían de la empresa interesada un depósito en efectivo para garantizar el cumplimiento de los acuerdos. Los derechos y obligaciones allí estipulados me parecieron razonables y hemos quedado en que dentro de los próximos dos días firmaremos un convenio preliminar que permita a Howland & Aspinwall iniciar los trámites para la incorporación de la empresa en los Estados Unidos y la obtención de los fondos de capital.

Debo anotar que, al margen de este relato, el 5 de enero, luego de mi llegada a Panamá, interrumpí estas notas por sucesos de índole íntima y personal que motivaron un cambio en mis planes y me obligaron a posponer el viaje por unos días. Al reanudarlo, la etapa marítima entre Panamá y Buenaventura transcurrió sin mayores incidentes que glosar, como no sea la incomodidad que trae consigo viajar en buques de cabotaje en un océano que nada tiene de pacífico. Algunos comentarios merece, sin embargo, el ascenso desde la costa hasta esta lúgubre capital andina en la que las nubes no parecen agotarse nunca.

En Buenaventura encontré la típica ciudad portuaria, donde todo parece girar alrededor del mar. Las actividades comerciales se hallan en los muelles y el hombre que no es marino se dedica a cargar y descargar mercadería. En vista de que Buenaventura es también ruta obligada para quienes quieren llegar a Bogotá por el Pacífico, existen empresas encargadas de transportar al viajero a las alturas andinas. He escrito empresas cuando en realidad se trata de individuos, propietarios de tres o cuatro mulas y caballos, que por un precio algo elevado ofrecen el servicio. Aunque la mayoría de la población es negra, los muleros son todos indios, única raza capaz de soportar con carga en sus espaldas el frío y la escasez de oxígeno de la altiplanicie granadina. Dos días después de mi llegada, a lomo de un caballo de edad sospechosa, inicio el recorrido de las quinientas millas que hace falta ascender para llegar a Bogotá. Cuando la cadena de los Andes entra

en Nueva Granada se divide en dos cordilleras: la occidental, que corre paralela al océano Pacífico, y la central, que atraviesa el corazón
de la geografía granadina. Debemos franquear ambas para culminar
el periplo. Me acompañan dos indios que marchan a pie y conducen
sendas mulas cargadas con el equipaje y las provisiones. El viaje demora, usualmente, cuatro semanas, pero yo he ofrecido un sobrepre-
cio si llegamos antes de que termine el mes de enero. «Ya hay nieve
en las sierras», me advierte uno de los muleros antes de aceptar mi
oferta. El paisaje que me acompaña en la jornada es, verdaderamente,
impresionante. La garganta del río Dagua, con sus escabrosos y casi
verticales desfiladeros; el hermoso valle del río Cauca, de horizontes
infinitos; los picos nevados del Quindío, cuya hostilidad asusta al más
experimentado de los viajeros; el más amable camino de Honda, y,
finalmente, la interminable sabana de Bogotá, cuya amplitud y fertili-
dad sin duda influyó para que los primeros conquistadores decidieran
levantar a semejante altura la capital del futuro virreinato español.
Para desgracia mía, antes de llegar a Honda, cuando todavía faltaba
una semana de viaje y dos mil metros de ascenso, el caballo que me
conducía y que, a pesar de sus años, con tanta nobleza había soporta-
do los rigores de la travesía, murió repentinamente, lo que me obligó
a realizar a pie el resto del trayecto. A Bogotá arribé, pues, exhausto y
con los pulmones en precarias condiciones. Aunque en el momento
de escribir estas notas aún me hostiga la tos, mi salud ha mejorado
notablemente. Me he prometido, sin embargo, un periodo de reposo
tan pronto desembarque en Nueva York. Contrato en mano, regresé
a los Estados Unidos por un camino ya conocido y descrito en notas
de viaje anteriores. De Bogotá descendí hasta Honda, desde donde se
navega el caudaloso pero acogedor río Magdalena hasta desembocar
en el Atlántico. En esta ocasión me percaté de la importancia del
recién construido Canal del Dique, en el que trabajó y del que tanto
habla el amigo Baldwin. Se trata de una obra de ingeniería impresionante, una gran garganta artificial que al unir el Magdalena con la
bahía de Cartagena acorta en más de cien millas la comunicación con
este puerto del Atlántico. Una vez en Cartagena la suerte determinó
que en menos de cuarenta y ocho horas encontrara plaza en el carguero *Orinoco* que partía rumbo a Nueva York. Ha sido a bordo de
esta vieja embarcación que he pergeñado las reflexiones íntimas que

siguen y que, por supuesto, no están destinadas a ser incluidas en mi próximo libro sobre viajes a Centroamérica y Nueva Granada. Las escribo porque a ello me mueve la intensidad de las emociones y un profundo sentimiento de soledad.

El segundo día de mi estancia en Panamá, cuando ya Baldwin había emprendido el viaje de regreso a Nueva York, conocí en el hotel a una dama norteamericana, una joven compatriota de impactante belleza y aguda inteligencia. Solicitaba ella una habitación más grande en la que pudiera alojarse con una negra esclava a quien trataba como su igual, petición que el conserje rehusaba por no disponer de más habitaciones con dos camas. Yo, que en ese momento entraba al hotel, me acerqué y sugerí que, en vista de que mi acompañante había partido y no tenía ya necesidad de una habitación doble, estaba dispuesto a ocupar una más pequeña, por lo que ponía la mía a disposición de la nueva huésped. Una sonrisa, mezcla de simpatía, agradecimiento y picardía, y la oportunidad de conocer a su dueña en tan favorables circunstancias, bastaron para compensar el gesto. Me presenté y allí mismo invité a mi reciente amiga a cenar esa noche en el comedor del hotel, invitación que aceptó no sin hacerme conocer su condición de mujer casada. «Mi nombre de soltera es Elizabeth Benton y soy la esposa de Robert Freeman, mayor del ejército de la Unión Americana», dijo con una dignidad no exenta de coquetería.

Pocas veladas recuerdo tan agradables como la de aquella noche, que marcó la primera vez que me sentí atraído por otra mujer después del fallecimiento de mi esposa. La señora Freeman me contó que iba rumbo a San Francisco a encontrarse con su esposo, quien al frente de un escuadrón de caballería había iniciado dos meses antes la travesía desde Saint Louis, Missouri, hasta California. «Su misión es exploratoria pues tiene el encargo de hallar la mejor ruta para los futuros desplazamientos del ejército de una costa a otra. Yo debo esperarlo en San Francisco, donde pensamos establecer nuestro hogar». Envidié al mayor Freeman, que tendría la dicha de compartir el resto de su vida con una mujer en la que se conjugaban todos los encantos que un hombre puede desear de su compañera: inteligencia, belleza y lealtad. Sin revelarle el motivo de mi viaje a Panamá y Nueva Granada, destaqué la coincidencia de que, en cierto modo, también yo era un viajero que exploraba lugares desconocidos y recogía experiencias que luego publicaba para beneficio del hombre común. Me decepcionó un poco saber que mi nueva amiga ignoraba mi fama de escritor, aunque tuve el placer de obsequiarle el libro en el que, con la ayuda de los magistrales dibujos de Catherwood, relato el descubrimiento de las ruinas de la civilización maya. Prometió leerlo tan pronto se embarcase rumbo a California.

En vista de que el barco que conduciría a Elizabeth no acababa de llegar, pospuse mi viaje a Buenaventura para disfrutar cada minuto de su compañía. Su condición de mujer casada imponía ciertas limitaciones en nuestro trato que yo procuraba respetar sin renunciar por ello al placer de estar a su lado cada vez que se presentaba la oportunidad. Nuestro lugar favorito, y, sin duda, uno de los más agradables de la ciudad de Panamá, era el paseo sobre la vieja muralla que circunda la ciudad, desde la cual contemplábamos la bahía, con su mar tranquilo, el vuelo vespertino de las aves marinas y el ir y venir de pequeños veleros hacia las islas vecinas. «Se olvida uno al estar aquí, en este lugar tan hermoso como apacible, del atraso y abandono que prevalecen en Panamá», me decía. Yo le contaba entonces de las glorias pasadas de esta ciudad, centro de la colonización y del comercio cuando España imperaba aún en América. Elizabeth escuchaba mis historias con interés, y en sus ojos claros prendían chispas de entusiasmo y curiosidad por aprender cosas nuevas. Desde lo alto de aquella muralla contemplé una tarde, con tristeza que se agudizó al percibir la alegría de Elizabeth, el arribo del *Isthmus*, buque que en breve la llevaría a su destino y a los brazos del mayor Freeman.

La noche antes de su partida cenamos juntos y, a pesar de su mutismo y sus sonrojos, hallé el valor para confesarle los sentimientos que había despertado en mí. Aunque me rogó no decir más, con una sonrisa casi infantil me dejó saber lo mucho que había disfrutado los últimos días. A la mañana siguiente la acompañé al embarcadero y antes de subir al bote que la alejaría, ¿para siempre?, de mi vida, la abracé. El gesto poco enérgico con el que trató de resistirse no pasó del intento y pronto sentí que ella me abrazaba también. Pude entonces darle el anhelado beso y supe que a su boca también le dolía decir adiós. «No puedo, no debo», dijo y se desprendió del abrazo. Sus ojos intensamente azules rebosaban de lágrimas.

Elizabeth Benton Freeman, ¿te volveré a ver algún día?

3

Diario de Elizabeth Benton Freeman

Después de mucho meditarlo hemos decidido trasladar al Oeste nuestro recién fundado hogar. A pesar de que ya ha comenzado el invierno, el ejército ordenó a Robert iniciar inmediatamente la exploración de la mejor ruta terrestre entre Saint Louis y las recién adquiridas posesiones de California. Tras ponderar las ventajas y desventajas, llegamos a la conclusión de que los nuevos territorios ofrecen más oportunidades a una pareja joven que las ciudades del Este o que el mismo Saint Louis. Además, resulta mucho más fácil desplazarnos ahora que todavía no tenemos niños. Como el viaje de Robert es una empresa estrictamente militar y arriesgada, yo seguiré hasta Nueva York y de allí me embarcaré rumbo a Panamá, donde, luego de atravesar el istmo, abordaré el buque que me llevará finalmente a San Francisco. Mientras aguardo a mi esposo, me dedicaré a buscar el lugar en el que levantaremos nuestra familia. Robert piensa que sería mejor comprar o construir una casa en la nueva ciudad, pero yo prefiero una hacienda donde podamos disponer de más espacio y libertad, que es la imagen que tengo del Oeste y lo que quisiera para mis hijos. Debo anotar que, aunque procuro disimularlo, el viaje me aterra por lo largo e ignoto. No conozco el mar y debo navegar por dos océanos de dimensiones inimaginables.

Noviembre 8

Hoy arribamos a Westport, último vestigio de civilización en el camino hacia el Oeste. Hace día y medio partimos de Saint Louis en una pequeña embarcación y después de navegar a lo largo del río Missouri llegamos a este sitio que, con sus veinte casas y una sola calle de barro, difícilmente puede llamarse ciudad. Ni siquiera existe un muelle donde atracar el barco. El destacamento que comanda Robert esperaba con los caballos y dos carretas tiradas por bueyes que llevarán el armamento y la carga. La salida ha sido fijada para el día siguiente de nuestra llegada. Esa noche, en la austera habitación de la pequeña y humilde pensión que nos aloja, Robert compartió conmigo sus temores: resultará muy peligroso atravesar las Montañas Rocosas en pleno invierno y no son muchos los aventureros que han vivido para contar semejante hazaña. Por primera vez me confió que hacer la travesía y encontrar camino en medio del frío y las nieves de enero son parte fundamental de su misión. Cuando le pedí renunciar a la tarea me respondió que no era posible: «Nadie está mejor capacitado que yo para explorar y encontrar la mejor ruta hacia el Oeste. El ejército me brinda la oportunidad de alcanzar fama y gloria y de ascender rápidamente en mi carrera y hasta se me ha insinuado que si el éxito corona mi empeño en breve tendré a mi cargo el destacamento militar de los nuevos territorios de California». A pesar de que hablaba con entusiasmo percibí un dejo pesimista en las palabras de Robert. Esa noche hicimos el amor desesperadamente, con el ímpetu de quienes no saben qué les depara el futuro.

Noviembre 9

Robert se ha despedido con un abrazo formal y un beso casi furtivo. No quiere, pienso yo, que un gesto inoportuno de debilidad contagie a sus subalternos la aprensión con la que inicia la empresa, y en vano aguardo que se dé la vuelta en su cabalgadura para un último adiós. Esa misma tarde me embarco de regreso a Saint Louis, donde me espera otra despedida, esta vez de mi padre. Es poca la comunicación que mantengo con él. Sin que lo sepa, su temperamento irascible y su desprecio por lo que hay de nobleza en el ser humano constituyen una de las principales razones que me mueven a abandonar Missouri. Viudo desde mi nacimiento, nunca pudo perdonar que al dar a luz mi madre falleciera. Será la primera vez que me separo de Lucy, la más antigua y también la más querida de nuestros esclavos. Me entristece sobremanera que por su edad no pueda acompañarme a California, pero en su lugar vendrá Jessie, la mayor de sus hijas, que tiene mi edad. Aunque es algo inconforme, nos hemos levantado juntas y sé que me quiere bien. Además, la perspectiva del viaje la llena de entusiasmo.

Diciembre 14

Ayer, ¡por fin!, después de un mes de afanes, empacando muebles y utensilios y rompiendo raíces y ataduras, partí rumbo a Nueva York. La despedida de mi padre fue aún más tormentosa de lo anticipado. «Tú y tu marido están locos. El lejano Oeste no existe, es sólo una quimera inventada por quienes prefieren perseguir sueños que enfrentarse a la realidad del trabajo cotidiano». Es un hombre elocuente, mi padre; elocuente e impetuoso. En él se combinan la palabra fácil con la rudeza de quien está acostumbrado a hacer su voluntad. Se cuenta que en su juventud sostuvo un violento altercado con el antiguo presidente Jackson y que éste lleva en su hombro una bala salida de la pistola de mi padre. Son éstas las cualidades que, sin lugar a dudas, le darán el triunfo en las próximas elecciones senatoriales; de la misma manera que a Jackson lo llevó a la presidencia de la nación su inclinación por resolver los problemas a la brava. Es evidente que en Missouri se respeta más al hombre de acción que al intelectual y se cotiza más la violencia que el buen juicio. Tal vez por ello las mujeres seamos poco apreciadas. Sí, después de los próximos comicios mi padre se convertirá en el senador Thomas Benton. Otra razón por la que me alegro de haber emprendido el viaje.

Diciembre 19

Nueva York ha resultado un lugar fascinante. El único día que estuve allí bastó para percatarme de que esta apretada y pujante ciudad es un centro económico vital. La actividad en los muelles es constante y contagiosa: gente de todas partes que va y viene, navíos que atracan y zarpan, mercadería que no cesa de moverse.

Esta mañana abordé el *Atlantic Runner*, un hermoso velero de la Pacific Mail Steamship Company. El camarote que compartiré con Jessie es austero pero cómodo. Hasta ahora las únicas otras mujeres que he visto a bordo son un par de monjas que viajan en un grupo de misioneros. Como era de esperarse, los demás compañeros de travesía son todos hombres. Minutos antes de zarpar recibí la visita del capitán, que traía una carta para mí. La misiva, corta y formal pero elegante, estaba firmada por el señor William Henry Aspinwall, presidente de la compañía dueña del *Atlantic Runner*, y en ella me da la bienvenida a bordo y pone a mis órdenes al capitán, Cleveland Forbes, y a toda su tripulación para hacer más seguro y placentero mi viaje. También menciona el señor Aspinwall su relación con mi padre, el futuro senador por el estado de Missouri, quien le ha informado de mi presencia a bordo. ¡Siempre mi padre!, dejándose sentir, pendiente, más que de mi bienestar, de que yo sepa que su influencia en mi vida no cesará ni siquiera en alta mar, ni aun al otro lado del continente. Pero, bueno, así es mi padre y, sin importar su motivación, en esta oportunidad debo agradecer su interés. El capitán, hombre de una apostura poco común y difícil de olvidar, me ha reiterado su deseo de que lo mantenga informado del menor contratiempo. A medida que nos alejamos de tierra firme y me veo en medio de la infinita soledad del Atlántico, me alivia sobremanera saberme protegida por él en lo que sin duda constituye el inicio de la mayor aventura de mi corta existencia.

Diciembre 22

Llevamos tres días de navegación. Durante los dos primeros el barco se deslizaba sobre las aguas con mayor suavidad que el coche que me trasladó a Nueva York. Apenas alguno que otro cabeceo nos dejaba sentir que surcábamos el Atlántico. El tercer día, sin embargo, el viento tomó fuerza y nos encontramos de pronto en medio de una borrascosa tormenta. El capitán ordenó recoger velas y pidió a todos los pasajeros permanecer en los camarotes, donde resultaba imposible mantenernos en pie, sentados o en el lecho. Rápidamente, Jessie y yo nos convencimos de que lo mejor era acostarnos en el piso y allí nos quedamos hasta que amainó el vendaval. Para colmo, Jessie fue presa de un terrible mareo y se pasó casi dos días devolviendo y sin probar bocado. Me preocupa que se enferme.

Diciembre 25

Después de la tempestad nos hemos detenido a reparar el velamen. Tal como temía, Jessie ha caído enferma y, aunque el médico de a bordo asegura que es debilidad, no me gusta su aspecto. La palidez en una persona de color es aún más dramática. El capitán me ha insinuado que si mi esclava no mejora resultará muy arriesgado continuar el viaje sola hasta California. Le propongo contratar algún marino que me acompañe en el trayecto a través del istmo. Me ha dicho que lo pensará. Mientras permanezco con Jessie en la habitación los demás pasajeros han celebrado la Navidad, algunos con fiesta y algarabía y los misioneros rezando y entonando himnos religiosos. Cuando me agobian la soledad y la incertidumbre me consuelo pensando en el pobre Robert, que en estos momentos lucha contra el frío y la nieve de las Montañas Rocosas. ¿Hice bien en emprender este viaje o fue, como dice mi padre, otra de mis ideas descabelladas? Me cuesta admitirlo, pero extraño la casa paterna... y a mi padre también.

Diciembre 27

Hoy Jessie amaneció con mucho apetito y ganas de subir a cubierta para respirar aire fresco. ¡Gracias a Dios! Durante los últimos días el mar ha permanecido en calma y una vez más el barco se desliza raudo hacia nuestro destino. El capitán nos ha asegurado, con un gesto de orgullo y satisfacción, que dentro de dos días arribaremos a Chagres. Vuelvo a sentir el entusiasmo de esta travesía hacia lo desconocido, hacia un futuro ancho e incierto, tan distinto de mi efímero pasado.

Finalmente llegamos a Panamá. Jamás había visto tanto verdor como el que se advierte en la cordillera a medida que nos acercamos a la costa. Tampoco habían presenciado mis ojos tanta miseria ni percibido mi olfato olores tan nauseabundos como los que encontramos en Chagres. Yo esperaba un puerto pequeño pero acogedor, y el sitio al que arribamos, caliente y húmedo, ni siquiera puede recibir ese calificativo. Casas de paja sin pisos ni ventanas; lodazales donde rodeados de moscas se revuelcan cerdos, gallinas y perros; niños desnudos y hombres y mujeres no mucho más vestidos que observan a los viajeros con absoluta indiferencia. ¿Cómo puede la gente vivir así, tan ausente? De pronto, como caído de otro planeta, aparece un hombre rubio y hermoso que nos ofrece posada. En cumplimiento de la recomendación del presidente de la compañía ha desembarcado con nosotros el capitán del *Atlantic Runner*, quien, para asegurarse de que todo vaya bien, me indica que es mejor partir cuanto antes. Él mismo hace los arreglos con los boteros y le ordena a uno de sus marineros que me acompañe hasta el final del trayecto. He dicho que no es necesario pues tendré la compañía de Jessie y del resto de los pasajeros, pero el capitán ha insistido y, además, ha puesto a mi disposición uno de sus botes. Aunque en sus gestos hay cierta galantería que me inquieta, le doy las gracias y me despido de él con un leve beso en la mejilla. Al mirarnos por última vez, advierto un brillo nuevo en sus ojos grises.

Dos horas después del desembarco iniciamos nuestro ascenso por el río. Jessie, Tim O'Hara, el marinero pelirrojo e hirsuto que nos asignó el capitán, uno de los nativos y yo ocupamos el bote del *Atlantic Runner;* los otros dos boteros y la carga van en el bongo. Enseguida nos percatamos de que la canoa larga, estrecha y tosca de los bogadores del Chagres surca las aguas mucho más rápido que nuestra barca, más ancha y pesada, por lo que le pido a Tim que regresemos a cambiarla. Aunque el resto de los compañeros de viaje se nos adelantarán, el botero asegura que los alcanzaremos en Gatún, primer pueblo en la ruta, donde pasaremos la noche. Cuando regresamos a Chagres, ya el *Atlantic Runner* ha levado anclas y debemos dejar nuestro bote al cuidado de los nativos, que aceptan el encargo entre risas y comentarios que no comprendo pero que sin duda expresan satisfacción y orgullo por la superioridad de sus bongos.

Remontar por el río resulta una experiencia apasionante. Desde la orilla nos contemplan toda clase de aves y animales nuevos para mí. ¡Qué diferente del nuestro este paisaje del trópico! Conforme avanzamos la naturaleza se torna exuberante y sobrecogedora y respondiendo a mis preguntas nuestros guías recitan en su lengua nativa el nombre de cada uno de los animales, nombres que no alcanzo a retener salvo el de los cocodrilos que medio sumergidos en el agua nos observan con ojos que sin duda ya eran así de horribles en la época de las cavernas. Llegamos a Gatún cuando el sol ha desaparecido del todo y desembarcamos alumbrados por la rústica lámpara de keroseno que porta uno de los bogadores. Rápidamente levantamos nuestra tienda de campaña junto a las de los otros viajeros. Alrededor de una hoguera permanecen aquellos a quienes el sueño no ha vencido y que fingen alivio al vernos llegar, aunque tal vez entre los misioneros sí haya alguno que realmente se preocupe por la suerte del prójimo. Intimidada por los ruidos que pueblan el ambiente y asediada por toda clase de insectos, me cuesta trabajo conciliar el sueño. Cuando finalmente lo logro duermo entre sobresaltos. Dispuesta a llevar la delantera a los demás, y a pesar de las protestas de O'Hara, estamos de vuelta en nuestras canoas antes de que amanezca.

Diciembre 31

Nunca imaginé que pasaría la víspera de un nuevo año en sitios tan inhóspitos y remotos, aunque de todos los caseríos que se levantan a orillas del Chagres éste de Cruces es, sin duda, el más atractivo, con sus praderas, sus rebaños, sus calles simétricas, su iglesia colonial y sus pobladores, en los que ha menguado el mestizaje. Me perturba un poco que por mi premura no podré intercambiar los tradicionales buenos deseos con el resto de los compañeros de viaje que, según los guías, marchan por lo menos dos días detrás de nosotros. Estamos cerca de la división continental y el trayecto fluvial ha terminado. Desde ayer viajamos a lomo de mula y mañana continuamos el descenso hacia el mar Pacífico. Nadie ha enfermado, pero Tim todavía insiste cada noche en que bebamos un par de tragos de ginebra, elixir que según él ayuda a mantener alejada la fiebre del Chagres. No me gusta el alcohol y si a veces tomo un sorbo es por no desairar a nuestro acompañante, que no vacila en consumir las raciones asignadas a Jessie y a mí.

Enero 4, 1848

Un desagradable pero aleccionador incidente ha retrasado nuestra marcha hacia Panamá, reteniéndonos en este horrible lugar al que los nativos, inexplicablemente, llaman «Paraíso». Aquí arribamos al final de la tarde de anteayer y, como de costumbre, instalamos las tiendas en la periferia del villorrio. Pasada la medianoche me despertaron los gritos de Jessie pidiendo socorro. «Trataron de violarme», dijo cuando logré calmarla. «¿Quién?», le pregunté. «No sé. Un hombre, no pude distinguirlo». Sospeché del peor encarado de los muleros, un tipo tuerto que no apartaba de Jessie su ojo sano, y acudí a la tienda de Tim para ponerlo al corriente e ir en su busca. Cuando terminó de despertarse, el marinero tomó su revólver y juntos nos encaminamos hacia donde pernoctaban las mulas. Los dos muleros estaban despiertos y muy nerviosos y Tim procedió enseguida a arrestar al sospechoso, que, igual que su compañero, protestaba airadamente. El escándalo atrajo a varios curiosos, entre ellos un negro que se identificó como el alcalde de la villa y otro que se ofreció a actuar como intérprete, aunque su inglés era casi nulo. A rastras se llevaron al acusado y lo encerraron en una pequeña caseta de madera que hacía las veces de cárcel. «Mañana temprano iniciaremos la investigación», sentenció el alcalde. De vuelta a la tienda referí a Jessie lo ocurrido y lamenté que el desgraciado episodio retrasaría nuestro viaje, por la investigación y porque habría que sustituir a los muleros. «No fue el mulero», me dijo. «¿Cómo estás tan segura?», quise saber. «Porque quien me asaltó olía a ginebra». El corazón me dio un vuelco pues también yo había sentido el desagradable olor a ginebra y a vómito que impregnaba la tienda de Tim. «Entonces fue Tim...», murmuré sin poder creerlo. Jessie me miró con los ojos muy abiertos y movió la cabeza afirmativamente. «¿Qué hacemos ahora?», pensé en voz alta. Lo primero, me dije, no actuar con precipitación.

Tan pronto amanece, con la mente más clara, me dirijo al pueblo en compañía de Jessie en busca del alcalde. A medio vestir me abre la puerta y enseguida envía por el intérprete. Con gestos y palabras le explico que mi esclava no presentará cargos y que debe dejar en libertad al detenido para que continuemos el viaje. El hombre niega varias veces con la cabeza y me informa que la investigación continuará y que en breve un juez de la capital llegará a encargarse del caso. Insisto en que Jessie se equivocó, que en realidad tuvo una pesadilla. El alcalde sonríe y vuelve a negar con la cabeza. Arriesgándome a lo peor, pero desesperada por salir de aquel odioso lugar, lo llamo aparte y le muestro un billete de veinte dólares. Mi interlocutor vuelve a negar y me indica que harán falta dos billetes. Se los entrego y de allí vamos todos a la cárcel a liberar al mulero. Cuando le explico que fue un malentendido y que quisiera continuar viaje enseguida, es éste el que dice que no y con aire de ofendido me hace saber que regresará a Cruces y que debo pagarle lo convenido. Otro billete de veinte dólares hace el milagro; los cargadores se van en busca de sus mulas y comienzan a desmontar las tiendas. A Tim solamente le explico que como realmente nada le ocurrió a Jessie hemos preferido olvidar el incidente y proseguir nuestro camino. Esa tarde, antes de la puesta del sol, divisamos —¡por fin!— el océano Pacífico y poco después, arrebujada en un ocaso rojo y naranja, la ciudad de Panamá. Tan pronto trasponemos las murallas despido a Tim, le agradezco la compañía y le pido que regrese cuanto antes y le entregue al capitán una carta en la que valoro sus servicios. Algo desconcertado, porque seguramente su intención era continuar la juerga en los bares de Panamá hasta la llegada de mi barco, Tim me asegura que partirá al día siguiente con los mismos muleros que nos condujeron hasta la ciudad. En la carta, por supuesto, describo el incidente y la afición del marino a la bebida.

Enero 6

La ciudad de Panamá se me antoja bella y acogedora, sobre todo luego del arduo y desagradable cruce del istmo, que, sin embargo, me reveló paisajes únicos, de una belleza tan salvaje como auténtica. A medida que transcurren los días me percato de que el atractivo de esta

ciudad es genuino y no consecuencia del contraste con las malas experiencias recién vividas. A pesar del descuido y del abandono que se
advierten por doquier, sus plazas son amplias, sus iglesias señoriales,
sus calles armoniosas y sus habitantes amables. Panamá es una ciudad de mar. Al ritmo de sus mareas, el Pacífico baña incesantemente
la falda de la península en la que fue levantada hace casi doscientos
años. El paseo que los panameños llaman Las Bóvedas es de los más
placenteros que recuerdo. Bordea el océano y al recorrerlo se divisa
desde su altura un horizonte ilimitado, salpicado de pequeñas islas en
las que echan anclas los navíos que de cuando en cuando visitan la costa
sur del istmo. Lamentablemente, el apuro en la travesía fue en vano
porque el barco que me ha de conducir a California aún no llega. La
demora me ha ofrecido, no obstante, la oportunidad de relacionarme
con un compatriota, caballero a carta cabal, viajero incansable, abogado y escritor afamado, el ser humano más intenso que he conocido.
Para colmo, si entre las cualidades masculinas pudiera incluirse la
belleza, John Lloyd Stephens sería un hombre hermoso. Lo conocí
en el hotel la tarde que llegué a Panamá, donde tuvo la gentileza de
cederme el cuarto que él ocupaba, más grande y lujoso que el que
me habían asignado. Entre nosotros surgieron desde ese primer encuentro lazos que aunque quisiera calificar de amistad, siento que la
trascendían. Y lo sé porque a lo largo de la semana que demoró en
arribar mi barco pensé mucho en Robert y sentí lástima y remordimiento al saberlo atravesando dificultades mientras yo dejaba que
otro hombre me cortejara. Fuera de agradables paseos y charlas, no
ocurrió nada entre nosotros. John es ante todo un caballero de impecable comportamiento que aun cuando confesó su interés por mí, en
todo momento demostró respeto por mi condición de casada. Me hablaba con palabras tan tiernas y había tanta dulzura en sus ojos que,
sin que pronunciara la palabra *amor*, me hizo sentir más amada
que nunca. John es viudo desde hace muchos años y, según me dijo,
soy la primera mujer de la que podría volver a enamorarse. Cuando
finalmente arribó el *Isthmus* para conducirme a San Francisco, me
acompañó al embarcadero y esa mañana, bajo un cielo sin nubes, le
permití abrazarme y besarme. En sus brazos encontré más ternura
que pasión, más amor que deseo.

Enero 15

En ruta hacia California y hacia Robert me acompaña —más bien
me acosa— el recuerdo de John Stephens. Sobre mi regazo reposa el
libro de viajes que me obsequió, una hermosa obra que desvela en
cada página el temperamento romántico y febril del autor. Al concluir
su lectura cierro también este diario y con él un capítulo de mi vida
pleno de inquietantes recuerdos que debo olvidar. Es el 15 de enero
de 1848.

4

Mientras aguardaba a que se abriera la puerta de la mansión, en la que desde que tenía memoria habitaba el tío Samuel, William Aspinwall pensaba en lo mucho que con el paso de los años se había agudizado la testarudez que mejor definía el carácter de su tío. En vano le había pedido que vendiera aquella casona situada en un barrio que el progreso de la gran urbe había devorado sin piedad. «Aquí está rodeado de edificios. Construya una nueva casa en un sitio más abierto, donde haya árboles y pueda ver el cielo», insistía William, a lo que el tío invariablemente replicaba con una negativa cargada de ironía. «Vivo aquí hace más de cuarenta años, mi querido sobrino. Me gusta este barrio del West End, donde tengo cerca todo lo que me interesa. Además, esta casa y yo nos llevamos muy bien. Ambos estamos viejos y nos tienen sin cuidado los árboles y los espacios abiertos. Y en cuanto al cielo, no tengo ganas de contemplarlo antes de la hora de la última despedida». William se preguntaba si al llegar a viejo también él se tornaría un hombre testarudo cuando se abrió la puerta y George, el mayordomo de rigurosa levita, lo invitó a entrar, no sin antes recordarle que el señor Howland lo aguardaba desde hacía diez minutos.

—¿Cómo ha seguido el tío Samuel?

—La tos continúa mortificándolo. Aunque él dice que está mejor a nosotros no nos gusta su aspecto.

«Nosotros» eran el mayordomo, la cocinera y la muchacha del servicio. La tía Edna había muerto hacía más de diez años y el hijo había abandonado la casa paterna mucho antes de contraer matrimonio.

William siguió a George a través de pasillos lúgubres e interminables, en cuya semipenumbra apenas se distinguían las pinturas que colgaban de las paredes. En la habitación del tío Samuel la oscuridad era casi total. La llama de la vela que oscilaba junto al lecho, más que luz, despedía sombras.

—Pasa, sobrino.

Olores a medicina, a cera derretida, a alcanfor, a humedad y a antiguos objetos almacenados impregnaban el aire aprisionado en aquella habitación en la que casi no se podía respirar.

—Buenas tardes, tío. ¡Qué calor hace aquí! ¿No quiere que abramos alguna ventana?

—Sabes que no me gusta el frío, William. ¡Cuándo acabará este invierno! George, enciende la bujía que está junto a mi silla. Mi sobrino necesita más luz que yo.

William no pudo disimular la consternación que le causó el aspecto del tío Samuel. La empequeñecida cabeza, como la de una tortuga, sobresalía de la bata amplia y raída, y a través de la piel del rostro, amarillenta y apergaminada, se adivinaban sin dificultad los rasgos de la calavera. Samuel Howland esbozó una sonrisa amarga y desdentada.

—¿Te asusta mi apariencia, William? Lo cierto es que ni siquiera los médicos saben de qué mal padezco. Cansado estoy de decirles que me dejen en paz, que lo mío son estragos propios de la vejez. Aquí se aparecen todas las semanas con ventosas y jarabes para succionarme la poca sangre que me queda y amargarme el paladar. Pero no hablemos más de enfermedades. ¿Qué te trae por aquí? ¿Cómo avanzan los planes de abrir un canal en Centroamérica?

Acostumbrado a los sarcasmos del socio fundador de Howland & Aspinwall, William dejó pasar la pulla.

—El ingeniero Baldwin regresó el mes pasado. Tal como usted dijo, el costo de construir un canal sería tan alto que solamente un gobierno podría llevarlo a cabo. El ferrocarril, sin embargo, sí es factible. Baldwin encontró sitios en la división continental que no pasan de cuatrocientos pies. Según él y Stephens, el terreno es apropiado para colocar rieles.

—¿Está de vuelta también nuestro escritor viajero?

—John llegó de Nueva Granada la semana pasada y ayer sostuve una reunión con ambos. Ya tenemos por escrito la promesa del gobierno granadino para la concesión del ferrocarril. Los términos, en general, son muy favorables. La única obligación imprevista que nos exigen es la de depositar una garantía de cumplimiento con la que...

—¿Qué garantía es ésa? —interrumpió el viejo Howland.

—Dinero en efectivo. Debemos depositar ciento veinte mil dólares en un banco de Nueva York a la orden del gobierno de Nueva Granada. El dinero lo perderíamos si no completáramos los trabajos en ocho años y se nos devolvería con intereses al finalizar la obra a tiempo.

—Es mucho dinero —dijo el tío Samuel, pensativo.

—Sí, pero lo que logramos a cambio bien lo vale. Durante cuarenta y nueve años tendremos el derecho exclusivo de navegación comercial en el río Chagres, así como el de construir cualquier ferrocarril, carretera o canal a través del istmo de Panamá. Nos conceden, además, el derecho a utilizar gratuitamente todas las tierras públicas en la ruta del ferrocarril. Los puertos a ambos extremos de la vía serán libres y podremos fijar a nuestro arbitrio las tarifas de pasajeros, correo y carga.

—¿Qué ocurriría al cabo de los cuarenta y nueve años?

—La concesión terminaría y los bienes pasarían a ser propiedad de Nueva Granada. El contrato también tendrá una cláusula que le permite al gobierno recuperar la concesión a cambio de cinco millones de dólares después de los primeros veinte años de terminada la obra, cuatro millones al cabo de treinta años y dos millones después de que transcurran cuarenta. Además, se incluye la facultad de prorrogarlo si así lo desean las partes.

El tío Samuel, quien parecía haber recuperado algo de entusiasmo, quiso saber cuánto tendría que desembolsar por fin la empresa para llevar a cabo el proyecto.

—Menos de lo que preveíamos porque al inicio el ferrocarril se construirá solamente entre la cima de la división continental y la ciudad de Panamá. En la vertiente del Atlántico la ruta se hará en vapores pequeños siguiendo el cauce del río Chagres. Es por eso que del capital aportado originalmente por los socios saldrán con creces los ciento veinte mil dólares que nos pide el gobierno granadino como garantía de cumplimiento.

—Tengo que reconocer que es un proyecto visionario, sobrino. Lástima que no viviré para verlo. —Por un instante se le humedecieron los ojos al viejo, pero luego prosiguió con voz más firme—: No quiero que te sientas obligado a consultar conmigo cada vez que tengas que tomar alguna decisión, así que he dispuesto otorgarte un poder general para que me represente en cualquier reunión de directores o accionistas.

—No hace falta, tío Samuel. Créame que para mí es importante contar con su experiencia y consejos.

—Tonterías, William. He visto cómo has desarrollado tus capacidades empresariales convirtiendo a Howland & Aspinwall en la primera firma naviera de los Estados Unidos. Ya le comuniqué a mi hijo que serás tú y no él quien me representará. —El viejo se calló por un instante y luego continuó como si hablara consigo mismo—. El trabajo no es la actividad predilecta del pobre Bill. Él es bueno pero poco eficiente... como su madre, que Dios la tenga en su gloria.

—Insisto en que...

—¡Déjame terminar, demonios! También he añadido un codicilo a mi testamento en el que advierto que cuando me despida de este mundo (y, créeme, el momento no está lejos) las acciones que poseo en la empresa pasarán a manos de Bill, pero tú tendrás, mientras vivas, el derecho de voto. —El viejo reflexionó un instante antes de continuar—. Algún día aprenderás que cuando se crea una gran empresa la responsabilidad por su continuidad va más allá de cualquier sentimiento, familiar o personal. Y ahora dime... ¿qué otras novedades hay?

—Gracias por la confianza, tío Samuel. De todos modos me reservo la facultad y el placer de citarlo a las reuniones que celebremos y a visitarlo cuando usted no pueda acudir. Puedo adelantarle que ya cada uno de los socios principales hemos desembolsado los primeros doscientos cincuenta mil dólares y confiamos en tener lista la incorporación de la sociedad tan pronto logremos la autorización de la Dirección de Compañías del Estado, lo que probablemente ocurra dentro de los próximos seis meses, a mediados o fines de julio. John Stephens será el presidente de la Junta Directiva y el coronel Alexander Center, que goza de excelentes relaciones en la Casa Blanca y en el ejército, será el vicepresidente. El resto de los directores serán James Brown, Cornelius Van Wyck, Joseph Varnum, Prosper Wetmore, Edwin Barlett, Horatio Allen, usted y yo.

—Ya te dije que me dejes a mí fuera. Nombra, si quieres, al primo Gardiner; yo ya no tengo nada que aportar.

—A usted lo hemos incluido porque su nombre infunde confianza en los inversionistas. El resto de los directores se han comprometido a aportar cada uno entre cincuenta y cien mil dólares.

El viejo Howland masculló unas palabras ininteligibles y luego exclamó, impaciente:

—Será como tú digas. ¿Qué más?

—¿Recuerda al coronel George W. Hughes, del Cuerpo de Topógrafos del Ejército? Es quizás el ingeniero con más experiencia en el trazado de vías ferroviarias. Pasado mañana partirá para Panamá en compañía de Baldwin y otros treinta y cinco ayudantes a diseñar la ruta definitiva del ferrocarril, incluyendo la porción entre la costa atlántica y el poblado de Cruces, que se construiría más adelante. Le hemos pedido que rinda un informe definitivo antes del mes de julio.

—¿Y el escritor viajero no los acompañará? —preguntó el viejo con una mezcla de sorna e interés.

—Esta vez no. Stephens permanecerá aquí, pendiente de que llegue la autorización al ministro de Nueva Granada en Washington para la firma del contrato de concesión. Además, el último viaje lo dejó con algunos quebrantos de salud que lo mantendrán tranquilo y recluido hasta que termine el invierno. A propósito, me ha dicho que quiere venir a contarle sus experiencias en el istmo.

—Que se apure, entonces. A menos que quiera realizar un viaje al más allá.

Samuel Howland soltó una carcajada tétrica que le provocó un violento acceso de tos. Por señas le indicó a su sobrino el frasco colocado al lado de su mesa de noche, de cuyo líquido verduzco bebió con mano temblorosa. Una vez calmado prosiguió.

—¿Cómo marcha la construcción de los nuevos vapores?

—Mejor de lo que proyectábamos. A mediados de mayo el *California* zarpará rumbo a San Francisco. Estimamos que el viaje tomará menos de seis meses, así es que cumpliremos sin dificultad las condiciones de nuestro contrato con el gobierno.

El anciano escuchó las últimas palabras de William con los ojos clavados en el vacío, como si oteara en el pasado o en el futuro. Luego dijo con voz queda:

—Comienza una nueva era, sobrino, plena de oportunidades y vicisitudes; las distancias se acortarán y las naves adquirirán aún más importancia. Ayer fue el viento, hoy el vapor, y mañana quién sabe qué nueva energía las impulsará a través de los océanos. Ahora déjame, que necesito descansar un poco.

Tres meses después, William Aspinwall regresaba a la mansión del West End donde el tío Samuel esperaba para acompañarlo a presenciar la botadura del *California*. El anciano caminaba con mucha dificultad y para subirlo al landó fue preciso que entre George y William prácticamente lo cargaran en vilo.

—Soy puro hueso y pellejo, sobrino. Lo único bueno es que me pueden llevar sin dificultad, de aquí para allá, como un mueble apolillado. No sé por qué me dejé convencer de esta locura. ¿No te preocupa que me vean así?

—En absoluto, tío. Me preocuparía más lo que pensaría la gente si usted no nos acompañara en una ceremonia tan importante.

—Pensarían que por fin el viejo Howland rindió su alma al Creador y que ahora las nuevas generaciones no tienen quien le ponga obstáculos al desarrollo de la empresa.

—Para nosotros y nuestros accionistas lo que usted llama obstáculos son consejos sabios y oportunos en los que prevalecen la prudencia y el buen juicio que solamente se aprenden con los años.

Mientras el cochero le cubría las piernas con una frazada, el viejo Howland se quedó mirando un instante a los ojos claros de su sobrino. «¿Es que realmente existen seres tan nobles?». Finalmente exclamó:

—¡Pamplinas! ¿Alguna novedad?

—Sí. George Law me ha invitado a cenar esta noche en el Club Náutico. Aunque no estoy seguro, creo que se ha olido lo del ferrocarril y quiere parte de la empresa.

—¿Y tú qué piensas?

—Que no puede entrar en esta etapa en que estamos organizándola. Como será una empresa pública, nada le impedirá adquirir acciones en la Bolsa posteriormente.

El viejo Howland meneó la cabeza.

—No, no —dijo—. Viejo Roble Law nunca se ha conformado con migajas y es un hombre que por orgullo está dispuesto a quemarse en el infierno. Con él no caben la caballerosidad y la buena fe, sobrino, así es que tendrás que andar con mucho cuidado y prepararte para jugar con cartas marcadas, que es como acostumbra a jugar él.

—Estoy preparado, tío. Ya sobrevivimos a la más baja de sus maniobras cuando después del incendio del cuarenta pretendió comprar la empresa por una cuarta parte de su valor.

—Con Law las bajezas son insondables. ¡Cuánto me gustaría acompañarte a esa cena!

—Y a mí. Pero creo que podré defenderme sin problemas.

Alrededor de doscientas personas se reunieron aquella tarde de primavera en el astillero de William H. Webb Company, a orillas del río Hudson, para presenciar el lanzamiento del primer buque a vapor de Howland & Aspinwall que serviría la ruta del Pacífico entre Panamá y San Francisco. William había llegado temprano para instalar al tío Samuel en el lugar de honor desde donde, cómodamente sentado, saludaba con desgano a quienes se acercaban a preguntar por su salud. A las cinco en punto del 19 de mayo de 1848, vitoreado por amigos, accionistas y simples curiosos, el *California* se deslizó lentamente por la rampa del astillero y con un elegante cabeceo acarició las aguas por primera vez. El comando del vapor había sido confiado por la empresa al capitán Cleveland Forbes, quien durante seis años había capitaneado el *Atlantic Runner* en sus viajes por el Caribe y Europa. A William lo había impresionado el informe de su último viaje al istmo de Panamá, en el que con lujo de detalles el comandante daba cuenta en su bitácora de los incidentes de a bordo, el estado del poblado de Chagres, el desempeño de la inusual misión de custodiar a una dama, hija del futuro senador por Missouri, y la sanción que hubo de imponer a uno de sus hombres por faltar a su deber de marino y caballero.

Cuando Aspinwall llegó al comedor del Club Náutico ya George Law esperaba en una mesa situada en el rincón más apartado. Con una sonrisa socarrona, el Viejo Roble se levantó para ir al encuentro de su competidor. Mucho más alto y fornido que Aspinwall, en las facciones toscas y las maneras bruscas del descendiente de irlandeses se adivinaba un pasado pleno de los obstáculos que hubo de superar para alcanzar el poder, la fama y la fortuna. Aunque el presidente de Howland & Aspinwall no sentía ninguna simpatía personal por Law, reconocía en él al empresario decidido y audaz que a lo largo de sus sesenta años había incursionado con mucho éxito en la construcción de puentes, canales y ferrocarriles y que, gracias a su tenacidad y esfuerzo, era propietario y presidente de la United States Mail Steam Line, así como de la empresa que operaba el servicio de tranvías en la ciudad de Nueva York.

—Te felicito por el *California*, William. Me cuentan que es un soberbio vapor.

—Gracias, George. ¿Cómo va la construcción de los tuyos?

—Muy lenta. No creo que estén listos a tiempo para cumplir con la concesión del gobierno, así es que tal vez tenga que fletar algunos.

Mientras se sentaban, Viejo Roble lanzó una breve carcajada sarcástica antes de preguntar a su rival:

—¿Estarías dispuesto a arrendarme uno de los tuyos?

—No es posible. El gobierno pensaría que estamos burlando su decisión de separar las concesiones del Atlántico y el Pacífico. Ningún concesionario puede disfrutar de ambas rutas.

A diferencia de Law, el tono de Aspinwall reflejaba una ironía más sutil.

—Quizá tengas razón, aunque no creo que el gobierno pueda oponerse si entre los dos decidimos mejorar la ruta construyendo un ferrocarril a través del istmo de Panamá.

Advirtiendo que su comentario había tomado por sorpresa a su adversario, Viejo Roble añadió enseguida:

—Fuentes muy confiables me aseguran desde Albany que ya presentaste la solicitud de inscripción de la Panama Railroad Company. Te felicito por la iniciativa, pero ¿no crees que es lógico que esa obra, que beneficiará toda la ruta, sea construida de común acuerdo por las dos empresas navieras que la servirán y no solamente por una de ellas?

William Aspinwall observó la expresión, a la vez divertida y dura, del rostro de Law y antes de que pudiera responder lo escuchó sugerir en el tono más amable de que era capaz:

—¿Por qué no disfrutamos de la cena y de un buen vino y luego, a la hora del café y el tabaco, volvemos sobre el asunto? Tenemos otros temas de interés mutuo, aparte de que quisiera que me contaras cómo anda la salud del viejo Howland y si es cierto que estás construyéndote un castillo en Staten Island.

A William no le quedó más que sonreír ante la primitiva sagacidad y peculiar diplomacia de su antiguo competidor. En el fondo, necesitaba tiempo para meditar una respuesta que provocara el menor roce posible con quien, sin duda, podía ser un enemigo de cuidado. Así es que se dispuso a hablar del tío Samuel, de su proyectada casa de verano en Staten Island y de cualquier otro tema que contribuyera a preparar el terreno para que una confrontación entre los líderes de la industria marítima no produjera daños irreparables.

Concluida la cena, en la que Viejo Roble demostró su legendaria capacidad de ingerir alimentos y licor, los dos empresarios se trasladaron al salón de fumar y se sentaron en los mullidos sillones en los que los socios disfrutaban el placer de un buen cigarro y un estimulante *pousse* café. Antes de hablar, William, que no fumaba, aguardó a que su competidor exhalara la primera bocanada de humo.

—Como sin duda sabes, la idea de construir un ferrocarril a través de Panamá no es nueva. Son varias las concesiones que ha otorgado Nueva Granada a empresas que han fracasado sin siquiera iniciar la construcción de las obras. Lo que es nuevo es que el gobierno de los Estados Unidos haya decidido anexar y desarrollar los territorios de California y Oregon y los contratos marítimos que hemos logrado tú y yo para ese propósito. Es obvio que tu concesión en el Atlántico, donde ya existe un comercio tradicional y próspero, es mucho más lucrativa que la nuestra, que tendremos que desarrollar una ruta apenas explotada.

—Si lo que me insinúas es que mi ruta es mejor que la tuya y que para equilibrarnos tú debes construir el ferrocarril, estoy dispuesto a que compartamos todo a partes iguales.

El que rio con sarcasmo ahora fue William.

—En primer lugar, como dije antes, sería ilegal unir nuestras concesiones y crear un monopolio en la ruta. Además, si bien es cierto que el ferrocarril en cierta manera contribuirá a emparejar diferencias, el hecho es que Howland & Aspinwall pensó en ello antes y ya llevamos invertido tiempo, energía y dinero en el proyecto. Como no ignoras, tanto como facilitar la ruta de California nos interesa el rápido acceso a los mercados del Lejano Oriente. Tú tienes otros negocios, George. Nosotros estamos dedicados por entero al transporte marítimo.

—Hay varios factores que no has considerado, William. El más importante es que el comodoro Vanderbilt ya está hablando de abrir una ruta competitiva a través de Nicaragua. Y cuando Cornelius se propone algo no hay quien lo aparte de su objetivo. No quisiera tener que unirme a él para llevar al fracaso tu proyecto de ferrocarril.

El rostro de George Law era ahora el epítome de la seriedad. William lo escrutó un instante a través del humo. «Esto no va a terminar bien», pensó.

—Tú y yo sabemos que la ruta de Panamá es mucho más corta y accesible que la de Nicaragua. Vanderbilt siempre ha hecho su santa voluntad y hasta ahora no le ha ido nada mal. Pero si insiste en abrir una ruta alterna en Nicaragua se encontrará con su primer descalabro financiero. Yo no puedo evitarlo, así como no puedo evitar que te unas a su fracaso.

Viejo Roble intentó una sonrisa que terminó en mueca.

—No menosprecies la habilidad y tenacidad del comodoro, William. Y mucho menos la mía. Lo único que te estoy solicitando, razonablemente, es que me permitas participar en el negocio del ferrocarril en Panamá. Si a cambio deseas asociarte a alguna de mis empresas, podemos llegar a un acuerdo. Hasta estoy dispuesto a ceder parte de mi negocio de tranvías en Nueva York. Es cuestión de sentarse a comparar cifras.

—George, tus ideas y métodos son incompatibles con los míos. No quiero que de competidores en el negocio naviero pasemos a contrapartes en los tribunales de justicia. No sé en cuántas acciones legales están envueltas tus empresas, pero sé que son muchas. Howland & Aspinwall no tiene un solo litigio pendiente y no quiero uno contigo.

—Lo que ocurre es que mientras tú estás dispuesto a sacrificar tus derechos con tal de rehuir una confrontación, yo no permito que nadie abuse de mí. No nací en cuna de oro, William, y lo que tengo lo he ganado día a día, quebrándome el espinazo. Tú heredaste un negocio próspero. Cuando te dieron el timón, ya el barco navegaba por aguas tranquilas y con rumbo seguro. Quizá por eso yo peleo por cada centavo y tú no.

Temiendo que la discusión con George, que poco a poco había ido elevando la voz, derivara hacia situaciones personales, William decidió ponerle fin.

—Lo siento de veras, George, pero el proyecto ferroviario será llevado a cabo por Howland & Aspinwall y algunos otros socios que ya aportaron parte del capital.

—¿Es ésa tu última palabra?

William meditó un instante.

—En realidad no. The Panama Railroad Company será una empresa pública. Cuando se inicie la construcción llevaremos a la Bolsa un porcentaje importante de las acciones con el propósito de recaudar fondos. Eres el primero en enterarte y si quieres podemos ofrecerte desde ahora parte de esas acciones a un precio prefijado.

Viejo Roble soltó una carcajada hueca.

—Cada vez que se inicia una gran inversión surgen dos oportunidades de hacer negocio, William. La primera, con las ganancias derivadas de la actividad de la empresa; la segunda, con las derivadas de venderle al público, posteriormente, acciones sobrevaluadas. Yo quiero participar de ambas ganancias y no ser una víctima de la segunda.

—Lo que dices confirma lo mucho que difieren nuestras convicciones. El empresario que concibe y crea un negocio invierte tiempo y esfuerzos además de asumir el riesgo de que fracase. Mientras que aquellos que invierten a través de la Bolsa participan en una empresa ya probada.

—¡Aspinwall, el noble! —exclamó Law, fingiendo exasperación—. ¿Qué disfrutas más, William, el dinero que te producen tus empresas o tu reputación de empresario escrupuloso y temeroso de Dios?

—Ambas cosas —respondió Aspinwall levantándose—. Gracias por la cena, George.

Viejo Roble se puso de pie lentamente, extendió su mano grande y áspera y mientras estrujaba la más pequeña y delicada de William, lo atrajo hacia sí, lo miró fijamente y musitó mordiendo las palabras:

—Mi equitativo y honesto amigo no me ha dicho ni una palabra del oro de California. Del Oeste me llegan rumores de que allá se han descubierto montañas de oro y que en la frontera pueblos enteros se están quedando vacíos porque sus habitantes han salido en estampida rumbo a la tierra prometida. Tu ferrocarril, William, transportará a todos los que desde la Costa Este quieran ir a hacerse ricos de la noche a la mañana y los traerá de vuelta cargados del precioso metal. En lugar de un caballo de hierro vas a construir un caballo de oro. ¿No será ésta la verdadera razón que te impide aceptarme como socio?

—No sé de qué me hablas, George —respondió William, soltándose bruscamente—. Buenas noches.

Al día siguiente, tan pronto llegó al despacho, el presidente de Howland & Aspinwall hizo llamar a su hermano John y a su primo Bill para relatarles la conversación con George Law y discutir qué acción se podía tomar. Al finalizar el encuentro, concluyeron que la única manera de protegerse de Viejo Roble y del comodoro Vanderbilt era acelerando el desarrollo del proyecto. Cuando ya se despedían, William comentó la afirmación de Law sobre el descubrimiento de oro en California.

—Viejo Roble tiene espías por todas partes —dijo—. Si está en lo cierto, el ferrocarril será todavía más apetecible para nuestros posibles competidores. Debemos investigar si se trata solamente de un rumor o si realmente se ha descubierto oro en California. ¿Quieres encargarte, John?

—Por supuesto, hermano. ¿Cómo fue que llamó Viejo Roble a nuestro ferrocarril? ¿El Caballo de Oro? Ocurrente el tipo, ¿no?

Al mismo tiempo que William ponía en conocimiento de sus socios las pretensiones de George Law, en las oficinas de la United States Mail Steam Line, situadas un par de calles al sur de las de Howland & Aspinwall, Viejo Roble, que desde el amanecer cavilaba en torno a la manera de doblegar a Aspinwall, impartía instrucciones a Albert Zwingle, el más astuto y audaz de sus agentes, especialista en ejecutar aquellas maniobras comerciales en las que los escrúpulos sobraban y a las que su jefe recurría siempre que no lograba su objetivo por los métodos tradicionales.

—¿Comprendes bien la urgencia y la importancia de tu misión, Zwingle? De ti dependerá que Aspinwall se vea obligado a ofrecernos parte de su empresa del ferrocarril, que, de ser cierto lo que se dice sobre el descubrimiento de oro en California, será una de las más prósperas de que se guarde memoria. No repares en métodos ni en gastos; si es necesario torcer brazos, tuércelos. Y si además de pagar a los poseedores tienes que comprar a las autoridades, hazlo. Pero no regreses aquí sin haber comprado todas y cada una de las propiedades que existen en la costa atlántica del istmo, entre los poblados de Chagres y Portobelo. Si cuando terminemos William todavía rehúsa negociar conmigo, veremos cómo se las ingenia nuestro honrado amigo para colocar los rieles de su ferrocarril en el aire.

5

—Tenemos un problema con los neogranadinos.

Sentado detrás de su escritorio, William Aspinwall observó con detenimiento el desmejorado aspecto de Stephens. Había perdido mucho peso, caminaba con lentitud y en sus ojos ya no fulguraba la chispa del entusiasmo.

—Antes de hablar de los neogranadinos cuéntame de tu salud. ¿Te dieron de alta los médicos?

—Todavía insisten en que guarde cama, pero yo creo que la inactividad es peor que la pulmonía. En realidad, desde que decidí volver a mi vida normal me siento mucho mejor. He ganado algo de peso y la fiebre ha desaparecido. Decía que ayer, por boca del cónsul granadino en Nueva York, me enteré de que hace dos días llegó a la ciudad el general Pedro Alcántara Herrán, que viaja como ministro plenipotenciario de la Nueva Granada. Su misión principal, según me ha confiado el cónsul, es la de canjear ratificaciones del tratado que los neogranadinos firmaron con los Estados Unidos en 1846 para asegurar la soberanía sobre el istmo de Panamá. Además, el general Alcántara trae instrucciones precisas de su gobierno de formalizar con nosotros la concesión del ferrocarril transístmico. Lo malo es que Alcántara le ha confiado al cónsul que pretenden cambiar los términos acordados.

Aspinwall cambió de posición en la silla.

—¿Qué quieren? —preguntó intranquilo.

—Participar de las futuras ganancias del ferrocarril. Piden el diez por ciento de los dividendos para el gobierno neogranadino.

—¡Eso es imposible, John! El ferrocarril puede resultar un buen negocio, pero no da para tanto. ¿Qué voy a decirles a los socios que ya aportaron su dinero?

—Lo mismo le manifesté yo al cónsul, quien me dijo que ignora hasta dónde llega la capacidad de maniobra del ministro.

Aspinwall se levantó y comenzó a pasearse por el despacho, las manos entrelazadas tras la espalda. Se detuvo frente al ventanal y dijo como si pensara en voz alta:

—La situación es complicada. Dentro de poco saldrá la autorización para incorporar la compañía y llevarla a la Bolsa de Valores. El coronel Hughes está listo para viajar a Panamá con Baldwin y treinta y cinco asistentes a fin de trazar definitivamente la ruta. Además, no sé si sabes que el comodoro Vanderbilt ya habla de abrir su propia ruta a través de Nicaragua. George Law me ha amenazado con unirse a él si no lo dejo participar como socio fundador en la empresa del ferrocarril. En definitiva, tenemos que actuar con premura.

—Ignoraba lo de Vanderbilt, pero no me sorprende. El viejo marino no se quiere perder ningún negocio que tenga que ver con la navegación. Pero si el asunto es tan urgente como sugieres, lo más conveniente será negociar con los neogranadinos. Estoy seguro de que a cambio de ceder algo de las ganancias podemos obtener en compensación beneficios adicionales.

—El problema sigue siendo el tiempo, John. No sé si ya te enteraste, pero se rumorea con insistencia que en California han descubierto grandes yacimientos de oro. ¿Te imaginas la importancia que adquirirá la ruta de Panamá si los rumores resultan ciertos?

—También yo los he escuchado, pero todavía nadie ha logrado precisar nada y mucho menos mostrar siquiera una onza del codiciado metal. Si quieres me traslado a Washington a negociar con el general Alcántara a ver qué logramos.

—¿Y tu salud?

—Te aseguro que estoy mucho mejor y que la tarea me hará bien. Lo que necesitaría son algunos términos de referencia para alcanzar un acuerdo lo antes posible.

—Es difícil precisar, John. Resulta imposible valorar la participación que quieren los neogranadinos de la ganancia porque ignoramos si la empresa realmente tendrá éxito. Además, hay algo de ingenuidad en la solicitud porque existen muchas maneras de limitar la distribución de dividendos en un negocio. A pesar de que seremos una empresa pública, sujeta al escrutinio de nuestros libros, nada nos impediría, por ejemplo, aplicar las ganancias a nuevas inversiones o distribuirlas entre los directores como retribución por sus esfuerzos. Como sabes, los directores representan a los accionistas originales, que son los que más dinero han aportado para la aventura. Alentar las expectativas del gobierno neogranadino nos colocaría inmediatamente en una situación de conflicto que pondría en peligro la estabilidad de la empresa.

—¿Qué sugieres entonces?

William Aspinwall volvió a sentarse y reflexionó, la mirada perdida en el vacío.

—La ruta del istmo ha sido importante desde que Colón descubrió América y lo seguirá siendo hasta que el hombre invente una manera más eficiente que la navegación para transportar mercaderías y personas. Nuestro gobierno lo sabe muy bien y por eso, con el tratado de 1846, ha asegurado su hegemonía en esa franja de tierra. No sé cuál sea el destino de nuestro proyectado ferrocarril: si efectivamente lo construiremos, si la empresa será próspera ni cuántos años durará esa prosperidad. Lo que es evidente es que la ruta mantendrá siempre su importancia. ¿Qué te parece si a cambio de un porcentaje de los dividendos, muy inferior al que solicitan, les proponemos que nos donen un área importante de tierra dentro de la ruta, a ser escogida por nosotros?

—Me parece excelente, William. Ahora entiendo por qué Howland & Aspinwall es la empresa de navegación más floreciente de los Estados Unidos. ¿Qué porcentaje de las ganancias estamos dispuestos a cederles y cuánta tierra pido?

—No más del cinco por ciento. En cuanto a la tierra, no menos de cien mil acres.

—Mañana mismo me traslado a Washington.

Stephens se disponía a trasponer la puerta cuando escuchó a William decir desde su escritorio:

—Recuerda que tu salud es lo primero.

«Lo increíble es que sé que es sincero», se dijo John, mientras con un gesto de la mano restaba importancia a la preocupación de su socio y amigo.

Tan pronto John Stephens contempló el rostro adusto y casi displicente del hombre que abrió la puerta, supo que la negociación con el general Pedro Alcántara Herrán no sería fácil.

—Buenas tardes, excelencia. Soy John Lloyd Stephens. Le agradezco que me haya recibido con tan corto aviso.

—Pase adelante, señor Stephens, y siéntese. Sé quién es usted y conozco sus obras. Sin embargo, debo advertirle que no acostumbro tratar mis asuntos en habitaciones de hotel y si accedí a verlo fue porque así me lo solicitó el embajador Bidlack, con quien forjé una sólida amistad durante su permanencia en Bogotá. De otra manera no le habría concedido esta entrevista de un día para otro. Comprenderá usted que vengo en representación del gobierno de mi país y no dispongo de tiempo para temas no relacionados con la importante misión a mí encomendada.

«Eso no se lo cree ni él mismo», pensó Stephens, pero por el bien de su propia misión decidió seguir el juego.

—Le aseguro que lo comprendo, excelencia, y le deseo el mayor de los éxitos —afirmó Stephens mientras se sentaba frente al ministro en la pequeña mesa que servía de desayunador—. Nuestra solicitud también guarda relación con su presencia en Washington.

—Si se refiere usted al contrato del ferrocarril, el tema encabeza mi agenda —advirtió el neogranadino con afectada gravedad—. Además, mientras no presente mis credenciales al presidente de los Estados Unidos, no puedo hablar en nombre de mi país.

«¿Es su actitud parte de una estrategia de negociación o este hombre sólo es un cretino?», se preguntó Stephens antes de insistir:

—Comprendo que deba usted apegarse a las normas diplomáticas, excelencia. Yo pensé, sin embargo, que mientras se cumplen los trámites de rigor podríamos convenir los términos de la concesión del ferrocarril y tenerlos listos para la firma cuando usted sea reconocido oficialmente como el ministro plenipotenciario de la Nueva Granada. No hace falta decirle que a la empresa que represento le interesa mucho ganar tiempo.

—Pues a mí no, señor Stephens. Hay quienes olvidan que la forma a veces es tan importante o más que el contenido. Trate de tomar agua sin un vaso y se dará cuenta de que tengo razón.

El general Alcántara sonrió brevemente, satisfecho de su metáfora. Luego prosiguió:

—Por si usted no lo sabe o lo ha olvidado, tuve el honor de ser presidente de la Nueva Granada y le puedo asegurar que lo que afirmo es enteramente cierto, por lo menos en el mundo diplomático. Además, mi estimado señor, sin formalidades los Estados no funcionan.

—Estoy de acuerdo, excelencia. Es por ello que le estoy solicitando, a nombre de la empresa del ferrocarril, que, informalmente, repasemos el documento de concesión de manera que luego podamos «formalizarlo» con nuestra firma.

La adustez abandonó el rostro del general Alcántara para dar paso al amago de una sonrisa.

—Veo que el escritor no ha logrado desterrar del todo al abogado. Pero no puedo, ni debo, iniciar negociaciones con la empresa del ferrocarril sin haber «formalizado» mi condición de ministro plenipotenciario en este país. Posteriormente atenderé todo lo relativo a la «formalización» del Tratado Mallarino-Bidlack y luego podré reunirme con usted para ver los últimos detalles de la concesión ferrocarrilera. El tiempo que transcurra, amigo mío, dependerá de la agilidad con que se mueva el Departamento de Estado de su país.

Frustrado, Stephens se levantó y tendió la mano al general.

—Espero que la demora sea poca, excelencia. Estaré pendiente del cumplimiento de todas las «formalidades» para que volvamos a reunirnos a «formalizar» nuestro acuerdo.

Deliberadamente y con cierta sorna, Stephens había seguido el juego del embajador enfatizando la palabra *formalizar* cada vez que la repetía.

—Para que nos entendamos, señor Stephens, ¿me puede decir si ya la compañía del ferrocarril —The Panama Railroad Company, creo que se llama, ¿no?— ha cumplido con todas las «formalidades» necesarias para ser reconocida como una sociedad válida de acuerdo con las leyes del estado de Nueva York? Se lo pregunto porque entiendo que hasta hace pocos días la resolución de incorporación todavía estaba pendiente en Albany.

«Ir por lana y salir trasquilado», se dijo Stephens.

—Son simples trámites, Excelencia, «formalidades» sin importancia.

—Pues entonces espero que cuando volvamos a encontrarnos todo esté en orden, es decir, «formalizado».

Dos semanas después de aquel encuentro, el general Pedro Alcántara Herrán presentó sus cartas credenciales como ministro plenipotenciario de la Nueva Granada ante el presidente James Polk. Sin embargo, habrían de transcurrir más de tres meses antes de que se anunciara oficialmente y con gran pompa el canje de ratificaciones del Tratado Mallarino-Bidlack por medio del cual, en cumplimiento de la doctrina Monroe, los Estados Unidos aseguraban su hegemonía en el istmo y la Nueva Granada la protección de su soberanía en la ruta transístmica.

A comienzos del otoño de 1848 el general Alcántara recibía en su residencia de la calle M al presidente de la Panama Railroad Company. A diferencia de la primera entrevista, la actitud del representante de Nueva Granada era mucho más cordial y abierta. «Mi estimado amigo, ahora sí estamos en capacidad de negociar sin obstáculos. Usted tiene debidamente registrada su compañía y yo ya puedo actuar como el representante oficial de mi país», había dicho Alcántara antes de insistir en que Stephens compartiera su almuerzo.

Esa tarde, entre exquisitas viandas y buen vino, ambos hombres llegaron sin dificultad a un acuerdo definitivo que permitió que la firma del contrato de concesión se realizara en Washington tres días después. En esencia, la única modificación fue que a cambio del tres por ciento de las ganancias el gobierno le otorgaba a la empresa el derecho de escoger un globo de terreno de doscientos cincuenta acres en cualquier lugar de la ruta del ferrocarril, incluyendo las estaciones terminales.

Para entonces los rumores del descubrimiento de oro en California habían tomado más vuelo, pero aún no habían calado en los habitantes de la Costa Este del país. Aspinwall, con mayor precaución pero igual entusiasmo, había continuado impulsando el proyecto del ferrocarril, y cuando tuvo en sus manos el contrato de concesión finalizó los arreglos para enviar a Panamá al coronel Hughes y su equipo. Asimismo, dispuso que el *California* zarpara enseguida rumbo a San Francisco y registró oficialmente en la Bolsa de Nueva York la nueva empresa que tendría a su cargo la construcción del ferrocarril de Panamá.

6

Tan pronto el *California* dejó atrás las aguas tranquilas de la bahía de Hudson, el capitán Cleveland Forbes inició el recorrido por las entrañas de su nuevo barco. Examinó las enormes calderas, que con insaciable voracidad tragaban palada tras palada de carbón; comprobó el agua en el cristal de los niveles y vio el fuego bailando en el interior de los hornos. Luego pasó al compartimento de las máquinas, donde quedó maravillado al contemplar el movimiento que provocaba el vapor dentro de los cilindros. Sentía que ahora tenía bajo su mando una nueva energía. «El vapor mueve las máquinas y éstas mueven el barco... y, a diferencia del viento, esa fuerza la controlamos nosotros». Con alegre asombro se quedó observando cómo el movimiento rectilíneo de las poderosas bielas se convertía en circular continuo en el cigüeñal que, chapoteando en el aceite, transmitía su energía a las gigantescas ruedas de paletas. De vuelta sobre cubierta, contempló con satisfacción la inclinada columna de humo negro que salía por la alta chimenea de hierro. Dispensó poca atención a los tres mástiles y al velamen, cuyo desempeño no ofrecía para él ningún misterio. El comandante del *California* conocía muy bien los efectos del viento en la navegación pero ignoraba cómo se comportaría en alta mar esa paradójica combinación de fuego y agua.

Para los pocos pasajeros que se embarcaron en Nueva York aquel 6 de octubre de 1849 el viaje resultaba entretenido y placentero. Durante los primeros días de la travesía todos subían a cubierta a contemplar el mágico movimiento de las grandes ruedas laterales que incesantemente mordían el océano, lanzaban al aire escupitajos de espuma y dejaban sobre las olas una larga huella blanca que en breves segundos aparecía, desaparecía y volvía a aparecer. El buen humor y la camaradería reinaban en los elegantes y acogedores salones del *California*, con su variedad de maderas preciosas, sus cristales, sus cortinajes y sus mullidos sillones. Para hacer aún más confortable la travesía, el barco cargaba menos de la mitad de los pasajeros que podía acomodar. De los sesenta camarotes de lujo que conformaban la primera clase, solamente veinte estaban ocupados, y de las doscientas literas disponibles bajo la cubierta de proa para los pasajeros de segunda, más de la mitad permanecían vacías.

En la conversación que sostuviera la víspera de la partida con el capitán Forbes en su despacho, William Aspinwall había expresado su inquietud, no tanto por la baja ocupación del buque, sino porque ninguno de los pasajeros tenía como destino final la Costa Oeste de los Estados Unidos.

—Resulta desconcertante que a pesar de que hemos anunciado ampliamente al *California* como el primer vapor que inicia la ruta regular hacia la costa del Pacífico, ninguno de los pasajeros lleva como destino final San Francisco ni Astoria. Todos dejarán el barco en Río de Janeiro o en Valparaíso. No sé qué pensar.

—No olvide usted —comentó el capitán, deseoso de tranquilizar a su jefe— que la distancia a esos puertos del Oeste es bastante más larga y muchos de nuestros compatriotas todavía piensan que los países de la América del Sur ofrecen la mejor oportunidad de enriquecerse de la noche a la mañana.

—Lo sé, lo sé, capitán —insistió Aspinwall, sin que la preocupación abandonara su ceño fruncido—. Pero tampoco olvide usted que el gobierno ha otorgado grandes incentivos a quienes decidan trasladarse al Oeste. Además, desde hace dos meses están circulando noticias en torno a los fantásticos yacimientos de oro en California.

—Más que noticias, se trata de rumores que nadie ha podido confirmar todavía, señor Aspinwall. Tampoco hay que perder de vista que la inmensa mayoría de los que decidan trasladarse a la costa del Pacífico utilizarán la ruta de Panamá, que ahorra por lo menos dos meses de viaje.

—Eso ya lo sabemos, capitán, y por ello nuestros nuevos vapores servirán la ruta entre Panamá y San Francisco. Pero si la gente no se decide a emigrar a California el futuro de la Pacific Mail Steamship será poco halagüeño.

«Y tendrá razón el tío Samuel», agregó para sus adentros Aspinwall.

—¿Alguna instrucción adicional antes de zarpar?

—No. Creo que la decisión de aprovechar el espacio vacío para llevar partes y repuestos de modo que podamos contar con depósitos de maquinarias en Panamá y San Francisco es apropiada. No deje de observar y anotar en su bitácora, lo más prolijamente que pueda, cualquier problema que se le presente con su nuevo navío.

—Descuide usted, señor Aspinwall. Así se hará.

Tres días después de la partida, el capitán Forbes sabía que el viaje del *California* no estaría exento de problemas. Aunque empujado por el velamen y las ruedas laterales el navío surcaba el océano con serenidad y a una excelente velocidad promedio de nueve nudos, era evidente que las máquinas de vapor afrontarían problemas no previstos por los constructores. Al amanecer del cuarto día el maquinista del turno reportó un recalentamiento en un cojinete de biela de la máquina de babor y un escape de vapor en la línea principal de las calderas.

Para solucionar el escape fue necesario detener las máquinas por dos horas mientras rellenaban la picadura de la tubería y le colocaban un collarín de latón, asegurado con tornillos. El problema de la biela era más grave. Acucioso, el capitán Forbes iba anotando en el libro de bitácora todas sus experiencias con las nuevas máquinas:

«El jefe de máquinas ha decidido que todavía podemos resistir un par de días más sin detenernos. La solución temporal fue la de inundar con aceite el cárter de la máquina más arriba del nivel normal. Esto ha provocado que las salpicaduras del cigüeñal sean mayores. He ordenado a dos marineros que bajen a la sala de máquinas y ayuden en la limpieza. A pesar de que el asunto se agravaba por momentos, no podía dejar de sonreír cuando el jefe subía a cubierta a darme el informe sobre el endiablado cojinete. No parecía muy a su gusto bañado en aceite negro. Así aguantamos cuatro días más hasta que llegó la hora en que el jefe decidió que había que detener las máquinas. Continuamos navegando con las velas, pero la velocidad bajó a cinco nudos. El trabajo de cambio de cojinete demoró nueve horas. Por suerte tenemos todavía uno más de repuesto. Apenas toquemos puerto debemos mandar a rellenar de metal blanco el cojinete que se fundió.

»Hoy 13 de octubre, séptimo día de navegación, encendimos las calderas y arrancamos nuevamente las máquinas. El trabajo ha sido perfecto y el *California* está listo para enfrentar con nobleza las acometidas del mar. El problema que más me preocupa, sin embargo, son las condiciones infrahumanas en que laboran los fogoneros. Los sistemas de ventilación son deficientes y palear carbón a esas temperaturas es como un castigo. En puerto debemos atender la instalación de dos nuevas ventoleras que provean de aire fresco aquel infierno. Para rematar, las habitaciones asignadas a los maquinistas se hallan muy cerca de las calderas. Una vez entré a uno de los camarotes y no resistí el calor. Cómo soportan esa temperatura, francamente, no lo sé. Temo que enfermen. Por otra parte, el corral para los animales es demasiado pequeño y también está expuesto a temperaturas muy altas, lo que ha provocado la muerte de algunas gallinas, algunos patos y una cabra».

No obstante los numerosos problemas, veintiséis días después de zarpar de Nueva York el *California* echaba anclas frente a Río de Janeiro, lo que constituía un récord de velocidad en el mundo de la navegación.

Durante las tres semanas que el buque permaneció anclado en las aguas serenas de la bahía de Guanabara, el capitán Forbes comprendió por qué casi todos sus pasajeros tenían como destino Río de Janeiro. Tras la independencia del Brasil en 1822, y después del descubrimiento de ricos yacimientos de oro y diamantes, Río había dejado de ser la perezosa villa colonial de otros tiempos para convertirse en una ciudad moderna, alegre y bulliciosa. El café que se cultivaba en las vastas plantaciones circundantes se almacenaba en el puerto a la espera de los navíos que lo transportarían a los mercados de la América del Norte y Europa. Con frecuencia, de los Estados Unidos se desplazaban a Brasil aventureros en busca de fortuna fácil, empresarios dispuestos a establecer allí sus negocios y misioneros que se internaban en el Amazonas en busca de indígenas a quienes abrirles las puertas del cielo. Las tres semanas en aguas cariocas habían sido suficientes para reabastecer de carbón las bodegas y llevar a cabo las reparaciones necesarias de modo que el *California* estuviera en condiciones óptimas de afrontar el temido paso del cabo de Hornos.

Once días después de zarpar de Río de Janeiro, el capitán Forbes dejó anotado en su bitácora:

«Impulsados por vientos favorables y con las remozadas máquinas funcionando a plena capacidad, llegamos a las gélidas y peligrosas aguas del estrecho de Magallanes. Aunque el vapor nos permite maniobrar mejor, he decidido no correr riesgos. La niebla, las incesantes tormentas y la fuerza de las mareas nos han obligado a permanecer anclados durante cuatro de los seis días que ha demorado la travesía. Soy uno de los primeros capitanes en darle la vuelta al Polo Sur en un barco impulsado a vapor».

A pesar de la demora en el cabo de Hornos, la travesía desde Río de Janeiro a Valparaíso había tomado solamente veinticuatro días. «No creo que ningún navío haya logrado un mejor tiempo», anotó Forbes. En el puerto chileno permanecieron únicamente lo necesario para recoger algo de carga y desembarcar el resto de los pasajeros. Cinco días después, sin novedades que anotar, el *California* echaba anclas frente al puerto de Callao, en cuyos muelles el capitán Forbes advirtió un movimiento inusual de gente y mercadería. La causa de la conmoción le fue revelada tan pronto subió a bordo el representante de Alsop & Co., agentes en el Perú de Howland & Aspinwall.

—Tengo ciento dos pasajeros para San Francisco, capitán —dijo excitado el representante—. Espero que tenga usted espacio suficiente.

—Espacio sobra, pero ¿qué van a buscar tantos peruanos a California?

—¡Oro, capitán, oro! Desde hace más de dos semanas llegaron aquí noticias de increíbles yacimientos esparcidos por las montañas y los ríos de California.

—Algo escuché en Nueva York antes de zarpar, pero nadie había podido confirmar nada ni mucho menos ver alguna prueba de tan fabulosos hallazgos.

—Pues yo sí la vi, con mis propios ojos. Oro de veinticuatro quilates recogido de la tierra como quien coge manzanas de un árbol, según cuentan los nuevos ricos. Cada uno de mis pasajeros ha pagado trescientos dólares por su cabina de primera y los de segunda ciento cincuenta por una litera. Creo que nuestro patrón estará muy satisfecho.

Ese día, el capitán Cleveland Forbes anotó en la bitácora:

«Zarpamos rumbo a Panamá hoy, 9 de enero de 1849. En este puerto de Callao han embarcado ciento dos pasajeros, doce en primera clase y el resto bajo la cubierta de proa. La migración de peruanos hacia California responde a las noticias, que aún me cuesta creer, de que en los nuevos territorios del Pacífico se han descubierto fantásticos yacimientos de oro. De ser cierto, la Pacific Mail Steamship Company debe prepararse para hacer frente al éxodo que sin duda sobrevendrá».

Viejo Roble descargó el puño sobre el escritorio.

—Demanda a esos hijos de puta —gritó.

Acostumbrado a los arrebatos de su mejor cliente, el abogado esperó a que George Law volviera a sentarse para sugerir calmadamente:

—¿No será mejor negociar con los astilleros? Tanto Bishop & Simonson como Smith & Dimon son empresas serias y la demora en terminar nuestros navíos se debe, en parte, a los cambios que introdujimos a medio camino en el tamaño de las calderas y que...

—Cambios que los muy sinvergüenzas aceptaron sin alterar la fecha de entrega —vociferó Viejo Roble—. Mientras ellos se embolsan el dinero extra yo tengo que salir a fletar o comprar un buque que me permita cumplir con la concesión del gobierno. La única manera de negociar con ventaja es llevándolos a juicio. Solamente entrarán en razón cuando se den cuenta de que los abogados resultarán más costosos que los obreros que se requieren para adelantar la entrega de mis barcos.

—También a nosotros nos resultará más caro litigar —se atrevió a insinuar el abogado.

—Dinero que tú recibirás como honorarios, así que ¿por qué te preocupas? Demándalos. Yo sé lo que hago.

Acallada su conciencia, el abogado tomó su maletín, estrechó la mano de Viejo Roble y abandonó el despacho.

Tres días más tarde, mientras los astilleros de Bishop & Simonson y de Smith & Dimon recibían, casi a la misma hora, una citación judicial en la que se les llamaba a responder por una millonaria demanda de daños y perjuicios instaurada en su contra por la United States Mail Steam Line, George Law cerraba un contrato de fletamento con opción de compra para el *Falcon*, un pequeño vapor que navegaba regularmente entre Nueva York y Nueva Orleans.

A los pocos días, el 1º de diciembre de 1848, pertrechado a la carrera con lo indispensable, el *Falcon* zarpó rumbo a Chagres. Llevaba a bordo, además del correo, veintinueve pasajeros, cuyo destino final era California, de los cuales solamente tres eran aventureros atraídos por los rumores del oro. Entre los restantes había misioneros, empleados públicos y comerciantes a quienes interesaba explorar las posibilidades de negocio en los nuevos territorios.

El navío se encontraba en alta mar cuando el descubrimiento de oro de California comenzó a ocupar las primeras planas de los diarios. Las noticias habían llegado a su clímax el 5 de diciembre cuando, en su discurso al Congreso, el presidente de los Estados Unidos, James K. Polk, dio a conocer un informe oficial del ejército en el que se señalaba que los yacimientos de oro en los territorios de California eran verdaderamente fabulosos. Para corroborar lo dicho, el presidente ordenó exhibir en el Departamento de Guerra un cofre repleto de resplandecientes fragmentos y pepitas de oro. Una semana después se había iniciado la estampida humana hacia California.

El 10 de diciembre, mientras el *Falcon* se aproximaba al puerto de Nueva Orleans, el capitán Fred Notestein observó con extrañeza desde la cabina de mando que una multitud se agolpaba en el muelle. «¿Qué puede estar ocurriendo?», se preguntó.

El capitán calculó la muchedumbre en unos cien individuos. Barbudos y desaliñados, muchos blandían hachas, palas y picos con gesto amenazador, lo que lo obligó a mantener el barco alejado de muelle.

—Baje a tierra con dos hombres a ver qué sucede y regrese enseguida a informarme —ordenó Notestein a su contramaestre.

Tan pronto el bote con los tres marinos llegó al muelle, diez hombres se precipitaron sobre ellos. Simultáneamente sonaron varios dis-

paros y seis o siete soldados se abrieron paso a punta de pistola, libera-
ron a los marinos, ocuparon el bote y pusieron rumbo al barco. Ante
la actitud amenazadora de la multitud, en la que algunos ya habían
desenfundado sus escopetas de largos cañones, el comandante ordenó
acercar el *Falcon* al muelle, al tiempo que preparaba las ametrallado-
ras y colocaba a varios de sus hombres armados en la proa del navío.
La maniobra pareció apaciguar a los revoltosos, que a regañadientes
bajaron sus armas y permitieron a los soldados subir al barco.

—Soy el general Persiford Smith y éstos son los miembros de mi Estado Mayor. ¡Excelente maniobra, comandante! —exclamó el militar.

—Bienvenido a bordo, general. Yo soy el capitán Fred Notestein.
¿Puede explicarme qué demonios pasa?

—¿Acaso lo ignora usted? Se han descubierto inmensos yacimientos de oro en California y nadie quiere perderse la fiesta.

—Entonces, ¿eran ciertos los rumores?

—El propio presidente Polk confirmó la noticia que desató la estampida, lo que sin duda hará más dura mi labor. Se me ha designado
comandante en jefe del ejército de los Estados Unidos en California
y debo llegar allá cuanto antes para poner orden. Lo que ocurre en
el muelle es sólo una muestra de lo que me espera. ¿Tiene usted listo
nuestro acomodo? —El tono entusiasta del general al abordar había
dado paso a uno de autosuficiencia que no pasó desapercibido al comandante del *Falcon*.

—No estaba preparado para pasajeros tan distinguidos —respondió con mal disimulada afectación—. Enseguida ordenaré lo necesario. Mientras tanto, ¿qué sugiere usted que hagamos con los que
esperan en el muelle?

—Dejarlos en tierra. No necesitamos semejante gentuza a bordo.

—Me temo que no puedo hacer eso, general. Esa gentuza probablemente ha comprado pasajes y tiene derecho a que se le transporte.

—¿Acaso puede usted acomodarlos a todos?

—Solamente tengo cupo disponible para unos cincuenta en segunda clase; los espacios que quedaban en primera serán ocupados por
usted y sus ayudantes. Tendré que hablar con nuestro agente aquí.

El general levantó la mirada al cielo y se encogió de hombros.

—Pues le deseo buena suerte. Debo advertirle que en caso de cualquier enfrentamiento no puede usted contar conmigo ni con mis hom-

bres. Nuestra misión es llegar a California sanos y salvos. Suficientes problemas tuvimos para abordar. Ahora, le ruego que me muestre mis acomodos.

Mientras el general Smith y el capitán Notestein conversaban, el *Falcon* había vuelto a alejarse para echar anclas a unos cien metros de la costa. En el muelle la multitud se mantenía enardecida.

Dos horas más tarde, cuando con el declinar del sol parecían menguar también los ánimos de los que ocupaban el muelle, el capitán Notestein fue informado de que un bote con tres personas se aproximaba por estribor. El catalejo le permitió distinguir claramente a dos hombres blancos y uno negro. Sentados en la proa, los blancos parecían enfrascados en una animada conversación mientras el negro remaba. El comandante del *Falcon* los recibió frente a la escalera de mano.

—Buenas tardes, capitán. Soy Frank Salmon, agente de la United States Mail Steam Line en Nueva Orleans. El caballero que me acompaña es Albert Sweeney, uno de nuestros más distinguidos ciudadanos. Él y su muchacho seguirán con usted hasta Chagres y de allí a California.

—Bienvenidos a bordo. No sabe el gusto que me da verlo. ¿Qué me puede decir de lo que está ocurriendo en el muelle?

—¿No lo ve usted, capitán? —exclamó Sweeney con voz atiplada—. Esos salvajes se quieren apoderar de su barco.

—No disponemos de mucho tiempo, capitán —dijo Salmon—. Debo arreglar esta situación antes de que oscurezca. Los desharrapados que aguardan en el muelle cayeron sobre la ciudad anteayer y mantienen a toda la población en vilo con sus desmanes. No tienen dónde dormir ni dónde satisfacer sus necesidades básicas, así es que ya se imaginará el caos que impera en la villa, cuyos habitantes nos responsabilizan por lo que ocurre. Debemos embarcar cuanto antes a los que han adquirido pasaje.

—Pero ¿de dónde salieron y cuántos son?

—Gente de montaña, capitán. Pertenecen a diversos clanes que se identifican por su origen. La mayoría son irlandeses, pero también hay franceses y escoceses. Tan pronto se regó la noticia de que en California hay oro en abundancia, comenzaron a llegar en busca de transporte para marchar hacia El Dorado. Ochenta y cinco han pagado su pasaje hasta Chagres. Además, en el grupo que aguarda hay otros veinte parroquianos que han cerrado sus tiendas y abandonado sus plantaciones con el mismo propósito.

—¿Cien en total? —El capitán negó con un movimiento de cabeza—. Difícilmente podré acomodar cincuenta. Éste es un barco pequeño, amigo Salmon.

—¡Es lo que dije! —terció Sweeney, casi gritando—. Creo que lo más prudente sería zarpar ya y olvidarnos de esa manada de salvajes. Con ellos a bordo, su barco correría peligro de naufragar.

—Y si los dejamos en tierra son capaces de quemar la ciudad —advirtió Salmon—. ¿Cuántos cree usted que puede acomodar si fuerza un poco las cosas?

—No más de sesenta.

Salmon se quedó pensando.

—Déjeme ver qué puedo hacer —dijo finalmente—. Por lo pronto, los que tienen casa en Nueva Orleans y alrededores tendrán que regresar y embarcarse en otra oportunidad. En cuanto a los montañeses, tal vez logre convencer a algunos de esperar el próximo barco a cambio de devolverles parte de su dinero... o sus pieles, o sus lingotes de plata, que a la hora de pagar utilizan de todo. Debo regresar a tierra enseguida.

—Dos de mis hombres lo acompañarán.

Media hora más tarde el capitán Notestein observó consternado que el bote regresaba sin Salmon y que en la proa, de pie y con los brazos cruzados, venía uno de los montañeses. Esperó que el bote se aproximara al barco para luego gritar con tono autoritario:

—¿Qué ha pasado con el agente Salmon?

—Le aseguro que nada le ha ocurrido —respondió el del bote con fuerte acento irlandés—. Déjeme subir y le cuento, capitán.

Consciente de que la noche se le venía encima, el capitán ordenó colocar la escalera de mano. Alto, corpulento y enfundado en un grueso abrigo de cuero burdo, el hombre que subió a bordo sudaba copiosamente, olía a demonio y sonreía constantemente.

—Gracias, capitán. Mi nombre es McKennon y vengo en representación de todos los compañeros que aguardan para embarcarse. Lo único que queremos es llegar a California antes de que se acabe el oro. ¿Qué hay de malo en ello?

—¿No les dijo el agente que no tengo espacio suficiente? —preguntó el capitán.

—Así es y por ello estoy aquí. Con nosotros no hay que tener tantos miramientos. Somos gente acostumbrada a la vida dura y no nos preocupa dormir sobre cubierta o donde sea.

—¡Yo no puedo acomodarlos sobre cubierta! —exclamó el capitán, exasperado—. Además —agregó más sereno—, las normas de navegación no lo permiten.

Del rostro de McKennon se borró la sonrisa.

—Eso sería un problema, capitán. O nos vamos todos o no se va nadie.

—¿Me amenaza usted? —demandó el capitán, que volvía a irritarse.

—Tómelo como quiera. Los que desde hace dos días aguardamos por este barco compramos pasajes para ir a California. Lo hicimos de buena fe y muchos de nosotros entregamos al agente todas nuestras posesiones. No estaría bien que ahora nos dejen en tierra.

—Estamos dispuestos a embarcar hasta sesenta de ustedes y al resto devolverle su dinero. Otros barcos vendrán pronto —ofreció Notestein, conciliador y deseoso de poner fin a la enojosa situación.

—Usted no entiende, señor. Ya nosotros nos fuimos. Dejamos atrás nuestra tierra, nuestras cabañas, nuestros animales, nuestras mujeres y nuestros hijos para ir a buscar el oro de California. No podemos esperar más porque no disponemos de dinero ni de nada. Llevamos dos días casi sin comer y en breve se desatará una guerra con los habitantes del puerto que no esconden su desagrado por nuestra presencia. Embarcarnos es lo mejor para todos. Ya le dije que no nos molestaría dormir en el suelo o donde usted disponga.

El capitán se quedó mirando al irlandés y luego llamó a su segundo de a bordo, con el que intercambió unas palabras.

—Muy bien, McKennon —dijo finalmente—. Pueden subir pero deben cumplir ciertas condiciones. La primera, entregar sus armas, incluyendo las hachas, los picos y las palas; la segunda, todos sin excepción deben asearse tan pronto aborden; la tercera, aceptarán cualquier acomodo que se les ofrezca, y la cuarta, se mantendrán alejados de los demás pasajeros.

McKennon soltó una risotada y estrechó vigorosamente la mano del capitán.

—Desde que lo vi supe que era usted un hombre razonable. Se hará como usted quiera.

Tres horas después, cuando ya era noche cerrada, ochenta montañeses desnudos brincaban y reían sobre cubierta mientras los tripulantes procedían a descargar sobre ellos baldes de agua de mar. Como volvieron a vestirse con las mismas ropas mugrientas, su aspecto y su olor varió muy poco. Entre tanto, desatendiendo la airada protesta del general Smith, de Sweeney y del resto de los pasajeros, el capitán hizo convertir en dormitorios el comedor y todos los salones del *Falcon*, que finalmente zarpó a medianoche con su variopinta carga.

—Ojalá transcurra pronto la semana que nos falta para llegar a Chagres —comentó Notestein a su segundo oficial antes de entregarle el mando y retirarse a dormir.

BITÁCORA DEL FALCON

Diciembre 15, 1848

Hace cuatro días zarpamos de Nueva Orleans, último puerto en la ruta antes de llegar a nuestro destino final. Calculo que, si la suerte nos sigue acompañando, estaremos echando anclas frente a Chagres pasado mañana. Este pequeño vapor, que provisionalmente me ha tocado comandar, se ha portado muy bien. Hasta el día de hoy las máquinas no han dado mayores problemas y pareciera que el tamaño de las calderas es el indicado para su tonelaje. Solamente se han presentado averías recurrentes en las tuberías que llevan el vapor a los cilindros, por lo que recomendaré al señor Law hacerlas reforzar en sus nuevos buques. Mientras navegábamos entre Nueva York y Nueva Orleans se ha desatado un verdadero frenesí por el oro de California, lo que motivó que me viera obligado a recoger en este último puerto ochenta nuevos pasajeros. He tenido que habilitar todos los salones del barco para acomodarlos. La gran mayoría es gente que ha abandonado su vida montaraz para ir en busca del oro. Inicialmente, su actitud hostil me hizo temer por la seguridad del navío y rehusé embarcarlos. Luego me di cuenta de que no son gente peligrosa. Además, estuvieron de acuerdo en entregar sus armas hasta llegar a Chagres. Según me contó nuestro agente Salmon, entre dinero, pieles y metales pagaron bastante más de lo que vale el pasaje. También subió

a bordo en Nueva Orleans el general Persiford Smith, quien junto a su
Estado Mayor se dirige a California como jefe militar de los nuevos
territorios. Desde que resolví embarcar a los montañeses, cuyo olor y
algarabía, debo admitir, no son muy agradables, Smith no ha vuelto
a dirigirme la palabra, ni siquiera para darme los usuales buenos días
o las buenas tardes cuando nos cruzamos en cubierta, donde él y sus
acompañantes pasan casi todo el tiempo. A bordo sólo se ha producido un incidente digno de relatar. Ocurrió ayer y en él se vio envuelto un
rico hacendado de apellido Sweeney, que también abordó en Nueva
Orleans y que acusó a uno de los montañeses de intentar robarle.
Hubo un altercado en el que la peor parte la llevó el esclavo de Sweeney,
un negro corpulento que por defender a su amo tuvo que enfrentarse
a diez rivales. A pesar de la conmoción, el general Smith se negó a
intervenir, por lo que nos tocó a mí y a mis hombres restablecer el
orden. Después de investigar el hecho llegué a la conclusión de que
no hubo tal intento de robo sino un simple roce entre el montañés y
Sweeney a consecuencia de un inesperado movimiento del barco. Más
tarde, mientras reclamaba al hacendado por su comportamiento, me
di cuenta de que se trata de un joven muy rico y mimado que, según
afirma, huye de la rutina del hogar y va hacia California a abrirse
camino por sí mismo. Pienso, y así se lo hice saber, que con ese temperamento no subsistirá en los nuevos territorios donde la única ley
es la del más fuerte. La risa burlona con la que recibió mis palabras
me indica que no atenderá consejos.

Cuando los pasajeros del *Falcon* desembarcaron, los habitantes de
Chagres se atemorizaron al observar la gran cantidad de gente de in-
quietante aspecto que abrumaba el poblado, muchos de ellos armados
con revólveres, escopetas y cuchillos. El primero en reaccionar fue
Peter Eskildsen, quien, apenas se enteró de lo del oro de California,
comprendió la nueva oportunidad que se le presentaba a la comunidad.
Los últimos en saltar a tierra habían sido los montañeses y para entonces ya el general, sus hombres, Sweeney y su esclavo navegaban aguas
arriba. Eskildsen, percatándose de que los botes que quedaban no
serían suficientes para trasladar al resto de los barbudos, se propuso
negociar con ellos y fue a su encuentro en la playa.

—¡Bienvenidos a Chagres! —saludó dirigiéndose al que parecía ser el líder—. Como ven, quedan nueve bongos y cada uno puede llevar solamente a seis de ustedes. Los demás tendrán que permanecer en Chagres por lo menos una semana aguardando a que regresen.

—¿Por qué no podemos marchar a pie hasta Panamá? —quiso saber McKennon.

—La selva es difícil de atravesar y muy peligrosa. Hay tigres, serpientes y cocodrilos —respondió Eskildsen. Y añadió para terminar de disuadirlos—: Además, tomaría demasiado tiempo llegar a Panamá. Les propongo permanecer aquí, en mi hotel y en algunas otras viviendas que por un precio módico puedo conseguir para ustedes.

—Realmente no disponemos de dinero para pagar hospedaje. A menos que acepte usted que le paguemos dentro de cinco meses, cuando regresemos de California cargados de oro.

—¿Cinco meses? ¿Acaso allá el oro crece en árboles? —preguntó Eskildsen, burlón.

—Mejor todavía. Está regado por todas partes y existen verdaderas montañas cubiertas de oro, como si alguien lo hubiera sembrado. Y ríos que en lugar de piedras arrastran oro.

—Pero eso es imposible. No existe tal cosa como ríos y montañas de oro.

—En California sí. ¿Por qué cree que nosotros lo abandonamos todo? Hay gente que ha regresado con más oro del que era capaz de cargar. Y otros han visto con sus propios ojos pepitas tan grandes como manzanas. Por eso vamos preparados con cofres, cubos o cualquier cosa en la que podamos cargar el oro que encontremos. Además, queremos llegar primero para que todo nos resulte más fácil. Ésa es otra razón para llegar rápido a Panamá y abordar cuanto antes el barco que nos llevará a California.

«¿Habla en serio este hombre?», se preguntó Eskildsen.

—El problema sigue siendo que no hay suficientes bongos para llevarlos a todos. Tal vez...

—A nosotros no nos asustan ni los tigres, ni los cocodrilos, ni las serpientes. Al contrario, vivimos de la piel que les quitamos a todos los animales que usted menciona y a otros no menos feroces: osos, pumas, cualquiera que se nos ponga por delante.

—Pero ustedes no conocen esta selva —insistió Eskildsen.

—Ni esta selva nos conoce a nosotros —alardeó McKennon—. Le propongo que nos arregle los botes que quedan disponibles, consiga algún guía dispuesto a caminar y salgamos ya.

—Veré qué puedo hacer —concedió Eskildsen—. Esperen aquí mientras hablo con los boteros.

—Yo voy con usted.

Al cabo de una hora, todo estaba arreglado. Cincuenta de los montañeses viajarían en los bongos y el resto, guiado por dos indígenas, seguiría por la orilla. Cada cierto tiempo los de a pie subirían a los botes y viceversa. Eskildsen ayudó a que los boteros no cobraran más de lo usual y se sorprendió un poco al ver que McKennon pagaba en dinero contante y sonante. A la hora de partir, el escandinavo subió a uno de los primeros botes.

—¿Viene usted con nosotros? —preguntó McKennon, fingiendo sorpresa.

—Los acompañaré hasta Panamá. Después, quién sabe.

El montañés guiñó un ojo y sonrió socarronamente.

Dos semanas después, dando gritos, los montañeses cruzaban por la Puerta de Tierra las murallas que rodeaban la desapercibida ciudad de Panamá. En el trayecto habían aniquilado unos cuantos cocodrilos, varios saínos, pavas de monte y algún tapir. De los aventureros algunos enfermaron de fiebre pero solamente uno perdió la vida cuando, en brazos de Baco, cayó a las aguas del Chagres y no pudo desembarazarse del enorme abrigo de piel de oso en el que se envolvía desde que abordó el *Falcon*.

8

Don Arcesio Aizpurúa saludó con una breve inclinación de cabeza a los soldados que con cara de aburrimiento montaban guardia a cada lado de la doble puerta del palacio que albergaba las oficinas del gobernador del Departamento de Panamá. Después de atravesar el patio central subió las escaleras, recorrió el largo y oscuro pasillo que llevaba al despacho de la máxima autoridad del istmo y tocó discretamente en la desvencijada puerta, que se abrió inmediatamente dando paso a la figura desgarbada del secretario.

—Buenas tardes, don Arcesio. El gobernador De Obaldía lo espera.

Tras franquear otra puerta, el visitante entró a un despacho amplio y bien iluminado, cuyo único ventanal se asomaba a la bahía. Los muebles, las alfombras, los cortinajes, los cuadros, los libros, todo en aquella habitación dejaba traslucir que los años no habían pasado en vano. El gobernador se levantó de la silla que ocupaba tras el enorme escritorio y vino al encuentro del influyente amigo, que desde hacía dos años ejercía la presidencia de la Asociación de Propietarios del Barrio de San Felipe.

—Mi querido Arcesio, demasiado tiempo ha transcurrido desde la última vez que tuve el gusto de tenerlo aquí. ¿Cómo está la familia?

—Buenas tardes, señor gobernador, y gracias por recibirme enseguida. De salud estamos bien, pero muy preocupados y atemorizados
por los acontecimientos que en los últimos días han venido a perturbar la tranquilidad de los que habitamos en esta ciudad.

—Imagino que se refiere usted a la bandada de aventureros que
intempestivamente cayó sobre nosotros. ¡Qué calamidad!

—Así es. Son cien individuos semisalvajes, de baja moral y armados hasta los dientes, que prácticamente han tomado San Felipe.
No sé si estará usted al corriente de todos los detalles, pero algunos
de los incidentes son verdaderamente bochornosos. Lo peor es que,
como no tienen dónde hospedarse, pernoctan en la playa de Santo
Domingo, donde, sin el más mínimo asomo de pudor, se emborra-
chan, se aparean con meretrices, que nunca faltan, y hacen el resto de
sus necesidades fisiológicas a la vista de nuestras mujeres y nuestros
hijos. Durante el día deambulan como locos sueltos por las calles y
las plazas, siempre blasfemando e injuriando a quien trate de imponer
recato. No hace mucho agredieron a mi hijo Alberto, que trató de
evitar que uno de ellos orinara en el portal de la casa.

—El asunto es ciertamente muy grave. Acérquese, sentémonos acá,
en esta salita. ¿Quiere un café o un té?

—No, muchas gracias.

Sentados junto al ventanal, Aizpurúa retomó el hilo de su diser-
tación.

—Esta mañana la Asociación de Propietarios celebró una reunión
urgente en la que me designaron para presentar a las autoridades
nuestras preocupaciones además de solicitarles que actúen enérgicamente y cuanto antes para restablecer el orden público, la moral y las
buenas costumbres.

—Comprendo la gravedad de lo que ocurre. Aunque mi hogar
está en Chiquirí, también yo tengo familia y siento en carne propia el
ultraje, si bien como responsable por la buena marcha del Departamento debo proceder con prudencia y evitar que la situación empeo-
re. He conversado largamente con el comandante de la plaza y con el
alcalde y coincidimos en que tratar de utilizar la fuerza pública para
reprimir a los aventureros puede resultar contraproducente. Para empezar, casi todos portan armas, algunas más modernas y eficientes
que las que cargan nuestros soldados. Ahora bien...

—¡Pero no podemos permitir que San Felipe se convierta en tierra de nadie! —interrumpió don Arcesio, alzando el tono de voz.

—Claro que no, ni lo permitiremos —afirmó el gobernador, en tono amigable—. Por lo pronto, he solicitado más hombres a Bogotá pues me temo que lo que estamos viendo es solamente la avanzada. Si lo que cuentan del oro de la California es verdad, debemos prepararnos porque, para bien o para mal, el istmo es la mejor ruta para llegar hasta allá.

—Negro porvenir nos espera. ¿Dónde están las naves que llevarán a estos aventureros? ¿Por qué no pueden embarcarse de una vez?

—Según me cuenta William Nelson, cuya compañía representa en Panamá a la línea naviera del Pacífico, recién se está organizando la ruta. Él piensa que dentro de unos meses habrá una mejor coordinación entre los vapores que llegan a Chagres y los que zarpan de Panamá para que así los viajeros no esperen aquí por tanto tiempo.

—Y mientras tanto tenemos que convivir con unos salvajes con los que incluso resulta imposible comunicarse porque no hablan nuestra lengua.

El gobernador se inclinó hacia Aizpurúa y bajó la voz para dar a sus palabras matiz de confidencia.

—Aunque, según me cuentan, pareciera que no han tenido mayor dificultad en entenderse con los propietarios de los hoteles, las cantinas y los centros de diversión, que en estos tres días han recaudado más dinero que en los últimos seis meses. Si bien ciudadanos como usted y yo estamos consternados por la situación, es innegable que la llegada de los buscadores de oro traerá prosperidad al istmo.

—¿Pero a qué costo, señor gobernador? —insistió Aizpurúa—. El orden público será a menudo violentado, desaparecerá la decencia y las buenas costumbres mientras florecen las cantinas, los lupanares y el juego.

El gobernador volvió a recostarse en su silla.

—No exageremos, mi amigo. En realidad no sabemos si lo del oro de California es un espejismo pasajero que, como tantos otros, se esfumará con la misma rapidez con la que surgió. En cualquier caso, tomaremos medidas para evitar que ocurra lo que usted dice.

—¿Y qué medidas serán esas? Es lo que ansiamos saber los propietarios de San Felipe.

—Esta tarde tengo una reunión con William Nelson, quien, como usted sabe, además de representar a la compañía de vapores es el cónsul de los Estados Unidos. El propósito es averiguar sobre el arribo de futuros viajeros y pedirle que hablemos con algún representante de los recién llegados para ver si podemos establecer patrones de conducta mientras dure su estadía. Sigo creyendo que negociar con ellos será mejor que utilizar la fuerza. Tan pronto tenga una visión más clara, lo haré llamar para que volvamos a conversar.

—Supongo que por ahora no hay nada más que hacer —dijo Aizpurúa, resignado, mientras se levantaba—. Le agradezco su tiempo y me pongo a sus órdenes para lo que sea menester.

—Gracias, Arcesio. Ésta es una situación que gobernantes y gobernados tenemos que enfrentar unidos.

Las noticias que esa tarde William Nelson confió al gobernador José de Obaldía no hicieron más que aumentar la preocupación del funcionario. Según Nelson, lo del oro de California no era una quimera y en breve arribarían a Chagres más navíos repletos de viajeros ansiosos de alcanzar los yacimientos auríferos. Aunque el primero de los tres barcos que servían la ruta del Pacífico no demoraba en llegar del Perú para recoger y trasladar a California a los aventureros, era evidente que solamente una porción ínfima de ellos conseguiría cupo. El resto tendría que esperar en Panamá los otros dos barcos, que todavía no habían zarpado de Nueva York.

—¡Eso no es posible! —exclamó el gobernador alarmado—. Si con los cien salvajes que llegaron tenemos serios problemas, ¿qué podemos esperar cuando aparezcan cien más?

—Me temo que no estamos hablando de cientos, señor gobernador —dijo Nelson, que hablaba el castellano casi sin acento—. Estamos hablando de miles.

—Pero ¿qué dice usted? ¿Miles? Pero si aquí, entre San Felipe y los arrabales, habitan menos de siete mil personas. ¿Qué espera que hagamos? Ciertamente no estamos obligados a recibirlos en nuestra ciudad.

—Veamos el lado positivo. Por aquí pasarán no solamente los que van en busca de El Dorado, sino también los que vienen de vuelta con sus ganancias. Todos necesitarán hospedaje, comida, transporte y dejarán muchísimo dinero que ayudará a la economía del istmo.

Además, no piense usted que sólo vendrán trotamundos, como son la mayoría de los que ahora han llegado. Habrá también médicos, ingenieros, abogados, periodistas, todas las profesiones que se requerirán en las nuevas ciudades del Oeste. Entre nosotros se quedarán algunos que verán en Panamá nuevas oportunidades. La ciudad cambiará de aspecto, tal vez, sí, pero sus habitantes serán más prósperos.

El gobernador frunció el entrecejo y preguntó:

—¿Y cuando se acabe el oro?

—¿Por qué habría de acabarse? Además, si se agotan las minas de California habrá otros motivos para hacer el viaje. La ruta de Panamá nunca dejará de ser la más corta y ustedes, los panameños, y yo, que ya llevo años aquí y me siento tan istmeño como cualquiera, tenemos que aceptar y explotar esa realidad.

—Basta de filosofar, amigo Nelson. El problema que encaramos hoy es cómo convivir con los salvajes que perturban la paz. ¿No cree que su empresa debe asumir alguna responsabilidad por el comportamiento de los pasajeros?

—Esta mañana, precisamente, tuve una reunión con el líder de los montañeses, un tal McKennon —dijo Nelson sin responder a la pregunta—. Me ha prometido controlar a su gente hasta que llegue el barco que los conducirá a California. La gran mayoría permanecerán acampados en la playa de Santo Domingo y allí les llevarán los alimentos que prepararán algunos restaurantes y señoras de la comunidad, a quienes el dinero extra no les vendrá mal. El resto ha conseguido hospedaje en el arrabal. También hemos establecido reglas para prevenir la falta de higiene y los que pernoctan en la playa enterrarán sus... desperdicios en la arena, a un mínimo de dos pies de profundidad.

—¿Y el orden público?

—Espero que sea respetado. McKennon ha prometido velar por que se cumplan las normas y en todo caso ayudarnos a sancionar a los que cometan algún delito.

—O sea que las autoridades tienen que contar con la aprobación de los intrusos para hacer cumplir la ley —dijo desanimado el gobernador.

—Se trata de una situación de hecho que debemos enfrentar con cautela. McKennon ha acordado también mantener bajo custodia las armas de fuego hasta que se embarquen, lo que no es poco si pensamos en lo mucho que dependen de ellas nuestros visitantes.

—¿Y cuándo cree usted que arribará el primer barco que los trasladará a California?

—No creo que tarde más de diez días, señor gobernador.

—Que parecerán una eternidad.

Apenas Peter Eskildsen llegó a la ciudad, encaminó sus pasos hacia la vivienda de su amigo Damián González, propietario de la recua de mulas en la que, en compañía de los primeros montañeses, había realizado el trayecto desde Cruces. La casa de Damián se hallaba fuera de las murallas, en la calle del Zapatero de la barriada conocida como La Ciénaga por sus fangales, donde se distinguía por ser la única construida de cal y canto.

—Damián se fue a pelear un gallo y no demora en llegar —anunció su mujer desde el portal.

—En ese caso, me voy a San Felipe a hacer unas diligencias y vuelvo más tarde. Dígale que le quiero hablar de un negocio.

Eskildsen atravesó la Puerta de Tierra, pasó junto a la iglesia de La Merced y siguió por la calle Central. Hacía más de un año que no visitaba San Felipe y se proponía conversar con José Hurtado, propietario del Hotel Central, el mejor de la ciudad, ubicado frente a la plaza de la catedral. Mientras atravesaba el istmo junto a McKennon y el resto de los montañeses, el nórdico había hecho planes para establecer una pequeña cadena de albergues en lugares claves de la ruta. A pesar de que su intención original fue la de abandonarlo todo para probar suerte en California, muy pronto comprendió lo arriesgado de la aventura. «También aquí se presentarán nuevas oportunidades de negocio y lo importante es encontrarlas primero», se dijo. Hurtado podía asesorarlo y —¿por qué no?— tal vez también aceptaría ser su socio.

En la plaza se topó con McKennon, quien junto a los otros viajeros todavía celebraba haber completado la mitad del camino hacia El Dorado.

—Peter, ¿cambiaste de idea y te embarcas con nosotros? —preguntó el irlandés al verlo.

—No, por ahora no. ¿Qué piensan hacer ustedes?

—Divertirnos un poco hasta que llegue nuestro barco.

—¿Y cuándo será eso?

—No lo sabemos. Mañana averiguaremos con el agente naviero.

—¿Y si tarda? En alguna parte tienen que dormir. Estoy seguro de que en el arrabal les ofrecerían hospedaje y comida a precios razonables.

—Hemos decidido quedarnos en la playa, que es gratis. Además, el día que llegue nuestro barco queremos ser los primeros en saberlo. Tómate un trago.

Eskildsen bebió de la botella de aguardiente que le ofrecía su nuevo amigo.

—¡Uff! —exclamó—. Todavía no me acostumbro al aguardiente casero.

—Ninguno mejor que el que fabricamos nosotros.

McKennon soltó una carcajada y volvió a reunirse con su gente.

En el hotel, Eskildsen se enteró de que el señor Hurtado estaba en viaje de negocios por Callao y que esperaban su regreso en cualquier momento.

—Vendrá a bordo del *California*, un nuevo barco de vapor —había dicho orgulloso el encargado del hotel.

—Dígale que su amigo, el nórdico, le dejó saludos.

Consciente de que la Puerta de Tierra había cerrado a las seis de la tarde, Eskildsen dirigió sus pasos a la calle de la Muralla y de allí al postigo de Peña Prieta, donde un soldado medio dormido dejaba pasar a los que por cualquier motivo se habían quedado por fuera o por dentro de las viejas murallas, que ahora protegían a los ricos de San Felipe, no de la ambición de los piratas de antaño, sino de la miseria de los arrabaleros de hoy. Al descender por la calle del Zapatero divisó a lo lejos a su amigo Damián que, con una gran sonrisa, lo esperaba en el portal de la casa.

—Venga para que celebremos, fantasma. Mi gallo jodió al de Anselmo. Ni cinco minutos le aguantó. Un espuelazo fue suficiente para vaciarle el ojo al careto. ¡Ja! Florencia, sirve otro vaso de chicha fuerte para nuestro amigo.

Después de varios brindis, Peter expuso a Damián sus planes.

—Ya sabía lo del oro y la invasión de los extranjeros —dijo el mulero—. Mis bestias no han parado en las últimas tres semanas. Pero de hoteles no sé nada; yo soy mulero y lo que tengo que hacer es comprar más mulas. Y, a lo mejor, subir los precios con tanta demanda.

—Pero yo sí sé de hoteles, Damián. Te digo que sería un gran negocio. Construimos, o compramos, una posada en Gorgona, otra en

Cruces y otra aquí, en el arrabal. Con la mía de Chagres tendríamos la cadena completa y le venderíamos al viajero que atraviese el istmo el hospedaje y la comida en un solo boleto.

—Podríamos incluir también el transporte en las mulas —sugirió Damián.

—¡Mejor todavía! Yo no tengo los pesos, pero sé cómo manejar albergues, construirlos barato o negociar la compra. Lo importante es actuar antes de que se nos adelanten.

—¿Y el oro de California será permanente, compadre?

—Eso no lo sabe nadie, pero mientras dure hacemos negocio. Además, aunque se acabe el oro, siempre habrá gente yendo y viniendo.

—Es verdad. Antes del oro ya el tránsito había aumentado... ¡Cuenta conmigo, fantasma! Esta noche te quedas con nosotros para que celebremos el triunfo de mi gallo y nuestra nueva sociedad.

Muy temprano al día siguiente, en una de las mejores mulas de su amigo y ahora socio, Peter Eskildsen emprendió el regreso a Chagres. Al pasar por Cruces se encontró con el segundo aluvión que iba en busca de fortuna inmediata en los yacimientos de oro de California. Cientos de viajeros pululaban por las calles del poblado y se disputaban las mulas para ser los primeros en llegar a Panamá. No se trataba ya de aventureros solamente, sino también de comerciantes, agricultores, estudiantes, misioneros, seres de todos los orígenes y oficios. El propietario de la posada El Almendro lo recibió con muestras de complacencia.

—Se desató la locura —comentó—. Desde ayer comenzaron a llegar nuevos visitantes y, según me cuentan los boteros, hay quinientos más que vinieron en tres barcos y todavía permanecen en Chagres esperando transporte. No sólo han invadido mi posada sino cada cuarto disponible en el pueblo.

—Y ésos ¿qué hacen? —preguntó Peter, señalando hacia una de las mesas.

—Son jugadores. No se han levantado desde anoche. No comen ni duermen, únicamente les interesa tomar, jugar cartas y sobar a las mujeres. La Lucrecia se turna para atenderlos a todos.

En el bongo que lo llevó de vuelta a Chagres, Peter llegó a la conclusión de que mejor negocio que albergar gente sería el de brindarles entretenimiento. «Juego, licor y mujeres. Chagres será mi California».

9

El 17 de enero de 1849, desde su puesto de mando, el capitán Cleveland Forbes contempló satisfecho la hermosa bahía de Panamá. Una vez más, el inicio del verano estrenaba en el istmo cielos azules huérfanos de nubes, vientos alisios con frescor de cordillera y aguas marinas claras y mansas. Había ordenado echar anclas frente a la isla Naos, la más próxima a la ciudad, antes de dirigirse a la más lejana de Taboga, donde se aprovisionaría de agua y carbón para continuar el viaje.

Se aprestaba a bajar a tierra cuando el contramaestre le avisó que un bote con dos pasajeros se acercaba por estribor. Tan pronto uno de ellos asomó el rostro en lo alto de la escalerilla de mano, el capitán reconoció a su viejo amigo.

—William Nelson, ¡cuántos años sin vernos! —exclamó Forbes y ambos se abrazaron.

—Por lo menos cinco, que son los que llevo viviendo en Panamá. Pensé que nunca te vería en aguas del Pacífico.

—No pude resistir la oferta de Aspinwall para comandar este magnífico vapor. Además, el Caribe ya no encierra ningún secreto. Ven, acompáñame a brindar por este encuentro.

Acomodados en el salón de oficiales, con sendos whiskies en la mano, Nelson preguntó:

—¿Qué tal el viaje a bordo de un vapor?

—Aunque todavía las máquinas presentan algunos inconvenientes, se navega mucho más rápido que a vela. El viaje de Nueva York hasta aquí tomó solamente tres meses y medio.

—De veras que hay una gran diferencia entre los caprichos del viento y las máquinas inventadas por el hombre —comentó Nelson, impresionado—. Espero realizar yo mismo un viaje pronto.

»Vengo a pedirte que en lugar de tirar anclas aquí vayas directamente a Taboga. No sé si te enteraste de que en los Estados Unidos se ha desatado la locura por el oro de California».

—Cuando zarpamos de Nueva York no sabía nada. Me enteré en Callao cuando subieron al barco ciento dos peruanos que iban rumbo a las minas.

—¿Ciento dos peruanos? —Nelson se sobó la mejilla—. Entonces el problema es más serio de lo que pensaba. ¿De cuántos cupos disponemos?

—Máximo ciento cincuenta.

—Me temo que son muy pocos. En la ciudad hay más de mil norteamericanos contagiados por la fiebre del oro que se pelean por ser los primeros en abordar. Dejé a varios en el muelle, desesperados por alquilar algún bote que los trajera hasta acá. Por eso te pido que, además de llevar el barco a Taboga, mantengas a tus pasajeros a bordo y no permitas subir a nadie que no tenga un boleto emitido por Zachrisson & Nelson.

—Pierde cuidado, que nadie bajará ni subirá al barco sin mi autorización expresa. Pero ¿cómo piensas afrontar la situación?

—Aún no estoy seguro. Probablemente tendremos que sortear los puestos que quedan libres. Después de restar los siete que debemos asignar a un general que viaja con su Estado Mayor, quedarían disponibles ciento cuarenta y tres. El asunto se complica porque tengo un grupo de ochenta montañeses semisalvajes que fueron los primeros en llegar a Panamá, armados hasta los dientes, a quienes sería aconsejable embarcar primero.

Al regresar a sus oficinas, frente al parque de la catedral, William Nelson se encontró con más de quinientos revoltosos que vociferaban y lanzaban consignas contra la empresa. Cautelosamente entró a su despacho por el zaguán lateral y mandó a su secretario al Hotel Central en busca del general Persiford Smith.

—Dígale que se trata del viaje a California y que el asunto es urgente.

Media hora más tarde, rodeado de su Estado Mayor, el general Smith se abría paso a empellones entre la muchedumbre y entraba a las oficinas de Zachrisson & Nelson.

—Esto es un desastre. ¿Es que ustedes no planifican nada? —preguntó sin molestarse en saludar.

—Es difícil, por no decir imposible, planificar la histeria colectiva, general. Nadie pudo prever la estampida que ha provocado el oro de California y me temo que pasarán varios meses antes de que se incorporen nuevas naves a la ruta. Sabemos, por lo pronto, que algunas de bandera inglesa ya se dirigen hacia acá para aprovechar la bonanza, aunque pienso que la mayoría preferirá servir la ruta del Atlántico, trayendo así más presión sobre esta ciudad.

—¿Y qué quiere usted que haga? Mis órdenes son encargarme del mando militar de los nuevos territorios de California y Oregon, para lo cual espero que usted nos embarque cuanto antes.

—Embarcarlo a usted y a sus hombres no es el problema, sino qué hacer con los más de mil norteamericanos que también quieren embarcarse de una vez. Lo que espero, realmente, es que me ayude a poner un poco de orden.

—Comprenderá usted que no tengo jurisdicción en este país. Además, ¿no le parece algo pretencioso que un simple agente naviero esté dando instrucciones a un general del ejército de los Estados Unidos?

A Nelson le costó asimilar la soberbia rayana en pedantería que encerraban las palabras del militar.

—No pretendo ordenarle nada, ni tampoco le habla un simple agente naviero. Le habla el cónsul general de los Estados Unidos —aclaró con firmeza—. Usted y yo sabemos que las autoridades locales no cuentan con hombres ni armas suficientes para mantener el orden público en caso de que algo grave ocurriera. Mi deber es informar al Departamento de Estado de cualquier situación capaz de afectar intereses de los ciudadanos norteamericanos, y ésta es una de ellas.

Visiblemente sorprendido, el general Smith se acarició lentamente la barba, se sentó y dijo en tono conciliador:

—No sabía que era usted también el cónsul de mi país. ¿Cuál es la situación?

—Es muy sencilla, general. El *California* tiene disponibles ciento cincuenta plazas —ciento cuarenta y tres si descontamos las que ocuparán usted y sus hombres—, y tengo que embarcar a más de mil pasajeros, de los cuales ochenta son unos salvajes capaces de cualquier cosa si no los embarco primero.

—Ya conozco a esos montañeses —gruñó el general—. ¿Ciento cincuenta cupos solamente? Pero el *California* es un vapor de dimensiones considerables. ¿Está usted seguro?

—Por supuesto que lo estoy. Acabo de visitar el navío y su capitán me confirmó el número exacto de plazas disponibles. Lo que ocurre es que en el puerto de Callao subieron al barco ciento dos peruanos que también van rumbo a El Dorado.

—¿Ciento dos peruanos? —preguntó el general, incrédulo—. Pues bájelos enseguida. ¿Cómo es posible que los extranjeros les quiten el cupo a los norteamericanos? Le recuerdo que las minas de oro están en California y que California es territorio de los Estados Unidos.

—Y yo le recuerdo que la ley del mar establece que quien es dueño de un pasaje tiene derecho a ser transportado hasta su destino final. El día que en tiempos de paz discriminemos entre nacionales y extranjeros se acabará el negocio del transporte marítimo.

—Pero ¿no entiende que se trata de una situación que podría desembocar en actos de violencia, similares a una guerra? ¿Cómo piensa explicar a sus compatriotas que ha decidido favorecer a unos extranjeros?

—De la misma manera que se lo estoy explicando a usted, general.

—Pues no cuente conmigo, a menos que baje del barco a los peruanos.

Con gesto de desagrado y sin despedirse, el general Persiford Smith abandonó el despacho. Una vez en la calle, ordenó a su lugarteniente divulgar la noticia de que a bordo del *California* había cien peruanos ocupando plazas que correspondían a los ciudadanos de los Estados Unidos.

Mientras los ánimos comenzaban a caldearse frente a las oficinas de Zachrisson & Nelson, en la bahía varios botes, cargados de norteamericanos, se acercaban al *California*. Desde el puente, asombrado ante la audacia y persistencia de los buscadores de oro, el capitán Forbes comentó a su contramaestre:

—Han tenido que remar por lo menos cinco horas para hacer el trayecto hasta Taboga. Avíseles que está prohibido subir a bordo y prepárese para repelerlos, por la fuerza si es necesario. Eviten, hasta donde puedan, el uso de armas de fuego.

Cuando los botes estuvieron a menos de cincuenta metros del barco, el contramaestre, auxiliado por una bocina, comenzó a repetir:

—No estamos embarcando pasajeros. Regresen a tierra.

Pero los botes continuaban aproximándose como tenazas por ambos costados del barco. Al observar que algunos traían escalerillas de mano, el contramaestre, más divertido que preocupado, ordenó a sus hombres:

—¡Prepárense para repeler a esos piratas que intentan abordarnos!

Los pocos que lograron engarzar las escalerillas y ascender algunos escalones fueron rechazados a punta de remazos que los marineros repartían sin contemplaciones. El espectáculo de algunos de aquellos aventureros de saco y corbata manoteando en el agua para mantenerse a flote provocó risotadas entre la marinería, que el capitán Forbes y el contramaestre compartieron de buena gana.

De vuelta en los botes, chorreando agua, los más tenaces todavía tenían ánimo para sacar de sus bolsillos billetes mojados y a gritos ofrecer dinero extra si se les permitía subir a bordo.

—Regresen a tierra —respondía el contramaestre—. Solamente allí pueden hacer sus arreglos de viaje.

En tierra, mientras tanto, se había desatado el caos. De gritar «bajen a los peruanos», los manifestantes habían pasado a la acción: una lluvia de piedras y palos cayó sobre la fachada de las oficinas de Zachrisson & Nelson, y rompió los cristales del ventanal por el que los más decididos entraron para emprenderla contra el mobiliario. Al gobernador De Obaldía no le quedó más remedio que utilizar la fuerza pública para reprimir a los revoltosos, que se refugiaron provisionalmente en el atrio de la catedral. Una tensa calma se apoderó de la plaza, aprovechada por William Nelson para enviar por el cabecilla de los montañeses. En el zaguán contiguo a su oficina, el agente naviero le entregó a McKennon ochenta boletos para que él y los suyos se embarcaran en el *California* tan pronto se calmaran los ánimos. Minutos después, los montañeses se retiraban hacia la playa de Santo Domingo y el movimiento perdía a sus miembros más audaces y violentos. El momento de negociar había llegado y Nelson pidió a su secretario que se desplazara hacia el *California* para informar al capitán que su presencia era necesaria.

Al día siguiente, antes de la salida del sol, el capitán Forbes desayunaba con Nelson en su residencia.

—Lo que dispongamos aquí —comentó el agente naviero— debe servirnos de modelo para el futuro. Mientras dure la fiebre del oro, en Panamá habrá siempre más viajeros que plazas en los buques. Con la ayuda de Dios, no tendremos gente como el general Smith, que lejos de contribuir a la solución de los problemas lo que hace es agravarlos.

Lo primero que acordaron Nelson y Forbes fue invitar a la reunión a tres delegados de los pasajeros, representación que recayó en un misionero, un comerciante y un agricultor. Cerca del mediodía, tras un prolongado intercambio de ideas y ante la presencia del secretario del gobernador, se estableció un método mediante el cual las plazas restantes se sortearían tomando en consideración el tipo de pasaje adquirido y se respetaría el derecho de los pasajeros a vender su cupo al mejor postor.

De vuelta en las oficinas de la agencia, Nelson comunicó a los ansiosos pasajeros el sistema de sorteos acordado y él mismo colocó en un sombrero papelitos con los nombres de los que habían comprado boleto hasta California, que eran la gran mayoría. Aquellos que solamente tenían boletos hasta Chagres o Panamá deberían esperar en la cola. A punto estaba de iniciarse la rifa cuando se presentó el general Smith.

—Lo que usted pretende hacer, señor cónsul de los Estados Unidos —estas últimas palabras iban cargadas de sarcasmo—, es antiamericano y así se lo haré saber a las autoridades en Washington. Le advierto que si usted, por encima de mi recomendación, insiste en transportar peruanos en lugar de compatriotas, las consecuencias serán de suma gravedad. Por lo pronto, le aseguro que en California, donde seré la máxima autoridad, prohibiré a los peruanos explotar nuestras minas. Exijo, una vez más, que las cien plazas que tienen los extranjeros sean ocupadas por americanos legítimos y no por indígenas de otras latitudes.

Un murmullo de asentimiento había seguido a las palabras del general y Nelson, advirtiendo que la situación se le escurría nuevamente de las manos, llamó aparte al capitán Forbes.

—¿Cuán amplios son los camarotes que ocupan los peruanos? —preguntó.

—Un poco más de lo usual. ¿Por qué?

—¿Crees que podríamos acomodar cuatro pasajeros en cada camarote en lugar de dos?

—No existe dificultad con el espacio y contamos con hamacas y literas suficientes. El problema es el peso. Tendríamos que cargar menos carbón y reabastecer en Acapulco, lo que siempre implica un riesgo porque en el Pacífico hay pocos puertos donde buscar refugio en caso de una emergencia. También habría que preguntar a los peruanos si están dispuestos a colaborar.

—Yo mismo iré a ponerlos al tanto de la situación. No sólo estoy seguro de que aceptarán gustosos con tal de permanecer a bordo, sino que tal vez algunos estén dispuestos a ceder sus plazas por una suma atractiva.

—Quién sabe, William, quién sabe. Nunca he visto gente tan entusiasmada por llegar a California como esos peruanos.

El anuncio de Nelson de que por cada peruano también viajaría en el *California* un norteamericano fue recibido con aplausos y vítores para el general Smith.

—Solamente cumplí un deber patriótico —repetía el militar con fingida modestia a quienes se acercaban a estrecharle la mano.

La fecha de zarpe del *California* fue fijada para el 31 de enero y la empresa comunicó a los pasajeros que tres días antes todos deberían contar con un boleto válido expedido por su oficina. Una semana más tarde, el precio de reventa de los boletos sobrepasaba la suma de quinientos dólares, cifra que iba en aumento a medida que se agotaba el plazo. Durante todo este tiempo los peruanos habían permanecido a bordo del *California*, donde les llegaban rumores de que pronto los echarían del barco y que serían linchados si se negaban a cooperar. No es de extrañar el gran alivio con el que recibieron la petición de Nelson de acomodarse de cuatro en cuatro y dejar libre la mitad de los camarotes para los nuevos pasajeros.

A medida que se acercaba el día previsto para la partida, la suma ofrecida por los boletos continuaba aumentando. A fin de poner orden, Nelson centralizó la actividad de reventa en sus propias oficinas, encargando a uno de los empleados de la agencia la tarea de recibir los boletos y entregarlos luego a los interesados a cambio del precio estipulado por el propietario. La agencia se quedaba con una comisión del cinco por ciento de la diferencia para «sufragar los gastos». Cuando faltaban cinco días, el precio del boleto había alcanzado los ochocientos dólares y se especulaba que pronto llegaría a mil.

A bordo del *California*, los peruanos escuchaban las murmuraciones sin dar crédito a lo que oían. «¡Ochocientos dólares por un boleto! Seguramente los marineros exageran». Tres días antes del día señalado para la partida, el pasajero Julián Zamora subió a cubierta y pidió hablar con el capitán.

—Él se encuentra muy ocupado —le dijo el contramaestre, que chapurreaba el castellano—. Dígame de qué se trata.

—Quiero comunicarle que si el precio llega a mil dólares estoy dispuesto a vender mi pasaje.

«Lo sabía —pensó el marino—. Pocos son capaces de resistir semejante oferta».

—Le avisaré al capitán y si algún loco ofrece mil dólares se lo haremos saber.

Julián Zamora, el más joven de los peruanos que embarcaron en Callao, había cumplido sus veinte años durante la travesía. Corpulento, de baja estatura, piel trigueña, cabello lacio, nariz aguileña, ojos negros y rasgados, en sus facciones se adivinaba más el inca que el español. Era Julián el segundo de seis hermanos, tres varones y tres hembras, de una familia de plateros, oficio trasmitido de padres a hijos a través de los siglos, del que dependían los Zamora para subsistir. Pero los plateros atravesaban una mala época y lo que ganaban el padre y los dos hijos mayores no alcanzaba para sostener a la familia. Hacía poco tiempo, con gran pesar del padre, la mayor de las hijas, cumplidos apenas los quince años, había tenido que colocarse como niñera en casa de gente rica de Lima. Cuando se propagó entre los peruanos de la costa la noticia de que en un lugar llamado California existían montañas y ríos de oro esperando ser recogido, el padre reunió a la familia y les informó que había decidido comprar pasaje para El Dorado. «Hay un barco en Callao que lleva ese rumbo y el pasaje cuesta ciento cincuenta dólares. Con nuestros pequeños ahorros y lo que obtenga de vender algunas cosas tendremos suficiente. Y si el asunto es como cuentan, en menos de un año estaré de vuelta cargado de oro. Pero dicen que hay que llegar primero, antes de que se acabe».

La esposa, más prudente y conservadora, se opuso resueltamente: «Tú eres el sostén y cabeza de esta familia. No puedes irte y dejarnos a la buena de Dios». Luego de mucho discutir, los Zamora acordaron enviar a Julián, el segundo y el más fuerte y aplomado de los hijos varones, quien, además, demostraba poco entusiasmo por el oficio de martillar la plata. «El futuro de la familia depende de ti», fueron las últimas palabras que Julián escuchó de su padre la mañana que salió de la casa materna rumbo al puerto de Callao. Llevaba en el bolsillo ciento sesenta dólares, un motete a la espalda, una misión que cumplir y un extraño e inexplicable deseo de abandonar la casa familiar.

Tres días antes de la fecha del zarpe, el contramaestre avisó a Julián que el comandante lo esperaba en el puesto de mando.

—¿Así es que usted está dispuesto a vender su boleto? ¿Puedo preguntarle qué piensa hacer con tanto dinero? —preguntó el capitán Forbes, en buen español.

—Enviar las ganancias a mi familia en Callao y esperar un nuevo barco que me lleve a California —respondió el peruano, inmutable.

—No crea que la cosa es tan sencilla. No sabemos cuándo arribará otro barco ni si habrá alguno dispuesto a hacer el trayecto de Panamá a Callao. Es muy probable que transcurran varios meses antes de que pueda usted embarcarse o enviar ese dinero.

—Estoy dispuesto a esperar.

El capitán Forbes sintió lástima por aquel muchacho que a pesar de su desenfado rezumaba ingenuidad.

—Le aconsejo entonces que tenga mucho cuidado y ponga su dinero a buen recaudo en alguna casa de valores de la ciudad. Vaya por su equipaje para que uno de los botes lo lleve a tierra.

—Esto es todo lo que traigo —dijo Julián, señalando su pequeño motete.

Durante las últimas dos semanas los panameños habían adquirido la costumbre de reunirse frente a las oficinas de Zachrisson & Nelson para seguir de cerca el alza del precio de los pasajes de barco. «Es increíble —comentaban—. ¡Ochocientos dólares por un boleto! ¿Cuánto oro puede haber en California?». La tarde que desembarcó Julián Zamora ya se había corrido la voz de que tal vez ese día el precio subiría a mil dólares. Comentarios y murmullos de asombro, admiración e incredulidad precedieron la entrada del muchacho a la agencia.

«Es muy joven...». «¿Qué hará con tanto dinero...?». «Resulta increíble que solamente uno de los peruanos haya aceptado la oferta...». «Debe ser que no hay nadie más dispuesto a pagar tanto dinero...». Dentro del despacho de William Nelson esperaban Albert Sweeney y su esclavo negro.

—Buenas tardes, joven —saludó Nelson—. Tome asiento, por favor. Éste es el señor Sweeney, de Nueva Orleans, quien está dispuesto a pagar mil dólares por su boleto a California. ¿Está usted dispuesto a vender?

Julián vaciló, pero sólo por un instante.

—Sí, señor —respondió mientras se sentaba.

—Sepa usted —dijo Sweeney en su habitual tono atiplado y displicente— que el boleto no es para mí, que salí airoso en la rifa. Es para este negro, que ni siquiera supo sacar del sombrero un boleto ganador. ¡Y hay quien todavía se atreve a afirmar que tratamos mal a nuestros esclavos! Mil dólares, ¿qué le parece?

Julián, quien no entendió una palabra del discurso del norteamericano, observó el rostro sombrío del negro y luego miró a Nelson en busca de una explicación. Éste se limitó a sonreírle con amabilidad.

—¿Me entrega su boleto?

Julián sacó el codiciado pasaje del bolsillo trasero del pantalón y se lo entregó a Nelson, quien, luego de sellarlo y firmarlo, se lo pasó a Sweeney.

—Aquí tiene su dinero, joven. Cuéntelo, por favor.

Julián recibió el sobre y lentamente contó los billetes.

—Aquí hay novecientos cincuenta dólares. Faltan cincuenta.

—Es la comisión de la agencia —explicó Nelson.

—Cobramos el cinco por ciento por estas transacciones.

—Nadie me habló de ninguna comisión. Si no me dan mil dólares, no hay trato.

Sin entender lo que hablaban, pero sospechando que la situación se complicaba, Sweeney se levantó para irse.

—Ya pagué y el problema se lo dejo a ustedes —dijo despidiéndose.

—Devuélvame mi pasaje —exigió Julián, levantándose también, lo que motivó que el esclavo se situara entre él y Sweeney.

Un momento, un momento, que no hay por qué exaltarse —intervino Nelson—. En realidad este joven tiene razón, pues a él nadie le

dijo que la agencia cobraría una comisión por intermediar. Como soy
yo quien ha participado personalmente, estoy dispuesto a renunciar
a ella. Puede irse tranquilo, señor Sweeney, y usted, joven, tome, aquí
tiene sus otros cincuenta dólares.

Cuando Julián Zamora salió de las oficinas de Zachrisson & Nelson, con mil dólares en el bolsillo, caminaba con más donaire y seguridad. ¡Qué orgullosos se sentirían sus padres si supieran el gran
negocio que acababa de realizar!

BITÁCORA DEL CALIFORNIA

Enero 31, 1849

Finalmente iniciamos hoy el último tramo de nuestro azaroso viaje.
En Panamá hemos tenido que embarcar ciento setenta pasajeros adicionales, lo que significa casi el cincuenta por ciento más de la capacidad
del *California*. La histeria que ha desatado el descubrimiento del oro
es, verdaderamente, inverosímil. Pareciera que la totalidad de los habitantes del Este del país han decidido dejar sus hogares y sus trabajos
para ir a probar suerte en las minas. Todos tienen apuro en llegar y
como el istmo es la ruta más corta allí se va acumulando el alud humano en espera del barco que los llevará a El Dorado. No es difícil
imaginar la zozobra que provocará su paso por la otrora adormeci-
da villa de Panamá. Aunque la estampida se inició hace apenas dos
meses, más de mil aventureros esperaban la llegada del *California*.
Particularmente difícil nos fue a William Nelson y a mí evitar que los
norteamericanos, liderados por un general del ejército de los Estados
Unidos, echaran al mar a los cien peruanos que habían abordado
en Callao. Dejo constancia aquí de la excelente labor que realiza en
Panamá el señor Nelson, quien, por fortuna, además de representar
los intereses de Howland & Aspinwall, ejerce también el cargo de
cónsul de los Estados Unidos. Fue su autoridad la que nos permitió
defender con éxito la ley del mar y el derecho que tienen todos los
pasajeros que compran pasajes de ser transportados hasta el final de
su destino. Para acomodar el exceso de pasajeros y los consiguientes
avituallamientos tuvimos que cargar menos carbón, lo que nos obli-

gará a reabastecernos en Acapulco, único puerto en el litoral Pacífico que cuenta con esos recursos.

Febrero 10

Hemos tenido que realizar una escala imprevista debido a una situación que, por insólita y por sus implicaciones negativas, merece ser registrada. Diez días después del zarpe, uno de los ayudantes de caldera avisó que en el depósito de carbón se encontraban ocultos cuatro polizones que habían logrado sobornar a varios tripulantes del cuarto de máquinas. Descubierto el delito, los responsables se amotinaron y tuvimos que someterlos por la fuerza, tarea en la que ayudaron mucho los montañeros que embarcaron en Panamá. El general Smith, persistiendo en su inexplicable comportamiento, rehusó colaborar para restablecer el orden. Lo más grave del asunto es que, con el propósito de hacer espacio para los clandestinos, la tripulación cargó menos carbón de lo estipulado y falseó la información. Desembarcamos a los delincuentes en la costa mexicana, cerca de Cruz Salinas, y los cinco tripulantes de máquinas han sido reemplazados por otros miembros de la tripulación y por dos peruanos que, a cambio de una buena paga, ofrecieron sus servicios. Como consecuencia del incidente, la falta de carbón se ha tornado aún más crítica.

Febrero 14

La situación es de extrema gravedad. Una furiosa y traicionera tormenta nos ha impedido acercarnos al puerto de Acapulco para reabastecernos de carbón. Nuestras opciones son pocas. No podemos continuar la navegación sólo a vela porque la corriente del golfo nos obligaría a enrumbar las naves hacia Hawái poniendo en peligro la vida de los pasajeros sin ninguna garantía de éxito. El poco carbón que queda alcanza a lo sumo para seis días de navegación y son un mínimo de quince los que faltan para arribar a San Francisco. A menos que ocurra un milagro, es decir, que las corrientes sean menos fuertes o se despierten vientos favorables ajenos a estas latitudes, tendremos que desmantelar del barco todo aquello que pueda ser utilizado como combustible en reemplazo del carbón. Un inventario preliminar sugiere que existe suficiente madera a bordo para culminar la travesía. También queda la alternativa de acercarnos a tierra para conseguirla. He expuesto la situación a los pasajeros y los únicos que han reaccionado positivamente son los hombres de las montañas, que dicen estar dispuestos a derribar todos los árboles de la costa con tal de llegar a San Francisco. El general Smith ha llegado al extremo de amenazarme con la cárcel si el barco no llega a su destino. La decisión no es fácil, pero soy el que debe tomarla.

Febrero 16

Hoy comenzamos a despedazar el barco. Lo primero que hemos utilizado para alimentar las calderas son las literas. Los pasajeros de primera se resistían pero los montañeses, con sus pistolas, sus escopetas y sus hachas, los han obligado a cooperar. El general ni siquiera chistó. Le tocará después el turno al mobiliario: puertas, ventanas, sillas, mesas, mostradores, taburetes, pasamanos, cuadros y cualquier adorno con madera irán a parar al fuego. Desde hoy todos los pasajeros comen y duermen en el suelo; no hay pasajeros de primera ni de segunda. Lo mismo que la muerte, la necesidad extrema resulta ser, a veces, la gran igualitaria.

Febrero 20

Engulléndose para alimentarse, el barco continúa navegando. Ayer di la orden de levantar la madera que protege las cubiertas interiores. Poco a poco el *California* se va convirtiendo en un pavoroso esqueleto.

Febrero 25

Lentamente nos vamos acercando a San Francisco. Los pasajeros lo saben y una nueva energía los impulsa a seguir sustrayendo del barco toda la madera que lo cubre. Para evitar que despedazaran los botes salvavidas he tenido que sacrificar los mástiles, las vergas y el bauprés. Desde hace tres días el suculento manjar de pino, teca y caoba que ahora digieren las calderas ha hecho que las chimeneas, en lugar del asfixiante humo negro, exhalen un transparente humo azulado.

Febrero 28

Hoy hemos llegado a nuestro destino final. Desguazado y mutilado, verdadero cadáver viviente, el *California* ha entrado en la bahía de San Francisco. Cientos de curiosos se han reunido en el muelle a contemplar el espectáculo que ofrece un navío desnudo y humillado. Luego de la maniobra de atraque, desciendo a mi camarote y allí me encierro, agotado y humillado yo también.

Marzo 2

Tal como sospechaba, la tripulación entera ha desertado del barco para ir en busca de oro. El único que me acompaña es el ayudante de máquinas, que desde que denunció a los polizones se convirtió en mi aliado incondicional. Por primera vez en mucho tiempo he bebido hasta emborracharme. Jim Nabor, que así se llama el muchacho, se ha quedado dormido después de la primera botella de whisky. Mejor, así puedo llorar a mis anchas.

10

Como de costumbre, el viejo Sam Howland llegó a la primera reunión de la Junta Directiva de la Panama Railroad Company diez minutos antes de la hora señalada. Apoyándose en un bastón y ayudado por el cochero, subió los tres escalones del número 78 de Broadway, un sólido edificio de dos pisos en cuya planta baja estaban instaladas desde hacía tres semanas las oficinas de la empresa. En la sala de espera aguardaban en animada conversación William Aspinwall y John Stephens.

—¡Qué gusto verlo! —exclamó Stephens tan pronto lo vio entrar—. Me alegro que se haya usted recuperado.

—No del todo, amigo Stephens, pero todavía la parca no me da alcance —respondió el anciano, sarcástico—. Y usted, ¿cómo ha seguido?

—Ya restablecido y con ganas de llevar adelante nuestro proyecto.

—Sobre todo ahora que el oro de California ha vuelto loco a medio mundo. Y los demás, ¿dónde están?

—No demoran, tío Samuel —respondió Aspinwall—. Aún no son las cuatro.

Pocos minutos después fueron apareciendo el resto de los directores. Alrededor de la mesa de conferencias se sentaron el coronel

Alexander Center, que ocuparía el cargo de vicepresidente; James Brown, Cornelius Van Wyck, Joseph Varnum, Prosper Wetmore, Edwin Barlett y Horatio Allen, todos sobriamente trajeados y con cara de circunstancia. Iniciada la reunión, el presidente Stephens pidió a William Aspinwall informar sobre el estado del proyecto.

—Antes de que William proceda con su informe tengo una proposición que hacer —dijo Samuel Howland—. Creo que una empresa no puede funcionar si sus decisiones dependen de una Junta Directiva de tantos miembros. Comprendo que todos ustedes son accionistas y quieren seguir de cerca el desarrollo de los negocios, pero en aras de la eficiencia propongo que designemos un Comité Ejecutivo de tres miembros, que podrían ser Stephens, William y el coronel Center.

—El señor Howland tiene toda la razón. Secundo la moción —dijo enseguida Horatio Allen—. Creo, además, que mientras se consolida la empresa el Comité Ejecutivo debe reunirse semanalmente. En cuanto a la Junta Directiva, una reunión mensual bastaría para mantenernos informados.

—También estoy de acuerdo con la creación del Comité Ejecutivo —intervino Stephens—. Sin embargo, tengo previsto pasar largas temporadas en el istmo supervisando la construcción del ferrocarril, por lo que sugiero que en mi lugar se designe al director Allen.

Aprobadas las proposiciones, William Aspinwall pasó a rendir su informe.

—Comencemos por la capitalización de la empresa. A la fecha de hoy, 20 de septiembre, de los cinco millones que el pacto social autoriza, la compañía cuenta con un capital pagado de un millón de dólares. Pensamos que con esta suma la empresa sufragará una tercera parte de los costos del proyecto y tan pronto se vean los primeros resultados podremos acudir a la Bolsa de Valores y levantar el resto de los fondos. En su informe el coronel Hughes estima que no pasarán de tres millones de dólares.

—Sobre todo ahora que todo el mundo quiere ir a California en busca de oro —interrumpió el viejo Howland.

—Así es —repuso Aspinwall—. Las circunstancias no pueden ser más favorables. Como decía, entre los meses de enero y junio, Hughes, Baldwin y su equipo de trabajo estuvieron en el istmo estudiando la ruta y llegaron a la misma conclusión que nuestro presidente Stephens y el mismo Baldwin, aunque con algunas variantes en el trazado. Todavía el plan consiste en iniciar el servicio con un sistema mixto, que incluiría el uso de remolcadores pequeños en el sector navegable del río Chagres y la construcción de la vía férrea a partir de Gorgona hasta Panamá, lo que significa que en un principio cubriríamos con el ferrocarril solamente la vertiente del Pacífico, o sea, menos de la mitad del trayecto. Este sistema combinado ofrece varias ventajas: la inversión inicial será mucho menor y podremos utilizar los remolcadores para llevar los materiales y los trabajadores a la obra, ahorrándonos tiempo y una considerable suma de dinero. Pensamos, igualmente, que con el producto de la ruta así concebida, sobre todo ahora que la fiebre del oro garantiza un tránsito masivo, podremos costear posteriormente la construcción del resto del ferrocarril en el sector atlántico.

—¿Cuánto tiempo tomará todo esto, William? —preguntó con su impaciencia característica el viejo Howland.

—A eso voy. Tan pronto recibimos de Hughes los planos con el trazado definitivo de la ruta se llamó a los contratistas interesados a una licitación. A los veinte que mostraron interés los enviamos al istmo en uno de nuestros barcos. Allá estuvieron dos semanas, estudiando el terreno y los pormenores del trabajo, y una semana después de su regreso a Nueva York ocho de ellos presentaron sus propuestas, resultando ganador el consorcio formado por George Totten y John Trautwine, quienes se comprometieron a llevar a cabo los trabajos del ferrocarril en un plazo de tres años, con un costo total de un millón doscientos cincuenta mil dólares. Especificaron que nuestra empresa se haría cargo del tramo fluvial, lo que para nosotros resulta conveniente por razones obvias. Posteriormente, la construcción de la vertiente del Atlántico sería sometida a una nueva licitación que probablemente ganarían también Totten y Trautwine. Creo que todos los conocen, pero para quienes requieren mayor información le cedo la palabra a nuestro presidente.

—En efecto —continuó Stephens—, es difícil encontrar individuos con mejores credenciales que Totten y Trautwine para llevar a feliz término la construcción de un ferrocarril en el istmo de Panamá. El coronel Totten no solamente trabajó en los canales de Farmington, Juniata, Delaware y Raritan, sino que además construyó los ferrocarriles que van de Reading a Port Clinton en Pennsylvania, y de Gastonia a Raleigh, en Carolina del Norte. Trautwine, por su parte, más conocido quizás por sus manuales de ingeniería civil, es un reconocido experto y consultor en ferrocarriles. Hace cinco años Totten y Trautwine se asociaron para abrir el famoso Canal del Dique, en Nueva Granada, que conectó el río Magdalena con la bahía de Cartagena, obra en la que trabajaron entre 1843 y 1848. Por todas estas razones tenemos mucha fe en estos dos profesionales.

—Como hechos a la medida para nuestro proyecto —observó el coronel Alexander.

De labios de cada uno de los demás directores se escucharon comentarios favorables, finalmente interrumpidos por Sam Howland.

—¿Y cuándo empezarán su trabajo estos afamados ingenieros, amigo Stephens?

—Probablemente la próxima semana —respondió Stephens—, tan pronto terminen de reclutar el equipo de trabajo y de embarcar los primeros materiales y provisiones. Me olvidaba decir que han contratado como ingeniero de campo a James Baldwin, quien originalmente determinó la viabilidad de la ruta en el viaje que él y yo realizamos al istmo a fines del año 47. Además, Baldwin también acompañó al coronel Hughes en su reciente viaje. Puedo dar fe de que se trata de un excelente profesional.

—Magnífico —recalcó el director James Brown—, pero, sin ánimo de menguar el optimismo que con justificada razón nos alienta a todos, me permito una observación. Como la mayoría de ustedes saben, soy médico de profesión aunque me vi obligado a abandonar la práctica de la medicina para atender los negocios de la familia después del fallecimiento de mi progenitor. Quisiera que el presidente nos informara acerca de las condiciones de salud en el istmo de Panamá. Recuerdo haber leído, en revistas médicas y en periódicos, que el clima de allá es uno de los peores del planeta y contribuye a la transmisión de todo tipo de fiebres y enfermedades infecciosas. ¿Se ha tomado esto en cuenta para la ejecución del proyecto?

Stephens se tomó un momento antes de responder.

—También yo he escuchado que las condiciones de salubridad del istmo son todavía peores que las que me tocó vivir en Centroamérica. De hecho, una de mis recomendaciones es que, en cuanto podamos, construyamos y equipemos un centro de salud para atender a todos los que laborarán en la obra. Puedo decirles, no obstante, que he atravesado Panamá en dos ocasiones sin contraer fiebre alguna y que tampoco vi señales de que la gente se enferme allá más de lo normal. Además, si me permiten, leeré lo que expresa en su informe el coronel Hughes: «En el asunto de la salud —dice Hughes— considero que las condiciones adversas del istmo han sido considerablemente exageradas. Los habitantes parecen disfrutar de tan buena salud como los de nuestro país y muy pocos de los emigrantes que por aquí han pasado ya rumbo a California parecen haber contraído enfermedades tropicales». En cualquier caso, le aseguro al señor Brown que el tema de la salud es uno que tendremos siempre presente.

—Ojalá así sea —respondió el aludido.

—Antes de dar por terminada la reunión —observó Aspinwall— es preciso que esta Junta Directiva apruebe formalmente el desembolso de los primeros cien mil dólares para iniciar las obras, así como también la contratación de un remolcador para ser enviado a Chagres cuanto antes.

—¿Alguna objeción? —preguntó Stephens.

—Ninguna —respondieron todos, casi al unísono.

—Entonces queda debidamente aprobado. ¿Hay algo más?

—Quisiera preguntar —dijo el vicepresidente— si no se ha pensado que alguno de los directores o funcionarios de la empresa acompañe a los contratistas al istmo. Lo digo porque se trata de un momento importante para la toma de decisiones. Estas cosas hay que verificarlas personalmente, sobre el terreno.

Luego de un breve silencio, Aspinwall explicó que por ahora la compañía del ferrocarril no había considerado enviar a nadie.

—Les recuerdo a los directores —añadió— que Howland & Aspinwall desplaza regularmente funcionarios al istmo con el propósito de apoyar nuestra ruta del Pacífico, que con la fiebre del oro se ha convertido en la más importante de todas. Quienes laboran con nosotros comprenden la estrecha relación que existe entre la línea naviera y la empresa del ferrocarril, así que sería muy fácil encomendarles cualquier misión específica.

—Por otra parte —intervino Stephens—, yo sí he pensado volver a Panamá de paso para California. Siento una gran curiosidad por contemplar a esos individuos que los diarios, recordando las vicisitudes de Ulises, denominan *argonautas*, y que atraídos por el imán irresistible de una fortuna repentina, abandonan mujeres, hijos y hacienda, en busca de una quimera dorada.

—Habló el escritor —masculló el tío Samuel—. Vaya y escriba otro libro, pero mientras tanto cuide nuestros intereses. Una de las cosas importantes que tenemos que observar muy de cerca es cómo haremos para contratar mano de obra barata, y retenerla, cuando todo el mundo lo que ambiciona es irse para California. ¡Ojalá no se contagie usted también con la enfermedad dorada!

—Pierda cuidado —respondió Stephens, sonriente.

—Antes de cerrar la sesión —dijo Aspinwall—, hay otro tema sobre el que debo informar. Como todos saben, el *California* es el primer vapor que destinamos a la ruta Panamá-California. Sabemos que hizo el trayecto de Nueva York a Panamá en tiempo récord y que de allí partió el 31 de enero rumbo a San Francisco, con muchos más pasajeros de los previstos. Ese último trayecto debió tomar, a lo sumo, un mes, de modo que para esta fecha ya tendría que estar de vuelta en Panamá. Sin embargo, lo último que sabemos por nuestro agente en el istmo es que, efectivamente, zarpó el 31 de enero. Y nada más.

—¿Y los otros vapores que servirán la ruta? —quiso saber el tío Samuel.

—El *Oregon* zarpará rumbo a California dentro de dos semanas y el *Panamá* un mes después. En cada uno venderemos solamente la mitad del pasaje para darles cabida a algunos de los miles de argonautas que han ido llegando al istmo. No sé si vieron el reportaje aparecido hace algo más de un mes acerca de la explosiva situación que surgió a la llegada del *California* a Panamá, cuando los que esperaban abordar intentaron bajar por la fuerza a unos peruanos que venían a bordo. Problemas como éstos pueden degenerar en violencia y causar daño irreparable no solamente a nuestras naves sino, lo que es peor, a nuestra reputación.

—Pues si hay tanta demanda lo indicado es subir el precio del pasaje —observó el vicepresidente Center.

—Es muy cierto —respondió Aspinwall—, pero tenemos un contrato con el gobierno que es preciso respetar. Nuestros abogados están revisándolo para establecer una estrategia.

—Esperamos —dijo Stephens— que para la próxima reunión existan buenas noticias en torno al *California,* tan buenas como las que hemos compartido en esta primera reunión de la Junta Directiva que doy por concluida, no sin antes agradecer a todos su presencia.

Mientras abandonaban las oficinas de la Panama Railroad Company, Aspinwall le ofreció a Stephens llevarlo en su coche, invitación que éste rehusó cortésmente.

—Mi casa no está lejos —se excusó— y quiero aprovechar lo que queda del día para dar un paseo.

Eran las siete de la tarde y un sol de fines de verano, fatigado pero ardiente, alargaba la sombra de los edificios sin mitigar el calor que, como un pertinaz vaho, envolvía la ciudad. Aunque todavía no había recuperado todas sus fuerzas, Stephens caminaba con paso firme y decidido. Próximo a cumplir cuarenta años, aún no se extinguía en su espíritu la chispa de la juventud. Se sentía satisfecho y en su ánimo renacían las ansias de aventura. Poco acostumbrado a permanecer mucho tiempo en un mismo sitio, la enfermedad pulmonar contraída durante el arduo ascenso a las alturas de Bogotá lo mantuvo recluido durante tres largos meses en la casa familiar de Greenwich Village, donde ahora solamente habitaban su padre, paralítico desde la muerte de su madre, y su hermana, Elena, que por dedicarse a cuidarlo se había tornado en una solterona insoportable. A pesar del abatimiento, Stephens había aprovechado esos largos y tediosos días para poner en orden sus notas de viaje. Con frecuencia dejaba a un lado la pluma y se sumía en profundas meditaciones en torno a las circunstancias que habían marcado su vida. Ningún recuerdo era más vívido que el de su esposa, Mary, prematuramente fallecida víctima del *cholera morbus,* enfermedad que irónicamente ella contrajo en Nueva York mientras él descubría en la selva centroamericana las ruinas de la civilización maya. A su regreso de aquel viaje tuvo que encarar las recriminaciones y el rechazo de su propia hermana y de su familia política.

«¿Cómo pudiste abandonar así a nuestra hija? Más de un año pasó la pobre sin saber del esposo que juró amarla y protegerla toda la vida». Además del reproche de los padres y hermanos de Mary, John tuvo que enfrentarse a más de treinta cartas escritas por ella que, ordenadas por fecha, aguardaban su regreso. Desde la primera, le advertía la urgente necesidad que sentía de confiar al papel sus temores, sus quebrantos, sus presagios. «Son cartas que jamás serán enviadas: ¿dónde enviarlas si nadie sabe dónde estás?». En ellas Mary recorrió el camino que va del amor a la incertidumbre, de la incertidumbre a la desilusión y de ésta a una incurable tristeza. Cuando finalmente sintió la proximidad de la muerte, la sobrecogió la infinita angustia de saber que se iría de este mundo sin una última sonrisa, una última mirada, un último beso y un último adiós. Así, al regresar triunfante de uno de los descubrimientos arqueológicos más importantes del siglo, Stephens tuvo que compartir gloria y fama con el más profundo de los pesares. Y luego, a medida que leía y releía las cartas póstumas de Mary, en las que una letra elegante y pareja se iba convirtiendo, paulatinamente, en trazos apenas legibles, le sobrevino el más atroz de los arrepentimientos. Para vencerlo, emprendió nuevos viajes en busca de horizontes ignotos de los que siempre regresó con páginas huérfanas de palabras, hasta que, finalmente, William Aspinwall le presentó la oportunidad de participar en una empresa capaz de trascender el mero hallazgo y convertirse en triunfo permanente. A la gran aventura del ferrocarril interoceánico de Panamá se unía ahora la más contagiosa fiebre de codicia que recordaba la historia, con la que el oro de California había infectado a la humanidad entera. John Stephens necesitaba contemplar de cerca la nueva odisea, sentirla, vivirla, para luego escribir el libro que iría mucho más allá de los simples relatos de viaje, la obra definitiva que pondría al descubierto los más ocultos rincones y sombrías oquedades del alma humana. Pero ¿era realmente el afán de una nueva y decisiva aventura lo que había despertado en él ese súbito e irresistible deseo de embarcarse rumbo a California? ¿Por qué este afán se agudizaba cada vez que volvía a su mente el recuerdo de Elizabeth Benton?

¿Y por qué con el paso del tiempo, en lugar de desvanecerse, aquellos ojos, aquella boca, aquella sonrisa, aquella mirada, aquella figura, aquel deseo, aquel único beso, reverdecían en su memoria? El ferrocarril, el oro, la aventura de California, todo languidecía frente a la apremiante necesidad de volver a ver a Elizabeth, de redimir en ella sus angustias y remordimientos y de estrenar, ahora sin pausa y para siempre, su ilimitada capacidad de amar.

11

El ingeniero Baldwin no tuvo oportunidad de estudiar el Informe Final sobre la Construcción de un Ferrocarril Transístmico, preparado por el coronel Hughes, sino cuando estaba ya a bordo del vapor *Crescent City*, en el que, en compañía de Trautwine, Totten y Stephens, navegaba una vez más rumbo a Chagres. Después del viaje de inspección al istmo, Hughes había insistido en escribir el informe él solo. «Es mi responsabilidad. En mis notas he recogido sus observaciones y las de cada uno de los técnicos que me acompañaron», había dicho el coronel, circunstancia que aprovechó Baldwin para dirigirse a su hogar en Philadelphia y pasar unos días con su madre y sus hermanas. El día de la partida, tan pronto se encontraron en el muelle, Totten había puesto en sus manos la voluminosa documentación que incluía mapas, topografías, análisis de suelo, descripción de bosques y caudal de ríos. «Se trata de un trabajo minucioso y profesional —le había dicho el coronel—, pero como usted estuvo con Hughes y fue el primero en describir la ruta, queremos conocer su opinión».

Al día siguiente los cuatro hombres del ferrocarril se sentaron a desayunar juntos.

—El informe de Hughes está plagado de inconsistencias, errores y exageraciones —dijo Baldwin antes de que sirvieran el café.

—¿Cómo? —exclamó Stephens, incrédulo.

—En lugar de un informe técnico, el coronel ha escrito un relato romántico en el que ha omitido, no sé si deliberadamente, muchas de las grandes dificultades que enfrentará la construcción del ferrocarril.

—Pero eso no es posible —dijo Trautwine, alarmado—. Nosotros hicimos nuestra oferta basados en ese informe.

—¿En qué consisten los errores, exageraciones y omisiones? —preguntó Stephens, tratando de mantener la calma.

—En primer lugar, Hughes recomienda iniciar la construcción al sur de Navy Bay, en lugar de Chagres. Si bien la ruta que sugiere el coronel es más corta, del recorrido que realizamos Stephens y yo en nuestro primer viaje recuerdo muy bien que a medida que nos acercábamos a Navy Bay el suelo se tornaba más húmedo y pantanoso, lo cual dificultaría enormemente la construcción de los taludes y la colocación de los rieles. Sobre este mismo punto, el informe dice que en el terreno predomina la arcilla roja y la roca basáltica. En algunos puntos, efectivamente, es así, pero la mayor parte del suelo en el sector atlántico está conformada por humedales, ciénagas y pantanos. También asegura Hughes que a lo largo de la ruta se puede obtener madera de excelente calidad y que abundan la caoba y el roble. Nuestra exploración anterior indica que si bien abunda la caoba, el roble y otras maderas, éstas se encuentran en sitios poco accesibles, dispersos y muy lejos de la ruta. Además, tengo serias dudas de que durmientes construidos con maderas preciosas resistan el clima del istmo. Para terminar, el informe resta importancia al Chagres, que habrá que cruzar en algún punto. Yo he visto ese río incrementar varias veces su caudal como consecuencia de los descomunales aguaceros que caen sobre el istmo durante nueve meses del año, lo que significa que los puentes tendrán que ser construidos con la solidez necesaria para resistir las crecientes.

El silencio que siguió a las palabras de Baldwin fue finalmente quebrado por Totten.

—El asunto es grave. Durante nuestra reciente visita al istmo no tuvimos ni el tiempo ni los medios para hacer un análisis minucioso del terreno y dimos por buenas muchas de las conclusiones del informe. Si bien en el contrato hay cláusulas que cubren las discrepancias que puedan surgir entre el informe y la realidad, las observaciones de

Baldwin significan que el costo y el tiempo de construcción aumentarán de manera significativa.

—Por supuesto. ¿Hay algo más que debamos saber, James? —preguntó Stephens.

—Hay otros detalles en los que no concuerdo con las conclusiones de Hughes, pero son de menor importancia. —Baldwin soltó una de sus inusuales carcajadas—. Lo que sí vale la pena destacar, para saber hasta dónde llega el optimismo de nuestro distinguido coronel, es su afirmación de que si la división continental es muy elevada se podría construir un túnel, así como lo oyen, un túnel de mil cuatrocientos pies entre Mandingo y Obispo por el que atravesaría el ferrocarril. Y esto, señores, es una verdadera locura. Yo creo que el coronel Hughes jamás ha colocado un riel o un durmiente y, por lo tanto, ignora las dificultades del trabajo de campo. En teoría, todo se puede hacer; la práctica, eso ya es otra cosa.

—El coronel Hughes es un distinguido profesional del Cuerpo de Ingenieros del Ejército —afirmó Stephens—. Comparto la opinión de Baldwin en cuanto a que el tono de su informe es, en general, optimista, pero las críticas que acabamos de escuchar recaen fundamentalmente sobre el sector atlántico, cuya construcción se llevaría a cabo en la segunda etapa. Propongo que continuemos con nuestro plan de iniciar la construcción desde Gorgona hacia la ciudad de Panamá, utilizando, como está previsto, la ruta fluvial del Chagres en la vertiente del Atlántico para el transporte de materiales y equipo. De ser necesario, más adelante ajustaríamos el contrato.

La propuesta del presidente de la Panama Railroad Company fue aceptada por Totten y Trautwine, quienes, sin embargo, solicitaron a Baldwin la preparación de un informe detallado con todas las inconsistencias señaladas.

Cuando el *Crescent City* entró en la ría del Chagres, otros dos vapores se hallaban allí descargando pasajeros. Los hombres del ferrocarril desembarcaron en el primer bote y al llegar a tierra encontraron una verdadera turbamulta, cerca de trescientos individuos que, entre insultos y maldiciones, corrían de un lado a otro disputándose los pocos bongos disponibles. Aunque los lugareños todavía se movían con desgano, se advertía en ellos mayor interés en el negocio de transportar gente río arriba. Mientras Trautwine y Totten permanecían en el muelle supervisando el desembarco de las provisiones y los equipos, Stephens y Baldwin encaminaron sus pasos hacia el hotel de Peter Eskildsen con la esperanza de que el nórdico pudiera organizarles el traslado inmediato hasta Gorgona. Grande fue su sorpresa al comprobar que de aquella apacible y rústica posada quedaba muy poco. Al fondo del salón una barra de madera ordinaria y mal labrada hacía las veces de bar, en el que permanecían acodados una veintena de ruidosos bebedores. En un rincón, un negro aporreaba un piano desafinado y, a excepción de la mesa ubicada en la esquina más alejada donde, desentendidos de la algarabía que los rodeaba, cinco individuos jugaban a las cartas, en el resto de las mesas mujeres de pechos exuberantes y risa fácil intercambiaban caricias con parroquianos en manifiesto estado de embriaguez. Todos los hombres iban armados con pistolas y puñales que mostraban sin recato.

—Sodoma y Gomorra —farfulló Baldwin en voz baja, contemplando el espectáculo desde la puerta.

—Fiebre del oro —respondió Stephens.

En ese momento, con una gran sonrisa en los labios y vestido con ropa de llamativos colores, chaleco y sombrero incluidos, apareció Eskildsen.

—Bienvenidos al American House.

—Amigo Eskildsen, ¿qué fue de aquella posada silenciosa y tranquila que tan amablemente nos acogió hace año y medio? —preguntó Stephens.

—Voló en el viento huracanado del progreso, el mismo que probablemente se llevó sus investigaciones para, ¿cómo se llamaba?, el Instituto Americano de Ciencias Naturales. Desde un principio sospeché que la misión que los trajo entonces a Chagres nada tenía que ver con la flora y la fauna. Se trata de un ferrocarril, ¿no? Pero vengan, pasemos a mi oficina, donde podremos conversar con mayor tranquilidad.

En la parte trasera del galpón, Eskildsen había construido un anexo que ahora albergaba la cocina, el comedor y varios cuartos, además de una oficina, desde la cual, a través de una pequeña ventana de vidrio fijo, podía contemplar el movimiento del salón.

—Efectivamente, estamos empeñados en la construcción de una vía férrea a través del istmo —dijo Stephens tan pronto tomaron asiento—. Nuestra misión tenía que mantenerse en secreto hasta tanto aseguráramos la concesión del gobierno neogranadino. Ahora todo está listo para comenzar la obra, pero vamos a necesitar ayuda para desplazarnos hasta Gorgona cuanto antes, por lo menos a mí, a Baldwin y a los contratistas. Pero, por lo que veo, tú estás dedicado a negocios más lucrativos.

—Espero que algún día lo sean —suspiró Eskildsen—. Por el momento todas las ganancias van a pagar inversiones. Aparte de este hotel tenemos otro en Gorgona y estamos a punto de adquirir uno en Panamá. También nos dedicamos al transporte, negocio original de uno de mis socios. Pero, si debo ser franco, lo que de verdad rinde es el licor, el juego y las mujeres. Nada interesa más a los aventureros que aguardan para embarcarse rumbo a California. El paso obligado en que se ha convertido el istmo es nuestra mina de oro: cuantas menos plazas en los barcos, más ganancia para nosotros.

El nórdico hizo una pausa para medir el efecto de sus palabras y dijo con desdén antes de continuar.

—Mirándolo bien, la construcción del ferrocarril afectará mis negocios a largo plazo, pero ¿quién puede darse el lujo de pensar en el porvenir? Nuestro futuro es hoy, esta noche, mañana y, quizá, pasado mañana... Pero basta de filosofía y hablemos de sus necesidades. No hay problema en conseguir un botero que los lleve a Gorgona. Pero me gustaría saber más acerca de sus planes y si podemos colaborar en alguna otra cosa. ¿No requerirán hospedaje para sus hombres o depósito para los materiales?

Stephens y Baldwin se miraron.

—El proyecto —explicó el primero— contempla establecer nuestro centro de operaciones en Gorgona y, desde allí, empezar a construir la línea hasta Panamá. Mañana o, a más tardar, pasado mañana, debe arribar a Chagres un pequeño remolcador que trasladará los materiales, los equipos y los hombres río arriba. Sí nos hará falta algún cobertizo donde almacenar temporalmente todo lo que vaya llegando en los vapores y tal vez un bongo que sirva de apoyo al remolcador.

—Se los consigo sin ningún problema. ¿A qué hora quieren...?

El estruendo de una detonación interrumpió a Eskildsen, que enseguida se levantó y se dirigió al salón, seguido de Stephens y Baldwin. En el suelo, al pie de la barra, yacía un hombre inerte con una mancha de sangre en el pecho. Los demás lo contemplaban, casi con indiferencia.

—¿Qué ocurrió? —le preguntó Eskildsen al cantinero.

—Lo de siempre, patrón. Cosas del trago. El muerto, que es sureño, llevaba quince minutos discutiendo con ese señor, que es norteño. Lo amenazaba con pegarle un tiro, hasta que se lo pegaron a él.

—Llama a dos de los muchachos para que lo entierren.

Eskildsen se acercó al agresor, se lo llevó aparte, conversó con él un par de minutos y regresó.

—¿Qué ocurrirá ahora? —preguntó Baldwin, visiblemente conmovido.

—Lo enterraremos y el responsable correrá con los gastos, que hemos fijado en veinte dólares. Es la costumbre y la única sanción que reciben los victimarios. Son ya siete muertos este mes y éste el segundo que cae en mi hotel. Los demás perdieron la vida disputándose los botes.

—¿Y la autoridad? —preguntó Stephens.

—En Chagres no hay autoridad, médico, cura, ni nada. De los muertos posiblemente alguno se hubiera podido salvar si se le hubieran atendido las heridas a tiempo. Pero, como ustedes pueden ver, esto es tierra de nadie. Lo único organizado que tenemos es un cementerio en el que damos sepultura a los infelices que ven interrumpidos aquí sus sueños de llegar a El Dorado. Si portan documentos de identidad, ponemos su nombre en la cruz y yo mismo los guardo por si aparece algún familiar. Si no, la tumba permanece anónima. Hasta ahora nadie ha echado de menos a ninguna de las víctimas.

—¡Qué barbaridad! —exclamaron casi al unísono Baldwin y Stephens.

Cuando, ya al final de la tarde, terminó la descarga de los equipos y materiales, los hombres del ferrocarril decidieron esperar en Chagres el arribo del remolcador para trasladarse a Gorgona, decisión que fue acogida con alborozo por los subalternos, que esa noche compartieron con los aventureros los rústicos placeres que ofrecía la primera etapa del viaje hacia El Dorado. Trautwine, Totten, Baldwin y Stephens regresaron al *Crescent City* y mientras cenaban a bordo acordaron iniciar cuanto antes la construcción de los edificios que albergarían las oficinas y los almacenes de la compañía del ferrocarril. Pero no los construirían en Chagres, sino en la orilla opuesta del río.

—Habrá que comunicárselo a Eskildsen —comentó Stephens.

Tan pronto amaneció, los hombres del ferrocarril regresaron a tierra. Lloviznaba y un silencio báquico parecía haber enmudecido el villorrio. Algunos beodos deambulaban sin rumbo fijo; otros, indiferentes al lodo, a los insectos, a los cerdos y a las gallinas, dormían la borrachera en posiciones grotescas en cualquier rincón donde finalmente habían sido vencidos por el sueño y el alcohol. Mientras Totten y Stephens se dedicaban a localizar a sus empleados, Trautwine y Baldwin permanecieron en el muelle seleccionando los materiales que serían trasladados a la orilla opuesta para levantar las primeras edificaciones lejos de la algarabía y el desorden de Chagres. Cuando estaban en el proceso de contratar los bongos divisaron en el horizonte una pequeña columna de humo.

—Espero que sea nuestro remolcador. Así podríamos trasladar de una vez todos los materiales —dijo Baldwin.

Media hora más tarde, un pequeño vapor atravesaba sin dificultad la barra de la desembocadura del río y se amarraba al muelle. Stephens sonrió al leer el nombre con el que Aspinwall había bautizado el primer remolcador que prestaría servicios en la ruta fluvial: *General Herrán*. «A William no se le escapa una», pensó.

Al mediodía, cuando ya estaban a punto de zarpar rumbo a Gorgona, apareció Eskildsen.

—Me dicen que están enviando materiales a la orilla opuesta. ¿Qué es lo que se proponen? —preguntó, molesto.

—Hemos decidido levantar allá nuestro centro de operaciones —respondió Stephens—. Como comprenderás, Chagres no es el mejor lugar para trabajar. Dejaremos allí algunos hombres a cargo de la construcción y el resto nos iremos inmediatamente a Gorgona.

Siempre atento a nuevas oportunidades de negocio, Eskildsen se atusó el rubio bigote y sonrió con resignación.

—Es fácil predecir que, si el ferrocarril ha decidido construir sus depósitos al otro lado del río, un nuevo poblado surgirá allá. Existirán dos Chagres y tendré que levantar otro hotel en la orilla opuesta.

—Nuestra idea es que esa área sea exclusivamente de trabajo —aclaró Stephens.

—Con la histeria que se ha apoderado de todos los que pasan por aquí, eso no es posible —repuso Eskildsen—. ¿Cuándo regresarán de Gorgona?

—Realmente no lo sabemos. En lo que a mí concierne, tan pronto los constructores queden debidamente instalados y se organice el trabajo, pienso seguir viaje a California.

—¿En busca de oro? —preguntó Eskildsen, irónico.

Stephens pensó en Elizabeth.

—Para ver con mis propios ojos los nuevos territorios y en busca de material para mi nuevo libro. ¿Está listo el bongo que nos acompañará río arriba?

—Sí, señor. El negro José, el mismo que los llevó aquella vez que estudiaban los secretos de la naturaleza, irá con ustedes.

—Muy bien. El capitán está seguro de que no tendremos problema con el calado y recomienda atar el bongo a la popa para ir más rápido.

Guiado por José, el capitán del *General Herrán*, cuyo diseño especial le permitía navegar con sólo sesenta centímetros de agua, no tuvo ninguna dificultad en remontar el Chagres hasta Gorgona, donde arribó antes del anochecer. El recorrido había demorado siete horas escasas y los hombres del ferrocarril se felicitaron por el éxito alcanzado.

Gran satisfacción les produjo, además, comprobar que la comunidad de Gorgona parecía gozar de una buena organización. A pesar de que también allí una multitud de viajeros aguardaba para trasladarse a lomo de mula a Panamá, se advertía en ellos una actitud mesurada, cierto respeto por las normas de convivencia social.

—Tal vez están agotados después de la vorágine de Chagres —comentó Baldwin, mordaz.

Pero era más que eso. Gorgona contaba con un alcalde, al que auxiliaban media docena de delegados que portaban en el pecho un pedazo de latón en forma de escudo, distintivo que les otorgaba autoridad para mantener el orden público. Las calles estaban empedradas, la mayoría de las viviendas eran de piedra caliza, los lugareños vestían decentemente y saludaban a los forasteros con una ligera inclinación de cabeza. Hasta el American House de Eskildsen, ubicado en uno de los extremos del poblado, ofrecía la apariencia de un sitio respetable. Aunque ciertamente se bebía, se jugaba y se comerciaba con el sexo, todo se hacía con discreción, procurando no perturbar la tranquilidad del resto de los habitantes.

No bien pisaron tierra, los pasajeros del *General Herrán* escucharon un tañer de campanas.

—Están llamando al ángelus —comentó Trautwine.

—Donde hay sacerdote la gente se porta mejor.

—Porque la iglesia les recuerda el infierno —recalcó Totten, poco amigo de los curas.

—En cualquier caso, me alegro de que sea aquí donde estableceremos nuestro centro de operaciones. Ahora voy a dar gracias a Dios por lo bien que ha ido todo.

Alejándose del grupo, Trautwine siguió el seco repicar de las campanas hasta dar con la humilde iglesia que se erguía frente a la plaza central.

Durante los primeros días, los contratistas se dedicaron a organizar el trabajo. Adquirieron un terreno en las afueras para construir oficinas, almacenes y viviendas y, mientras tanto, arrendaron en el pueblo los espacios indispensables. El remolcador hacía viajes diarios a Chagres para recoger el resto de los materiales y los equipos adicionales que enviaba Aspinwall desde Nueva York. En breve, Totten partiría rumbo a Cartagena a contratar mano de obra, pues, con la afluencia de viajeros y de dólares fáciles, muy pocos istmeños estaban dispuestos a empuñar el pico y la pala.

Cuando el presidente de la compañía del ferrocarril estuvo convencido de que las cosas arrancaban con buen pie, se despidió de los contratistas y partió rumbo a Panamá con ánimo de abordar el primer navío para California. El recuerdo de Elizabeth iba y venía al ritmo de su melancolía. Mientras se hallaba envuelto en la toma de decisiones y en los contratiempos del trabajo diario, su soledad no le pesaba, pero tan pronto se retiraba a su aposento y cerraba los párpados en busca del sueño, los ojos, las miradas, las sonrisas, y, sobre todo, los labios ardientes de Elizabeth regresaban a sembrar ilusiones frescas en el corazón amustiado de John Stephens.

Tan pronto traspuso las ruinosas murallas de la ciudad, Stephens encaminó sus pasos a las oficinas de Zachrisson & Nelson. Sospechaba
que la masiva emigración de argonautas hacia California había trastocado la vida de Panamá, pero nunca imaginó hasta qué extremo.
Una verdadera muchedumbre de extranjeros, la mayoría con pinta de
nómadas, deambulaba por la ciudad, en la que, como por encanto,
habían aparecido cantinas, salas de juego, restaurantes y posadas que
se anunciaban con improvisados letreros en inglés. El silencio y la
tranquilidad parroquial que otrora prevalecieran habían dado paso a
un permanente bullicio y desasosiego. Imperaba el caos.

William Nelson recibió al presidente de la empresa del ferrocarril
con los brazos abiertos.

—Ya era hora de que alguien del ferrocarril se acordara de nosotros; estaba perdiendo las esperanzas.

—Quise venir antes pero la puesta en marcha de los trabajos tomó
más tiempo de lo previsto.

—Siéntate, siéntate, por favor; déjame servirte un whisky. ¿Cómo
van las cosas? ¿Cuándo comienzan a construir?

—Yo diría que marchan bien. Hemos terminado de trasladar a
Gorgona todo el material y uno de los ingenieros está próximo a viajar a Cartagena para contratar a los primeros obreros.

—¿Y aquí, cuándo empiezan? —preguntó Nelson mientras servía
las bebidas.

—Todavía no tenemos una fecha cierta —respondió Stephens—.
¡Salud! Algunos equipos serán embarcados en el *Panamá* y el *Oregon*, que deberán zarpar de Nueva York dentro de las próximas dos
semanas; aunque haya que darle la vuelta al continente resulta más
económico y práctico que traerlos por el río y a lomo de mula a través
del istmo. El plan es comenzar a construir a partir de Gorgona y llegar
a la cima de la división continental. Pensamos que una vez completada
la ruta hasta Cruces estaremos listos para colocar rieles desde aquí
hacia allá. Pero cuéntame, ¿qué tal el movimiento de vapores? ¿Se ha
sabido algo del *California*?

—Casualmente hace dos semanas apareció por aquí, procedente
de San Francisco, un vapor inglés de la British Steamship, el *Bristol*,

que se ha incorporado a la ruta Panamá-California. Su capitán me entregó una carta del comandante Forbes en la que relata las grandes dificultades y penurias que enfrentó en el viaje. Para llegar a su destino se vio obligado a alimentar las calderas con toda la madera del barco y una vez en San Francisco los tripulantes, en masa, abandonaron sus puestos para ir en busca de oro. Terrible, ¿no? Parece que todos hacen lo mismo. Ahora está tratando de reconstruir el navío y reclutar nuevos marinos, tarea nada fácil en un lugar donde lo único que mueve a la gente es el afán de enriquecerse de la noche a la mañana.

—¡Qué odisea la del *California*! Realmente se ha desatado la locura —comentó Stephens, taciturno.

—Los hombres se han dejado dominar por sus más bajos instintos y los antiguos valores han quedado relegados a segundo plano —sentenció Nelson—. ¿Ves ese joven que atiende al público en el recibidor? Es un peruano que vendió su pasaje en el *California* por mil dólares, de los cuales pensaba enviar ochocientos a sus padres y adquirir con el resto un nuevo pasaje para San Francisco. Pero, como tantos otros, fue víctima de su súbita fortuna: la mitad del dinero la derrochó en mujeres y juego y de la otra mitad lo despojaron unos truhanes que casi lo matan. Tanta lástima me dio el muchacho que decidí darle la oportunidad de trabajar y ganarse el precio del pasaje.

—Una verdadera tragedia —comentó Stephens observando a través del cristal que un rictus de amargura había ensombrecido prematuramente el rostro del joven peruano.

—Así es. Volviendo a los vapores, me preocupa que el *Panamá* y el *Oregon* todavía no hayan zarpado de Nueva York. Los ingleses se están aprovechando del exceso de pasajeros y nos están tomando la delantera.

—Siempre faltará espacio para acomodar a todos los que quieren emigrar a California. Por lo pronto, resultan inverosímiles los cambios que han ocurrido en esta ciudad desde la última vez que la visité.

—Hay un gran desorden pero también circulan muchos dólares. El problema es que el gobierno central de Bogotá no parece percatarse de la necesidad de enviar soldados y policías que restablezcan y mantengan el orden público.

—Que tanta falta hace. Ahora debo ir en busca de un hotel. Supongo que el Central sigue siendo el mejor.

—Sin duda, pero hasta que aparezca el próximo barco será imposible encontrar cuarto. Te quedarás en mi casa.

—Agradezco de veras el gesto. Será por poco tiempo porque mi intención es zarpar cuanto antes rumbo a California para comprobar si es cierto que existen montañas y ríos de oro. ¿Cuándo llegará el próximo barco?

—Nadie puede decirlo, John. Tú mismo me has informado que nuestros navíos aún demoran y no sabemos cuántos destinarán los ingleses a la ruta. Hace una semana el *Bristol* partió de vuelta para San Francisco y no regresará antes de seis semanas. Quizás en este momento alguno esté dando la vuelta al cabo de Hornos. ¡Quién sabe! Además, cuando llegue el día tendremos que pelear por tu cupo con los desesperados que aguardan desde hace semanas para embarcarse.

«¡Qué calamidad!», se había limitado a comentar John antes de despedirse. Esa tarde, sin embargo, mientras recorría los lugares que él y Elizabeth habían visitado juntos, una congoja que se iba haciendo familiar se apoderó de su ánimo. Para disiparla, se hizo el propósito de mantenerse ocupado con la construcción del ferrocarril. En compañía de Nelson escogió el sitio donde se almacenarían los equipos y materiales que eventualmente llegarían a Panamá y definió el mejor lugar para levantar la terminal del Pacífico. Además, logró entrevistarse con el gobernador De Obaldía, a quien expuso la preocupación de la empresa por el caos que imperaba en Chagres y en las otras aldeas por las que atravesaría la línea del ferrocarril.

—No existe ni autoridad, ni centros de salud, ni nada de lo que usualmente se asocia con la civilización —había afirmado el presidente de la empresa ferrocarrilera—. En Chagres me tocó presenciar el asesinato a sangre fría de un pobre infeliz y nada ocurrió. No se arrestó, ni se investigó y mucho menos se sancionó el delito. Y según me cuentan, hechos como ése se repiten casi a diario.

—Usted comprenderá que nadie esperaba que de la noche a la mañana cayeran sobre el istmo, como una plaga bíblica, miles de aventureros desesperados —se excusó el gobernador—. En repetidas ocasiones he informado al gobierno acerca de la urgente necesidad de reforzar nuestros estamentos de seguridad, en Panamá y a lo largo de la ruta transístmica, pero, si debo ser franco, la Nueva Granada atraviesa por uno de sus peores momentos políticos. Para alcanzar el poder, liberales y conservadores han ido a la guerra armada y ninguna otra cosa parece importarles. Sin embargo, seguiré insistiendo para que atiendan nuestras súplicas.

Stephens salió de aquella entrevista convencido de que correspondería a la empresa preservar el orden y la seguridad en la ruta. «No se puede trabajar en medio del caos y, por lo visto, es poco lo que el gobierno neogranadino puede hacer», escribió en los apuntes destinados a la Junta Directiva de la compañía.

Dos semanas más tarde apareció en la bahía un pequeño barco carguero que hacía la ruta entre Callao y Panamá, cuyo capitán informó a Nelson que ningún navío con destino a California había arribado a aquel puerto. Enterado Stephens, decidió regresar a Gorgona para seguir de cerca el progreso de los trabajos. «No te preocupes —le había asegurado Nelson—. Ir y venir de Gorgona no te tomará más de cuatro días y, si apareciera algún vapor, demoraría por lo menos una semana en cargar agua, carbón y avituallamientos. Así es que vete tranquilo, que no perderás tu barco».

Tan pronto Stephens llegó a Gorgona se dirigió a la oficina, donde los rostros ensombrecidos de Totten, Trautwine y Baldwin le revelaron que algo grave sucedía.

—¿Qué ocurre? —preguntó después de intercambiar saludos.

—Se trata del remolcador —respondió Totten—. Vamos al río para que lo veas con tus propios ojos.

Sostenido por pilotes, como una gigantesca tortuga a medio voltear, el *General Herrán* yacía de costado junto al embarcadero. Varios obreros aplicaban una sustancia oscura a la madera del fondo.

—Jamás habíamos visto un gusano tan agresivo —dijo Baldwin—. En menos de un mes la broma ha perforado todo el casco. Es la segunda cura que intentamos a sabiendas de que será en vano. Se requeriría una embarcación con fondo de hierro para resistirla, pero el peso adicional bajaría tanto el calado que no podría sortear las bajas del río.

—¿Y si intentamos con otra clase de madera? —preguntó Stephens.

—La que se usó en el *Herrán* es macano negro, la más resistente que se puede obtener. El problema es que el contacto permanente con el agua la hace muy susceptible a las despiadadas lombrices, que aquí son una constante pesadilla.

—¿Cómo la resisten los bongos de los nativos?

—La misma pregunta nos hicimos nosotros. Examinamos algunos de los bongos y, efectivamente, no hay señales de broma. Pensamos que por ser construidos de un solo tronco, sin junturas, mantienen la savia del árbol y hacen más difícil la penetración del gusano. No hay otra explicación.

—¿Entonces? ¿Qué podemos hacer?

Quien respondió fue Trautwine.

—Después de mucho discutir hemos decidido no continuar con el proyecto original. No hay más remedio que descartar el trayecto fluvial y reevaluar la ruta del Atlántico. Debemos regresar a Nueva York cuanto antes para consultar con la empresa.

Esa noche, mientras ordenaba sus bártulos y preparaba el equipaje, John Stephens acarició la idea de hacerle caso al corazón y olvidar por un momento sus responsabilidades como presidente de la empresa ferroviaria. Pero no. Elizabeth seguiría esperando en sus sueños y el ferrocarril volvería a ocupar su realidad.

Tres días después, Stephens, Trautwine, Totten y Baldwin abordaban el *Falcon* rumbo a los Estados Unidos. En Chagres y en Gorgona habían quedado algunos hombres encargados de construir los depósitos y custodiar los inventarios. El capitán Notestein, viejo amigo de Stephens, había aceptado remolcar al *General Herrán* hasta Nueva Orleans para ser reparado. Al despedirse en el muelle, Eskildsen no había podido ocultar su complacencia ante el primer fracaso de la empresa.

—El hombre tiene que adaptarse a la naturaleza y no la naturaleza al hombre —razonó.

—Este albino se cree un genio, pero ignora que la historia de la humanidad demuestra precisamente lo contrario —comentó irritado Trautwine.

Al momento de subir a bordo los hombres del ferrocarril ignoraban que en el mismo navío que los llevaría de vuelta a Nueva York viajaba Albert Zwingle, amanuense de Viejo Roble Law. En su maletín de mano llevaba un tesoro que su jefe apreciaría más que el oro: veintisiete contratos de opción de compra que abarcaban todos los terrenos del litoral ubicados entre Chagres y Portobelo.

12

Dos días después del arribo del *California,* las autoridades del puerto de San Francisco ordenaron al capitán Forbes retirarse del embarcadero y echar anclas en la bahía. «No tengo carbón ni tripulación para las maniobras. Todos se han ido a las minas», se lamentó Forbes. «Lo mismo ha ocurrido con los demás barcos que permanecen anclados allá fuera. En algunos hasta el comandante ha desertado. Nosotros lo remolcaremos», fue la respuesta del capitán del puerto.

Sólo entonces se percató plenamente Cleveland Forbes de que la suerte corrida por el *California* no era única. En las quietas aguas de la bahía de San Francisco decenas de barcos yacían inertes y desolados, mástiles y jarcias gritando su abandono y desnudez.

—Un cementerio flotante —comentó Jim Nabor mientras echaban ancla—. ¿Qué hacemos ahora?

—Comenzar a prepararnos para el regreso. Lo primero, reconstruir lo esencial: mástiles, vergas y bauprés. Después, conseguir tripulantes, y finalmente abastecernos de carbón y provisiones. En Panamá terminaremos las reparaciones menores y la decoración. Ayúdame a bajar un bote.

Las cincuenta y tantas edificaciones que formaban el poblado de San Francisco se levantaban a la orilla de una ensenada natural, una pequeña bahía dentro de otra, frente a un promontorio rodeado de colinas que los primeros pobladores españoles y mexicanos originalmente denominaron Yerba Buena. Tan pronto los Estados Unidos le arrebataron a México los territorios de California, los emigrantes norteamericanos cambiaron el nombre por el de San Francisco, en memoria de la misión que, cien años antes, el presbítero español fray Junípero Serra había construido para honrar al santo de Asís. Durante el primer recorrido por las calles del pueblo, el capitán Forbes y su ayudante se sorprendieron al comprobar que casi todos los edificios principales albergaban hoteles, restaurantes, cantinas o salas de juego. Había también un par de almacenes donde grandes colgaduras de tela, plagadas de errores ortográficos, anunciaban implementos de minería, ropa, calzado y alimentos. En las colinas circundantes, también amenazadas por la invasión de comercios, se levantaban las viviendas de los pocos parroquianos que habían resistido el canto de sirena de las minas de oro.

Desde una de esas colinas Forbes pudo apreciar plenamente la amplitud de la bahía y constatar que yacían allí muchos más navíos de los que al inicio se figurara.

—Son más de cien los barcos abandonados —comentó Jim incrédulo.

—Y todos los capitanes afrontamos el mismo problema: cómo hacernos otra vez a la mar.

En el aire de la naciente ciudad se percibían la prisa y la improvisación. La inmensa mayoría de los que recorrían las calles eran hombres y de éstos solamente unos cuantos tenían un aspecto civilizado. Frente a los hoteles, los futuros mineros empacaban de cualquier modo carretas tiradas por caballos en los que ya se advertía el cansancio; en los almacenes, un incesante flujo de compradores se disputaban el turno para ser los primeros en abastecerse de los utensilios indispensables para trabajar las minas, desde picos y palas hasta cartuchos de dinamita; en las esquinas de mayor tránsito, al aire libre, improvisados comerciantes ofrecían los más inverosímiles artefactos para facilitar la búsqueda del oro. Forbes y Jim se interesaron por el que ofrecía tarros de una grasa especialmente diseñada para atrapar al rey de los metales.

—¿Y cómo funciona? —preguntó Forbes, picado por la curiosidad.

—Es muy fácil —respondió el vendedor, gesticulando con exageración—. El afortunado comprador que adquiera este maravilloso producto no tiene más que untarse por todo el cuerpo una capa de una pulgada y luego rodar por el lecho del río. Las pepitas de oro quedarán pegadas en la piel. Este caballero que está a mi lado adquirió una y es testigo de la efectividad de nuestra grasa especial.

—Así es —dijo el aludido—. Este frasco repleto de pepitas de oro es producto de una sola rodada.

Más increíble que la imaginación del mercachifle era la ingenuidad de algunos incautos que terminaban por comprar la grasa milagrosa.

De regreso al muelle, ansioso por cambiar impresiones con algún otro capitán de navío, Forbes pidió a Jim que averiguara sobre la posibilidad de adquirir madera y él se dirigió a la cantina más próxima, un improvisado galpón que ostentaba el llamativo nombre de Golden Gate. Acodados a la barra, tres marinos bebían con desgano.

—Soy el capitán Cleveland Forbes, del *California*.

—¿El barco descuartizado? ¿Qué le ocurrió a su nave? —preguntó el de más edad.

Forbes relató sus peripecias y luego preguntó:

—Y ustedes ¿cuándo piensan volver a la mar?

—Cuéntale, Tom.

Tocándose la gorra, el aludido se presentó como el capitán Thomas White, del velero *Sea Gull,* y señalando a los otros dos añadió:

—Éstos son Frank Patterson, capitán del *Irish Trader*, y Lucas William, capitán del *Sydney Runner*, también veleros. Yo zarpé de Londres, Frank de Irlanda y Lucas de Australia. Llevamos aquí dos meses y medio y ninguno de nosotros tiene la más mínima esperanza de volver a navegar hasta que retorne la cordura. —Tom se encogió de hombros—. Si yo fuera usted, que además necesita gente para alimentar las calderas, me resignaría a permanecer con nosotros en esta bahía lo que resta del año.

Forbes rio con desgano.

—¿Es que realmente no hay manera de conseguir tripulantes? —insistió.

—Aquí en San Francisco, ninguna —respondió Frank—. Tendría que trasladarse a las minas y tratar de encontrar algunos aventureros arruinados que estén hartos de quimeras.

—Mi caso es peor, no tanto porque necesito más hombres para las máquinas sino porque además tengo que reconstruir el maderamen del barco.

Cuando Forbes salió de la cantina, Jim lo esperaba pacientemente sentado al borde del muelle. Comenzaba a oscurecer y el sol, una perfecta circunferencia rojiza, se hundía lentamente al fondo de la bahía. El capitán se sentó junto a su ayudante y ambos contemplaron en silencio la deslumbrante belleza del ocaso. Cuando ya solamente permanecían los reflejos de los últimos rayos, Jim observó:

—Aquí los atardeceres son más luminosos porque estamos más cerca del lugar donde pasa la noche el sol y nada interrumpe la vista.

Forbes contempló por un instante el rostro ingenuo, casi infantil, del muchacho.

—Así es, Jim. Creo que tengo toda la información que quería. Ahora regresaremos al barco y mañana buscaremos hospedaje en la ciudad para comenzar a trabajar. ¿Cómo te fue a ti?

—No muy bien. La gente no tiene tiempo para conversar y en los almacenes si no vas a comprar alguna cosa ni siquiera te voltean a ver. Un misionero me indicó que no muy lejos hay un aserradero y que allí nos pueden ayudar.

—Bien. Tan pronto consigamos una carreta le haremos una visita.

Dos semanas después era poco lo que había avanzado el capitán Forbes en su búsqueda de tripulantes y madera para el barco. Del aserradero mencionado por el pastor sólo quedaban las paredes y el techo de un viejo galpón. «El propietario trasladó la maquinaria al área de las minas», le comentó un anciano que se mecía con desgano en el portal de un rancho vecino. «También mi familia partió en busca del oro y me dejaron aquí, esperando la muerte. Las minas son para los jóvenes y yo casi no puedo caminar. El indio mexicano que me cuida no demorará en abandonarme también».

En el camino de regreso a San Francisco, cabizbajo, Jim reflexionaba en voz alta acerca del trastrocamiento que había traído la fiebre del oro. «El mundo ha cambiado», repetía al final de cada frase y el capitán sentía lástima por su joven compañero que de manera tan abrupta se percataba de las injusticias de la vida. «Algún día las cosas volverán a ser como antes», decía para consolarlo, poco convencido de la realidad de sus palabras.

Enfrentado a la imposibilidad de obtener madera, Forbes terminó por negociar con el capitán de un viejo velero abandonado la adquisición de los mástiles y demás palos. Por un precio ínfimo, compró también algunos tablones que meses atrás habían formado parte de edificios consumidos por el último de los incendios que castigara San Francisco y con las partes sanas logró revestir las áreas esenciales de las cubiertas. Había tenido que contratar como ayudantes a dos holgazanes que solamente laboraban mientras se reponían de los estragos de la noche anterior y que una vez recibida su paga regresaban a las insomnes cantinas de la villa.

Una tarde, después de llevar a tierra a los borrachines, Jim regresó al barco en compañía de un negro.

—Este hombre dice que quiere hablar con usted.

Forbes contempló a aquel ser harapiento, de mirada esquiva.

—¿Quién eres, muchacho, y qué quieres?

Sin levantar la cabeza, el negro respondió:

—Soy Jack, señor capitán. Vine a California en este barco, con el amo Sweeney. ¿No me recuerda?

Forbes asió la barbilla del negro y lo obligó a levantar la cabeza. Unos ojos hundidos y asustados lo miraron por un instante antes de volver a bajar la mirada.

—¿Qué te ha pasado, por qué has perdido tanto peso? ¿Y dónde está tu amo?

—Todo ha sido malo, capitán. Al señor Sweeney lo mataron en las minas y yo no sé qué hacer. Ya no tengo amo.

—¿Lo mataron?

Aunque el capitán Forbes recordaba al esclavo como un hombre dócil y tranquilo, no sería el primer negro que para liberarse asesinaba al amo. Pero si así fuera, ¿qué hacía aquí?

—Sí, señor capitán, lo mataron como a un perro.

Y Jack contó su historia. Después de desembarcar en San Francisco, el amo Sweeney había hecho alarde de su intención de comprar una mina de oro en producción, sin importar el precio. Dos días más tarde se presentó en el hotel un caballero muy bien vestido, de maneras suaves, quien dijo ser Richard Mason, propietario de una de las minas con mayor futuro de Sutters Mill, pero que, debido a la urgencia que tenía por regresar a Nueva York por asuntos de familia, estaba dispuesto a venderla a un precio razonable. Acompañaba al señor Mason otro caballero, a quien presentó como el banquero más distinguido de San Francisco. «Él puede dar testimonio de la riqueza de mi yacimiento», dijo Mason, y el banquero confirmó que, efectivamente, Mason era su mejor cliente. Recordó que solamente en los dos últimos meses había depositado más de cien mil dólares en oro e invitó a Sweeney a visitar su banco para comprobarlo con sus propios ojos. Una hora más tarde, el amo había regresado al hotel muy satisfecho. «Me gasté casi todo lo que tengo pero compré el mejor yacimiento de California», dijo eufórico y añadió que como la mina estaba en plena producción ni siquiera tendría que tomarse el trabajo de contratar personal y adquirir equipos. «Solamente hay que ir allá y tomar posesión. Es la ventaja de ser rico». Cuando después de una semana de viaje llegaron al sitio indicado por Mason y contemplaron la gran cantidad de personas que laboraba en la mina, Sweeney volvió a hacer alarde de su habilidad y de su buena estrella. «No hay que menospreciar la suerte», había dicho. Pero la suerte no demoró en cambiar. Cuando el amo entró en las oficinas de la mina y mostró sus documentos al encargado, éste soltó una carcajada. «Otra víctima de Mason —dijo—. ¿Por cuánto vendió esta vez la mina? Claro que es la más productiva, pero es mía y no está en venta. Y ahora váyase de aquí que estamos trabajando». Pero el amo Sweeney rehusó irse y armó tal escándalo que nos sacaron por la fuerza. Humillado, desenfundó la pistola y amenazó con matar a todo el mundo si no le entregaban su mina. Yo traté de intervenir pero era tarde. Sonaron varios disparos y el amo cayó al suelo, todo agujereado y sangrando. A mí me apalearon pero me dejaron vivo. Tan pronto recobré el conocimiento, regresé a San Francisco, a pie porque los caballos habían desaparecido. Me causó un gran consuelo ver que el *California* todavía estaba anclado en la bahía.

—¿Qué puedo hacer ahora, señor capitán? No tengo amo ni adónde ir.

Forbes sintió una profunda lástima por aquel ser a quien por su color la Providencia había condenado a la esclavitud. Su instinto y lo que recordaba de la odiosa personalidad de Sweeney lo inclinaban a creer la historia del negro.

—Si nos atenemos a la ley —observó—, continúas siendo esclavo de los herederos de Sweeney. Pero ellos están en Louisiana, nosotros en California y yo necesito a alguien que me ayude a rehacer este barco y llevarlo de vuelta a Panamá. Después veremos cómo se resuelve tu situación. No eres mi esclavo, pero serás mi empleado y espero que cumplas con el trabajo que te asigne, a cambio de hospedaje, comida y ropa. Jim será tu superior. ¿Cómo dijiste que te llamas?

—Jack, me llamo Jack, señor capitán —dijo el negro y cayó de rodillas.

—Aquí no tienes que arrodillarte ante nadie —dijo el capitán mientras lo ayudaba a levantarse.

Al cabo de tres semanas el *California* volvió a lucir los tres mástiles, el bauprés, las vergas y el resto de sus palos. La cubierta superior había sido restaurada por completo y parcialmente la inferior, de manera que los tripulantes pudieran circular sin problema en las entrañas del navío. Para entonces, contagiados por el entusiasmo del negro y de Jim, hasta los beodos se habían entregado con fervor a la tarea de reconstruir el barco, que poco a poco recuperaba la elegancia perdida. Pero, pese a sus esfuerzos, el capitán del *California* no había logrado reclutar un solo tripulante.

—Me voy a Sutters Mill a ver si entre los mineros desilusionados tengo más suerte —anunció un día.

—Yo voy con usted para protegerlo —dijo el negro Jack.

—No, tú te quedas aquí, custodiando el barco. Jim vendrá conmigo.

Dos días después, en una carreta abierta, partieron Forbes y Jim rumbo a Sacramento, donde primero explorarían la posibilidad de contratar tripulantes. Si fracasaban, seguirían hasta Sutters Mill.

En Sacramento encontraron una actividad aún más frenética que en San Francisco. Todo era improvisado: las casas de madera tosca; las calles, fangales sin aceras por los que circulaban con dificultad gente, animales y carretas; los habitantes que iban y venían, sin rumbo fijo, como si en ese momento cobraran vida. Forbes, que todavía conservaba su indumentaria de capitán, detuvo la carreta frente al hotel de mejor apariencia.

—Lo primero, una buena cena, un buen baño y un buen sueño para comenzar mañana nuestra tarea —dijo a su ayudante.

Su decepción fue grande al percatarse de que se trataba de un prostíbulo en el que mujeres vulgares y desaliñadas procuraban adivinar cuál de los hombres que allí acudían en busca de solaz había tenido ese día más suerte en las minas. Informados de que todos los hoteles eran iguales, no les quedó más remedio que aceptar la cacerola de comida, el platón de agua y el cuarto compartido que, por un precio exorbitante, les ofreció la madama.

«Aquí no lograremos reclutar a nadie», pensaba Forbes mientras trataba de conciliar el sueño en medio de gemidos de placer, imprecaciones, risotadas y disparos aislados que poblaban las noches de aquella villa que llevaba el engañoso nombre de Sacramento.

Al amanecer, Forbes y su ayudante salieron rumbo a Sutters Mill. «Si piensan ir a las minas, deben deshacerse del uniforme de marinos, que por estas latitudes se considera de mala suerte», había aconsejado la madama la noche anterior. Y como en opinión del capitán las madamas eran mujeres prácticas y de amplia experiencia, al abandonar Sacramento Forbes y Jim tenían la apariencia típica de dos mineros más.

En la tarde del día siguiente comenzaron a aparecer en la ruta señales de la actividad que había convertido las faldas de la Sierra Nevada en una nueva tierra de promisión. En riachuelos de escaso caudal, a cuyas orillas se levantaban algunas tiendas de campaña, hombres de aspecto taciturno sumergían en el agua recipientes de formas diversas en los que, mecánicamente, lavaban el cascajo recién recogido.

—No parece que hay tanta gente —comentaba Jim sorprendido.

—Ten paciencia, que aún no llegamos —aclaraba Forbes.

Al atardecer, después de dar vuelta a un recodo, se abrió ante ellos la majestuosidad del cañón donde el río Sacramento dejaba atrás las escabrosas alturas de la Sierra Nevada. Por primera vez los ojos de los marinos contemplaron a los buscadores de oro que, como plaga de insaciables langostas, habían caído sobre el valle. Conforme se iban acercando a los sitios de trabajo podían apreciar lo primitivo de los métodos e implementos utilizados por aquellos hombres cuyos rostros reflejaban la incertidumbre, la ansiedad y la angustia de quienes han apostado todo a una sola baraja. A lo largo de la ribera, como si quisieran desangrar el río, habían abierto zanjas para conducir las aguas cristalinas a las largas canoas de madera en las que los jornaleros separaban del cascajo las pepitas del codiciado metal. Pero lo que más impresionó a Forbes fue encontrar en aquellos improvisados mineros tanta mezcolanza: blancos, negros, mestizos, indios, árabes, chinos, hindúes. Todas las razas parecían haber confluido en aquel remoto rincón para violar y cubrir de cicatrices lo que una vez fuera la tierra virgen y apacible que acunaba el río Sacramento.

—Parece irreal —comentó Forbes—. ¿De dónde ha salido toda esta gente?

—De los barcos abandonados en la bahía —respondió Jim, con aplastante lógica.

Como quiera que los fangales dificultaban el avance de la carreta, los marinos decidieron abandonarla a la vera del camino y continuar a pie. Forbes se aproximó a uno de los mineros que, sentado sobre una piedra y con la mirada perdida, se tomaba un descanso.

—Buen día. ¿Puede decirme dónde está el pueblo?

El minero, un hombre blanco de larga y espesa barba negra, lo miró, escupió una sustancia oscura, se volteó hacia sus compañeros y gritó:

—Éste quiere saber dónde queda el pueblo.

Los demás siguieron en lo suyo, como si no lo hubieran escuchado. El minero volvió a escupir.

—Aquí no hay pueblo ni nada que se le parezca. Lo único que hay son estas malditas minas.

—Pero ¿dónde duermen, dónde comen, dónde se divierten?

El minero volvió a gritar a sus compañeros.

—Éste quiere saber dónde nos divertimos.

Ninguno se inmutó.

—Dormimos sobre la tierra, con una lona por techo; comemos basura y nuestra única diversión es lavar piedras hasta encontrar alguna amarilla.

—Aquí las cosas no parecen marchar muy bien —comentó Forbes—. ¿Qué le parece si le ofrezco trabajo en un buque?

—Ya me decía yo que usted de minero no tiene nada —rezongó el otro y, volteándose una vez más hacia sus compañeros, gritó—: Éste quiere saber si queremos trabajar en su barco.

Esta vez sí prestaron atención. Uno de ellos, seguramente el capataz, soltó su pala y en actitud amenazante se aproximó a Forbes.

—Estamos tratando de encontrar oro, amigo. Hemos venido desde muy lejos y nuestras familias esperan que al regresar ya no seamos pobres. Muchos de los que trabajan aquí fueron alguna vez marinos y dudo mucho que quieran volver a navegar. Al menos, no con los bolsillos vacíos.

—Puedo hacerles una buena oferta. Solamente necesito veinte hombres —puntualizó Forbes, conciliador.

—Le aconsejo que se marche. Los capitanes de barco son considerados aves de mal agüero y al final de la tarde, presas del cansancio y el tedio, los hombres que no han encontrado oro se pueden tornar violentos.

El capataz dio la espalda a Forbes y ordenó al otro minero retornar al trabajo. Mientras recogía su pala, y después de lanzar otro escupitajo, el de la barba negra dijo por lo bajo:

—Lo más parecido a un pueblo por aquí es el Fuerte Sutter. Vuelvan por el mismo camino y desvíense hacia el norte en el cruce de los ríos.

De vuelta en la carreta, Forbes comentó:

—No es la imagen de la fiebre del oro que uno esperaría.

—Parece haber más fiebre que oro —razonó Jim.

—Así es —convino el capitán, soltando una carcajada—. Éste no es sitio para reclutar a nadie.

Dos días más tarde, un par de kilómetros al norte de la confluencia de los ríos Sacramento y Americano, Forbes y Jim divisaron el Fuerte Sutter. Más que una fortaleza militar parecía una de las tantas misiones levantadas por los frailes españoles, aunque sus estructuras eran más simétricas, más sobrias y sencillas. Las murallas exteriores se distinguían apenas a través de las improvisadas edificaciones, algunas de madera, la mayoría simples toldos, que rodeaban casi todo el perímetro. En la única torre albarrana ondeaba una bandera de los Estados Unidos.

—Ésa debe ser la entrada —dijo Forbes, y hacia allá dirigió Jim al viejo jamelgo.

Cuando llegaron frente al portón, un soldado les advirtió que no estaba permitido entrar con las carretas al fuerte.

—¿Por órdenes de quién? —interrogó Forbes.

—Por órdenes del general Smith.

—¿Persiford Smith?

—El mismo. En este fuerte ha establecido provisionalmente su cuartel general.

—¿Y qué hacemos con la carreta y el caballo?

—En los establos de Willy se los cuidan por casi nada. Los encontrarán a la vuelta, un poco más allá de donde hacen esquina las murallas.

Los establos resultaron ser uno de tantos galpones construidos a la ligera con tablones de cualquier clase apoyados contra una de las paredes laterales de la fortaleza, y Willy, un personaje inquieto y parlanchín, de edad indefinida. A pesar de la barba y el cabello completamente canos, la energía con la que apaleaba heno era la de un hombre joven. Dos minutos de conversación fueron suficientes para que el establero adivinara que sus nuevos clientes de mineros no tenían nada. Cuando Forbes le confió su verdadera profesión y el propósito de su viaje, Willy se desató a hablar y a contarles que también él había sido durante muchos años hombre de mar. El capitán aguardó pacientemente a que Willy terminara su perorata y luego le preguntó si le gustaría volver a navegar.

—Claro que me gustaría, pero no puedo —respondió con rostro compungido—. Prometí a mi mujer que nunca más me embarcaría. Ella sufría mucho con mis prolongadas ausencias. Después que el cólera se la llevó decidí venir a probar suerte en las minas. Pero no tengo ni la paciencia ni la habilidad para estar buscando pepitas de oro en los ríos; me gustan más los caballos y la gente común y corriente.

Con su lógica infantil, Jim no pudo dejar de comentar que ahora que era viudo nada le impediría hacerse de nuevo a la mar.

—No, mi amigo, al contrario. Si mi mujer viviera, podría liberarme de la promesa, pero como ya no está entre nosotros tengo que hacerle honor a la palabra empeñada para siempre. Estoy seguro de que en la Última Mina podrán reclutar hombres para su barco.

—¿La Última Mina? —preguntó Forbes.

—Es el nombre de la taberna. La encontrarán sin dificultad dentro del fuerte. Y no se preocupen por su caballo y su carreta. Estarán bien cuidados.

Ya se marchaban cuando Forbes decidió regresar para satisfacer su curiosidad en torno al nombre de la fortaleza.

—¿Es que ustedes no han oído de Sutter? —exclamó Willy, asombrado—. Todo el mundo sabe quién es Sutter. Él fundó y construyó este lugar. Mientras California perteneció a México, Sutter fue autoridad máxima. Pero llegamos los americanos y no solamente perdió el mando sino también el fuerte. El nuevo comandante del ejército, el general Smith, un hombre muy amargado, se lo confiscó por ser extranjero. Parece que el general odia a los extranjeros. De nada le sirvió a Sutter que el oro se descubriera en el aserradero que él mismo construyó río arriba. Mientras los que llegaban después se hacían ricos, el suizo, como le apodan algunos, perdió las tierras, el aserradero, la madera, el oro y el fuerte.

—¿Y qué fue de él? —preguntó Forbes, intrigado.

—Dijo que iba a reclamar sus derechos y se marchó a Washington hace un par de meses —respondió Willy.

A diferencia del caos que se advertía fuera del perímetro, el interior de la fortaleza proyectaba solidez y orden. En el centro del gran patio una bandera norteamericana y la presencia de hombres de uniforme indicaban que allí se hallaba la sede del poder militar. Junto a una de las esquinas, bajo un rótulo dibujado con cierta maña, se anunciaba «La Última Mina, taberna y hotel», y en esa dirección encaminaron sus pasos Forbes y su ayudante. Al llegar frente a la puerta, Jim haló a Forbes del brazo.

—¡Ese hombre se parece a Jack! —exclamó, señalando una papeleta pegada en la pared, en la que, bajo el dibujo de un rostro negro, se leía: «SE BUSCA: Esclavo acusado de asesinar a su amo. Cincuenta dólares de recompensa».

—Aunque el dibujo no es muy claro, ¡ése es Jack! Lo acusan de haber asesinado a Sweeney —exclamó el capitán Forbes.

—¡Demonios! —exclamó Jim—. ¿Qué más dice?

—Que darán cincuenta dólares de recompensa al que lo capture.

—¡Demonios! —volvió a exclamar Jim—. ¿Qué haremos? Jack no ha matado a nadie.

—Así es, pero me temo que los mineros que mataron a Sweeney lo culparon y ante la palabra de un blanco la de un esclavo no vale nada. Por ahora no haremos nada. Ya veremos la manera de protegerlo cuando regresemos al barco.

La Última Mina resultó ser una taberna austera y poco ruidosa. Aunque dos o tres mujeres deambulaban entre las mesas, su comportamiento no era el usual de las prostitutas. No había mesas de juego y el pianista tocaba con discreción, casi con timidez. Forbes se dirigió a la barra, pidió dos cervezas y cuando se aprestaba a preguntarle al

barman por el propietario sintió un manotazo en el hombro y un vo-
zarrón familiar dijo a sus espaldas:

—Capitán Forbes, ¡no me diga que también usted ha cambiado el
mar por las minas!

—¡McKennon! —exclamó Forbes, realmente contento de reen-
contrarse con aquel montañero sonriente que con sus maneras rústicas
pero francas se había ganado su aprecio durante la infausta travesía
del *California*—. ¿Cómo va la búsqueda de oro?

—No muy bien, capitán, no muy bien. Muchos de los que hemos
venido hasta aquí lo estamos pasando mal. No hay ni montañas ni
ríos de oro. Los que tienen suerte, que son pocos, hacen fortuna rápidamente, pero la gran mayoría, entre los que me cuento, apenas si
encontramos lo suficiente para no morir de hambre.

—¿Y el resto de los hombres?

En la pregunta del capitán asomaba cierta esperanza, que el montañés captó enseguida.

—Algunos siguen en las minas; otros, los solteros, se fueron a
averiguar qué hay en la cumbre de esas montañas. Me temo que no
volveremos a verlos hasta la primavera. —McKennon hizo una pausa—. ¿Cuántos hombres necesita?

—Veinte, pero veinticinco sería mejor.

—¿Y la paga?

—Pasaje y comida hasta Panamá en el *California*, y el costo del
pasaje del resto del trayecto hasta Nueva Orleans. Ofrezco, además,
cinco dólares diarios mientras trabajen a bordo de mi barco.

—No está nada mal, capitán. Deme dos días y le reuniré aquí a
veinticinco montañeros arrepentidos y deseosos de regresar a sus hogares. Veinticuatro porque el otro seré yo mismo.

Incapaz de ocultar su alegría, Cleveland Forbes estrechó efusivamente las dos manos de McKennon.

—Gracias, amigo, me ayuda a resolver un grave problema. A propósito, ¿cuál es su nombre de pila?

—Hace tiempo dejé de usarlo, capitán. McKennon es suficiente.

—Entonces, nos vemos aquí dentro de dos días, McKennon. Usted será mi primer oficial de a bordo.

Forbes observó que el rostro de Jim, hasta entonces todo sonrisas,
comenzaba a ensombrecerse y añadió enseguida:

—De usted y Jim, que es mi ayudante personal, dependerá que el *California* regrese sano y salvo a Panamá.

—Espero que no tengamos que quemarlo otra vez —exclamó Mc-Kennon y dejó escapar una sonora risotada.

Concluida la conversación con el montañés, Forbes y Jim decidieron celebrar. Cuando tras beber un par de whiskies se sentaron a cenar, se presentó en la taberna un teniente preguntando por Forbes.

—El general Smith desea verlo en el acto, señor —dijo cuadrándose.

—Dígale que pasaré por allá en cuanto termine de cenar —respondió Forbes con desgano.

—En ese caso, prefiero esperar, señor. Mi general me ordenó no presentarme sin usted.

Visiblemente molesto, Forbes terminó de comer con calma, firmó el libro de registro del hotel, ordenó a Jim que trasladara lo necesario a las habitaciones y sólo entonces salió detrás del teniente.

Persiford Smith despachaba en un ostentoso salón frente a cuya puerta montaban guardia dos soldados impecablemente uniformados. Forbes esperó unos minutos mientras el general terminaba de firmar algunos papeles.

—Aquí todo está por hacer —rezongó levantando finalmente la mirada sin molestarse en saludar ni invitarlo a sentarse—. Los mineros pelean con los granjeros, los granjeros pelean con los ganaderos, y todos pelean con la gente de las ciudades. Y como no hay todavía ni ley ni orden, yo soy la ley y el orden. ¿Qué lo trae a Sacramento, capitán?

—Necesito tripulantes para llevar el *California* de vuelta a Panamá. En San Francisco es imposible reclutar a nadie. Pensé que tal vez aquí encontraría a algún minero cansando de lavar cascajo y con ganas de volver a su país.

—Los que llegan no son más que la escoria de la humanidad, gente sin Dios. Pero no se quede allí parado, siéntese, siéntese. ¿Le puedo ofrecer una copa?

—Gracias, general, pero debo regresar a lo mío.

—¿Por qué tanto apuro? A estas horas comienza la juerga. Por lo menos dentro del fuerte he logrado imponer respeto por el derecho de los demás a vivir en paz. ¿Y el barco? ¿Logró reconstruirlo?

—Fue lo primero que hice. Ya está listo para navegar.

—Le pido entonces que cuando zarpe lleve el correo y lo haga llegar a Washington. Se trata de información muy delicada, así es que esmérese en protegerla. El teniente le entregará la bolsa postal.

—Lo haré con gusto, general. Trasladar el correo es parte de las obligaciones de la empresa de navegación a la cual sirvo. Dígale al teniente que la lleve al establo de Willy mañana, al final de la tarde.

—¿Willy? Si trae su caballo aquí se lo cuidaremos mejor.

—Además del caballo tengo una carreta que tuve que dejar fuera de las murallas.

—Carretas no permito en el fuerte. Las utilizan para ocultar lo mucho que roban. Aquí la delincuencia es la norma. ¿Recuerda usted al señor Sweeney, un hacendado sureño que viajaba en el *California* en compañía de su esclavo? Pues ese negro, que no parecía capaz de matar una mosca, mató a Sweeney y luego se dio a la fuga. Siempre he pensado que a los blancos nos creó Dios y a los negros el diablo. Y como si los negros no fueran suficiente amenaza, las minas se han ido llenando de forasteros, como los peruanos que usted tanto defendía, verdaderos desperdicios humanos que vienen de todas partes del mundo a explotar nuestra riqueza. Figúrese usted que la fortaleza que ahora nos cobija pertenecía a un extranjero, un suizo que se creía dueño de esta parte de nuestro territorio. ¿Y sabe cómo la llamaba? Nueva Helvetia, que, según entiendo, es el nombre antiguo de su país. Además, como el oro se descubrió en un aserradero de su propiedad, el muy truhan pretendía quedarse con él.

Consciente de que el general podría seguir quejándose el resto de la noche y de lo inútil que sería embarcarse en una discusión con él acerca de Jack o de cualquier otro asunto, Forbes se despidió con la excusa de que su ayudante lo esperaba en el hotel.

—Cuídese también de ese joven —remachó el general—. Recuerde el proverbio del Señor que nos aconseja desconfiar de las aguas mansas. La hipocresía es hoy la madre de las virtudes.

«¡Qué tipo!», pensó Forbes mientras abandonaba el cuartel.

En la fecha convenida se encontraron nuevamente en la Última Mina McKennon y Forbes. Para sorpresa del capitán, entre los hombres reclutados por el montañés estaba el ayudante del maquinista, quien juró volver a trabajar como el mejor si se le perdonaba su deserción. Cuatro días más tarde, Forbes, Jim, McKennon y los nuevos reclutas subían a bordo del *California* y comenzaban los preparativos para el retorno. A Jack, que se alegró enormemente de ver al capitán, no le dijeron nada sobre la acusación que pesaba sobre él. Para Forbes la mejor manera de ayudar al negro era zarpando cuanto antes.

Cuando el comandante del *California* estimó que los tripulantes novatos estaban listos para desempeñar sus nuevos deberes, fijó para dos días después, el 23 de octubre, la fecha del zarpe y descendió a tierra en busca de provisiones. En opinión de todos, La Mano de Dios, ubicado en las afueras de San Francisco, era el mejor surtido de los almacenes generales y allá se dirigió en compañía de su inseparable ayudante. Antes del mediodía habían adquirido lo imprescindible y, mientras Jim terminaba de acomodar la carga en la carreta, Forbes se acercó a pagar.

—Parece que se va usted de viaje —comentó la encargada sin levantar la mirada de las cuentas que iba sumando. Su acento revelaba a una dama educada.

—Soy capitán de un vapor que zarpa pasado mañana.

—¿Hacia Panamá?

—Así es.

—Son cuatrocientos sesenta y cinco dólares —anunció finalmente la mujer.

En el instante en que entregaba a Forbes el papel con las anotaciones y la suma total, sus miradas se cruzaron y ambos quedaron atónitos.

—¡¿Elizabeth Benton Freeman?! —exclamó incrédulo Forbes.

—¿Capitán? ¿No es usted el capitán del *Atlantic Runner*?

—Cleveland Forbes. Lo era cuando usted viajó en él. ¡Qué sorpresa tan agradable e inesperada! ¿Son ustedes los dueños de este almacén? ¿Cómo es posible que no lo supiera hasta hoy?

—La única dueña soy yo.

Entonces se miraron con mayor atención. Forbes había cambiado poco desde el día en que llegó al camarote de Elizabeth a presentarle sus respetos con una carta de Aspinwall en la mano. Ella había quedado perturbada por su porte distinguido, su serenidad, además de aquellos ojos grises y penetrantes que hoy volvían a mirarla con igual intensidad. Las primeras canas que asomaban en su barba y en sus sienes suavizaban la reciedumbre de sus facciones y acentuaban su apostura. Elizabeth, por su parte, no era ya la muchacha ansiosa que abordó el *Atlantic Runner*. Su belleza había madurado y la falta de afeites resaltaba aún más el azul celeste de sus ojos y destacaba la sensualidad de unos labios en los que ya no asomaba la sonrisa juguetona y coqueta que durante unas semanas iluminara los monótonos días del capitán Cleveland Forbes. Las ropas masculinas que vestía no lograban ocultar la feminidad de sus formas.

—¿Y el mayor Freeman? —aventuró finalmente Forbes. Hubo un breve silencio.

—Mi esposo nunca llegó a San Francisco —respondió Elizabeth, en voz queda—. Ni él ni ningún miembro de su destacamento. El ejército los ha dado por muertos y les ha rendido honores póstumos. —En su voz crecía el desencanto—. El comandante del ejército rehúsa enviar una patrulla en busca de restos mortales. Después de casi dos años asegura que todo nuevo esfuerzo sería inútil. Tal vez tenga razón. Yo misma organicé una expedición que durante el verano pasado recorrió las Montañas Rocosas sin hallar rastro alguno. Ni siquiera dimos con la ruta que el pobre Robert trataba de encontrar en medio de los rigores del invierno.

Sentimientos encontrados de tristeza y esperanza hicieron callar al capitán.

—Cuánto lo siento —dijo después de un prolongado silencio—. Y usted, ¿permanecerá en San Francisco?

—Es una pregunta que me hago todos los días. Este almacén es un buen negocio, me da independencia y me mantiene ocupada. Jessie ha resultado una excelente vendedora y me ayuda mucho, pero la ilusión del Oeste y de un nuevo hogar murieron con Robert. Nada me ata a este nido de lujuria, pendencia y salvajismo.

—¿Por qué entonces no regresa conmigo a Panamá? Prometo hacerla llegar sana y salva hasta Nueva York. Aunque yo mismo tenga que acompañarla.

La sonrisa con la que Elizabeth acogió las palabras de Forbes dio paso enseguida a un rictus de amargura.

—Usted zarpará dentro de dos días, capitán, y yo necesitaría más tiempo para vender el almacén y poner en orden el resto de mis cosas. Además, no puedo tomar una decisión tan a la ligera.

—La comprendo, Elizabeth. Pero este mundo desquiciado en que se ha convertido California no es un sitio apropiado para una mujer sola. Además, si ya he esperado cinco meses para zarpar, estoy más que dispuesto a esperar unos días más.

—¿Y qué le hace pensar que me quedaré sola para siempre?

En ella había vuelto a asomar, fugazmente, la sonrisa pícara cuyo recuerdo perturbara tan a menudo las noches solitarias de Forbes.

—No era mi intención...

—Estoy bromeando —interrumpió Elizabeth—. Su oferta es muy generosa y tentadora, capitán. ¿De cuánto tiempo dispongo para decidirme?

«Si la respuesta es sí, del tiempo que sea necesario», iba a decir Forbes, pero se acordó de la orden de captura que pesaba sobre Jack y de la urgente necesidad de volver con el *California* a Panamá.

—¿Le parece bien si mañana regreso por su contestación?

—Gracias, capitán. Mañana a esta misma hora la tendrá.

Esa noche Forbes se preguntó el porqué de ese repentino afán por Elizabeth. Sin duda se trataba de una mujer muy bella, pero muchas mujeres hermosas habían aparecido antes en su vida. ¿Qué tenía Elizabeth para inquietarlo de tal manera? ¿Se trataba, acaso, de saberla de pronto otra vez libre o es que con el paso de los años la vida en solitario doblegaba, finalmente, su propio amor a la libertad? Mientras cavilaba, Cleveland Forbes súbitamente supo que de la respuesta de Elizabeth dependería el rumbo de su vida. Si ella decidía permanecer en San Francisco, él regresaría aunque tuviera que abandonar el mar. Si aceptaba embarcarse de vuelta a Panamá, durante la travesía tendría la oportunidad de hacerle ver la intensidad de sus sentimientos. Muchas mujeres habían sucumbido ante la galantería y la imponente presencia del capitán Forbes, pero él jamás sintió por ellas otra cosa que no fuera el placer y la vanidad de una nueva conquista. De ahí su fama de cínico en asuntos del amor. Ahora, sin embargo, mientras intentaba inútilmente conciliar el sueño, sentía una inquietud avasalladora por ver de nuevo a Elizabeth. La imaginaba entre sus brazos, besándola con dulzura y pasión; temblaba ante la posibilidad del rechazo y aprendía que ese corazón del que tanto se burlara, y que sin razón aparente ahora saltaba enloquecido, era mucho más que una simple bomba sanguínea.

Cuando Forbes llegó a La Mano de Dios un poco antes del mediodía, encontró a Elizabeth en animada conversación con un señor que vestía elegantemente y cuyos modales no eran los de un minero. Además de palabras intercambiaban miradas y sonrisas y el capitán sintió, por vez primera, la punzada de los celos.

—Capitán, acérquese, precisamente hablábamos de usted —dijo ella—. Le presento a Frank Walker, único banquero de San Francisco en quien se puede confiar. Él me prestó parte del dinero para adquirir y aprovisionar este almacén y ha aceptado comprármelo en una suma que ambos consideramos justa.

Sin poder disimular su alegría, Forbes estrechó efusivamente la mano del banquero y luego se dirigió a Elizabeth.

—¿Quiere decir que se embarca?

—Así es, capitán. Jessie y yo nos embarcamos con usted. Y no es preciso esperar mucho. Mañana mismo estaremos listas para abordar.

—Espero que comprenda que lleva en su barco un tesoro mucho más valioso que el oro de todas las minas de California —dijo Walker, con una afectación que no logró ocultar la sinceridad de sus palabras.

—Siempre lo he sabido —respondió Forbes, incapaz de contenerse.

—Exagera usted, capitán —dijo suavemente Elizabeth, con su risa de antes.

Y Cleveland Forbes creyó percibir en el fondo de aquellos ojos azules, que al fin lo miraban sin parpadear, una chispa del fuego inextinguible que comenzaba a consumirlo.

13

William Aspinwall no parecía el mismo hombre entusiasta y optimista del que John Stephens se despidiera meses antes. La muerte del tío Sam, el último de los hermanos Howland, lo había sumido en un estado de melancolía del que le estaba resultando difícil reponerse. Sentado detrás de su escritorio, rememoraba junto a su socio y amigo.

—Murió durante el sueño, tal como predijo. Creo que soy el único que sabe cuánto le debe Howland & Aspinwall al tío Sam. No fue sólo nuestro socio fundador, sino un verdadero empresario en el mejor sentido de la palabra. Excelente planificador, concienzudo hasta la exasperación, audaz pero cauteloso a la hora de tomar grandes decisiones. A pesar de sus críticas constantes, siempre constructivas, cuando lo sustituí en la dirección de la empresa se convirtió en mi aliado fiel. Cada vez que se requería tomar una decisión susceptible de comprometer futuras ganancias, lanzaba sus comentarios como dardos, pero terminaba por secundar mis propuestas. Detrás de ese trato áspero, que a muchos irritaba, se escondía un corazón bondadoso y noble. Además, desde mi infancia tengo de él gratos recuerdos. Lo extrañaré mucho y me apena enormemente que no vea realizada la obra del ferrocarril interoceánico.

—Lo extrañaremos todos, William. Aunque lo traté poco, le había tomado cariño al viejo. Y creo que a pesar de sus sarcasmos también él me apreciaba.

—Tan pronto te conoció leyó todos tus libros y los comentaba con entusiasmo.

—Nunca me lo dijo.

—Así era el tío Sam: aunque sabía apreciar los méritos ajenos, era reservado y comedido a la hora de reconocerlos. Pero vayamos a los negocios.

—Tal vez no sea el mejor momento...

—Todo lo contrario, John. Necesito con urgencia ocuparme de algo que me aleje de tanta pesadumbre. Ya fui informado de que las noticias del istmo no son buenas.

—Así es, William. No podemos contar con la ruta fluvial del Chagres, lo que nos obligará a construir la línea del ferrocarril desde la costa atlántica, invertir más dinero en el proyecto y relevar a Totten y Trautwine de su contrato.

—El verdadero problema no es el dinero sino el tiempo —dijo William, reclinándose en la silla—. La emigración masiva que se ha desatado con el descubrimiento del oro en California les ha abierto las agallas, si es que podían abrírseles más, a Vanderbilt y George Law. Mientras el comodoro quiere establecer una ruta fluvial y lacustre a través de Nicaragua que compita con nuestro ferrocarril, Viejo Roble me sigue presionando para que le venda a precio de fundador un paquete de acciones que le permita sentarse en la Junta Directiva de la empresa. Precisamente esta tarde viene a visitarme. Como dije, la inversión adicional, aunque ascenderá a una suma importante, la podemos obtener sin dificultad. De lo que no disponemos es de tiempo para realizar nuevos estudios en la ruta del Atlántico. Me temo que habrá que improvisar.

—Baldwin tiene ideas muy claras sobre el asunto. De los estudios originales y de los que él llevó a cabo por su cuenta se desprende fácilmente que la mejor alternativa es comenzar a construir la línea a partir de Portobelo. Durante su último viaje al istmo hizo a pie el trayecto entre Gorgona y esa ciudad colonial, y, según él, se trata de un área menos húmeda y menos escarpada; por esa razón, hace más de doscientos años los españoles empedraron allí un camino para transportar a través del istmo el oro y la plata que producían sus colonias. Todavía quedan vestigios de aquella antigua calzada que llamaban el Camino Real.

—El coronel Hughes no está de acuerdo con ese planteamiento —recordó Aspinwall—. Piensa que la ruta se alargaría innecesariamente incrementando mucho los costos. Por eso recomienda construirla a partir de Navy Bay.

—Sitio que ni él, ni nadie, conoce bien. Baldwin piensa que se trata de un área mucho más pantanosa y complicada que la de Portobelo, e incluso que la de Chagres, que fue la que recorrimos originalmente, pero que, definitivamente, sería mucho más larga.

—Si te parece, el próximo viernes convocaremos una Junta Directiva para adoptar las decisiones que hagan falta. Invitaré a Baldwin, a Hughes y a los contratistas.

—Yo no sentaría a Baldwin y a Hughes alrededor de la misma mesa —advirtió Stephens—. Se armaría una pelea de perro y gato y no llegaríamos a nada.

—Entonces creo que debo invitar solamente al coronel Hughes, que tiene más prestigio y ha estudiado el asunto mejor que Baldwin. ¿Te parece?

—De acuerdo, siempre y cuando consultemos después con Baldwin. El coronel Hughes puede ser un gran teórico, pero jamás en su vida ha colocado un riel. James, en cambio, es un verdadero hombre de campo, alguien que ha aplicado en la práctica lo que aprendió en la escuela.

—Así será.

En ese momento el ujier tocó discretamente la puerta para anunciar que Viejo Roble aguardaba en el vestíbulo.

—¿Quieres quedarte a presenciar nuestra próxima escaramuza? —preguntó, divertido, Aspinwall.

—Te lo agradezco, William, pero creo que me privaré de ese placer. Me lo cuentas el viernes —dijo Stephens y abandonó el despacho.

William, cuyo ánimo no estaba para soportar mucho tiempo las bravuconadas de su competidor, hizo pasar enseguida a George Law, que entró acompañado de un hombre bajito, inquieto y de mirada esquiva.

—Muy buenas tardes, William. Este caballero es Albert Zwingle, mi asistente. Le pedí que me acompañara porque tiene información que puede interesarnos mucho —dijo Law.

—Gusto en conocerlo, señor Zwingle. ¿De qué se trata esta vez, George?

—William, me sorprendes. ¿Dónde han quedado tus exquisitos modales? ¿No nos brindarás ni tan siquiera un vaso de agua antes de iniciar nuestra conversación? ¿Es que acaso las noticias del istmo son tan malas que has perdido tu tradicional buen humor y sentido de la caballerosidad?

A William no le quedó más remedio que sonreír y llamar al ujier para que le sirviera a Viejo Roble su tradicional trago de whisky.

—¿Y usted, señor Zwingle, desea lo mismo que su jefe o comparte conmigo un inocente café?

—No quiero nada, gracias —respondió el aludido, removiéndose en la silla y esquivando la mirada de William.

Cumplidas las cortesías, Aspinwall volvió a preguntar:

—Entonces, George, ¿a qué debo el honor de que me visites en mi propia casa que, por cierto, también es la tuya?

—¡Ése es el William Aspinwall que yo conozco y que tantas personas admiran! Antes de entrar en materia déjame expresarte una vez más lo mucho que siento la partida del tío Sam. El apretón de manos que compartimos en la iglesia no fue suficiente para transmitirte el sentimiento de pesar que embarga a los que lo conocimos y aprendimos a respetarlo en este incomprendido y difícil negocio. Muchas veces debimos enfrentarnos, pero lo hicimos con gallardía. Lo siento de veras, William. Sé lo mucho que lo querías.

—Gracias, George —respondió William, que empezaba a aceptar la triste realidad de que la visita del Viejo Roble no sería breve.

—Bueno, hablemos ahora del ferrocarril.

—¿Otra vez lo mismo, George?

—Han surgido situaciones imprevistas que ameritan esta reunión.

Zwingle continuaba revolviéndose en la silla y mirando al techo.

—¿A qué te refieres?

George Law se inclinó y se acercó más al escritorio, como si quisiera compartir un secreto.

—Me ha llegado el rumor de que al remolcador que ibas a emplear en la ruta del Chagres se lo comieron los gusanos.

«¡Ya lo sabe!», pensó Aspinwall.

—¿Voy bien? También me dicen mis fuentes, muy fiables por cierto, que el otro remolcador, el de fondo de hierro que enviaste como reemplazo, quedó sembrado en la mitad del río.

Viejo Roble se detuvo un momento a contemplar la reacción de Aspinwall, cuyo rostro permanecía inescrutable.

—Para terminar, también he sabido que los contratistas, Totten y Trautwine, ¿no?..., buenos hombres, renunciaron al contrato porque ahora hay que construir la vía desde la costa del Atlántico hasta el Pacífico y ellos no estaban preparados para semejante tarea.

Hubo un momento de silencio, interrumpido finalmente por Aspinwall.

—Veo que, como siempre, estás bien informado. Efectivamente, hemos enfrentado dificultades imprevistas, pero ya estamos atendiéndolas y no necesitamos inversionistas adicionales para obtener los fondos que harán falta.

—¡Qué terco eres, William! El tío Sam debe estar muy orgulloso de ti, dondequiera que se encuentre.

Viejo Roble se bebió de un trago el whisky, se levantó y comenzó a pasearse por el despacho.

—No se trata de dinero, William. Sé que lo tienes y puedes conseguir de tus socios todo el que necesites. Se trata de algo mucho más importante.

De pronto se detuvo y en tono autoritario se dirigió a Zwingle, que todavía se movía en la silla.

—Zwingle, dame acá los papeles.

El hombrecillo, con un gesto de alivio, abrió su maletín, extrajo un legajo y se lo entregó a su jefe.

—Lo que tengo en mis manos, mi querido William —Law volvió a sentarse, blandiendo los documentos—, son opciones de compra sobre cada metro de terreno que hay a lo largo de la costa atlántica del istmo entre Chagres y Portobelo. Se trata de contratos válidos que obligarán a tu flamante empresa a negociar conmigo, a menos, por supuesto, que quieras construir la vía férrea en el aire.

El triunfalismo con el que George Law había pronunciado las últimas palabras molestó a Aspinwall tanto como el intento de chantaje. Pero la gravedad de lo afirmado por su competidor lo obligó a mantener la calma y tratar de ganar tiempo.

—Me parece imposible que cada uno de los poseedores de tierra de un lugar tan atrasado como es el istmo sea dueño de un título susceptible de ser traspasado legalmente. Mi abogado tendrá que echarle un vistazo a esa documentación.

—Te aseguro que las opciones son legítimas, William. Tú me conoces y sabes que si intentas construir en terreno que legalmente me pertenece tendrás que pasar el resto de tus días defendiéndote de mis demandas en los tribunales. Sin embargo, yo, que soy un hombre razonable cuyo único interés es participar en un negocio relacionado con el mío, estoy dispuesto a pactar contigo. Te venderé la opción que te haga falta en el mismo precio que pagué por ella y tú, a cambio, me venderás, por el precio que pagaste, la cantidad suficiente de acciones que me permitan sentarme en la Junta Directiva de la empresa del ferrocarril. ¿No te parece justa mi oferta?

—¡Lo que tú llamas oferta yo lo defino como chantaje! —exclamó William, sin poder contenerse—. Ni más ni menos. No estoy dispuesto...

—¡Una cosa es ser agresivo en los negocios y otra muy distinta chantajear! —vociferó Law.

—Es obvio que tus métodos y los míos no son compatibles —replicó Aspinwall con firmeza—. Después de que mi abogado las revise, estoy dispuesto a pagar un precio razonable por la opción que nos interese. Puedes cobrar tus gastos y los del señor Zwingle y añadirle una ganancia razonable, pero eso es todo lo que estoy dispuesto a ofrecerte.

—Pero ¡¿por qué eres tan testarudo?! —gritó Law, exasperado—. Lo que te propongo facilitará enormemente la construcción del ferrocarril y, sin embargo, lo rechazas poniendo en peligro, incluso, la supervivencia de la empresa. ¿Por qué, por qué demonios, William?

—No hay por qué alzar la voz, George. Ya te expliqué que...

—Me sacas de quicio, William Aspinwall —volvió a gritar Viejo Roble—. No sé cómo has adquirido fama de empresario audaz y visionario si ni siquiera entiendes que el apego a principios caducos puede acabar con tu empresa.

—No hace falta un gran esfuerzo para sacarte de quicio, George. Eso lo sabe todo el que ha hecho negocios contigo. Decía que tu presencia en la Junta Directiva de la empresa del ferrocarril sería como una piedra, una gran piedra, en el zapato del resto de los directores.

Viejo Roble se levantó y dio un fuerte golpe sobre el escritorio que hizo saltar a Zwingle en la silla.

—Haz lo que te venga en gana, William. Pero te aconsejo buscar otro sitio para construir tu ferrocarril porque mientras yo esté vivo no pondrás un solo riel en la costa atlántica del istmo. ¡Nos vamos, Zwingle!

—Eso lo veremos —alcanzó a decir Aspinwall antes del portazo.

Dos días más tarde, William Aspinwall ponía al tanto a los demás miembros de la Junta Directiva de su entrevista con Law. La elección de la mejor ruta había perdido importancia frente al grave problema planteado por Viejo Roble, y algunos de los directores se preguntaron si no sería mejor llegar a un acuerdo con el enemigo, sugerencia que fue descartada por la férrea oposición de William Aspinwall y John Stephens. Los directores se dieron entonces a la tarea de examinar, lupa en mano y centímetro a centímetro, los mapas de la costa atlántica del istmo y los dibujos levantados por la expedición del coronel Hughes.

—¡Un momento! —exclamó Stephens, cuando ya el desaliento era un pesado silencio—. Esta pequeña porción de tierra que aparece aquí, en Navy Bay, con el nombre de Manzanillo, parece una isla. Si lo fuera, no puede ser objeto de apropiación privada y estaría incluida en la concesión que nos otorgó Nueva Granada.

—¿Estás seguro? —preguntó, esperanzado, Aspinwall.

—Segurísimo. El contrato que yo firmé incluye, específicamente, las áreas insulares como parte de la concesión otorgada para la construcción del ferrocarril. Y si observamos bien el mapa, Manzanillo, aunque muy próxima a tierra firme, es una isla. Law no puede haber obtenido una opción de compra sobre algo que pertenece al gobierno neogranadino y nos ha sido dado en concesión.

—¡Entonces construiremos el ferrocarril a partir de Manzanillo! —proclamó Aspinwall, cuya inusual euforia sorprendió al resto de los directores—. Y si Law exhibe algún título sobre esa pequeña isla, tendríamos argumentos jurídicos suficientes para defendernos de él en los tribunales mientras proseguimos con la obra.

—¿No sería prudente enviar enseguida a alguien a Panamá que nos confirme que, efectivamente, Manzanillo es una isla y que es factible construir el ferrocarril a partir de allí? —preguntó el vicepresidente Alexander Center—. Después de todo, si se trata de una isla habría que iniciar la colocación de los rieles construyendo un puente o un terraplén de relleno.

—Tal como sugieres, en condiciones normales enviaríamos exper-tos y evaluaríamos el riesgo antes de tomar una decisión —respondió Aspinwall—. Pero en este caso la prudencia significa pérdida de tiem-po y no podemos darnos ese lujo. Les recuerdo que ya estamos en el mes de abril, que en Panamá la estación seca termina a principios de mayo y que debemos iniciar los trabajos antes de que se nos venga en-cima el grueso de la estación lluviosa. Igualmente les recuerdo que del informe de Hughes se desprende que la construcción del ferrocarril es factible en cualquier lugar de la actual ruta transístmica. Probable-mente al escoger Manzanillo como punto de partida tendremos que invertir más fondos, posibilidad que existe siempre que se emprende algún negocio que implique riesgos imprevisibles.

—Creo que todos estamos de acuerdo con William —dijo Horatio Allen—. Sin embargo, nos queda por resolver el tema de los contratis-tas. Ahora mismo no tenemos quien ejecute los trabajos.

—Lo más lógico sería mantener a Totten y a Trautwine como nuestros contratistas —dijo Aspinwall—. O, mejor dicho, como sub-contratistas. La propia empresa se hará cargo de los trabajos.

—¿Cómo es eso? —preguntó James Brown.

—Lo que sugiere William —intervino Stephens—, y pienso que tiene razón, es que la responsabilidad de la ejecución de los traba-jos del ferrocarril, sobre todo la financiera, recaiga sobre la Panama Railroad Company, y que Totten y Trautwine presten sus servicios a cambio de una compensación fija y no de una ganancia eventual.

—Exacto —confirmó Aspinwall—. Repito que luchamos contra el tiempo y no podemos esperar a que los contratistas lleven a cabo una nueva evaluación de los trabajos para sentarnos a discutir con ellos un nuevo acuerdo.

Luego de un breve intercambio de ideas, los directores aprobaron la iniciativa de Aspinwall e hicieron pasar a la reunión a Totten y a Trautwine, quienes se mostraron conformes con la nueva relación contractual y acordaron reunirse al día siguiente con Aspinwall y Ste-phens para negociar los detalles. Por último, la Junta Directiva resolvió capitalizar un millón de dólares adicionales y efectuar inmediatamen-te el primer desembolso para que los subcontratistas zarparan cuanto antes rumbo al istmo.

Tres semanas después de aquella reunión, y antes de que termina-ra el mes de abril, Totten, Trautwine y Baldwin estaban de vuelta en

Chagres. En esta ocasión no desembarcaron en el sitio acostumbrado, sino que dirigieron sus botes hacia el nuevo poblado que, con el nombre de Yankee Chagres, empezaba a surgir en la orilla opuesta del río, donde ya se contaban cuatro hoteles, varias tabernas, casas de juego, algunas viviendas y un pequeño galpón que albergaba las oficinas y el almacén de la empresa del ferrocarril. A diferencia del caserío original, en Yankee Chagres todas las edificaciones eran de madera y las calles menos inmundas. Aunque tampoco se libraban del bochorno, de las ratas, de las cucarachas y de las picadas de los implacables mosquitos, los miles de aventureros que allí desembarcaban rumbo a California lo preferían al mísero lugar de enfrente, donde solamente acudían cuando no hallaban espacio en Yankee Chagres, todo lo cual iba creando una notoria rivalidad entre los blancos extranjeros, que diligentemente construían el nuevo poblado, y los oscuros aborígenes que veían pasar el dinero frente a sus narices sin siquiera olerlo. Sólo el negocio de los bongos seguía en manos de los nativos, por cuyo uso cada vez exigían más dinero, motivando frecuentes enfrentamientos. El único que se movía con igual soltura en una y otra orilla era Peter Eskildsen, que para entonces ya había abierto en Yankee Chagres otro hotel con su correspondiente taberna y casa de juego.

—¿Y el amigo Stephens? —preguntó el nórdico cuando acudió a recibir a los hombres del ferrocarril.

—Tuvo que permanecer en Nueva York atendiendo algunos asuntos de la empresa, pero antes de dos meses estará de nuevo por estos lares —respondió Baldwin.

—Supongo que si están de vuelta es porque han decidido construir de todas maneras la vía férrea —comentó Eskildsen mientras acompañaba a los recién llegados a su hotel.

—Nunca desistimos —respondió Totten.

—¿Y qué ruta han escogido?

Los hombres del ferrocarril se miraron y Trautwine se adelantó a responder:

—Iniciaremos la construcción de la vía en la isla de Manzanillo.

—¿Qué isla? No conozco ninguna con ese nombre. Además, ¿por qué una isla? ¿No es eso más costoso?

—Es una larga historia, amigo Eskildsen —rezongó Totten—. Manzanillo está en Navy Bay, muy cerca de la costa.

—¿En Navy Bay? Allí no existe ninguna isla, al menos no que yo sepa.

—Pues en los mapas sí existe y queremos visitarla cuanto antes. ¿Cree usted que podría arreglar que unos cinco o seis bongos nos trasladen allá pasado mañana?

—Claro que puedo, pero debo advertirles que ahora los nativos cobran mucho más por sus servicios.

—La ley de la oferta y la demanda, amigo Eskildsen, la misma que lo ha convertido a usted en un distinguido hotelero —dijo Trautwine, con ironía mal disimulada.

Eskildsen rio de buena gana.

Una semana más tarde, al filo de la madrugada, media docena de bongos se alejaban de la desembocadura del Chagres. Iban rumbo a Navy Bay y en ellos viajaban James Baldwin y John Trautwine acompañados de catorce nativos. Totten había aprovechado la presencia en Chagres del carguero *Magdalena* para embarcarse el día anterior rumbo a Cartagena a fin de contratar trabajadores. Cerca del mediodía, tras navegar varias horas bajo una pertinaz llovizna, los ingenieros avistaron el arrecife coralífero que había permitido la formación de esa pequeña extensión de tierra que en el mapa figuraba como Manzanillo. Tan pronto descendieron del bongo y comenzaron a caminar con el agua hasta los tobillos, comprendieron que aquello no era en realidad una isla. Contra la barrera de arena y coral se había ido acumulando lama, troncos de árboles y otros deshechos que con el paso del tiempo habían creado una formación pantanosa, permanentemente anegada. En el aire caliente un vaho putrefacto dificultaba la respiración. Sobre las cabezas de los intrusos, contra un cielo plomizo, gaviotas y pelícanos curiosos volaban a baja altura.

—Aquí nada puede crecer muy alto porque no hay dónde ni cómo afincar raíces —comentó Trautwine, señalando algunas palmeras de escaso tamaño que destacaban sobre la superficie.

Mientras avanzaban lenta y penosamente, tratando en vano de protegerse de las nubes de mosquitos que, enardecidos por la inesperada presencia de sangre fresca, atacaban sin piedad, los ingenieros se preguntaban si realmente podría construirse una vía férrea en aquella superficie inestable e insalubre sobre la que a duras penas podían caminar. Llevaban recorridos unos cien metros cuando avistaron el canal que separaba el naciente islote de la costa.

—Son más de ciento cincuenta metros —comentó Baldwin, desolado.

—Así es —respondió Trautwine—. Se trata de una verdadera isla. Una isla pantanosa y en formación, si se quiere, pero una isla al fin y al cabo.

En ese instante uno de los nativos gritó algo ininteligible y todos dirigieron la mirada hacia donde apuntaba con su índice. A menos de treinta metros, dos enormes cocodrilos avanzaban hacia ellos. Acostumbrados a estos menesteres, dos de los nativos cortaron con agilidad sorprendente un par de cocos y los lanzaron en dirección de los reptiles, que enseguida cambiaron de rumbo.

Y allí, en medio de aquella inhóspita desolación, ante el asombro de los nativos, Trautwine y Baldwin tomaron sendas hachas, chapotearon hacia el cocotero más cercano, se apostaron uno a cada lado y le dieron hasta derribarlo. Concluida la faena, Trautwine bajó el hacha, apoyó sobre el tronco una de sus botas y solemnemente anunció:

—Hoy, 3 de mayo de 1850, hemos iniciado oficialmente la construcción del ferrocarril de Panamá.

SEGUNDA PARTE

«Para llevar a cabo las grandes obras debemos vivir como si nunca fuéramos a morir».

MARQUÉS DE VAUVENARGUES

1

Del diario de Elizabeth Benton

Noviembre 27, 1849

Han pasado casi dos años desde la última vez que tomé la pluma. «¿Para qué —me preguntaba— recrear desventuras, tragedias y sueños truncados?». Hoy, sin embargo, siento que mi vida recibe un nuevo aliento y el destino me abre otros caminos capaces de reverdecer ilusiones y alegrías. Las palabras regresan y es hora de volver a hilvanarlas.

Cuando arribé a California dediqué todo mi tiempo y entusiasmo a encontrar el lugar en el que Robert y yo forjaríamos nuestro hogar. Escogí una pequeña finca de veinte acres, situada frente al mar, a escasas dos millas al sur de San Francisco. Allí tendríamos la proximidad al centro urbano, que quería Robert, y un espacio de cielos y horizontes ilimitados que yo tanto anhelaba para ver crecer a mis hijos. De lo alto del acantilado se abriría a nuestros pies la majestuosa bahía de San Francisco y a la hora del ocaso podríamos contemplar la zambullida del sol al otro lado del océano. Emocionada con mi hallazgo, pagué caro por el derecho de comprarla y crucé los dedos para que mi esposo aprobara el sitio.

Transcurrieron las semanas y luego los meses sin noticias de Robert. Desesperada, me trasladé con Jessie a la encrucijada del Fuerte Sutter, en cuyos alrededores surge la ciudad de Sacramento, paso obli-

gado de todos los que culminan la aventura de atravesar a pie el vasto
territorio de los Estados Unidos. Los pocos que llegaban, marcados
para siempre por la dura experiencia, no sabían nada del destacamento militar encargado de explorar la mejor ruta y terminaban por
confiarme sus propias desventuras, las increíbles dificultades de la travesía y la pérdida de familiares y amigos víctimas de las enfermedades,
de los pieles rojas y de los animales salvajes. Regresé a San Francisco
para preguntar a los que hacían el viaje por mar si en el Este habían
oído alguna noticia antes de embarcarse. Pero nadie sabía nada: Robert y sus hombres se habían esfumado en las heladas cumbres de las
Montañas Rocosas. Mi acostumbrado optimismo, sin embargo, me
llevó a la convicción de que mi esposo se había visto obligado a regresar al Este y pronto sabría de él. Y, así, me dediqué a esperar. Poco a
poco el desaliento marchitó la fe y al cabo de un año comprendí que
jamás volvería a verlo. Cuando llegó a California el general Smith
como jefe militar de la plaza, le solicité el envío de una patrulla para
buscar a Robert y sus hombres. Sin muchos miramientos me respondió que, si después de año y medio nada se sabía del mayor Freeman,
las posibilidades de encontrarlo con vida eran nulas. La expedición
que yo misma organicé el último verano tenía como propósito localizar sus restos, sepultar de una vez la esperanza y darle a mi vida el
sosiego de la certidumbre. Pero ni los días soleados nos permitieron
encontrar rastro alguno de la ruta que mi pobre marido buscaba en
las cumbres heladas. Y regresé con las manos y el alma vacías.

Un extraño sentimiento de fidelidad me obligó a permanecer en
San Francisco, soportando las bajezas, la miseria, el egoísmo y las abe-
rraciones de los aventureros que arribaban de todas partes del mundo
buscando enriquecerse. Pero no, esta frontera donde prevalece la locura no era sitio para una mujer sola y mucho menos para una viuda joven. Por más que me vestía con ropas masculinas y procuraba hablar y
actuar como un minero más, los hombres me asediaban con proposiciones cada vez más soeces. ¡Cuán atractiva para el varón resulta una
mujer que ha perdido el amor! Nadie que no haya experimentado la
viudez prematura es capaz de comprender que, como un perfume que
se evapora, el amor que se escapa con la muerte del ser amado pierde
su aroma para siempre. En medio de tanto desasosiego apareció Frank
Walker, caballero de intachable comportamiento que, sin más interés

que el humanitario, me ofreció su apoyo. El señor Walker había llegado a San Francisco con los primeros aventureros y pronto se convirtió en el único comprador del oro que extraían de los ríos aquellos mineros que para seguir en su empeño necesitaban dinero fresco. Pero «muchos pocos hacen mucho» y al cabo de algunos meses estableció un banco. Hoy es uno de los más prósperos habitantes de San Francisco. De él fue la idea y provino el dinero para que yo montara La Mano de Dios, almacén que terminó siendo el principal centro de compras en el que se aprovisionaban los que iban y volvían de las minas. Le debo mucho a Frank Walker, sobre todo haberme devuelto algo de fe en la humanidad, y, más que en la humanidad, en los hombres.

Y entonces, cuando ya casi me resignaba a la punzante soledad, que se intensifica cuando se está rodeado de tanta batahola, apareció Cleveland Forbes. Gratos, muy gratos recuerdos guardaba yo del capitán Forbes. Durante el trayecto de Nueva York a Panamá, a bordo del *Atlantic Runner*, supo ser galante, cordial y afectuoso sin propasarse. Me hizo ver que yo era el más importante de sus pasajeros por razones que, ambos sabíamos, transcendían el simple cumplimiento de un deber. La apostura y el donaire del capitán Forbes y el placer con que aceptaba sus galanterías despertaron en mí sentimientos de culpa, como si sostener la mirada de sus ojos grises, tranquilos y sinceros fuera faltar a mi deber de esposa. Los ojos que me volvieron a mirar casi dos años después no habían perdido nada de su belleza y transparencia ni tampoco la había perdido su dueño, a cuya galanura se sumaba ahora el encanto de los primeros cabellos plateados. Tan pronto supo de la muerte de Robert, insinuó delicadamente su interés por mí. Yo, sin pensarlo mucho, acepté su oferta de dejar California sin saber, realmente, cuál sería mi nuevo destino. En el momento de comunicar mi decisión a Frank Walker y pedirle, una vez más, su ayuda para la venta del almacén, quien fuera mi protector y amigo me confesó, abiertamente, sus sentimientos. «¿Por qué ahora y no antes?», le pregunté, entristecida. «Porque ahora eres una mujer libre de pesares y ataduras y antes habría significado aprovecharme de tu desasosiego», respondió. ¡Hay gente buena, hombres buenos, en este mundo que gira en el límite de la locura!

Esta mañana subí a bordo del *California* y pronto zarparemos hacia Panamá. ¿Con qué rumbo navego? No hacia la casa familiar, que ni siquiera existe. Mi padre, el flamante senador por el estado de Missouri, habita ahora en Washington y al enterarse de mi pérdida escribió una sola carta en la que, con mal disimulados reproches, ofrecía recibirme nuevamente en su hogar «siempre que me supiera comportar como la hija de un importante líder político». No, a la casa de mi padre no volveré. Entonces, ¿hacia dónde voy? Me siento tan protegida en compañía de Cleveland... Las sobremesas transcurren amenas y vuelvo a disfrutar con espontaneidad casi olvidada. Pero no puedo permanecer para siempre a bordo de su barco. ¿Es que, además de apreciarlo y admirarlo, empiezo a enamorarme del capitán Forbes? Si así fuera, ¿por qué todavía me siento culpable cuando pienso en Robert y me estremezco cuando me asalta el recuerdo de John Stephens? ¿Es que acaso voy en busca de aquel viajero iluminado? ¿Me deparará el destino mieles y alegrías o seguirán la hiel y la tristeza enlutando mi vida?

Noviembre 29

Dos días de navegación. Me fascina observar desde cubierta el movimiento de las grandes ruedas de paleta que, mordiendo sin cesar la superficie del océano, impulsan este extraño navío donde el ingenio del hombre es capaz de generar tanta o más fuerza que el viento. El capitán Forbes me ha contado las desventuras sufridas por el *California* en su viaje a San Francisco y se excusa por la falta de lujo y comodidades. «No había nave más elegante», afirma, y me asegura que pronto volverá a serlo. Por ahora su mayor preocupación es el comportamiento de la improvisada tripulación, a la que supervisa constantemente, más como un padre que como un comandante. A veces da risa observar a estos hombres de las montañas moviéndose con torpeza sobre cubierta para desempeñar labores que jamás imaginaron. El líder del grupo, un tal McKennon, es la mano derecha del capitán. Él y un negro que perdió al amo trabajan sin descanso: el montañero en la cubierta y el esclavo en las calderas. Igual lo hace el bueno de Jim, un muchacho inocentón que se siente hijo de Forbes y que se la pasa corriendo de un lado a otro, llevando órdenes y reportando averías. Jim, quien no conoció a sus padres y es dueño de los ojos más tristes que jamás he visto, tal vez busca en mí a la madre que nunca tuvo. Y yo, francamente, no sé cómo actuar. No quiero que sufra un desengaño al terminar la travesía.

Solamente dos pasajeros más se embarcaron en San Francisco: un abogado del Este que, según afirma, regresa a la civilización decepcionado del caos imperante en California, y un pastor arrepentido de haber abandonado el púlpito y a sus feligreses para llevar la palabra de Dios a los buscadores de oro. «Ésos solamente entienden el lenguaje del demonio», repite constantemente. Sospecho que su decepción obedece a que el oro no respondió a sus oraciones.

Cleveland Forbes se ha acercado a mí poco a poco, con recato, con timidez. Creo que no sabe cómo hablarle a una mujer por la que siente algo más que una atracción física. Sus ojos son más elocuentes que sus labios. No puedo negar que me atrae mucho. Es como una roca capaz de soportar el más violento de los huracanes, precisamente lo que necesito en medio de la incertidumbre que me rodea, si bien por él no siento lo que me llevó a los brazos de Robert. Todavía no...

Estoy segura de que a Jessie le gusta el esclavo Jack, aunque no quiere admitirlo. «Es un bruto», dice con aparente desprecio. Ella, que lee y escribe como cualquier blanco, se sabe muy superior al pobre Jack, que lo único que parece tener es una fuerza descomunal y una energía inagotable.

Diciembre 3

Una tormenta, que apareció sin la menor advertencia, nos ha obligado a recoger velas y acercarnos a la costa mexicana en busca de protección. Vivimos momentos de desasosiego cuando el viento levantó olas inmensas que vapulearon sin piedad al *California* y obligaron a despejar la cubierta. En medio de la incertidumbre, el capitán Forbes vino a nuestro camarote para asegurarse de que estábamos bien. Mi estado de pánico lo movió a abrazarme para susurrarme al oído que él velaría siempre por mi seguridad y que pronto pasaría el peligro. ¡Cuán reconfortantes y seguros aquellos brazos! Jessie, que contemplaba la escena, por un momento dejó a un lado su expresión de terror y sonrió con complicidad.

Esa noche, cuando la tormenta había dado paso a una calma fantasmal, subí a cubierta en busca de Cleveland para agradecerle su preocupación por nuestro bienestar. Me recibió en el puente de mando y en silencio se aproximó, me tomó en sus brazos y me besó. No rechacé aquel beso entre tímido y apasionado. Era el primero en mucho tiempo, tan dulce, tan ingenuo, pero tan ardoroso que sólo después de separar mis labios de los de Cleveland acudió a mi mente el recuerdo de Robert y la pasión se confundió con un sentimiento de culpa imposible de acallar. Después me retuvo en sus brazos, hundió sus ojos grises en mi alma y me dijo con ternura que se había enamorado de mí. Suavemente me desprendí de él y regresé a mi habitación. Mientras el sueño revoloteaba en vano, lloré calladamente y volví a sentir el aliento fuerte, la barba sedosa y las ganas de amar de Cleveland. Aquello ¿era amor o solamente ese deseo instintivo que desde el origen del mundo rige las relaciones del hombre y la mujer? ¿Por qué, implacable, viene a mí la sonrisa de John Stephens?

Diciembre 5

Para asistir a la cena que ofrece esta noche el capitán a sus tres pasajeros, Jessie me ha obligado a sacar del baúl un vestido que, según ella, me hará lucir como la mujer bella y civilizada que soy. Aunque finjo desdén, siento una gran curiosidad por saber si todavía, después de casi dos años de vestir y actuar como una salvaje, puedo parecer la dama elegante del Este que fui una vez. Antes de que pueda mirarme al espejo, Jessie insiste en maquillarme. «Como antes, señora, como antes», repite entusiasmada, y luego, con picardía, me deja saber lo mucho que impresionaré al capitán. «¿Qué te hace pensar que quiero impresionarlo?», pregunto, para seguir el juego. Sin responder me asegura que formamos una bella pareja y que si nos casamos tendremos hijos muy hermosos. «Igual que tú y Jack», la puyo. Para sorpresa mía, Jessie me mira con sus enormes ojos oscuros y dice, muy seria: «En realidad me gusta ese negro bruto, pero tiene mucho que aprender». Ambas reímos. Jessie me lleva ante el espejo, y yo quedo sorprendida con la imagen que me devuelve.

Cuando aparezco en el comedor, profusamente iluminado, mis compañeros de viaje se deshacen en piropos. Cleveland se acerca muy formal, me besa la mano y me dice quedamente que soy la mujer más hermosa que ha surcado el Pacífico. Durante la cena, el abogado y el pastor, estimulados por el vino, cuentan sus peripecias en la tierra del oro. Yo les cuento mi tragedia y en sus gestos adivino que ambos piensan que el capitán se encargará de remediar mi temprana viudez. ¿O será que mi sentido de culpa me traiciona? Lo cierto es que se apuran por terminar el café, rechazan el cigarro que les ofrece el capitán y nos dejan solos. Cleveland me da la mano y me invita a contemplar la noche. «Estamos frente a la costa sur de México y jamás verás brillar tantas estrellas en el firmamento». Es cierto. La noche parece un diluvio de diminutos diamantes. Nos besamos apasionadamente largo rato. No sé de dónde saqué fuerzas para desprenderme de su intenso abrazo.

Diciembre 16

Durante varios días la pluma ha enmudecido, como si el impacto de besar a otro hombre me hubiera condenado a un voto de silencio. Cleveland se desespera ante mi mutismo; le he pedido que me permita encontrar el sentido de lo que ocurre entre nosotros. No, él no tiene la culpa de nada, al contrario. Jamás sospeché que existiera tanta ternura en un hombre. Me atormenta no saber si realmente lo amo, si sería capaz de vivir con él el resto de mi vida. Y en medio de mi desasosiego, de mis remordimientos y mis angustias pienso en John Stephens, y entonces los sentimientos de culpa no son por Robert, sino por Cleveland. ¿Cómo salir de este torbellino que me sacude?

Diciembre 19

Dentro de aproximadamente diez días arribaremos a Panamá. Ayer, finalmente, sostuve una larga conversación con Cleveland. Me ha dicho que su amor por mí es sincero y para siempre y me ha pedido que lo acepte como esposo. Le he respondido que, aunque creo que lo quiero, no estoy preparada para un nuevo matrimonio y le he rogado que permita que el tiempo nos ayude a encontrar rumbos.

Ante su temor de no volver a verme le he asegurado que me quedaré en Panamá mientras tomo una decisión y se ha tranquilizado un poco. «Si me lo prometes, seguiré navegando hasta que tu alma se aquiete y puedas resignarte a la idea de pasar conmigo el resto de tus días. Te aseguro que entonces abandonaré el mar». Me ha jurado que a su lado seré feliz, verdaderamente feliz. ¡Ah, Cleveland, qué poco conoces el corazón femenino! No es la felicidad lo que nos importa; es el amor quien manda, aunque nos haga infelices. He aquí la gran contradicción de nuestras vidas.

Enero 2, 1850

Hoy hemos desembarcado en Panamá. Aquella villa apacible que conocí del brazo de John Stephens es ahora un verdadero infierno. Como hongos han brotado tabernas y pensiones, la inmensa mayoría con letreros en inglés. Aventureros de todas las calañas pululan por las calles, exhibiendo, como trofeos, sus armas, su arrogancia y su falta de cultura. El vestíbulo del hotel en el que conocí a John se ha transformado en un gran salón de juegos donde las prostitutas se pasean sin recato. Aunque la intensa actividad económica sin duda traerá riqueza y prosperidad, compadezco a los habitantes que deben soportar, impotentes, la vulgaridad que les ha llegado con los buscadores de oro. No me siento capaz de permanecer aquí por mucho tiempo y así lo ha comprendido Cleveland. Hemos hablado con el representante local de Howland & Aspinwall, William Nelson, quien ha prometido hacerse cargo de mí. El pobre Cleveland debe seguir rumbo a Callao porque en Panamá no existen ni los materiales ni los artesanos que hacen falta para terminar de restaurar el *California*. Al despedirlo siento más alivio que pena porque ahora tendré tiempo para pensar y auscultar mis emociones. Mi futuro sigue siendo un gran signo de interrogación.

Enero 15

William Nelson, a cuyo cuidado me ha dejado Cleveland, no es un hombre de mi agrado. Rechoncho, la cara picada de viruela, por más que trata de ser amable hay algo en él que me incomoda. Parece que su único interés fuera el de participar en cuanta oportunidad olfatee su muy aguzada nariz de comerciante. A pesar de que el cargo que desempeña como representante de Howland & Aspinwall es de los más importantes de la ciudad, sobre todo ahora que los miles de aventureros que pasan por aquí rumbo a California dependen de él para asegurar un puesto en los barcos que cubren la ruta, el individuo emplea gran parte de su tiempo especulando en bienes raíces y tratando de iniciar nuevos negocios. Debo admitir, sin embargo, que es un hombre sumamente eficiente pues, aun cuando la empresa naviera no ha logrado establecer un servicio regular, se las ingenia para colocar argonautas en cualquier cosa que flote. No importa si se trata de cargueros o de pequeñas embarcaciones de cabotaje, Nelson logra convencer a los capitanes de que transporten sus pasajeros hasta California.

Lo último que me ha dicho, porque el caballero alardea de todo cuanto hace, es que piensa adquirir una recua de mulas para dar servicio entre Cruces y Panamá hasta que concluya la obra del ferrocarril. Según afirma, el actual es muy deficiente y poco confiable, por lo que pronto tendría el monopolio absoluto de la ruta. Disimulando mi interés, pregunté por el avance de las obras del ferrocarril y poco a poco la conversación derivó hacia John Stephens. «El presidente de la compañía del ferrocarril tuvo que regresar a Nueva York para resolver algunos problemas inesperados. Su intención era llegar hasta California y allí contemplar con sus propios ojos la fiebre del oro», me dijo Nelson, y yo, ilusa, pensé si sería éste su verdadero interés. A mi pregunta de cuándo regresaría el señor Stephens, Nelson respondió que realmente lo ignoraba, aunque estaba seguro de que muy pronto lo vería de nuevo por Panamá. «Stephens tiene la afición de viajar y describir lo que sus ojos observan. Ha publicado varios libros. ¿No los ha leído usted? Se trata de un hombre fascinante a quien le agradaría conocer». Yo me limité a sonreír.

Febrero 16

Una nueva tragedia se cierne sobre mí. Jessie, mi fiel y amada Jessie, ha caído enferma, víctima de la epidemia de cólera que azota la ciudad de

Panamá desde hace varias semanas. Según afirma Nelson, y lo corroboran los médicos, la plaga llegó con uno de los grupos de aventureros que pasaron rumbo a California. Las enfermedades son la peor de las desgracias que la invasión de extranjeros ha traído a esta desapercibida villa. «Junto a los dólares y el oro nos llegan los vicios y las fiebres», se ha lamentado el doctor Icaza, un panameño muy agradable y competente que ha venido a atender a Jessie. Su diagnóstico no da lugar a muchas esperanzas. «Está muy grave. Que sobreviva dependerá de su fortaleza», sentenció. La pobre Jessie me mira con aquellos ojos enormes que han perdido su brillo. Yo procuro calmarla y le aseguro que pronto estará mejor. Desde que enfermó, Jack no se separa de su lado.

Febrero 28

Ayer murió Jessie. El día antes de perder la conciencia, cuando sabía que se iba, me confió el único de sus secretos: en el momento de enfermar esperaba un hijo de Jack. «La criatura se irá conmigo y Jack se quedará muy triste y muy solo. Es un hombre bueno y le pido que lo cuide como cuidó de mí».

Jack me acompañó a enterrarla y me pidió que en la lápida incluyera también el nombre del hijo malogrado. «Se habría llamado Cleveland», me dijo y yo me estremecí. Sólo entonces pude comprender lo mucho que el capitán Forbes significa para el antiguo esclavo. ¡Cuánto extrañaré a mi buena Jessie! Jack me ha pedido que le permita velar por mí, como lo hacía Jessie. Por supuesto que sí, Jack. Nos cuidaremos mutuamente.

Marzo 10

Para cumplir una promesa que me hice durante la enfermedad de Jessie, esta mañana visité el hospital San Juan de Dios. Como todo en esta ciudad, excepto las tabernas, los hoteles y las salas de diversión, se trata de un edificio muy deteriorado que, sin duda, ha conocido mejores días. Las camas no alcanzan, mucho menos cuando alguna epidemia azota la ciudad. El doctor Icaza se ha mostrado muy complacido por mi interés en ofrecerme como voluntaria. «Con la marejada de aventureros que nos llegan todas las semanas, y las enfermedades que nos dejan, el trabajo se ha intensificado y realmente nos hace falta alguien que pueda entenderse con ellos en su lengua». Tengo algunos conocimientos de enfermería y el cuidado de Jessie me ha mostrado un nuevo camino. Me interesa, sobre todo, velar por la salud de los niños.

Marzo 29

Dadas las precarias condiciones en que laboramos, el trabajo en el hospital es arduo y, a veces, no muy agradable. Falta de todo: médicos, enfermeras, medicamentos y equipo adecuado. Lo único que sobra son enfermos. Así como me compadezco de los que llegan víctimas de alguna dolencia, desprecio a los que se presentan para que se les atiendan heridas causadas por las frecuentes riñas que llenan el ocio de los que aguardan un barco que los lleve a El Dorado.

Abril 18

Ayer, eufórico y cargado de regalos, regresó Cleveland. Esa misma tarde me hizo acompañarlo a ver un renovado e irreconocible *California*. En la cabina volvió a declararme su amor y a besarme con pasión largamente reprimida, a la que respondí casi con frialdad. «¿Ocurre algo, Elizabeth? ¿Hay alguien más?». Le conté de la muerte de Jessie y mi trabajo en el hospital. «No hay nadie en mi vida, Cleveland. El problema soy yo y la incertidumbre con la que miro hacia el futuro. Necesito más tiempo». Y mientras hablaba, el recuerdo de John Stephens intensificaba mis dudas.

Mayo 1

Presionado por Nelson y los argonautas, Cleveland ha partido casi enseguida hacia San Francisco en un viaje que lo mantendrá navegando por lo menos dos meses. Aunque lo extraño, una placentera paz se apodera de mi espíritu cuando se aleja. ¿Por qué? ¿Me acostumbro acaso a la soledad? ¿O es que no amo a Cleveland? Disfruto, sí, de su compañía y su ternura, pero no alcanzo a imaginar toda una vida a su lado. A decir verdad, a veces lo siento como un hermano, un adorable hermano mayor. No sé por qué he alimentado sus esperanzas.

Mayo 24

Esta mañana acudí a la oficina de William Nelson para informarle que había encontrado una vivienda adecuada a mis necesidades y que pronto dejaría la pequeña casa que ocupo junto a la suya. El corazón me dio un vuelco cuando su asistente, un joven peruano, me informó que el señor Nelson se encontraba reunido con un representante del ferrocarril. Pero quien al cabo de unos minutos salió de la oficina de Nelson no fue John Stephens, sino un adusto personaje a quien Nelson me presentó como George Totten. El hombre se removió el sombrero, se inclinó parsimoniosamente y, sin pronunciar una sola palabra, salió de la oficina. «El coronel Totten tiene a su cargo la construcción del ferrocarril y ha venido en busca de mano de obra. Según me cuenta, de cincuenta braceros que trajo de Cartagena, más de la mitad han muerto por la fiebre de los pantanos. Le he hecho saber que dudo que aquí consiga gente dispuesta a dejar el dinero fácil que corre por las calles para ir a clavar rieles en la selva». Antes de que yo preguntara me dijo que era probable que Stephens regresara pronto al istmo. ¿Por qué esta inmensa y súbita alegría?

Junio 2

A partir de hoy tengo un nuevo oficio. Un compatriota, el señor Judson Ames, enterado no sé cómo de mi afición por la escritura, me ha pedido que colabore como redactora de *The Herald*, periódico que acaba de fundar. La historia de Ames es fascinante. Decidido a fundar el primer periódico de San Francisco, adquirió una imprenta manual y se embarcó con ella en Nueva Orleans rumbo a Chagres. Tras desembarcar, con mucha dificultad logró subirla a una barcaza, con tan mala suerte que en la mitad del trayecto la maquinaria se soltó y cayó al río. Como pudo la rescató del fondo lodoso y prosiguió su viaje. En Cruces, la colocó sobre el lomo de dos mulas y la trajo hasta Panamá. Mientras la limpiaba y reparaba, su barco partió sin él. Como buen aventurero, cambió de planes y decidió imprimir un periódico destinado a los miles de norteamericanos que pasan por aquí rumbo a las minas. «Pero, señor Ames, Panamá es una ciudad pequeña y ya circula un periódico editado en inglés», le recordé yo. «Así es, pero *The Star* de periódico no tiene nada. No es más que un tabloide que sale irregularmente para anunciar la llegada y el zarpe de los barcos y otros temas relacionados con la navegación. *The Herald*, en cambio, saldrá cada viernes con noticias de lo ocurrido en los Estados Unidos, en California y en Panamá, publicará artículos de interés general y se ofrecerá también a los comerciantes, locales y foráneos, para que anuncien sus productos. Además, pienso acercarme a las autoridades para que vean en *The Herald* un órgano informativo que les permita divulgar noticias oficiales de modo que los viajeros sepan lo que el gobierno espera de ellos». El señor Ames, hombre muy persuasivo y tenaz, me ofreció una cuarta parte de los beneficios que rinda la empresa. Acepté y ya empieza a cautivarme el mundo de las noticias.

Mi vida se va ligando a esta villa cuyo presente es un caos y su futuro una incógnita. En eso nos parecemos esta ciudad y yo.

2

Después de declarar inauguradas las obras del ferrocarril, John Trautwine y James Baldwin abordaron uno de los bongos para atravesar el
canal que separaba la isleta de Manzanillo de la costa. Por más que
buscaron no pudieron encontrar una abertura entre las raíces retorci-
das de los manglares que les permitiera desembarcar y reconocer las
condiciones de la porción de tierra firme en la que tendrían que colocar los rieles. Finalmente, escogieron un sitio en la marisma donde el
brazo de agua parecía más estrecho, y con la ayuda de los machetes y
las hachas de los nativos emprendieron la lucha contra las enmaraña-
das raíces aéreas del mangle.

Como si supieran que su territorio estaba siendo invadido por extraños, nubes de chitras y mosquitos multiplicaron sus despiadados
ataques. Cuando, exhaustos y con el agua a las rodillas, los hombres
lograron abrir un boquete y atravesar el corazón del manglar, quedaron
sobrecogidos por el panorama que se abría ante sus ojos: una ciénaga
de aguas oscuras y podridas, cuya extensión era difícil de precisar, se in-
terponía entre ellos y la tierra firme. En el momento en que Baldwin se
preparaba para seguir avanzando, uno de los nativos le agarró el brazo
y, por señas, le indicó que se detuviera. Testarudo, Baldwin intentó dar
un primer paso y sintió horrorizado que se hundía hasta la cintura.

—¡El Pantano Negro! —exclamó Trautwine, mientras lo ayudaba a salir—. El mapa lo menciona.

Los ingenieros permanecieron en silencio, cavilando en torno a lo difícil que resultaría construir allí una línea ferroviaria. El primero en reaccionar fue Baldwin.

—Todavía quedan unas cuatro horas de luz. Creo que debemos traer un bongo para inspeccionar el área, calcular su extensión y determinar si hay alguna forma de rodearla.

—De acuerdo —dijo Trautwine.

Al indicarles a los nativos su intención, éstos se negaron rotundamente. Tras mucho rogar, los convencieron de que por lo menos ayudaran a trasladar uno de los botes hasta el pantano, donde, armados con un par de machetes y un rifle, los hombres del ferrocarril iniciaron la travesía. Cuando los remos comenzaron a romper la quietud de las oscuras aguas, un cocodrilo, atraído por el movimiento, se acercó peligrosamente al bongo y Baldwin le largó un disparo cuyo eco reverberó como un trueno lejano. En ese instante, cientos de garzas que permanecían impávidas ante el invasor se echaron a volar.

—Parecen un gran mantel blanco —observó Baldwin—. A pesar de su lobreguez, este lugar encierra una extraña belleza.

—Pero es más extraño que hermoso —murmuró Trautwine. Dos horas después, agotados y con el rostro, el cuello y las manos inflamados y enrojecidos por picaduras de insectos, volvieron al punto de partida para emprender el regreso a Yankee Chagres. Aunque se habían propuesto analizar la situación y tomar decisiones esa misma noche, durante el trayecto Trautwine comenzó a sentir los efectos devastadores de un ataque de fiebre que, en medio de violentas convulsiones y vómitos, terminó por sumirlo en un estado de semiinconsciencia. Tan pronto desembarcaron, Baldwin hizo trasladar a su jefe al hotel y envió por Eskildsen, quien se presentó acompañado de una negra enorme.

—Ella es Layla, nuestra curandera, y es lo más cercano a un médico que existe aquí.

La negra se acercó al lecho donde, postrado e inconsciente, temblaba Trautwine. Le tocó la frente, le tomó el pulso, lo observó un instante, hizo un gesto de impotencia y sentenció:

—Fiebre de los pantanos. Se pondrá amarillo, que es el color de esa fiebre, y después veremos quién vence. Hay que esperar.

—Y, mientras tanto, ¿qué hacemos? —preguntó Baldwin, dirigiéndose más a Eskildsen que a la curandera.

—Es una lucha de espíritus —continuó la negra, que había caído en un trance—. El espíritu de este hombre blanco contra los vapores del pantano, que también son un espíritu. A veces gana el hombre; a veces no. Nosotros, los nativos, nos llevamos bien con los pantanos porque los respetamos y la fiebre de los vapores también nos respeta. —Y, como si de pronto hubiera recobrado la lucidez, añadió—: Tan pronto pueda tragar deben darle agua de coco, mucha agua de coco.

Tres días duraron las sacudidas febriles de Trautwine. Tal como pronosticara la curandera, el color de su piel se tornó amarillento, igual que el blanco de sus ojos, ofreciendo un raro contraste con el celeste del iris. Poco a poco, los temblores y los vómitos fueron cediendo y al quinto día recuperó la conciencia. Esa mañana volvió a aparecer Layla y, sin pronunciar palabra, se acercó al lecho donde yacía Trautwine, quien observó aterrorizado cómo aquella enorme negrura se inclinaba sobre él, le palpaba la frente, sujetaba la muñeca y le escudriñaba los ojos.

—Venció el espíritu del hombre —exclamó finalmente, soltó una carcajada y abandonó la habitación.

—Y ésa ¿quién es? —preguntó Trautwine, desde su letargo.

—Tu médico —respondió Totten, soltando una de sus escasas risotadas.

Totten partió rumbo a Cartagena al día siguiente y tras dos semanas de ausencia, regresó con cincuenta braceros. Para entonces, Trautwine estaba casi totalmente recuperado y las únicas secuelas que le quedaban eran algo de debilidad y una profunda aversión al agua de coco que le duraría el resto de su vida.

La misma noche del regreso del coronel, los tres ingenieros se reunieron en la oficina de Yankee Chagres para analizar la situación y organizar el trabajo. La primera decisión que debieron tomar fue si realmente valía la pena construir una línea ferroviaria partiendo de la isla de Manzanillo.

—¿Tan difícil es el terreno? —preguntó por tercera vez Totten.

—Créenos, es peor de lo que puedes imaginar —respondió, exasperándose, Trautwine—. El problema es que, en realidad, no hay terreno, sino una acumulación de sedimentos, troncos podridos, limo y vegetación incipiente, incapaz de soportar los rieles. Y si construimos el ferrocarril desde allí, eventualmente tendremos que levantar en el área una estación y un poblado. Además, será necesario atravesar un canal de aproximadamente ciento cincuenta metros de ancho que nos llevará a lo que el mapa señala como el Pantano Negro, una inmensa ciénaga de aguas putrefactas y profundas. Y todo ello en medio de una inimaginable variedad y abundancia de todo tipo de insectos, arácnidos y reptiles.

—¡Maldito Viejo Roble Law! —exclamó Totten—. Pero estoy seguro de que Aspinwall y el resto de los directores prefieren el fracaso antes que ceder al chantaje de su competidor.

—No hay más remedio que rellenar —comentó Baldwin, que hasta ese momento había permanecido callado—. Tendremos que buscar fuentes apropiadas de arena, tierra y tosca para compactar la isla, el canal y el pantano. Aunque incrementará los costos y tomará más tiempo, es lo que debemos hacer.

—De acuerdo —dijo Trautwine—. Además, será necesario construir campamentos. Hasta que terminemos de rellenar habrá que erigirlos sobre zancos.

—¿Y cómo trasladaremos el material de relleno? —quiso saber Totten.

—Buscaremos las fuentes más cercanas. En el trayecto entre Chagres y Manzanillo vi algunos promontorios prometedores —respondió Baldwin.

—No hemos examinado el área que está más allá de la isla. Tal vez encontremos allí mejor material —observó Trautwine—. En cuanto al transporte, no demoran en arribar a Chagres la barcaza y el par de remolcadores prometidos por Aspinwall.

—Lo que hará imprescindible la construcción de un muelle en Manzanillo...

—... y un camino para el paso de las carretillas...

—... y un sitio donde guardar las provisiones y el agua de beber...

—... y algún lugar para atender enfermos...

—... que serán cientos...

—...

Como si acabaran de percatarse del descomunal esfuerzo que tendrían que realizar, los hombres del ferrocarril cayeron en un prolongado silencio. Temerosos de que los otros vieran en sus ojos la impotencia que los abrumaba, miraban al suelo. Quien primero se sobrepuso fue Totten. Levantándose, dio una palmada en la espalda a Trautwine y exclamó:

—Entonces, ¡a trabajar! ¿Quién me acompaña a explorar nuestra magnífica isla y a localizar las primeras fuentes de relleno?

Tan pronto volvieron a Manzanillo, Totten sugirió rellenar la isla de afuera hacia dentro, utilizando para ello la arena acumulada contra el arrecife. La idea fue acogida enseguida por Trautwine y Baldwin, pero pronto comprendieron la inutilidad del esfuerzo: aunque en el Atlántico las mareas variaban escasamente dos pies, esa alteración resultaba suficiente para que al quitar la arena la pleamar atravesara la barrera coralífera y provocara una mayor inundación en el interior de la isla. A la decepción del experimento siguió el entusiasmo de saber que en la costa, un poco más allá de Manzanillo, Baldwin había localizado excelentes fuentes de tosca, arena y tierra caliza.

—Transportarla hasta aquí en los remolcadores y la barcaza no tomará más de una hora —había afirmado ufano el jefe de campo.

Alentados por la buena nueva, los constructores del ferrocarril trasladaron a los trabajadores a la isleta para comenzar a levantar sus improvisadas viviendas. Sobre cuatro pilotes de troncos de palma, cuyos extremos afilaron para facilitar su hundimiento en el inestable subsuelo, colocaron tablones de madera que luego techaron con las pencas de los cocoteros. Vistos de lejos, los originales cobijos alineados a lo largo de la periferia sur de la isla ofrecían una imagen grotesca.

—Gigantescas aves zancudas de mal agüero es lo que parecen —sentenció Baldwin, siempre propenso a las metáforas.

Y de mal agüero resultaron. En la primera oportunidad que, asediados por las implacables chitras y los mosquitos, los ingenieros y algunos de los trabajadores intentaron pasar allí la noche, contemplaron con horror cómo los habitantes de la isla utilizaban los postes para subir en busca, ellos también, de un sitio más seco y acogedor. Y así, pasaron la noche luchando en vano para repeler arañas y cangrejos de temible apariencia que, como una angustiosa pesadilla, parecían multiplicarse hasta el infinito.

La imposibilidad de trasladarse a vivir a la isla hasta que no lograran eliminar las aguas putrefactas puso a prueba la imaginación de

Baldwin, Totten y Trautwine. Fue este último quien, contemplando el cementerio de naves abandonadas en la desembocadura del Chagres, concibió la idea de anclar algunas frente a la isla de Manzanillo y habilitarlas como vivienda. Dos semanas después el casco de dos viejas embarcaciones servía de hospedaje a los constructores del ferrocarril. Para entonces, sin embargo, varios de los trabajadores habían caído víctimas de la fiebre de los pantanos. De los diez que enfermaron, cuatro fallecieron, y los contratistas comprendieron que los inesperados obstáculos que les deparaba la obra eran más formidables que su forzado optimismo. Luego de largas deliberaciones, decidieron que Trautwine regresara a Nueva York para informar a la Junta Directiva de las enormes dificultades que impedían el avance de los trabajos.

Con los pocos obreros que no habían muerto o enfermado, Totten y Baldwin emprendieron la tarea de preparar el suelo de la isla de Manzanillo para que fuera capaz de soportar un ferrocarril. Construyeron un precario muelle en el sitio más asequible del arrecife y con el primer material traído por la barcaza y los remolcadores comenzaron a rellenar un estrecho terraplén que cubrirían con planchas de madera para ir compactando la isla desde la periferia hacia el centro. El principal obstáculo seguía siendo el calor, las lluvias, los insectos, los arácnidos, las serpientes y los cocodrilos que mantenían a los trabajadores a raya, lo que les obligaba a cambiar de táctica: antes de rellenar era preciso eliminar de la superficie del pantano todo aquello que pudiera servir de refugio a sus agresivos habitantes. Al cabo de la primera semana, sin embargo, lo que quedaba de la fuerza laboral se había reducido a la mitad, la mayoría víctima de la fiebre y de las mordeduras de serpientes y tarántulas. El propio Totten sufrió un ataque de disentería que lo mantuvo postrado y delirando durante varios días en el inhóspito casco del viejo bergantín.

—Dos cosas son prioritarias —comentó a Baldwin el coronel cuando se reincorporó al trabajo—: Un hospital y un sitio para enterrar los cadáveres. No podemos continuar con la práctica de abandonar los muertos al capricho del mar porque ya hemos visto que la marea los devuelve y ya no soportamos más podredumbre.

Tres semanas después de la partida de Trautwine, los ingenieros se habían quedado solos. Cuarenta de los jornaleros traídos de Cartagena habían muerto y el resto rehusó continuar en la isla maldita. Víctima de la humedad y la voracidad de la broma, el camino de planchas de madera desapareció de la superficie de la isla y la poca vegetación que habían logrado eliminar brotó de nuevo, más fuerte y agresiva. El improvisado muelle colapsó al ritmo de las débiles mareas y un engañoso verdor volvió a cubrir las aguas oscuras y putrefactas del pantano.

—La isla de Manzanillo ha vuelto a ser doncella —se lamentó Baldwin, antes de emprender el regreso definitivo a Yankee Chagras—. Como si nunca la hubiéramos tocado.

Totten lo miró y no dijo nada.

En Nueva York, mientras tanto, John Stephens presidía una junta de rostros sombríos. Los directores del ferrocarril acababan de escuchar el relato en que Trautwine, recién llegado del istmo, daba cuenta de las enormes dificultades que ofrecía la construcción del ferrocarril. Las últimas palabras del ingeniero terminaron por apagar cualquier vestigio de entusiasmo en el grupo.

—No tengo ninguna duda de que el problema más serio que enfrentaremos será el de la salud —había dicho Trautwine—. No se trata solamente de que el ritmo de trabajo se verá seriamente afectado por las enfermedades que acabo de describir. No. El problema es que la gran mayoría de los que se enferman, especialmente con la fiebre de los pantanos, no sobreviven, y será preciso renovar constantemente la fuerza laboral. Cuando se corra la voz de que la obra que se construye en Panamá es una tumba insaciable, se hará sumamente difícil obtener jornaleros y nos veremos obligados a incrementar sustancialmente los salarios. Esta realidad, unida a la necesidad de rellenar los primeros cinco kilómetros que atravesará la línea, aumentarán significativamente los costos. Si tuviera que pronosticar cuánto, me atrevería a decir que como mínimo los duplicará.

Tras las sombrías palabras de Trautwine, William Aspinwall tomó la palabra.

—No todas las noticias son negativas. El relato que acabamos de escuchar confirma que esos tres o cuatro kilómetros de costa, por ser un pantano, tampoco pertenecen a nadie, de modo que George Law no puede haber adquirido allí derechos ni podrá llevarnos a juicio alguno. Si queremos ver el lado positivo del asunto, la suma adicional que tendremos que invertir en saneamiento y construcción la ahorraremos en abogados. Propongo que los socios originales levantemos medio millón de dólares en los próximos seis meses para asegurarnos un flujo de caja adecuado a las nuevas necesidades.

—Secundo la moción —dijo enseguida el vicepresidente Center—. En dos semanas enviaré los fondos que me corresponden.

Cuando cada uno de los directores hubo reiterado su compromiso de aportar capital adicional, Trautwine volvió a hablar.

—Como todos comprenderán, una de las prioridades de la obra debe ser la construcción inmediata de un hospital... y un cementerio. No solamente es indispensable contar con un sitio adecuado para cuidar de los enfermos, sino también con algún lugar en tierra firme donde enterrar los cadáveres. Además de cumplir con la obligación cristiana de sepultar a los difuntos, se trata de una medida de salubridad indispensable; no podemos añadir más podredumbre al área. Baldwin tiene ya localizado un pequeño promontorio contiguo al trazado de la ruta, a más o menos cuatro kilómetros de Manzanillo, conocido como Monkey Hill, por la gran cantidad de monos que allí viven. Totten me dio una carta que ya entregué a su hermano, Thomas, quien se desempeña actualmente como director médico del hospital de Manhattan. Tan pronto la leyó, dijo que aceptaba. Según el propio coronel, su hermano es un hombre excéntrico pero muy aferrado al juramento hipocrático.

—¡Hay que ser excéntrico para cambiar la isla de Manhattan por la de Manzanillo! —exclamó Horatio Allen.

—O un verdadero apóstol —añadió Aspinwall.

—Sea como fuere, ya está contratado y partirá la próxima semana conmigo y con Stephens. También llevaremos tres nuevos ingenieros y unos cincuenta trabajadores irlandeses dispuestos a enfrentarse a los pantanos y sus fiebres. Lo único que han exigido, además de buenos jornales, es una generosa provisión de whisky.

Terminada la reunión, Aspinwall se acercó a Stephens, que casi no había emitido palabra.

—Pensé que ibas a permanecer en Nueva York hasta que termináramos de recolectar el capital adicional.

—Ésa era mi intención, pero luego de escuchar a Trautwine, que ya me había contado en detalle las dificultades que enfrentamos, decidí que alguien de la Junta Directiva debería desplazarse al istmo, aunque sea para ofrecer soporte moral.

—¿Y tus planes de viajar a California?

—Tendrán que esperar hasta que conquistemos la isla de Manzanillo y el Pantano Negro. Tal vez en lugar de relatar las vicisitudes de los buscadores de oro me dedique a describir las dificultades de la construcción del ferrocarril del istmo.

Si en ese preciso instante Aspinwall hubiera reparado en el rostro de John Stephens, habría notado que una vaga tristeza ensombrecía su sonrisa y su mirada. El recuerdo de Elizabeth Benton persistía.

3

Incidencias de viaje de John Lloyd Stephens

Julio 14 del año 1850

Una vez más navego rumbo a Panamá. Las notas que ahora escribo no serán los relatos de viajes a los que están acostumbrados mis lectores. Lo que me propongo es relatar la odisea de construir un ferrocarril en un área tan inhóspita. Si la empresa culmina con éxito, estas notas podrán servir de guía y estímulo a quienes en el futuro intenten empresas semejantes; si fracasamos, también será útil haber recogido los esfuerzos, los obstáculos y las contrariedades. Conmigo viajan John Trautwine, tres ingenieros más, un grupo de cincuenta y tres trabajadores irlandeses y un extraño personaje, el doctor Thomas Totten.

Después de su primera experiencia en el istmo, Trautwine se ha tornado taciturno y hosco. Se advierte en su actitud un pesimismo que podría contagiar al resto de sus subordinados, aunque lo cierto es que desde que zarpamos los irlandeses no han dejado de beber y cantar, celebrando los altos salarios que devengarán. Ojalá que al enfrentarse a la difícil tarea que tienen por delante mantengan ese espíritu jovial. En cuanto al doctor Totten, hermano de mi buen amigo, puedo afirmar sin temor a equivocarme que nunca antes había conocido a un ser tan raro. Su excentricidad no se limita únicamente a su carácter sino que toda su apariencia es manifestación de lo extraño. Su

cuerpo largo y delgado remata en una cabeza excesivamente grande y
redonda, sin el más mínimo vestigio de cabello. Las orejas sobresalen
casi perpendicularmente, como si pugnaran por oír mejor, y los ojos,
esféricos y de un azul intenso, miran a su interlocutor sin parpadear,
como los de un pez. Es, además, un solitario que pasa la mayor parte
del tiempo sobre cubierta, con la mirada perdida en el horizonte. En
una de las pocas conversaciones que he sostenido con él me confió
que siempre había ansiado la oportunidad de enfrentarse a la muerte;
«pero a la Muerte con mayúscula —recalcó—, la que exige de nosotros un esfuerzo sobrehumano para ser vencida». No sé, francamente,
lo que quiso decir, pero hablaba como debieron hacerlo los profetas
bíblicos, poseídos por una fuerza superior a ellos.

Comprendo que la decisión de permanecer cerca de las obras en el
istmo me alejará, quizá para siempre, de Elizabeth. Lo que no alcanzo a
discernir es por qué su recuerdo, inmune a los embates del tiempo y
la distancia, ocupa cada vez más espacio en mi memoria. ¿El atractivo
de los imposibles? ¿El magnetismo de los ensueños? ¡Quién sabe! Lo
cierto es que después del fallecimiento de mi desventurada Mary ninguna mujer había despertado en mí el anhelo de amar y ser amado.
No, no es solamente la imposibilidad de hacerla mía: son sus ojos,
sus labios, su sonrisa, su figura, su afán de vivir, su vibrante belleza;
es toda ella lo que me mantiene atado a su recuerdo. Sé que alimento
sueños inalcanzables, pero ¡me cuesta tanto despertar...!

Julio 28

Ayer, cerca del mediodía, arribamos al istmo. Como es normal, llovía torrencialmente y el desembarco tomó toda la tarde. En el nuevo
emplazamiento, construido en la orilla opuesta del río, nos esperaban
Baldwin y Totten con muy malas noticias: la enfermedad, la muerte
y el miedo los han dejado sin obreros para continuar las obras y el
esfuerzo realizado hasta ahora ha sido en vano. «La isla maldita está
igual que cuando la encontramos, como si nada hubiésemos hecho»,
dijo Totten a Trautwine. «Menos de dos semanas de inactividad bastaron para que la naturaleza contraatacara y ahora hay más limo, más
putrefacción, más insectos, más serpientes y más cocodrilos...», aña-

dió Baldwin, a quien nunca había visto tan cabizbajo. Dejando a un lado su propio desaliento, Trautwine trató de animarlos informándoles sobre la decisión de los accionistas de redoblar inversiones y esfuerzos. «Conmigo han venido tres nuevos ingenieros y más de cincuenta trabajadores irlandeses; traigo fondos suficientes para mantener una planilla mensual de quinientos braceros durante los próximos seis meses y en breve arribará una nueva maquinaria diseñada para hincar pilotes en sitios poco accesibles». Las buenas nuevas devolvieron a Totten y a Baldwin algo de optimismo.

Julio 29

De los cerca de trescientos buscadores de oro que emprendieron el viaje con nosotros, apenas unos cuarenta han logrado conseguir bongos para transportarse a Gorgona. El resto se ha unido a otros cincuenta que todavía permanecen aquí, en constante jolgorio. Es notoria la rivalidad que ha surgido entre los escandalosos norteamericanos recién llegados a Yankee Chagres y los nativos que continúan su vida somnolienta al otro lado del río. Los boteros elevan continuamente el precio de sus servicios para compensar la pérdida que ha significado la construcción del poblado norteamericano, donde se levantan los hoteles, tabernas y casas de juego y prostitución del área. Nuestro amigo Eskildsen, quien ha clausurado su antigua posada y es propietario de uno de esos establecimientos que ofrece todos los vicios en Yankee Chagres, se encuentra en viaje de negocios por Panamá.

Julio 30

Esta mañana, en un pequeño remolcador, el doctor Totten, Trautwine, Baldwin y yo nos trasladamos a la isla de Manzanillo. Detrás, en una barcaza, seguían los irlandeses, que aún mantienen el espíritu festivo. El coronel ha partido rumbo a Cartagena para reclutar trescientos trabajadores adicionales. Cuando desembarcamos en el arrecife me sobrecoge el profundo temor de que, realmente, nos estemos enfrentando a una obra imposible de ejecutar: ni las más sombrías descripciones de los ingenieros fueron capaces de transmitir fielmente lo horrendo del sitio en el que debemos construir la vía férrea. Manzanillo es una laguna tenebrosa, cubierta por una vegetación en constante putrefacción e infestada de insectos, cocodrilos y serpientes. Tres horas después compruebo que el Pantano Negro, que carece de superficie sólida capaz de soportar el peso de un hombre, es aún peor. ¿Cómo se puede construir un ferrocarril en semejantes condiciones? Los irlandeses han dejado de cantar. Como si las dificultades y el peligro fueran su ambiente natural, el doctor Totten ha comenzado a trabajar con envidiable entusiasmo. Casi se podría afirmar que la adversidad lo hace feliz. Ha convencido a Trautwine de que le preste una cuadrilla de diez hombres para levantar un cobertizo que le sirva provisionalmente de enfermería. «¿No sería mejor utilizar alguno de los bergantines que están fondeados en la bahía?», le sugiere el ingeniero, a lo que el doctor responde categórico que en los lugares cerrados el contagio es mayor y que es necesario contar con un área donde atender enseguida a los enfermos. Erguido, chapoteando y seguido por una cuadrilla de temerosos irlandeses, se ha internado en la isleta en busca de la mejor ubicación para su sanatorio.

A bordo de uno de los viejos cascos que nos sirven de posada, mientras cenamos carne salada, galletas de vainilla y vino tinto, confío a Trautwine y a Baldwin mis dudas acerca de la posibilidad de llevar a cabo la construcción del ferrocarril en un sitio tan inapropiado. El pesimismo de Trautwine es superior al mío, pero Baldwin parece haber encontrado razones para recobrar el ánimo. «Caminando sobre la isla infernal esta mañana —nos dice— pude comprobar que no fue en vano el trabajo que realizamos antes. Los rellenos cumplieron su función y tenemos una superficie más sólida que cuando la visitamos por primera vez. Tan pronto llegue Totten con los nuevos jornaleros nos dedicaremos a terminar de desbrozar y compactar la isla de modo que cuando llegue la maquinaria de hincar pilotes estemos listos para atacar el canal. Una vez vencida la isla, el canal y el Pantano Negro, estaremos en condiciones de colocar rieles y traer la primera locomotora y vagones para transportar el resto de los materiales». Trautwine lo miró, entre malhumorado e incrédulo, y se limitó a comentar: «Casi nada».

Agosto 9

Durante los últimos diez días los trabajos han proseguido a un ritmo frenético y ya se vislumbran algunos resultados. Poco a poco, los rellenos van logrando que Manzanillo se convierta en tierra verdaderamente firme. Por su parte, el doctor tiene levantado su cobertizo en el extremo oriental, que es el de más consistencia. Con cuerdas y poleas ha improvisado un elemental cabrestante para ayudar a aquellos enfermos cuya debilidad les impide ascender por la escalera de mano. En su improvisado hospital hace lo que puede, pero es obvio que se enfrenta a situaciones y enfermedades absolutamente desconocidas para él. Lamentablemente, los irlandeses ya han comenzado a sucumbir a la fiebre de los pantanos. Verdadera pena da observar aquellos rostros enrojecidos, en los que no cabe otra picada de los insaciables mosquitos. Como gente orgullosa que son, se mantienen trabajando hasta que no pueden más y algunos desfallecen en medio del pantanal. Por lo menos se sabe de uno que ha sido devorado por los cocodrilos antes de que sus compañeros pudieran llegar hasta él.

Agosto 14

Hoy arribó el coronel Totten con trescientos braceros. Como en Cartagena se había corrido la voz de los peligros que acechan a quienes trabajan en la construcción del ferrocarril de Panamá, se vio obligado a ofrecer el doble de los salarios pagados originalmente. Llegan muy a tiempo, ya que de los cincuenta y tantos trabajadores irlandeses, treinta y dos han fallecido víctimas de las fiebres y otros diez se debaten entre la vida y la muerte.

Las primeras muertes me impresionaron hondamente. Aquellos irlandeses, otrora sanos y robustos, caían derrumbados, sacudidos por feroces ataques febriles. En su delirio casi todos llamaban a sus madres, como si la cercanía de la muerte los devolviera a la niñez. El que hace de jefe del grupo de desventurados comunicó a Trautwine que los que logren superar el ataque de las fiebres regresarán a Nueva York. El doctor Totten nos ha dicho, con su acostumbrada franqueza, que no sabe cómo tratar un padecimiento que no figura en ningún libro de medicina. Hace lo que puede y, a sugerencia de Trautwine, ha terminado por dar de beber agua de coco a los contagiados.

Como medida de salubridad, nuestro doctor, cuyas excentricidades no dejan de asombrarme, ha diseñado el más tétrico y perturbador de los procedimientos. Hizo ensamblar grandes tinas de hierro en las que, con sumo cuidado y paciencia, sumerge en salmuera a los infelices que ya han rendido su alma al Creador. Para que no floten les ata piedras al cuello y a los pies y después cubre las improvisadas piscinas con largas planchas de madera. Según afirma, el método es necesario para preservar los cadáveres hasta que se les pueda dar debida sepultura una vez que la línea ferroviaria llegue hasta Monkey Hill. ¡Jamás mis ojos habían presenciado cuadro tan macabro y desgarrador! Aunque duela reconocerlo, todos los que nos hemos empeñado en llevar adelante esta obra nos vamos volviendo insensibles al dolor y a la muerte.

Agosto 23

Desde hace dos días se encuentra trabajando en el canal la moderna maquinaria enviada por Aspinwall. Montado sobre una plataforma, el extraño aparato, que al expeler el vapor que lo impulsa semeja una tetera gigante, levanta con sus brazos mecánicos unos enormes pilotes de hierro y tras un instante de vacilación los precipita violentamente hasta clavarlos en el fondo, con un ruido sordo y constante que ha hecho más por espantar insectos, reptiles y arácnidos que el trabajo incesante de los hombres. El método diseñado por los ingenieros, de común acuerdo con el hábil operador encargado de manejar la novedosa máquina, es el de hundir los pilotes cada veinte metros y unirlos con mallas que servirán para retener el material de relleno hasta tener listo un terraplén que pueda sostener los rieles. Baldwin ha localizado una excelente fuente de material al otro lado del Pantano Negro y ha sugerido comenzar a construir la calzada que lo atravesará en sentido inverso, es decir, partiendo de Monkey Hill hacia Manzanillo. Quien acogió la idea con mayor interés fue el doctor Totten, pues el plan de Baldwin le permitirá iniciar enseguida la construcción de su hospital en tierra firme. Por primera vez hay optimismo entre nosotros. Lo cierto es que el uso del vapor parece haber cambiado el destino de la humanidad, o, por lo menos, el de sus industrias. Uno no puede dejar de preguntarse cómo se las ingeniaron nuestros antepasados para enfrentar la vida sin estos inventos.

Septiembre 6

Un nuevo contratiempo ha vuelto a ensombrecer los rostros de los ingenieros del ferrocarril: el Pantano Negro resultó ser un pozo sin fondo. A pesar de que los sondeos de Baldwin indicaban la existencia de tierra sólida a ciento ochenta pies, después de verter más de tres mil toneladas de roca todavía los registros señalan la misma profundidad. Pero el incansable Baldwin rehusó darse por vencido. «Es necesario hallar un material que en lugar de dispersarse se adhiera al fondo», dijo, y luego de mucho buscar encontró, no muy lejos, una vieja cantera abandonada por los españoles siglos atrás y de cuya roca, al ser triturada, se obtiene una especie de balasto, más suave y arcilloso. Tras verter media tonelada los sondeos indican que el fondo se ha reducido en treinta pies y todos respiramos aliviados.

Septiembre 10

Como si al escribir sobre la muerte corriese el riesgo de aproximarme a ella, últimamente he tratado de no hacerlo. Hasta hoy.

Aunque en un principio los trabajadores de la costa neogranadina parecían resistir mejor que los irlandeses el mal de los pantanos, el ritmo de fallecimientos entre ellos se ha incrementado de manera despiadada. De los trescientos braceros, a esta fecha más de la mitad han fallecido y alrededor de otros cincuenta se esfuerzan por sobrevivir a los temblores, a las convulsiones, a los delirios, al ataque inmisericorde de la fiebre con la que los pantanos se vengan de quienes se atreven a violar su salvaje y lúgubre privacidad. Lo triste es que todos los que vivimos cotidianamente esta tenaz lucha contra la naturaleza parecemos acostumbrarnos a la muerte. Desde que los contagiados comienzan a temblar, sabemos que con toda probabilidad sus cuerpos irán a parar a las piscinas del doctor Totten y nos desentendemos de ellos. ¡Cuánto duele aceptarlo! Pero la obra debe continuar y así como hemos encontrado el mejor material para rellenar el Pantano Negro, también tendremos que darnos a la tarea de buscar la mejor cantera de seres humanos que nos permitan culminar con éxito los trabajos. Totten ha sugerido que propongamos a Aspinwall que la United States Mail Steam Line se encargue de reclutar y transportar hasta Chagres negros de las islas del Caribe. A todos nos ha parecido buena la idea y mañana sale el propio coronel Totten rumbo a Nueva York.

Septiembre 14

Esta mañana se ha derrumbado Baldwin. Frente a mis ojos cayó víctima de incontrolables sacudidas que terminaron por sumirlo en la inconsciencia. Postrado en el lecho, delira y sacude constantemente la cabeza de un lado a otro. El doctor Totten le toma la temperatura con regularidad y lo cubre de compresas húmedas que la fiebre seca enseguida. «Ciento seis grados —anuncia después de la última medición—. Nunca había visto fiebre tan alta». La expresión en el rostro de nuestro extraño doctor era el epítome de la angustia y la compasión. Trautwine insistió en sacarlo del bergantín y trasladarlo a Yankee Chagres, donde envió por la curandera que lo ayudó a él. «No creo que pueda hacer mucho más que el doctor Totten, pero a mí me salvó la vida. Llámalo magia, si quieres, pero hay que intentarlo todo». La negra que llegó esa noche al hotel de Eskildsen es la mujer más grande que he conocido; y la más gorda también. Luego de examinar a Baldwin se ha limitado a decir que padece la fiebre de los pantanos y que hay que darle mucha agua de coco. Antes de retirarse, observó de arriba abajo al doctor Totten, escrutó sus ojos y se persignó tres veces. El galeno no se inmutó.

Septiembre 18

Casi al mismo tiempo que Baldwin, han enfermado dos de los tres ingenieros que llegaron recientemente. Los trabajos en Manzanillo continúan bajo la supervisión de Trautwine y el mando directo de Ulyses

Clark, el más joven de ellos, quien frente a la adversidad ha demostrado un temple que su timidez e introversión hacían difícil imaginar. Su actitud me confirma que todo hombre lleva en sí el germen de la grandeza, lista a revelarse cuando las circunstancias lo requieran. El ingeniero Clark ha impuesto su propio método de trabajo, que consiste en terminar de construir un terraplén en Manzanillo antes de atacar el resto de la isla. Una vez compactado con balasto, se hará más fácil la construcción de la calzada a través del canal para luego atacar con el mismo sistema el temible Pantano Negro.

Septiembre 20

Hoy han llegado al campamento noticias alarmantes. Una recua de mulas que hacía la travesía entre Cruces y Panamá ha sido asaltada por bandoleros que se llevaron toda la carga y dieron muerte a dos muleros y a tres argonautas. Aunque anteriormente se habían dado asaltos aislados, es la primera vez que se produce un atraco con tanta saña y premeditación. Todo indica que se trata de una banda organizada y bien armada que seguramente se prepara para cuando corra por aquí el oro de las minas de California. Lo más grave es que no existen en la Nueva Granada autoridades capaces de mantener el orden público en la ruta. Hoy mismo escribiré a Aspinwall para que comencemos a pensar en la necesidad de proteger a nuestros empleados y futuros clientes.

Septiembre 22

¡Baldwin se ha recuperado! Está algo pálido, amarillo más bien, y muy débil, pero ya abandonó el lecho y pregunta insistentemente por el avance de los trabajos. De los otros dos ingenieros que enfermaron con Baldwin, uno falleció y pasó a formar parte de las macabras piscinas del doctor Totten. El otro, que también sobrevivió, ha renunciado y se embarcará de vuelta a los Estados Unidos tan pronto pueda.

Últimamente encuentro a Trautwine muy cabizbajo y taciturno. Sólo habla de las dificultades de la obra, de las enfermedades y de las muertes. Lo he observado en prolongadas conversaciones con Baldwin, que, hombre de poco hablar, lo escucha y permanece muy serio. Temo que pronto nos abandone.

Septiembre 30

Después de reincorporarse a las obras, Baldwin ha designado al ingeniero Clark como su ayudante personal. Por primera vez encuentro razones para sentirme optimista ante el avance de los trabajos. En Manzanillo existe ya un terraplén por el que circulan sin mayores problemas los obreros y los equipos que acarrean el material que se utiliza para terminar de rellenar la isla. Se trabaja del centro hacia la periferia y han comenzado a desaparecer los cocodrilos, las serpientes y las tarántulas. Las nubes de insectos, sin embargo, continúan su ataque inmisericorde contra los hombres que se protegen el rostro con tela de mosquitero prendida a los sombreros, idea del joven Clark. En el canal que separa la isla del Pantano Negro una calzada comienza a emerger del agua y se calcula que en un mes estará habilitada la comunicación por tierra. También en el pantano el nuevo material de relleno ha hecho el milagro y ya surgen algunos tramos de terreno firme. A pesar de las dificultades para acarrear los materiales, el doctor Totten ha iniciado la construcción del hospital en Monkey Hill.

Aunque el gasto y el esfuerzo han sido muy superiores a lo previsto, la obra va tomando forma y el optimismo ha sembrado renovada vitalidad en la ardua tarea. Trautwine ha delegado toda la autoridad en Baldwin.

Octubre 4

En vista del avance de la línea del Atlántico, se me ha pedido desplazarme a Panamá con el propósito de organizar el inicio de los trabajos entre esta ciudad y Cruces. Conmigo viajará el doctor Totten en busca de médicos y enfermeras que lo auxilien en su casi imposible misión. De cada tres que se contagian con la fiebre de los pantanos, uno muere y los que sobreviven demoran por lo menos dos semanas en recobrar las fuerzas. El ritmo de los trabajos ha disminuido y se espera con ansiedad la llegada del coronel Totten con las nuevas cuadrillas. Mañana, en el bongo del negro José, iniciaremos el viaje hacia Panamá. He aceptado sin reclamar los cincuenta dólares que hoy cobra por el trayecto entre Chagres y Gorgona. Le he pedido que el viaje sea lo más rápido posible y él me ha respondido, burlón, que se alegra de que esta vez no haya plantas ni animales que estudiar. Ambos reímos ante el asombro del doctor Totten, quien, con sus estiradas orejas, escucha atentamente sin comprender.

Octubre 8

Las transformaciones que han sufrido los poblados que bordean el Chagres son impresionantes. Gatún y Barbacoa hierven en aventureros que se disputan los rústicos hoteles recién construidos, insuficientes para satisfacer la demanda. En cada casa, por humilde que sea, los nativos están dispuestos, por un buen precio, a compartir su techo y su pan con los viajeros que por allí desfilan en incesantes oleadas. Impresiona observar cómo, a pesar de que hablan lenguas diferentes, cuando se trata de dinero, aventureros y lugareños parecen entenderse sin mayor dificultad. En Gorgona los cambios son aún más dramáticos. Las nuevas construcciones son menos improvisadas y abundan las casas de juego y prostitución. Hoy pasaremos la noche en el nuevo hotel de Eskildsen, el American House, donde se nos ha recibido con especial deferencia.

Octubre 11

Las incesantes lluvias han dificultado enormemente el ascenso a lomo de mula entre Gorgona y Cruces. El doctor Totten, que desde que iniciamos el viaje vive en un permanente asombro, me pregunta cada cierto tiempo cómo será posible construir una línea ferroviaria en semejantes condiciones. Le respondo que los pantanos de la costa presentan más dificultad y que si logramos vencer a la isla de Manzanillo y al Pantano Negro el resto del trayecto resultará más fácil.

Octubre 12

Cruces continúa siendo una villa placentera. Los aventureros que hasta aquí llegan se quedan solamente el tiempo necesario para que los muleros renueven sus recuas y tan pronto están listos inician el descenso hacia el Pacífico. Las noches son más tranquilas y los pocos viajeros que pernoctan respetan las ordenanzas del alcalde. ¡Cuánto más importante resulta la autoridad en sitios donde la civilización aún no ha terminado de arraigar!

Octubre 14

Hoy arribamos a Panamá. La ciudad impresiona por su solidez y armonía y Thomas Totten no ha podido disimular su sorpresa.

«¡Una verdadera ciudad!», exclamó cuando la divisamos desde el último estribo de la cordillera. «¡Y además hermosa!», añadió. Tan pronto llegamos a los arrabales su entusiasmo comenzó a menguar, pero volvió a revivir cuando atravesamos las murallas y entramos en las calles de San Felipe. «Seguro que tienen un buen hospital», dijo, casi eufórico. «Se llama San Juan de Dios», le respondí, y me ofrecí a acompañarlo en su primera visita.

4

Desde el puente de mando, el capitán Cleveland Forbes dirigía las maniobras de acceso del *California* a la bahía de San Francisco. Había ordenado mantener las velas desplegadas y las ruedas rotando a baja velocidad para que la gente del puerto y los simples curiosos pudieran contemplar el barco en todo su esplendor. ¡Cuán diferente de aquel arribo, hace apenas un año! El navío medio desguazado que, como perro apaleado, entró arrastrándose en la ensenada era, de nuevo, el más elegante, el más rápido, el más airoso de los barcos que conformaban la flota de Howland & Aspinwall. Cuando, terminadas las maniobras de atraque, los pasajeros comenzaron a descender, se contaban por cientos las personas que se habían acercado al muelle para contemplar de cerca cómo aquel vapor sorteaba con gracia y donaire el bosque de barcos abandonados que cabeceando suavemente esperaban la muerte en las aguas inmutables de la bahía.

—¡Cuánta gente, capitán! —exclamó Jim, sonriendo.

—Probablemente los mismos que hace un año vinieron a burlarse de nuestra decrepitud.

—Y ver cómo todos los tripulantes nos abandonaban.

—Entonces no contábamos con McKennon. Búscalo, Jim; dile que lo espero en el puente.

Nunca imaginó Cleveland Forbes que aquel individuo de las montañas llegaría a convertirse en un verdadero marinero, en un enamorado del mar. Cuando no estaba dando órdenes y revisando velas y calderas, McKennon se extasiaba contemplando la inmensa inquietud del océano o tratando de descifrar los infinitos misterios que parpadeaban en la bóveda oscura del cielo. Vivamente interesado por conocer los secretos que permitían a un capitán señalar rumbos y alcanzar destinos, escuchaba con infantil atención las explicaciones de Forbes sobre el uso del compás y de las cartas marinas, el reconocimiento de las costas y de los faros, los cambios del mar, del cielo y de los vientos para anticipar tormentas y las maniobras para sortearlas. En cambio, se frustraba con las explicaciones sobre el uso del sextante, que exigía conocimientos a los que ya no podría aspirar. «Confórmate con la navegación a estima y olvídate de la alta mar», le aconsejaba Forbes, complacido. «Así tenga que navegar siempre pegado a la costa, algún día tendré mi propio barco», replicaba McKennon, muy serio. Los métodos del irlandés no eran los tradicionales, pero el liderazgo que ejercía le había permitido al capitán del *California* mantener intacta la tripulación después de su llegada a San Francisco. Cuando a bordo los marinos hablaban de las fabulosas riquezas de las minas, el antiguo montañero les aseguraba que eran más los que se morían de hambre que los que hacían fortuna buscando oro. «Yo estuve seis meses lavando cascajo y apenas si encontré alguna que otra pepita. Quienes se han enriquecido no fue sólo porque trabajaron duro sino porque tuvieron mucha suerte». Y, por si había alguno inclinado a desoír sus consejos, añadía: «Además, al que se escape lo busco, lo encuentro, le doy una paliza y lo traigo de vuelta». Jim, que al principio sentía celos por la relación del montañero con el capitán, ahora lo escuchaba con respeto y le ofrecía apoyo incondicional.

El *California* permaneció en San Francisco solamente los días necesarios para reparar algunos daños menores, reabastecerse y recoger pasajeros. Forbes se sorprendió al enterarse de que eran más de cien los que emprenderían el viaje de regreso a la Costa Este de los Estados Unidos, la mayoría de ellos mineros frustrados, cansados de perseguir quimeras. A los pocos que regresaban con las talegas cargadas de oro, haciendo ostentación de su recién adquirida fortuna, el capitán les recomendaba moderación y reserva. «Si bien en mi barco sus pertenen-

cias están seguras, les falta atravesar el istmo, donde existen bandas
que asaltan, matan y roban, sobre todo a quienes hacen alarde de su
fortuna».

El 15 de junio de 1850, el *California* zarpó rumbo a Panamá, las
velas desplegadas a plenitud para atrapar cualquier soplo del viento,
las ruedas horadando el océano a la máxima velocidad que el vapor
de las calderas permitía. En el ánimo del capitán, más que el afán de
cumplir a tiempo un itinerario, influía el deseo irresistible de volver a
Elizabeth, tenerla entre sus brazos, hacerla suya para siempre. Jamás
se imaginó que podía enamorarse así, poniendo su presente y su porvenir en las manos de una mujer. Pensaba en ella constantemente, re-
creaba sus ojos, su boca, su cabello, y se desesperaba cuando alguno
de sus rasgos se resistía al recuerdo. En esos momentos de nostalgia,
la expresión adusta que los años habían esculpido en el rostro del marino era reemplazada por una en la que la sonrisa suavizaba las facciones. El capitán Forbes aprendía a soñar despierto. A nadie confió
que éste sería su último viaje como comandante del *California*. Tan
pronto llegara a puerto le propondría formalmente a Elizabeth que
fuera su esposa para comenzar juntos una nueva vida en la hacienda
que desde hacía más de cien años su familia poseía en los alrededores
de Charleston. Sabedor del amor que Elizabeth sentía por los espacios
abiertos, Cleveland esperaba que la decisión de abandonar el mar
y dedicarse a trabajar la tierra terminaría por convencerla de pasar
junto a él el resto de sus años. «Si McKennon pudo dejar sus montañas, no veo por qué no pueda yo privarme del horizonte ilimitado del
océano», se decía y trataba de echar a un lado la tristeza que en ese
instante lo embargaba.

Ningún incidente digno de mención quedó registrado en la bitácora del *California* durante la travesía de San Francisco a Panamá.
Como si presintiera que era el último viaje de su comandante, el navío
había navegado sin contratiempos. El 16 de julio ancló frente a la isla
de Naos y antes del mediodía Cleveland Forbes entraba a la ciudad
por la Puerta de Mar y encaminaba sus pasos hacia las oficinas de
Zachrisson & Nelson.

—Capitán Forbes, ¡qué gusto me da verte! No te esperaba de
vuelta tan pronto —exclamó William Nelson, levantándose de su escritorio—. Siéntate y cuéntame del viaje.

—Todo resultó muy fácil esta vez. Gracias a McKennon no perdí ningún miembro de la tripulación y el *California* hizo la travesía sin percance alguno. ¿Qué tal las cosas por acá?

—Para la empresa han mejorado mucho ahora que los nuevos vapores *Oregon* y *Panamá* están sirviendo regularmente la ruta. Sin embargo, cada vez aumenta más el número de aventureros que hacen de esta villa un lugar incierto y peligroso. No respetan a las autoridades y mucho menos a los lugareños. Todos los días se reporta algún incidente en que los argonautas han abusado de los panameños. Hasta con los curas se han metido, al extremo de que el domingo pasado uno entró en la iglesia ebrio, blasfemando y tratando de enlazar las imágenes y el sacerdote que oficiaba bajó del altar para ponerlo en su lugar. Me cuentan que de una sola trompada lo noqueó.

—¡Sólo faltaba eso! —exclamó Forbes, soltando una carcajada—. ¿Y Elizabeth? ¿Cómo está?

—Nuestra querida Elizabeth se ha independizado de mi tutela. Jamás he visto una mujer con tantas inquietudes y energía. En el hospital se ha convertido en la mano derecha del doctor Icaza. Hace de todo, desde administrar hasta servir de jefa de enfermeras. Además, es editora asociada de un nuevo periódico, *The Herald*, que sale todos los viernes y ya circula mucho más que *The Star*. Hace poco se mudó y ahora vive en la calle de la Muralla, acompañada del negro Jack, que no se separa de su lado. No sé si sabes que su esclava falleció víctima del cólera.

—Sí, Jessie murió antes de mi último viaje. ¿Me puedes indicar cómo llegar a su casa?

—Está a dos pasos. Ven y te indico.

Cuando Forbes notó la ausencia del auxiliar de Nelson, preguntó con más curiosidad que verdadero interés:

—¿Se embarcó por fin para California aquel joven peruano que vendió su pasaje por mil dólares?

—Realmente no sé qué ha sido de Julián —respondió Nelson, contrariado—. Desde hace aproximadamente un mes no viene a trabajar y nadie ha sabido de él. Si se embarcó, lo hizo bajo un nombre ficticio porque el suyo no figura en ninguna de las listas de pasajeros. Es posible que se haya ido a trabajar con el ferrocarril, donde la paga es mucho mejor. Si así fuera, espero que sobreviva. Según me contó el coronel Totten, encargado de la obra, los obreros mueren como moscas víctimas de las fiebres.

—¿Avanza el ferrocarril?

—Entiendo que sí. Hace tiempo que no recibo noticias.

Nelson y Forbes caminaron unos minutos en silencio hasta llegar a la calle de la Muralla.

—¿Ves aquella casa pintada de amarillo, al final de la calzada?

—¿La de las flores en el balcón?

—La misma. Allí vive Elizabeth.

Nelson consultó su reloj.

—A esta hora seguramente todavía está en el hospital.

—En ese caso, iré a dar un paseo y más tarde regreso. —Forbes titubeó—. Se me olvidaba preguntarte si sabes de algún capitán capaz de comandar un navío de vapor que se encuentre sin barco en estos momentos.

Nelson observó, intrigado, al comandante del *California*.

—No creo que haya ninguno ocioso que sepa navegar a vela y vapor. ¿Por qué preguntas? ¿Te estás cansando del mar o existe algún motivo que te obligue a permanecer en tierra?

Con un gesto de la mano Forbes desechó la insinuación.

—Nada de eso. Es que tengo que ir por unos meses a los Estados Unidos para arreglar asuntos de familia, así es que, si sabes de algún capitán que pueda reemplazarme en el próximo viaje, te agradecería que me lo dejaras saber. Por supuesto, tiene que ser muy bueno; no puedo confiarle el *California* a cualquiera.

—Haré lo que pueda por localizar uno con experiencia. No será fácil.

Nelson miró con aprensión los nubarrones que habían ocultado el sol y volvió a consultar su reloj.

—Ahora debo apresurarme. El gobernador me espera a las cuatro para conversar sobre la seguridad en la ruta. Hace poco robaron una de nuestras recuas de mulas y asesinaron a varios infelices y debo convencerlo de que nos autorice a establecer un sistema privado de seguridad.

—Es un tema delicado.

—Que debe ser atendido antes de que la ruta se convierta en tierra de nadie. Nos vemos pronto.

Elizabeth Benton terminó de revisar los textos y se los llevó a Judson, quien, además de editor, hacía las veces de cajista en *The Herald*. El periódico comenzaba a dejar ganancias que, aunque modestas, llenaban de satisfacción a los socios. Para Judson Ames la vocación periodística lo era todo. «Mantener bien informado al pueblo es la base del buen gobierno», solía decir. El editor había dejado entrever que no tardaría mucho en partir para California, donde «todo está por hacerse y las noticias son siempre frescas». Para entonces, *The Herald* ya había pisado unos cuantos callos al denunciar la indiferencia con la que el gobierno de la Nueva Granada trataba los problemas de orden público suscitados por la avalancha de aventureros que colmaban la ruta transístmica y las calles de la ciudad de Panamá. «Llegará el momento —decía el periódico— en que la carencia absoluta de autoridad provocará una verdadera guerra civil entre los aventureros que pasan por aquí armados hasta los dientes y los vecinos de la ciudad, que también han comenzado a adquirir armas para defenderse». La publicación de la noticia provocó que el propio gobernador se presentara en las oficinas del periódico para solicitar moderación y explicar que, aunque la situación era grave, no había que echarle más leña al fuego. Judson lo escuchó sin prometer nada.

Ese día Elizabeth había permanecido en el periódico más tiempo de lo habitual. Alrededor de las tres se presentó en las oficinas Arcesio Aizpurúa para llevar personalmente el anuncio que todas las semanas publicaba su gremio con la lista de las propiedades disponibles para alquiler o venta. Don Arcesio, joven todavía y dueño de valiosos inmuebles en el área de San Felipe, era viudo desde hacía un año, cuando la última epidemia de viruela que azotó la ciudad truncó la vida de su esposa y del menor de sus hijos. Tan pronto conoció a la viuda del mayor Freeman, no solamente cambió los anuncios para *The Herald* sino que adquirió la costumbre de llevarlos él mismo al periódico. Estas visitas le permitían frecuentar a la atractiva mujer sin violar las normas sociales que exigían que un viudo se abstuviera de cortejar hasta que no transcurrieran por lo menos dos años. Elizabeth lo trataba con la amabilidad que se le dispensa a todo buen cliente, trato en el que Arcesio creía percibir signos de una esperanzadora relación amorosa. Esta tarde, cuando Elizabeth le dijo que se le hacía tarde para ir al hospital, Arcesio gentilmente se ofreció a acompañarla.

—Le agradezco, señor Aizpurúa, pero afuera me espera Jack. No se preocupe.

—Ya lo sé, pero con el chaparrón que está a punto de desatarse dos paraguas serán mejor que uno.

Y tenía razón Arcesio. La lluvia que esa tarde azotó la ciudad de Panamá fue de las más intensas del año. Arrastrando lodo y desperdicios, las aguas inundaron calles y plazas y penetraron sin dificultad en los patios y bodegas de las casas de San Felipe. Hasta los argonautas tuvieron que refugiarse en las cantinas y salones de juego más temprano que de costumbre.

—Con esta tormenta no me será posible llegar hasta el hospital —dijo Elizabeth—. Vaya a proteger su casa, que Jack me llevará hasta la mía.

—De ninguna manera, señora. En mi casa ya los sirvientes habrán tomado las precauciones del caso. Si me lo permite, continuaré acompañándola, aunque me temo que los paraguas de poco nos servirán.

Cuando finalmente llegaron a casa de Elizabeth todos chorreaban.

—Pase adelante, don Arcesio, para que se seque un poco mientras esperamos que amaine el temporal.

Arcesio Aizpurúa dudó en aceptar la invitación, pero sólo por un instante. «La excusa no puede ser mejor», se dijo.

Elizabeth procedió a encender las bujías, trajo toallas para Jack y Arcesio y se retiró a la planta alta a cambiarse. Cuando bajó nuevamente al salón, el aguacero había pasado.

—Por suerte nuestras tormentas duran poco. Si no fuera así, estaríamos todos ahogados —comentó Elizabeth.

—Habla usted de las tormentas de agua —respondió Arcesio—. La que nos ha caído con la fiebre del oro demorará mucho más en amainar.

—¿Es que las autoridades no pueden hacer nada? —reclamó Elizabeth—. ¿Por qué el gobierno de Bogotá no envía más soldados a Panamá?

A pesar de que Elizabeth ya hablaba el castellano con soltura, se comunicaban en inglés, idioma que Aizpurúa, que había estudiado en Londres, dominaba a la perfección.

—Porque, lamentablemente, mi querida señora, los soldados están entretenidos en una de las interminables guerras civiles que azotan a la Nueva Granada. Hace poco, cuando le pedí al gobernador que solicitara más tropas al gobierno central, por toda respuesta me enseñó una comunicación en la que el ministro de Guerra le pedía a él embarcar hacia Cartagena uno de los pelotones asignados a Panamá. En Bogotá ignoran los estragos que la migración hacia California está causando y confían que con el tratado firmado en 1846 con los Estados Unidos para proteger la ruta transístmica tienen asegurada la tranquilidad del istmo. Se olvidan de que la gran mayoría de los aventureros que por aquí pasan provienen de Estados Unidos y no existe el más mínimo interés por parte de su gobierno en controlarlos. Me atrevo a afirmar que ellos verían con agrado que Panamá se convirtiera en una ciudad norteamericana más, que es casualmente lo que parece estar sucediendo.

Escuchando a Aizpurúa, Elizabeth comprendió mejor la profunda angustia que provocaba en los panameños la invasión de los buscadores de oro, que a pasos agigantados parecían estar transformando la ciudad en un pueblo más de la frontera norteamericana.

—No lo había visto de esa manera. ¿Cree usted...?

Elizabeth fue interrumpida por dos golpes de la aldaba sobre la puerta y ella misma fue a abrir. Recostado en el vano, con un ramo de flores, sonreía Cleveland.

—¡Cleveland Forbes! ¿Cuándo llegaste?

—Esta mañana.

Y se fundieron en un cálido abrazo.

Cuando el capitán se disponía a besarla se percató de la presencia del hombre que, de pie en el salón y envuelto en una toalla, contemplaba la escena. Separándose de Elizabeth, buscó en sus ojos explicación.

—Te presento al señor Arcesio Aizpurúa, presidente de la Asociación de Propietarios de San Felipe, un cliente de *The Herald* y, además, un buen amigo. Esta tarde, junto a Jack, tuvo la gentileza de acompañarme a casa durante el descomunal aguacero. —Elizabeth añadió con picardía—: Por eso lo ves empapado.

A pesar del tono jocoso de Elizabeth, a ninguno de los dos hombres parecía divertirle la situación. Quien se adelantó para estrechar la mano del capitán fue Aizpurúa.

—Me da mucho gusto conocerlo, pero creo que es hora de ir a ver los estragos que causó la tormenta en mi casa. Capitán, señora, buenas tardes.

—Adiós, señor Aizpurúa; una vez más, muchas gracias por su ayuda.

Cleveland balbuceó unas palabras de despedida antes de que Elizabeth lo tomara del brazo para conducirlo al sofá. En ese momento apareció Jack.

—Capitán Forbes, ¡lo extrañamos mucho! —dijo con evidente alegría.

—Gracias, Jack. ¿Has cuidado bien de la señora?

—Como si fuera mi madre, mi hermana y mi hija. La señora también me cuida a mí.

—Jack y yo estamos aprendiendo castellano para entendernos mejor con los vecinos de San Felipe. Nuestros progresos son muy satisfactorios.

—La señora Elizabeth ya habla como una nativa. Yo todavía tengo serios problemas, aunque trato de hacerme entender.

—Me cuenta Nelson que, no contenta con tu trabajo en el hospital, ahora también eres periodista.

—Más bien administro un semanario, *The Herald*. Tienes que conocer a su propietario, Judson Ames, uno de los buenos aventureros que han caído por estos lares.

—Ya habrá oportunidad. Creo que me qudaré en Panamá un tiempo.

Sorprendida por la afirmación, Elizabeth se quedó mirando a Cleveland y Jack aprovechó el silencio para retirarse discretamente.

—¿Y el *California*? ¿A cargo de quién quedará? —preguntó ella finalmente.

—Le he pedido a Nelson que consiga un capitán. —Cleveland titubeó un instante—. Dejo el *California* y dejo el mar, esta vez para siempre.

De nuevo hubo una pausa, interrumpida por Elizabeth.

—Entonces, ¿qué vas a hacer? ¿Estás dispuesto a sacrificar tu vida a cambio de un futuro incierto?

—No tienes que quererme enseguida, Elizabeth: solamente pido que aceptes que yo te quiera —suplicó quedamente Cleveland—. Te aseguro que seremos felices, que tendremos una hermosa familia, que serás una madre maravillosa y yo el más orgulloso de los padres. Démonos una oportunidad, es todo lo que necesitamos.

—No es que no te quiera, Cleveland —dijo Elizabeth tomando una de las manos del capitán—. Lo he pensado mucho y creo que lo que siento por ti, si no es amor, se acerca mucho a ese sentimiento que, tras la muerte de Robert, no logro rescatar. Pero también te veo como a un padre, como a un hermano, como a alguien a quien quiero tener a mi lado para siempre. No me mal entiendas, por favor; lo que menos deseo es herirte. Precisamente por ello es que no puedo aceptar ser tu mujer. ¿Qué ocurrirá si abandonas el mar, que es tu vida, para luego darte cuenta de que cometiste un error, que nuestro matrimonio es un fracaso? Me dolería tanto...

—Elizabeth, Elizabeth, ¡comprendo tan bien tus dudas! —exclamó Cleveland quedamente, acariciándole el rostro—. Por esas dudas te quiero más. Ellas me confirman la nobleza de espíritu que te anima, la profundidad de tus convicciones y que eres la mujer con la que quiero pasar el resto de mis días, compartir mis sueños, mis desvelos, mis angustias y la felicidad que encontraremos juntos. No te lo había dicho, pero mi familia posee una próspera hacienda en las afueras de Charleston, que me corresponde por herencia. Ya escribí a mis hermanos anunciándoles que me trasladaré allá en breve, contigo, porque sin ti ya nada es posible. El mar se ha convertido en una barrera y dejarlo será un alivio. —Cleveland respiró profundamente antes de continuar—. Sentí tanto desasosiego, tantos celos cuando vi a ese hombre en tu casa. No puedo seguir viviendo con la agonía de estar lejos de ti. Aunque ahora no me aceptes permaneceré a tu lado, cuidándote, queriéndote, esperándote.

—No hay ningún hombre en mi vida, Cleveland; de eso puedes estar seguro.

En ese momento volvió el recuerdo de John Stephens y un leve remordimiento la perturbó. «Dios mío, ¿por qué pienso en él cada vez que me enfrento al amor?».

—Lo sé, lo sé. Pero una mujer como tú siempre tendrá pretendientes a su alrededor y, aunque no lo creas, estoy seguro de que hombres como Aizpurúa buscan en ti algo más que amistad.

Ambos sonrieron, con coquetería ella, con impotencia él.

—Y tú ¿qué esperas que haga? —preguntó Elizabeth.

—Sólo que me des algo de tiempo, unos meses mientras voy a Charleston a poner todo en orden antes de volver por ti.

Cleveland tomó las manos de Elizabeth y la atrajo hacia sí, buscando sus ojos.

—También te pido que, si sientes que llega el amor, lo dejes fluir libremente.

Y la besó con ansias largo tiempo reprimidas. Cuando las manos del capitán buscaban los senos de Elizabeth, ella lo contuvo.

—En mi casa no, Forbes, te lo pido.

Lentamente, el capitán retiró sus brazos, permaneció cabizbajo unos segundos y se puso de pie. Elizabeth lo observaba con aprensión.

—Perdóname —dijo él finalmente, cohibido—. Prometo que no volverá a suceder.

—No lo tomes así. Debes comprender...

—No tienes que darme ninguna explicación, Elizabeth. Te comprendo muy bien, te respeto y te quiero más por ello.

Cleveland forzó una sonrisa y cambió bruscamente el tema.

—Parece que el sol ha vuelto a salir. ¿Me acompañas a dar un paseo?

—Encantada. ¿Le pido a Jack que venga? Recuerda que la ciudad está llena de salvajes.

—No creo que haga falta, pero si te sientes más segura...

—Con nadie me siento más segura que contigo, Cleveland. ¿Vamos al Paseo de Las Bóvedas?

Tomados del brazo, Elizabeth y Cleveland caminaron esa tarde bajo la arboleda construida sobre las murallas fortificadas que bordeaban un recodo de la apacible bahía de Panamá. A esa hora, los de San Felipe acudían allí en busca de aire de mar y comentaban los sucesos del día, que de un tiempo a esta parte giraban en torno a los abusos de los aventureros enloquecidos por el oro que habían venido a quebrantar la existencia tranquila de los habitantes de la vieja ciudad. Cleveland se sorprendió ante la gran cantidad de vecinos que intercambiaban saludos con Elizabeth.

—Veo que te vas forjando un lugar entre los panameños —dijo con fingida preocupación.

—Me conocen sobre todo por mi trabajo en el hospital. Aquí se valora mucho la labor de los médicos y de las enfermeras, más cuando nos toca atender a sus niños. Pero nada me ata a esta ciudad. Los panameños son gente amable, muy apegada a sus costumbres y tradiciones, pero, para decirlo con franqueza, los encuentro muy aburridos.

Cuando al tañido de las campanas anunciando el ángelus los parroquianos volvieron a sus hogares, Elizabeth y Cleveland se acercaron al muro que daba sobre el mar. A esa hora del atardecer la brisa se adormecía, la superficie del mar Pacífico rendía honor a su nombre y el aire recién lavado permitía observar nítidamente las aves marinas que emprendían su postrer vuelo antes del anochecer. Pequeños veleros se desplazaban en busca de albergue y en lontananza se divisaban las islas de Flamenco, Perico y Naos. Frente a esta última, se distinguían con claridad las ruedas, las chimeneas y los mástiles del *California*.

—¡Qué majestuoso se ve tu barco! —exclamó Elizabeth—. ¿No lo extrañarás?

—Llevo más de veinticinco años en el mar y el *California* ha sido el más noble de los navíos que me ha tocado comandar. Pero todo tiene su lugar y su tiempo.

Cleveland pasó su brazo alrededor de la cintura de Elizabeth y suavemente la acercó a él. Mientras colocaba su cabeza sobre el hombro del capitán, no pudo evitar que una vez más el recuerdo de John Stephens viniera a perturbarla: habían transcurrido dos años desde que, muy cerca de ahí, el escritor le confiara la infinita tristeza que le producía la llegada del barco que la conduciría, de nuevo, junto a su marido.

Tres días después, mientras compartían la cena en su casa, Nelson informaba al capitán Forbes que sus esfuerzos por encontrar comandante para el *California* habían resultado infructuosos.

—El único que tiene experiencia con vapores acaba de llegar de San Francisco, donde hace ocho meses abandonó su barco para irse a las minas. Ahora está arrepentido y con deseos de retomar el oficio, pero yo no me atrevería a confiarle un navío como el *California*...

—Yo tampoco —se apresuró a aclarar Cleveland—. Escribiré a Aspinwall explicándole la situación para ver si puede enviar algún capitán de su confianza, y mientras realizaré otro viaje.

—¿Y tus asuntos... familiares?

—Pueden esperar unos meses. No olvides que los marinos y el tiempo somos viejos amigos.

El 9 de agosto el *California* zarpó nuevamente hacia San Francisco con casi cuatrocientas almas a bordo. Aparte de unos cuantos misioneros y un destacamento militar, todos los demás pasajeros eran argonautas que soñaban despiertos y deliraban en sueños con el oro de las minas californianas. A pesar de que siempre eran muchos más los aventureros que esperaban para embarcarse que los cupos disponibles, la incorporación del *Oregon* y el *Panamá* a la ruta y la contratación de dos bergantines ingleses habían permitido a William Nelson organizar con más orden el proceso de asignar las plazas. La lotería ideada durante el primer tránsito del *California* seguía vigente y, aunque todavía se especulaba con el precio de los boletos, nadie había vuelto a pagar mil dólares por un pasaje. A lo sumo, el especulador lograba doblar los trescientos dólares invertidos. Después de dirigir personalmente las maniobras de zarpe, Cleveland Forbes entregó el timón a McKennon, actitud que sorprendió a Jim, que conocía la costumbre del capitán de no abandonar el mando hasta no comprobar que las máquinas y las velas funcionaban en perfecta armonía. Además, desde que su protector regresó al barco, había notado en su rostro una expresión enigmática, que lo llevó a preguntarse si serían ciertos los rumores que corrían. Incapaz de entretener reservas mentales, Jim abordó a Cleveland tan pronto abandonó el puente.

—Capitán, ¿le ocurre algo?

—¿A qué te refieres, Jim?

—Dejó el timón antes de tiempo y lo noto un poco raro. Además, varios marinos me comentaron que andaba usted en busca de un capitán que lo reemplazara.

Cleveland observó la mirada entristecida de Jim. Nunca imaginó que existieran individuos tan francos y transparentes.

—Algo de eso hay, Jim —dijo mientras colocaba afectuosamente su brazo sobre los hombros del muchacho—. Creo que llegó la hora de abandonar el mar, pero no quiero dejar al *California* en manos inexpertas. Ya he escrito a Aspinwall solicitando un reemplazo y aprovecharé este viaje para terminar de entrenar a McKennon como segundo de a bordo. Además...

—¿Y yo? —interrumpió Jim, compungido.

Sorprendido por la pregunta, Cleveland afirmó decidido:

—Seguirás como el hombre de confianza del nuevo capitán. ¿No te parece?

—Se trata de la señora Elizabeth, ¿verdad? Se han enamorado y a ella no le gusta el mar.

La voz del muchacho se quebraba y sus ojos comenzaban a empañarse. ¿Cómo ocultar la verdad a esa alma inocente?

—Todavía no hay nada seguro, Jim. Le he propuesto que nos casemos y que establezcamos nuestro hogar en Virginia, pero ella no me ha dado una respuesta definitiva.

—Ella lo quiere, capitán; de eso estoy seguro.

—Hay amores y amores, Jim. Te prometo que serás el primero en saber cómo terminará esta historia.

—¿Y me llevarían con ustedes a Virginia?

—¡Claro que sí! Ya sabes que Elizabeth te quiere mucho.

—Sí, pero, como usted bien dice, hay amores y amores.

En la costa atlántica, los hombres del ferrocarril continuaban su lucha desigual contra las enfermedades, los pantanos, los insectos y el clima. A fines de septiembre el coronel Totten regresó de su periplo por el Caribe con más de quinientos peones, la gran mayoría de ellos reclutados en Barbados, y una semana después Trautwine anunciaba su intención de retornar definitivamente a los Estados Unidos. Aunque la decisión tomó por sorpresa a Totten, Baldwin y otros miembros del equipo la esperaban desde hacía tiempo: la fiebre de los pantanos, las enormes dificultades y la impotencia ante la muerte habían ido minando la resistencia de aquel ingeniero que había pasado la mayor parte de su vida profesional sentado detrás de un escritorio.

En noviembre de 1850 el suelo de la isla de Manzanillo tenía ya la solidez necesaria para soportar las galeras que servirían de dormitorio a los trabajadores y de almacenes de depósito, lo que ayudó y aceleró el ritmo de la construcción. La calzada que conectaba Manzanillo con la costa estaba terminada y en el Pantano Negro comenzaba a surgir un terraplén de cinco metros de ancho que antes de fin de año debería llegar hasta Monkey Hill, donde el hospital del doctor Totten exhibía ya paredes y techo. Los ingenieros del ferrocarril esperaban con ansia que amainaran las lluvias para colocar los primeros rieles.

«Si comenzamos en enero, para mayo, cuando recrudecen los aguaceros, podemos tener lista la línea entre Manzanillo y Monkey Hill», afirmaba Baldwin. Pero los obreros seguían sucumbiendo y cada vez resultaba más difícil y costoso reemplazarlos. Como el dinero escaseaba, se le pediría a Stephens trasladarse a Nueva York en busca de nuevos recursos.

En dos nuevos asaltos perpetrados cerca del poblado de Cruces, la banda de facinerosos que se autodenominaban «Los Darieni», además de robarles, habían asesinado a mansalva hombres, mujeres y niños, lo que hacía urgente la contratación de vigilantes para mantener la seguridad y el orden en la ruta.

5

Del diario de Elizabeth Benton

Agosto 3, 1850

Casi dos meses sin escribir. ¿Será acaso que las muchas tareas a las que me he entregado ya no me dejan tiempo para anotar afanes, reflejar dudas, explorar sentimientos? ¿O es que procuro llenar todo mi espacio vital para no rememorar, meditar, sentir?

La situación con Cleveland se hace insostenible. Lo que alguna vez creí preludio de un nuevo amor se ha convertido en total certeza de que mis sentimientos hacia él distan mucho de cristalizar en ese sentimiento. A veces pienso que a medida que la vida nos sacude y nos desilusiona, el amor vuela hacia regiones donde la emoción de enamorarse deja de ser lo más importante. También es posible que tenga razón Cleveland cuando afirma que nuestra intimidad logrará que el cariño casi fraternal que hoy me acerca a él florezca mañana en el sentimiento que permite al hombre y a la mujer unirse para procrear y envejecer juntos. ¡Cuánto anhelo encontrar una respuesta a las dudas que me asedian! O, siquiera, el valor de enfrentar la realidad y lograr que Cleveland comprenda que no amarlo me llena de angustiosa culpa. Él ha regresado de su último viaje con la loca idea de dejar definitivamente el mar, casarnos e irnos a vivir a una idílica hacienda que su familia posee en Virginia y que él mismo no conoce. ¿Cómo pueden los hombres perder en un instante la perspectiva de sus vidas y renunciar a lo que son, a su futuro? Quizá no es justo que yo, causa aparente de su locura, haga semejante pregunta. ¿Es realmente tan grande su amor que, como asegura, bastaría para mantenernos unidos hasta que yo también empiece a amarlo? Pero es que nadie, por más amor que sienta, puede querer por el otro. Nadie. Además, si hay algo que la vida me ha hecho comprender es que un amor que muere no revive jamás. El que una vez sentí por Robert desapareció con él aunque haya dejado encendida esta llama a cuyo calor madurarán siempre mis emociones, una llama que ya ningún otro hombre podrá extinguir jamás. Ni siquiera tú, John Stephens, que no dejas de fustigar mi memoria. ¿Sabes que ya no recuerdo tus ojos, tu sonrisa, tus facciones, tus gestos? Eres pura sensación de bienestar, de alegría, de remordimiento, de inquietud. Temo tanto y, a la vez, aguardo con tantas ansias el reencuentro contigo. ¿Por qué, Señor, por qué?

Agosto 10

Ayer se embarcó Cleveland rumbo a San Francisco en un viaje que lo mantendrá alejado de Panamá durante dos meses. Los esfuerzos que hizo por reclutar un capitán que lo sustituyera resultaron vanos. Hoy pienso que aunque lo hubiera encontrado se habría hecho a la mar una vez más, no porque no fuera firme su decisión de abandonar la vida marinera sino porque durante estas últimas semanas finalmente comprendió que mi amor por él no era de los que conducen a forjar un hogar. ¡Cuánta tristeza en esos ojos grises en el momento de decir adiós! Pero no puedo sentir compasión. Ni puedo ni debo. Se puede pasar del odio al amor, pero nunca se llega al amor desde la compasión. Una mujer que siente lástima por un hombre jamás podrá amarlo. Creo que Cleveland lo intuye y por eso se ha esforzado por disimular su decepción. Si no fuera por aquellos ojos...

El día de su partida, camino de la Puerta de Mar, volvió a preguntarme por Arcesio Aizpurúa. Lo hizo veladamente, disimulando sus celos con un supuesto interés por la difícil situación que atraviesan los habitantes de San Felipe y hasta tuvo para con él frases de elogio. «Me cuenta Nelson —dijo— que tu amigo Arcesio es uno de los pocos istmeños dispuestos a enfrentar el problema de los aventureros que han

invadido la ciudad. Lo admira mucho por ello». Le respondí que Arcesio Aizpurúa es un hombre íntegro a quien preocupan sobremanera
los enfrentamientos que a diario se dan entre istmeños y aventureros, y
que aunque la mayor parte de los incidentes ocurren en el arrabal, en
San Felipe el primogénito de Arcesio, que a los diecinueve años lleva la
rebeldía a flor de piel, ya ha tenido dos choques violentos con argonautas, en uno de los cuales fue herido con un puñal y tuvo que acudir al
hospital. «Veo que tú también lo admiras», comentó Cleveland. Callé
y él, quizás arrepentido por sus celos infundados, me tomó la mano y
me dijo que su única preocupación era lo que pudiera sucederme a mí.
«Jack es como mi sombra», le recordé y ya no se habló más del tema.

Antes de subir al bote que lo conduciría al *California*, Cleveland
volvió a hablarme de amor, ahora con mayor moderación y sosiego.
Con palabras sentidas me dijo que durante los últimos días había me-
ditado mucho; que la prueba más grande de amor la encontraría en su
decisión de esperar por mí sin apurarme ni perturbarme; que si bien
estaba convencido de que otros hombres me cortejarían, sabría controlar la incertidumbre que la lejanía le causaba; que sin importar
cuál fuera mi decisión su amor se mantendría incólume y que siempre
podría contar con él. Yo no pude menos que abrazarlo muy fuerte y
agradecerle su comprensión y bondad. En ese momento odié a John
Stephens por ser el culpable de que yo no amara a Cleveland Forbes.

Agosto 19

Con la ausencia de Cleveland se apaciguan mis emociones y vuelven
a faltarme palabras para continuar escribiendo. ¿Palabras o ánimo?
Resulta curiosa la manera tan extraña en que el capitán del *California* y el escritor han llegado a cohabitar en mi alma, como si uno no
pudiera vivir sin el otro.

El recuerdo de John Stephens se adormece cuando Cleveland Forbes se aleja y es entonces cuando más aprecio la rutina en la que
vuelvo a sumergirme en esta ciudad convulsionada e histérica cuyos
habitantes se van acostumbrando a una existencia plagada de sobresaltos y donde lo inesperado y lo insólito ha dejado de ser noticia. Los
seres humanos tenemos la virtud de acostumbrarnos a cualquier dolor:

a la guerra, a la muerte, al desamor. Y al hacerlo, inconscientemente levantamos a nuestro alrededor un cerco protector para preservar la felicidad que otrora disfrutábamos, por mínima que fuera.

Hombre emprendedor, Judson Ames está en el proceso de fusionar *The Herald* con *The Star* para ahorrar gastos. Su objetivo primordial, sin embargo, es el de embarcarse con su imprenta rumbo a San Francisco antes de fin de año. Lo acompañará el antiguo propietario de *The Star*, a quien ha convencido de fundar allá un nuevo diario. Así es el mundo de los negocios: rivales hoy, socios mañana si el interés económico lo aconseja. *The Star & Herald* —así se llamará la nueva publicación— ha sido vendido a William Nelson, quien me ha pedido que permanezca como administradora y redactora. Le he prometido pensarlo, aunque realmente no creo que disfrute trabajando con Nelson. A diferencia de Ames, no es periodista sino un empresario a quien más que las noticias interesa promover sus negocios y ganar dinero. Extrañaré a Judson.

Septiembre 15

Vuela el tiempo. La marea de aventureros, siempre en pleamar, sigue fluyendo y cada vez son más graves y frecuentes los incidentes violentos en los que los habitantes de San Felipe y del arrabal llevan la peor parte. Ayer uno de los aventureros asesinó a un mulero de la empresa de Nelson sólo porque le exigió el pago del precio acordado por el transporte. Lo peor es que las autoridades, incapaces de mantener el orden público, ni siquiera han logrado identificar al atacante. De un tiempo a esta parte Jack, que detesta la violencia, ha decidido llevar al cinto un gran revólver para prevenir cualquier intento de agresión. Panamá se va convirtiendo a pasos agigantados en una ciudad frenética donde lo único que importa es el dinero.

Octubre 16

Después de casi un mes de silencio, dentro de mí se agitan las palabras y pugno por atraparlas y plasmarlas sobre el papel. Esta tarde

se presentó en el hospital San Juan de Dios un extraño personaje
que parecía dibujado por un caricaturista. Flaco, alto, calvo, el rostro
redondo, ojos de un azul intenso y orejas que sobresalen del cráneo,
se identificó como el doctor Thomas Totten, director médico de la
Panama Railroad Company, y anunció que venía en busca de doctores
y enfermeras para el hospital que la empresa está construyendo en
el sector atlántico. Ofrecía salarios que triplican los que se pagan
en el San Juan de Dios, aparte de todos los gastos de vivienda y ali-
mentación. Más que los pormenores de su hospital, me interesaba
averiguar sobre John Stephens. Después de aclararle que con el alud
de aventureros que había caído sobre la ciudad también nosotros estábamos cortos de personal, le pregunté por las obras del ferrocarril.
Me informó que estaban a punto de vencer las dificultades más serias
y enseguida volvió con el tema de la necesidad de contar con servicios
médicos adecuados para ayudar a aliviar el sufrimiento de los que
allí laboraban. «¿Quién es el encargado de la obra?», insistí. «Mi
hermano, el coronel Totten», respondió, y comprendí por qué desde
un principio el nombre del doctor me había resultado familiar. Meses
atrás, en la oficina de Nelson, había conocido al coronel, cuya extra-
vagancia también me impactó. Estaba a punto de hacer otra pregunta
cuando una voz, que reconocí enseguida, dijo a mis espaldas: «Buenas
tardes». Me giré lentamente, con el corazón desbocado, y allí, frente
a mí, estaba por fin John Stephens. Ambos quedamos paralizados
y él fue el primero en salir del asombro. «¿Elizabeth?». Intentando
ocultar mis emociones, pregunté tontamente: «John Lloyd Stephens,
¿qué te trae por aquí?». Me miró intensamente y preguntó a su vez:
«¿Cuándo llegaste al istmo y qué haces vestida de enfermera?». El
doctor Totten, sorprendido e incómodo, ladeó la cabeza, anunció que
iba en busca del director médico y nos dejó solos. «Es una larga historia», respondí y en completo silencio abandonamos el hospital. Jack,
que como siempre esperaba fuera, se aproximó, saludó con recelo y
se colocó diez pasos detrás de nosotros. «¿Es tu esclavo?», preguntó
John. «No, pero ésa es otra historia», respondí.

No sé cuánto tiempo transcurrió ni qué lugares recorrimos. Sé
que hablamos sin cesar, yo más que él, y que las campanadas del
ángelus nos sorprendieron en el Paseo de las Bóvedas. Yo le confié
mis desventuras y mis dudas; él sus esfuerzos por llevar adelante la

obra del ferrocarril. Frente a la quietud de la bahía y con el ocaso como testigo, me tomó finalmente de la mano y me dijo lo mucho que había soñado con este encuentro. «Yo también», confesé en un susurro. Mientras musitaba mi nombre, me abrazó, me besó con dulzura y volví a sentir lo que es el amor. Debido a la emoción no escuché el saludo del *California*, que en ese instante echaba anclas frente a la isla de Naos.

Octubre 17

El momento que tanto temía se había presentado sin previo aviso. Como a menudo ocurre, la vida se nos ofrece plena de contrastes y la alegría del amor llega acompañada por la infinita tristeza de herir a quien tanto estimo. ¿Podrá Cleveland entender que durante el tiempo que le permití quererme y albergar esperanzas John era tan sólo una ilusión del pasado, que existía solamente en mis anhelos? Hoy que la quimera cobra vida debo afrontar las consecuencias de ver mis sueños hechos realidad. ¡Ah, Cleveland, qué difícil me resultará entristecer esos ojos tan nobles y trasparentes!

Esta mañana he salido para el hospital más temprano que de costumbre. Necesito tiempo para meditar antes de mi encuentro con Cleveland. En el trayecto decido que es con John con quien primero debo hablar y envío a Jack por él. Nos encontramos en el hospital y caminamos hasta la plazuela de enfrente. Allí nos sentamos bajo un árbol añoso y sin más preámbulo comienzo a contarle mi relación con Cleveland. Trato de expresar lo que el capitán del *California* significa para mí, pero John sella suavemente mis labios con un dedo y me dice que una mujer bella no tiene por qué explicar que los hombres la pretendan. Le digo que Cleveland fue para mí mucho más que un simple pretendiente, que está dispuesto a abandonarlo todo para casarse conmigo. Me escucha y cuando termino me asegura que siente pena por el capitán y se ofrece a hablarle si lo deseo. Por supuesto que no acepto. Yo debo afrontar esa responsabilidad.

Poco después del mediodía, con el habitual ramo de flores en la mano, Cleveland toca a mi puerta. Acepto su abrazo pero eludo sus labios. Me interroga con la mirada mientras lo invito a sentarse.

«¿Qué tal el viaje?», pregunto y me responde que, salvo algunos inconvenientes con las calderas, no hubo mayores contratiempos.

«Sólo que no pude navegar todo lo rápido que exigían mis deseos de volver a estar contigo». ¡Oh, Cleveland, no lo hagas aún más difícil! Tras un breve silencio, le digo: «Ha surgido algo sobre lo que debemos hablar». Me interrumpe para insistir en que está dispuesto a esperar por mí el tiempo que fuera necesario. «No es un asunto de tiempo. Amo a otro hombre», digo sin rodeos. El rostro de Cleveland palidece y su expresión pasa de la sorpresa al dolor. «¿Aizpurúa?», pregunta, incrédulo. «No, claro que no. Es alguien que solamente existía en mis recuerdos, un hombre que conocí hace algunos años, cuando todavía vivía Robert, al que ni siquiera esperaba volver a ver». Cleveland se levanta, pasea por la estancia y vuelve a sentarse. «No entiendo nada. ¿Cuándo sucedió, quién es, dónde está?». El dolor da paso a la ira y temo por John. «Su nombre es lo de menos. Lo que importa es que no puedo dejar que sigas alimentando esperanzas y destruyas tu vida». Cleveland sonrió con amargura. «Claro, eso no se le hace a un hermano». Se levantó y se marchó sin decir más. Las palabras que implorarían su perdón se marchitaron en mis labios.

Octubre 20

Llueve despiadadamente. Una vez más, se han inundado los pisos bajos de las casas más próximas al mar, y las improvisadas calles del arrabal se han convertido en lodazales intransitables. ¿Por qué escribir de la lluvia cuando hay cosas tan importantes que en estos últimos días me han llenado el alma de inquietudes, alegrías y angustias? ¿Será que por temor a despertar de un sueño no me atrevo a entregar al papel palabras que dibujan para siempre una insondable felicidad?

John procura estar conmigo todo el tiempo que sus obligaciones y las mías lo permiten. ¡Es tan fácil, y resulta tan natural su compañía! El amor fluye entre nosotros sin ninguna tensión, sin ninguna ansiedad, como si desde siempre estuviéramos destinados a vivir juntos. Cuando hablamos, las palabras son pequeños lazos que nos van atando más y más y cuando se prolongan los silencios la comunicación entre nosotros se mantiene ininterrumpida. Anoche, mientras hacíamos planes, surgió nuestra primera desavenencia. Como suele suceder entre quienes se aman profundamente, el desacuerdo no fue sino una prueba más de nuestro amor. John me ha pedido que permanezca en la ciudad y yo insisto en aceptar la oferta del doctor Totten para ir a trabajar en el hospital del ferrocarril. «No toleraría que enfermaras», dijo, y yo le respondí que mi lugar estaba a su lado. «Además, quiero ayudar a salvar vidas». Sonrió y me dijo que la única vida que debía cuidar era la mía. «Y la tuya», respondí, y un estremecimiento inexplicable me recorrió el cuerpo. Aunque acordamos volver a conversar antes de su partida, ya he comenzado los preparativos para abandonar esta ciudad de locos. Me dolerá dejar el hospital San Juan de Dios. Y también *The Star & Herald*, a pesar de Nelson. Cuando le informé a Jack que nos iríamos a trabajar con el ferrocarril, la pena se reflejó en su rostro. Creo que nunca entenderá que no me haya casado con el capitán Forbes, por quien él siente una devoción especial.

Octubre 21

Tras cuatro días de inmensa dicha, de compartir caricias anheladas por tanto tiempo, John regresó ayer a los trabajos del ferrocarril. Ha prometido escribirme siempre que pueda y visitarme todos los meses, aunque no sabe si pronto tendrá que viajar a los Estados Unidos en busca de dinero. Me ha dicho que tan pronto los trabajos del ferrocarril marchen con buen paso vendrá a buscarme para desplazarnos a Nueva York y emprender la aventura de compartir el resto de nuestras vidas. Ignora que en menos de dos semanas estaré a su lado. Para que perdure, el amor requiere atención constante.

Octubre 22

Anoche tuvo lugar en la cantina Old Gold una de las reyertas más violentas desde que se inició el éxodo de aventureros hacia California. Murieron dos argonautas y el lugar quedó destruido. En el hospital me sorprendí cuando encontré al bueno de Jim esperando que le suturaran dos heridas, una muy profunda en un costado del tórax y otra, por suerte superficial, en el rostro. A su lado, con la cara llena de moretones y un tajo muy feo sobre la ceja derecha, McKennon sonreía como si nada. Me saludó con la efusividad de siempre y me dijo que Jim necesitaba atención urgente. Me acerqué al muchacho, le pregunté qué había ocurrido y cuando le tomé la mano cerró los ojos y la retiró bruscamente. «Los del *California* tuvimos un enfrentamiento con un grupo de argonautas que nos acusaron de ladrones y aprovechados», dijo McKennon. «Y a Cleveland, ¿le ocurrió algo?», pregunté enseguida. «¿Acaso le importa?», refunfuñó Jim, que aún no abría los ojos. «Por supuesto que me importa. Cleveland es un amigo muy querido», respondí. «El capitán Forbes lideró la carga», dijo McKennon y volvió a reír. «Nunca había visto a nadie disfrutar tanto repartiendo trompones y botellazos. No le conocía al capitán esas cualidades. Pero, salvo uno que otro corte y magulladura, no sufrió ninguna herida seria. En realidad, creo que, de nosotros, Jim fue el que llevó la peor parte. De ellos, por lo menos dos ya no podrán contar a nadie sus desventuras». Aunque protesté contra tanta insensibilidad y salvajismo, en el fondo me alegraba que finalmente alguien hubiera dado su merecido a esos facinerosos.

Limpié y suturé las heridas de Jim, que a lo largo de todo el proceso permaneció callado y con los ojos bajos. Cuando ya estaba listo para marcharse le pedí que dijera a Cleveland que lo esperaba en el hospital para asegurarme de que sus heridas no eran graves. «El capitán Forbes está a punto de zarpar», dijo McKennon. «¿Tan pronto?», pregunté. «Así es, pero no a bordo del *California*. Según me ha dicho necesita nuevos mares, nuevos aires y nuevos horizontes, así que intercambió comandos con el capitán del *Thames*, un vapor inglés que sale esta tarde rumbo a Inglaterra. Jim seguirá con él y yo me quedaré en el *California* como segundo al mando».

Una profunda tristeza me invadió al observarlos abandonar lentamente el hospital, el montañés sirviendo de apoyo al muchacho mientras lo sostenía por los hombros. ¿Los volveré a ver algún día? Antes de marcharse, Jim volvió a abrir los ojos y, mientras observaba cómo trataba inútilmente de contener las lágrimas, comprendí que el dolor era más profundo que el de sus heridas. ¿Qué he hecho, Dios mío? ¿Cómo pude causar tanto desasosiego, tanta aflicción, tanto trastorno?

6

Sentado en el pescante de la rudimentaria carreta, Cornelius Van Wyck contempló la inmensa planicie que se abría ante sus ojos y volvió a preguntar al conductor cuánto tiempo faltaba para llegar a la hacienda de Runnels.

—Si llegamos al río Colorado antes de que anochezca, podremos cruzarlo mañana temprano y estar allá cerca del mediodía —respondió el indio Joe.

Durante la última reunión de la Junta Directiva de la Panama Railroad Company, el director Cornelius Van Wyck había sorprendido a todos al ofrecerse para ir en busca de Randolph Runnels, el más afamado de los *rangers* texanos. «¿Estás seguro, Cornelius?», había preguntado Aspinwall, incrédulo. «No solamente iré a buscar a Runnels sino que lo acompañaré hasta Panamá para después embarcarme rumbo a California y palpar la locura que ha trastornado al país».

Desde sus años mozos, Cornelius Van Wyck había sentido la romántica atracción que la conquista del lejano Oeste sembraba en el ánimo de los jóvenes nacidos en el Este del país. Criado por sus padres en el seno de una de las familias de mayor abolengo de Nueva York, su existencia había transcurrido en un radio de menos de cuatro kilómetros cuadrados de Manhattan, que abarcaban su casa, la

Universidad de Columbia y las oficinas de su padre en Wall Street.
Solamente durante los meses de verano, cuando la familia se trasladaba
a la mansión de Staten Island, escapaba Cornelius de los apretados
edificios de la ciudad para disfrutar de la naturaleza y de los espacios
abiertos. Ahora, que sentía la libertad de haber cumplido cabalmente
los deberes de hijo, esposo y padre, se le presentaba, finalmente, la
oportunidad de realizar alguno de sus sueños: la compañía en la que
había invertido una suma cuantiosa de dinero necesitaba contratar
un vigilante que se encargara de brindar protección a los viajeros en
la ruta de la línea ferroviaria y él quería ver de cerca el mítico Oeste.

En vista de la categoría del mensajero, William Aspinwall dispuso
que uno de los barcos de la flota de Howland & Aspinwall, el *City of
New York*, hiciera una escala especial en el pequeño puerto de la isla
de Galveston frente al territorio de Texas. Allí había desembarcado
Cornelius Van Wyck para trasladarse luego a Houston en busca de
alguien que pudiera guiarlo al rancho de Randolph Runnels, ubicado
en «algún lugar de la planicie texana a orillas del río Colorado». Luego de una semana de tratar de acostumbrarse a los saltos y tumbos de
la carretera, Cornelius había comenzado a disfrutar de su aventura.
Para no perder detalle del paisaje, iba sentado junto a su guía, el indio
Joe, hombre no solamente de pocas palabras sino también de pocos
gestos. Nunca había conocido Cornelius a alguien tan ensimismado.
Cuando tuvo la confianza para preguntarle el porqué de sus inago-
tables silencios, Joe dejó asomar lo que podía pasar por una sonrisa,
le clavó aquellos ojos empequeñecidos de tanto mirar lejanías y dijo:

—No sé cómo será allá de donde usted viene, pero en Texas, lo
mismo que en Nuevo México y en Arizona, gente como yo pasamos
la vida recorriendo distancias, sin nadie con quien conversar. Terminamos hablando con los caballos, con los perros, con las piedras, con
el camino... y ellos nunca contestan.

La nueva frontera había dejado en Cornelius Van Wyck sentimientos encontrados. El horizonte era ilimitado y en los días claros
aparecía dibujado por montañas irregulares y azuladas, pero el verdor y los ríos caudalosos imaginados no formaban parte del paisaje
de Texas, en cuyas interminables llanuras predominaban el ocre y el
amarillo. Los ríos eran en su mayoría de aguas poco profundas y
quietas, indiferentes a su destino de morir en el mar. Solamente en

uno de ellos fue necesario recurrir al rudimentario trasbordador de madera y barriles tirado por sogas para llevar la carreta de una orilla a otra.

Con la caída de la tarde Cornelius y su guía llegaron a orillas del Colorado. Apurado por seguir con su misión, el magnate neoyorquino sugirió atravesarlo enseguida. El indio Joe, sin embargo, detuvo la carreta y gruñendo expresó su decisión de esperar hasta el día siguiente.

—Es más seguro —fue lo único que alcanzó a entender Van Wyck.

Bajo la sombra incierta de un emparrado retorcido, Ran Runnels descansaba de las primeras labores del día. En la cocina de la destartalada vivienda reposaban dos cubetas con leche recién ordeñada y en el primer corral las gallinas y los cerdos terminaban de consumir las sobras del día anterior. Dentro del establo, un par de vacas rumiaban forraje sin apuro mientras recibían estoicamente las embestidas de sus recientes crías, desesperadas por la poca leche que quedaba. Más allá del otro corral, ocupado por tres caballos y dos burritos, el pequeño maizal acababa de dar sus primeros frutos.

—Tendremos buen grano este año —había exclamado Octavia cuando vio a su hermano entrar a la cocina cargando las primeras mazorcas.

Como de costumbre, Ran no hizo comentarios.

Todavía se maravillaba Octavia del cambio sufrido por el antiguo *ranger* luego de la visita del predicador James Horn a la hacienda de los Runnels. Año y medio había transcurrido desde que aquel hombre alto y huesudo se presentó inesperadamente en la casa, preguntó por Randolph Runnels, y ambos se sentaron a conversar a solas. Tres horas después su hermano se había transformado. Colgó las armas sobre la chimenea, dejó la vida nómada y se consagró a cuidar de la pequeña hacienda familiar. En las cantinas de Colorado Flats no se supo más del *ranger* que se había hecho famoso por su valentía, su capacidad de mando y, sobre todo, por sus excesos. Sus hazañas en la guerra contra los comanches y contra el ejército mexicano eran ya leyenda, lo mismo que lo era su implacable persecución de cuatreros y facinerosos durante los días en que Runnels representaba la autoridad en los nuevos territorios. Su fama había trascendido más cuando, hastiado de perseguir criminales, se dedicó en cuerpo y alma al juego, al licor y a las mujeres. Fue por aquel entonces cuando misteriosamente apareció el hombre de Dios. Y a la pregunta de Octavia sobre qué le había dicho el reverendo para hacerlo cambiar tan radicalmente, su hermano se había limitado a responderle: «Me habló de una misión que debo cumplir antes de partir de este mundo».

Ni siquiera la noticia de las fabulosas minas de oro descubiertas en California, que como candela en pasto seco había recorrido las llanuras texanas, impresionaron a Randolph Runnels. Cuando la mayoría de sus vecinos entablaron sus viviendas para emprender viaje hacia El Dorado, él continuó la existencia apacible y monótona de los hacendados que comenzaban a poblar la nueva frontera, esperando pacientemente que se cumpliera la profecía anunciada por el reverendo Horn. En contadas ocasiones recibía la visita de algún antiguo amigo de correrías con el que se sentaba a rememorar, más por compañerismo que por interés, las aventuras de lo que él llamaba su «otra vida». Siempre terminaba por rechazar cualquier insinuación de reincorporarse a sus funciones de vigilante. Hasta aquel día de fines de 1850, cuando se presentó en su rancho el señor venido del Este.

Una hora antes de que llegara el carromato que conducía a Cornelius Van Wyck, Ran Runnels había avistado la pequeña columna de polvo que se acercaba desde las márgenes del río Colorado.

—Alguien se aproxima —gritó Octavia desde la puerta de la cocina.

—Una carreta —respondió Runnels.

Y se sentó a esperar. Un extraño presentimiento le susurraba que su vida estaba a punto de cambiar, presentimiento que quedó confirmado cuando observó la vestimenta de enterrador del individuo que, todo empolvado, descendía con dificultad del pescante.

—¿Randolph Runnels? —preguntó el visitante.

—Para servirle. Ella es mi hermana Octavia.

Poco impresionado por la mediana estatura, la esbeltez y las facciones agradables del famoso *ranger*, el recién llegado se presentó.

—Soy Cornelius Van Wyck. He viajado desde Nueva York y vengo a hacerle una proposición.

—Ya lo sé —respondió Runnels—. Hace tiempo que lo esperaba.

Cornelius sintió un estremecimiento que se convirtió en escalofrío al contemplar los ojos azules, a la vez profundos y fulgurantes, con los que Runnels parecía escudriñarle el alma.

—¿Dice usted que me esperaba?

—Es una larga historia. Pero no deje que mi impaciencia por escucharlo me haga olvidar los buenos modales. ¡Octavia, sírvenos por favor café y tortillas! Y atiende también al conductor de la carreta. Estaremos bajo el emparrado.

Runnels esperó que Van Wyck se sentara para tomar asiento él también, se llevó la mano a la sien derecha, inclinó la cabeza, entrecerró los ojos y comenzó a hablar:

—Me contará de un gran río plagado de monstruos, pestilencia y dolor. También me dirá de un largo camino que unirá dos mundos y de criminales, asaltos y muertes. Me pedirá que lo ayude a restablecer allá las leyes de Dios y de los hombres.

Asombrado, Van Wyck pensó en el río Chagres, en la vía del ferrocarril, en la fiebre de los pantanos, en la banda criminal de los Darieni, y de nuevo lo sacudió aquella extraña impresión de estar frente a lo sobrenatural.

—Efectivamente, le hablaré de todo eso, pero ¿cómo lo sabía usted?

—Es algo personal. Digamos que se trata de una misión a la que he sido llamado. Ahora cuénteme, con detalle, qué espera usted de mí.

Contagiado por la exótica personalidad de su interlocutor, Cornelius Van Wyck dejó a un lado su temperamento flemático y, con inusual entusiasmo, comenzó a relatar lo trascendental que resultaba para el país y el mundo la aventura en que estaban empeñados los directores de la Panama Railroad Company. Habló del oro de California, del desarrollo del Oeste, de los viajeros que incesantemente iban y venían, de las dificultades en la construcción de la línea, de la pestilencia de los pantanos, de la mortandad de los trabajadores...

—Y ahora —se sorprendió diciendo—, a la ira con la que Dios defiende la naturaleza creada por Él, debemos agregar la malevolencia de hombres desalmados que se aprovechan de la desventura y necesidades del prójimo para asesinar y robar a mansalva. Las autoridades locales son incapaces de imponer orden y es por ello que necesitamos de alguien con experiencia y dedicación que nos ayude a construir en paz una obra que significará progreso para toda la humanidad, para nuestro país y, por supuesto, para nuestra empresa.

—¡Bien dicho! —exclamó Runnels y añadió lacónico—: Acepto con dos condiciones: debo tener autoridad absoluta para combatir a los malhechores y mis decisiones, por más severas que parezcan, serán acatadas y apoyadas por la empresa.

—De acuerdo —confirmó Van Wyck sin titubear.

—Entonces partiremos esta misma tarde —anunció Runnels, levantándose.

—No sabemos cuándo llegará a Galveston el próximo navío —dudó Van Wyck.

—No vamos a Galveston, amigo mío. Llegaremos más rápido y seguro si cabalgamos hasta Nueva Orleans, desde donde zarpan barcos todas las semanas.

—¿Cabalgamos? —preguntó Van Wyck, alarmado.

Por primera vez asomó en el rostro del *ranger* la sombra de una sonrisa.

—Usted irá en su carreta. Yo cabalgaré a su lado.

Ran Runnels se dirigió luego hacia el interior del rancho, llamó a su hermana y le dijo que el momento de cumplir la misión encomendada por el enviado divino había llegado.

—Escribiré a menudo para que te sientas orgullosa de tu hermano.

Octavia se persignó.

Comenzaba el año 1851 y mientras, casi en silencio, Randolph Runnels y Cornelius Van Wyck atravesaban los territorios de Texas y Louisiana, en Nueva York los directores de la Panama Railroad Company se reunían para escuchar a John Stephens, recién llegado de Panamá.

—Me temo que las noticias no son muy alentadoras —advirtió William Aspinwall—. Nuestro presidente nos pondrá al corriente de la situación en que se encuentra actualmente el proyecto ferroviario.

—Pues bien, señores —comenzó John—, como ocurre siempre, hay buenas y malas nuevas. Las buenas son que con mucho esfuerzo Totten, Baldwin y su gente han logrado superar los primeros obstáculos y hoy, a menos de un año del inicio de los trabajos, surgen en la isla de Manzanillo las primeras estructuras de la futura terminal atlántica. A pesar de que cuando llueve mucho el sitio todavía sufre inundaciones, se ha logrado colocar los primeros rieles sobre una calzada que atraviesa la isleta, cruza el canal y avanza hasta la mitad del Pantano Negro, que es nuestro principal enemigo. Se calcula que para el mes de marzo, cuando menos llueve en el sector atlántico, los rieles llegarán finalmente hasta Monkey Hill, lugar en el que verdaderamente comienza la tierra firme y donde el doctor Totten tiene casi acondicionado el hospital... y terminado el cementerio. Resulta difícil describir o imaginar siquiera las enormes dificultades que nuestros contratistas han debido vencer. Baste decir que de los quinientos trabajadores contratados recientemente por Totten en las islas del Caribe, más de la mitad han muerto y, del resto, una tercera parte padece algún tipo de enfermedad y no puede trabajar. Con todo, los negros caribeños han demostrado ser los que mejor resisten el ataque despiadado de las enfermedades. De los trabajadores blancos, quedan muy pocos.

—Hasta Trautwine renunció —interrumpió el vicepresidente Center, contrariado.

—Así es, pero ésa es otra historia de la que podemos hablar más tarde. Lo cierto —continuó Stephens— es que para sostener el ritmo de trabajo hace falta tomar varias medidas con urgencia. En primer lugar, es preciso contratar más ingenieros y más braceros. Totten estima que ahora que la construcción empezará en firme será necesario mantener un promedio de cuarenta ingenieros y ochocientos peones. Además, para facilitar los trabajos y acelerar el ritmo debemos enviar al istmo, cuanto antes, una locomotora y carros de carga que permitan el traslado de las cuadrillas y materiales a los sitios de avanzada. También debemos embarcar materiales y equipos para proseguir con la construcción de las viviendas de los obreros, acabar la terminal y las oficinas en Manzanillo y reforzar las estructuras de los muelles, que todavía son provisionales. Igualmente, el doctor Totten me ha pedido algunos equipos necesarios para concluir las instalaciones del hospital. Me asegura que tiene un plan que le permitirá muy pronto ser autosuficiente, por lo que no solicitará más dinero de la empresa.

—¿Un plan? —preguntó Aspinwall.

—Así es. No ha querido darme detalles. Como saben, el doctor Totten es un individuo muy peculiar, aunque como médico es dedicado y eficiente.

—¿Algo más? —volvió a preguntar Aspinwall.

—Sí. Un último asunto. En el istmo prevalece la ley del más fuerte y se ha desatado una ola generalizada de crimen y violencia frente a la cual las autoridades locales se sienten impotentes. Las reyertas entre nativos y extranjeros son cada día más frecuentes y, lo que es peor, recientemente apareció una banda de facinerosos que se hace llamar los Darieni y se dedican a asaltar a todo el que atraviesa el istmo. Son varios los asesinatos cometidos y los robos ya superan los cien mil dólares. Dos días antes de embarcarme mataron a uno de nuestros mensajeros y lo despojaron de treinta mil dólares que llevaba para pagar la plantilla. Necesitamos con urgencia un servicio privado de seguridad y el gobernador del Departamento me ha dado su autorización verbal para organizarlo. Por razones obvias, rehúsa dármela por escrito.

—Precisamente, Cornelius Van Wyck se ocupa ahora de esa misión —dijo Aspinwall—. Mientras hablamos él anda por Texas tratando de contratar al más recomendado de los *rangers*.

—¿Cornelius? —preguntó Stephens, entre asombrado y divertido.

—¡Cornelius! —respondieron varios.

—Cuando discutimos el tema en una de las últimas reuniones —explicó Aspinwall, sonriente—, nos enteramos que, desde joven, nuestro austero director ha sentido una gran atracción por el Oeste, así que se ofreció de voluntario para ir en busca de Randolph Runnels. A pesar de que no es fácil imaginarse a Cornelius cabalgando por las planicies texanas, no dudamos de su éxito.

—Parece increíble —comentó Stephens.

—Volviendo al tema que nos ocupa —intervino el vicepresidente Center—, entiendo que lo que se espera de nosotros es más dinero.

—Así es, Alexander —respondió Aspinwall—. Para cumplir con las prioridades expuestas por John, calculamos que hace falta aportar por lo menos medio millón de dólares adicionales, que serían suficientes para llevar las obras hasta el poblado de Cruces. Parte de esa suma se invertiría en la construcción del primer puente sobre el río Chagres.

—Medio millón más... —musitó James Brown.

—Por ahora... —acotó Edwin Barlett.

—Tal vez sea el momento oportuno de hablar sobre algunas ofertas que se han recibido de terceros para la adquisición de acciones —adelantó William Aspinwall.

—¿Para adquirirlas en Bolsa? —preguntó Stephens.

—Sí, pero con condiciones —respondió Aspinwall. Y tras un momento de vacilación, añadió—: Se trata, de nuevo, de nuestro nunca bien ponderado amigo George Law. Hace un par de días me envió un mensajero con la propuesta de adquirir en Bolsa acciones de la empresa por un monto de trescientos mil dólares a cambio de un puesto en la Junta Directiva.

—Ese tipo es insaciable —comentó Center indignado—. Primero nos causa enormes perjuicios con un chantaje inmobiliario, que nos obligó a construir la línea por la peor ruta, y ahora pretende sentarse a departir con nosotros, como si nada. ¿Quién entiende a ese maldito irlandés?

—Según él —dijo William—, lo pasado, pasado, y ahora toca mirar al futuro. Además, su mensajero me ha recordado que el comodoro Vanderbilt está presionando para abrir una ruta rival por Nicaragua y que sería de interés para ambas empresas navieras aliarse contra Vanderbilt. «El enemigo de mi enemigo es mi amigo», es una de las expresiones favoritas de Viejo Roble.

—¿Qué piensas tú, William? —quiso saber Stephens.

—Que prefiero que un individuo tan problemático no esté sentado en nuestra Junta Directiva y estoy dispuesto a aportar el capital adicional que fuera necesario. Pero me someto al criterio de la mayoría y entendería si deciden aceptar su dinero.

—Mis bolsillos no serán tan profundos como los tuyos, William, pero sí mi dignidad —afirmó Center—. Sugiero que acordemos invertir la suma que hace falta para completar el medio millón. Más adelante, con más elementos de juicio, podemos reunirnos a analizar la reestructuración del capital.

Palabras más, palabras menos, cada uno de los directores se hizo eco de lo expresado por Alexander Center y la moción de aportar medio millón de dólares adicionales fue aprobada por unanimidad.

Al tiempo que en Nueva York los directores de la Panama Railroad Company tomaban la decisión de continuar sosteniendo con recursos propios el proyecto ferroviario en el istmo de Panamá, el comodoro Cornelius Vanderbilt arribaba a San Juan del Norte, un improvisado y miserable puerto ubicado en la costa atlántica de Nicaragua donde aventureros alemanes, ingleses y franceses convivían con los indios mosquitos. Años atrás, con el apoyo de los nativos, los ingleses habían intentado establecer allí una colonia y todavía mantenían cierto control en la región. La mañana del 22 de diciembre de 1850, el comodoro desembarcó de su buque insignia, el *Prometheus*, y subió a bordo de *El Director*, un pequeño vapor de poco calado y gran potencia, construido especialmente para él y enviado a San Juan del Norte con el propósito específico de demostrar la factibilidad de la ruta fluvial a través de Nicaragua. Tres meses antes, su hombre de confianza y segundo de a bordo, el coronel Orville W. Childs, había destrozado otro vapor, el *Orus*, en un fracasado intento de ascender las ciento veinte millas que recorría el río San Juan desde el lago de Nicaragua hasta su desembocadura en el mar Caribe. Fue cuando escuchó el reporte negativo de Childs que el comodoro decidió demostrar personalmente que sí se podía.

—El caudal no es suficiente, los rápidos son imposibles de navegar y hacia la mitad del trayecto hay un salto de agua insalvable —había asegurado Childs a Vanderbilt.

—¡Tonterías! —había respondido el comodoro—. Aunque tengamos que dragar el río o reconstruir su cauce, la ruta será posible. Y no solamente posible, sino la mejor para trasladarse del Este del país a California. No voy a permitir que el idiota de Aspinwall se salga con la suya. Antes de que él termine de construir su maldito ferrocarril en Panamá, tendré establecida la vía acuática a través de Nicaragua. Recuerda que a la hora de transportar gente y mercadería los barcos siempre serán más eficientes que los ferrocarriles. Es una cuestión matemática.

A mediados de 1850, el comodoro había logrado con su característica tenacidad, que, a cambio de una pequeña suma de dinero y muchas promesas, el gobierno de Nicaragua le otorgara la concesión para construir un canal a través de su territorio aprovechando el río San Juan y el gran lago. Aunque la extensión de la ruta era más del doble de la de Panamá, las cien millas navegables del lago simplificaban enormemente el proyecto. Además, las costas de Nicaragua se hallaban trescientas millas más cerca de los Estados Unidos que las de Panamá, lo que ahorraría varias semanas a los viajeros. Pero la naturaleza no era el único enemigo que Vanderbilt debía enfrentar.

El gobierno inglés veía con recelo la intromisión del magnate norteamericano en la única área de influencia que todavía conservaba Gran Bretaña en la meseta centroamericana después que el presidente Monroe afirmara que América era para los americanos. Los británicos controlaban el puerto de San Juan del Norte, bautizado por ellos con el ilustrativo nombre de Greytown, y no estaban dispuestos a permitir la construcción de ningún canal que partiera de allí. Tras muchas escaramuzas diplomáticas, los británicos consideraron salvaguardados sus intereses con la firma del Tratado Clayton-Bulwer por medio del cual el gobierno norteamericano se comprometía a compartir con Inglaterra el control de cualquier canal que se construyera en Centroamérica. Vanderbilt quedó, así, en libertad de ejecutar su proyecto.

La rivalidad entre el comodoro Vanderbilt y William Aspinwall iba mucho más allá del empeño por controlar las rutas marítimas que ambos explotaban. Acostumbrado a jugar sin reglas con tal de obtener ventaja, Cornelius Vanderbilt resentía el éxito alcanzado por un adversario que practicaba los negocios apegado a las normas éticas.

—¡Un hipócrita, eso es lo que es Aspinwall, un gran hipócrita! —estallaba tan pronto como se enteraba de algún triunfo del presidente de Howland & Aspinwall.

Y así, cuando a principios de 1850 circuló la noticia de que su rival estaba construyendo un ferrocarril a través del istmo de Panamá, Vanderbilt le declaró la guerra.

—Llevo más de un año estudiando la ruta por Nicaragua y no voy a permitir que ese advenedizo estropee mis planes, mucho menos ahora que todo el mundo quiere ir a California. Aunque tenga que invertir toda mi fortuna, la ruta de Nicaragua prevalecerá —había sentenciado.

Un año más tarde, desde la cabina de mando de *El Director*, Cornelius Vanderbilt se aprestaba a revivir, con entusiasmo infantil, los días lejanos de su juventud, cuando era reconocido como uno de los más intrépidos capitanes que surcaban los mares del Caribe. A su lado, el coronel Childs escuchaba con aprensión las órdenes que impartía su jefe y amigo.

—Quiero todo el vapor que puedan darme, y lo quiero ya —gritaba el comodoro, la blanca melena al viento y la mirada fija en los primeros rápidos del río.

—Vigilen las ruedas laterales y olvídense del casco, que de ese me ocupo yo —volvió a gritar—. ¿Estamos listos? Entonces... ¡adelante!

Cornelius soltó una carcajada demencial, empujó hasta el fondo la palanca de mando, se aferró firmemente al timón e inició el ascenso del correntoso río. Para sorpresa de Childs, el pequeño pero aguerrido vapor, contagiado sin duda por el loco entusiasmo de su comandante, saltaba los bancos de arena y las rocas más salientes del cauce.

—No hay maquinaria ni ruedas que aguanten semejante maltrato —vociferó Childs.

—Éstas están fabricadas con ese propósito —gritó de vuelta el comodoro—. Son como yo.

Y soltó otra carcajada.

Tres días después, con Cornelius Vanderbilt en el timón y muchos menos percances de los anticipados por Childs, *El Director* llegaba hasta las cascadas de El Castillo, un poco más allá de la mitad del trayecto. Estas cascadas, de ocho pies de altura, eran las que habían determinado que Childs considerara imposible la ruta del río San Juan.

—Lograste traer el vapor hasta aquí, Cornelius —dijo Childs, que no dejaba de sorprenderse ante el entusiasmo y tenacidad del comodoro—. Francamente, nunca había visto un navío volar sobre piedras.

—Todavía nos falta ascender hasta el lago —respondió Vanderbilt, mientras contemplaba, pensativo, la cortina de agua que caía frente a ellos.

—¿No pretenderás que el vapor también salte la catarata? —bromeó Childs.

—No es una catarata sino una simple cascada, Orville. En cualquier caso, mi locura no llega a tanto. Pero te aseguro que antes de una semana *El Director* estará navegando en el lago de Nicaragua.

Y así fue. Cornelius Vanderbilt desmontó las calderas, el puente y las paletas y con un cabrestante que amarró a los árboles de la orilla izó el casco del pequeño vapor por encima de las cascadas, bajo la mirada atónita de Childs y de la tripulación. En la orilla del lago lo volvió a armar y tres días más tarde *El Director* había completado la ruta fluvial y se deslizaba ufano en las tranquilas aguas lacustres.

Tras bordear la costa y alcanzar la ciudad de Granada, trayecto que desde los tiempos de la colonia recorrían quienes hacían la ruta de Nicaragua, el comodoro fue agasajado con gran pompa por el alcalde, a quien preguntó la distancia que los separaba del océano Pacífico. «Cincuenta millas, más o menos, hasta el puerto de Realejo. En carreta se tardan dos días», le informó el alcalde. «¿Y no hay algún punto donde las riberas del lago estén más próximas a la costa?», insistió el comodoro. «Sí, pero no existen caminos ni puertos en el área», respondió el alcalde. «Los caminos y los puertos se construyen», gruñó el comodoro, y partió en su vapor a explorar la ribera sur del lago.

Dos semanas después, Cornelius Vanderbilt había concluido el trazado definitivo de su ruta. El vapor ascendería setenta millas por el río San Juan hasta las cascadas de El Castillo. En este punto los pasajeros subirían a otro vapor que haría la travesía desde El Castillo hasta el lago de Nicaragua, por el que navegarían cincuenta millas para alcanzar la ciudad de Rivas, desde donde se construiría un camino carretero de unas veinte millas adicionales hasta llegar al litoral del Pacífico. Como aquí no había ciudad ni puerto, el comodoro dispuso construirlos de inmediato.

—¿Lo nombraremos Vanderbilt? —preguntó, solícito, el coronel Childs.

—No, Orville. Seamos consistentes. Lo llamaremos San Juan del Sur, que también es un nombre lógico, fácil y sonoro para la nueva ruta. ¿No te parece?

7

Peter Eskildsen terminó de contar el dinero, guardó parte en la caja fuerte y el resto dentro de las alforjas. Eran las dos de la mañana pasadas y se retiró a su habitación en la planta alta de su hotel de Yankee Chagres para dormir unas horas antes de emprender viaje. Como de costumbre, en Gorgona recogería las ganancias acumuladas durante el último mes de operaciones de la sucursal del American House y seguiría hasta Panamá, donde utilizaría parte del dinero para terminar de pagar a Damián González lo acordado por la compra de su participación en la empresa. «Buen negocio hizo Damián —se dijo Eskildsen—, cinco mil pesos por la cuarta parte de una empresa en la que hacía dos años sólo había aportado una docena de mulas. ¡Síntomas de la fiebre del oro!». El resto de las ganancias se las entregaría a su socio, José Hurtado, quien, junto a las producidas por el hotel de la capital, las dejaría finalmente bajo custodia en la casa de valores recién inaugurada por William Nelson y su socio, el sueco Iván Zachrisson. Algún día no muy lejano también le compraría a Hurtado su participación en la sociedad. Después de todo, era él, Eskildsen, quien hacía todo el trabajo.

Mientras trataba de conciliar el sueño, Peter se felicitó por la decisión de abrir en Yankee Chagres un hotel que contara con una gran sala de juegos, un bar y cuartos de ocasión. Desde hacía varios meses casi toda la actividad comercial se había trasladado del villorrio de Chagres al nuevo pueblo levantado en la orilla opuesta del río por la compañía del ferrocarril y algunos especuladores norteamericanos. En un principio, los nativos no le dieron mayor importancia al asunto porque todavía mantenían el monopolio de transporte en el río, pero desde hacía dos meses habían comenzado a llegar al área pequeñas embarcaciones, rápidas, seguras y equipadas con maquinarias de vapor y otras comodidades, que habían ido desplazando a los bongos y mermando considerablemente la poca ganancia de los habitantes de Chagres. Muchos se resentían de que Eskildsen los hubiese abandonado y otros lo acusaban abiertamente de haberse pasado al enemigo. «Hay que evolucionar al ritmo del progreso», respondía el nórdico, recordándoles que tiempo atrás les había aconsejado utilizar las ganancias que producían los bongos para adquirir botes más modernos que les permitieran mantener el control de la ruta, consejos que los nativos habían escuchado como quien oye llover. A consecuencia de la creciente rivalidad, hacía dos días se había producido el más grave de los enfrentamientos entre nativos y foráneos. Lo que había comenzado como una simple disputa por pasajeros entre un botero y el timonel de una de las nuevas embarcaciones, había degenerado en una batalla campal entre los negros de Chagres y los blancos de Yankee Chagres. Como saldo, ocho nativos y tres extranjeros habían perdido la vida y los heridos sumaban más de cien. Consternados, Eskildsen y los representantes del ferrocarril convocaron a los líderes de ambos bandos para lograr una tregua fundamentada en una distribución equitativa del negocio. A pesar de que se había alcanzado un acuerdo, Eskildsen estaba convencido de que éste obedecía más al cansancio de la batalla y a la necesidad de continuar con el transporte de los pasajeros que a la expectativa de que el pacto mantuviera su vigencia.

En el fondo, Eskildsen sentía lástima por los habitantes de Chagres, cuya ignorancia les impedía comprender las graves transformaciones que sufría el istmo. Era obvio que los intereses de los empresarios extranjeros terminarían por tragarse la precaria actividad comercial que realizaban los nativos, incluido el transporte de gente en sus rudimentarios bongos. Ya los primeros muleros habían visto con impotencia cómo las nuevas empresas, con más capital y mejor organizadas, los desplazaban de la ruta terrestre. Pero el progreso era

irrefrenable y no adaptarse equivalía a quedar a la zaga y desaparecer.
Él lo había entendido así desde un principio y por eso su cadena de
hoteles, sus casas de juego y prostitución, y su empresa de transporte terrestre, competían favorablemente con las extranjeras. Aunque
ignoraba el monto de su fortuna, Peter Eskildsen sabía que era un
hombre rico, lo que le producía una íntima satisfacción.

En el American House de Gorgona, el hombre del norte de Europa siguió la misma rutina: contó el dinero, guardó en la caja fuerte
una porción como reserva para gastos y pago de apuestas y colocó
en las alforjas el resto de las ganancias. Desde su llegada, había organizado con Julián Zamora la recua de mulas que lo conduciría al día
siguiente hasta Panamá.

El joven peruano despertaba sentimientos encontrados en el ánimo
de Eskildsen, que lo había contratado atendiendo la recomendación de
su socio, Hurtado. «Zamora ha tenido mala suerte, pero es un tipo
serio y muy trabajador que quiere ahorrar dinero para pagarse su pasaje de regreso a Perú», le había dicho Hurtado, con algo de lástima.
Eskildsen lo había destinado originalmente a custodiar los establos de
Gorgona, pero el muchacho había ido haciendo méritos hasta ganarse la posición de gerente de Transportes Hurtado y Eskildsen. A pesar
de que era organizado y responsable, había en la actitud del inca algo
difícil de precisar que inquietaba al nórdico. Sus prolongados silencios, su temperamento hosco y taciturno, el poco agrado con el que a
veces parecía realizar sus labores, inclinaban a Eskildsen a pensar que
Julián Zamora albergaba un profundo rencor. «Características de su
raza o consecuencias de la experiencia vivida en el istmo», se decía
para justificarlo.

Esa tarde Eskildsen había sentido un gran alivio cuando Julián
le informó que con él viajaría un grupo de seis argonautas, armados
hasta los dientes y dispuestos a defender con sus vidas el dinero que
llevaban, producto de la venta de todos sus bienes. Al salir de su oficina no reparó en que uno de los meseros le observaba con atención.
No bien el nórdico subió a su habitación, el mozo abandonó el hotel
y se encaminó a la cantina Goldiggers Hole, a un costado del parque,
la más popular y la más escandalosa de todas las que habían surgido
a lo largo de la ruta transístmica. Se ofrecían allí bebidas baratas y
prostitutas de la peor calaña. Su propietario, Tim O'Hara, era un anti-

guo marino, el mismo que hacía año y medio había sido abandonado en Chagres por el capitán Cleveland Forbes como sanción por la acusación de embriaguez e intento de violación de su esclava que le había formulado la pasajera Elizabeth Benton.

Tan pronto vio entrar al mesero, Tim se levantó de la mesa en la que compartía risotadas con tres mujeres ebrias, hizo una seña a dos individuos que se encontraban en la mesa contigua y se dirigió a la oficina situada en el fondo del salón. Un minuto más tarde, los cuatro hombres estaban reunidos alrededor de una mesa destartalada que hacía las veces de escritorio.

—¿Qué traes, Manuel? —preguntó Tim en pésimo español.

—Como todos los meses, llegó el albino a recoger la plata.

El capitán Vinicio Céspedes, desertor del ejército de la Nueva Granada y hombre de rostro inexpresivo, preguntó:

—¿Estás seguro?

—Lo vi entrar en la oficina con las alforjas vacías y cuando salió estaban abultadas. Todos los meses sigue la misma rutina.

—¿Y a qué hora partirá para Panamá? —volvió a preguntar Céspedes.

—Acostumbra salir de madrugada.

—¿Irá solo? —preguntó O'Hara.

—No creo. Casi siempre aprovecha el viaje para llevar otros clientes de su empresa de transporte —explicó el mesero.

—Otros clientes que seguro también llevan dinero contante y sonante... —observó el desertor.

—Necesitaremos por lo menos diez hombres para esta misión —dijo O'Hara—. Habrá que avisar al Jaguar. ¿Crees que podrás localizarlo esta misma noche?

La pregunta había sido dirigida al cuarto hombre, que hasta ese momento permanecía impávido, sin abrir la boca.

—Mi contacto me ha dicho que el Jaguar está en Gorgona preparando su próximo asalto —respondió el aludido—. Pero si el albino lleva tanto dinero como dice Manuel, estoy seguro de que se sumará.

—Entonces avísale que dentro de una hora nos encontraremos en el lugar de siempre.

Después que el capitán Cleveland Forbes lo abandonara a su suerte en el poblado de Chagres, Tim O'Hara había decidido embarcarse rumbo a California en busca de un nuevo destino. La providencia quiso que en el bongo en el que trabajaba como remero para pagar su pasaje hasta Gorgona viajara también un hacendado de Virginia que acababa de vender sus bienes para comprar una mina en California. Tim se hizo pasar por un huérfano que hacía dos años había quedado solo en el mundo y que pagaba su pasaje con trabajo para irse al Oeste en busca de una nueva vida. «A Chagres llegué sudando en las calderas de un vapor a cambio del pasaje y la comida y ahora tengo que remar para pagarme el transporte hasta Gorgona. Cuando llegue a Panamá trataré de enrolarme como tripulante en algún barco que me lleve a San Francisco». Gratamente impresionado por aquel joven voluntarioso y esforzado, el antiguo hacendado dispuso contratarlo como ayudante ofreciéndole a cambio de sus servicios el pago del pasaje hasta California. «Si todo sale bien, después podrás trabajar en la mina conmigo», había prometido. Apenas dejaron Gorgona, Tim se las ingenió para que el hacendado le confiara que llevaba encima cerca de veinte mil dólares y enseguida comenzó a planificar cómo robárselos. Mientras pernoctaban en Cruces, convenció al mulero que los acompañaba para que después de salir del poblado se adelantara y lo dejara solo con la futura víctima. «Lo va a asaltar, ¿no? ¿Qué me tocará a mí?», preguntó el mulero. «Un porcentaje de lo que yo obtenga», respondió Tim. «¿Cuánto?», insistió el mulero. «Todavía lo ignoro, pero no serán menos de mil dólares», dijo Tim. «¡Trato hecho!», exclamó el mulero.

Ese día había comenzado la vida criminal de Tim O'Hara. Cuando, indignado por el engaño, la víctima rehusó entregar el dinero que llevaba oculto bajo la ropa, Tim lo golpeó hasta dejarlo sin sentido y con el propio revólver del desgraciado, un hermoso Colt de cinco tiros, le dio un tiro en la cabeza, arrojó el cadáver a lo profundo de un acantilado y se sentó a esperar el regreso del mulero. Cuando éste llegó, ya los buitres sobrevolaban en círculo el lugar donde reposaban los restos del desventurado.

Con el dinero robado, Tim adquirió la cantina que ahora le servía de guarida y se dedicó a organizar el más lucrativo negocio de asaltar viajeros. Manuel, el mulero que había sido su cómplice, se convirtió en el líder de su banda. Actualmente trabajaba como mesero en el mejor hotel de Gorgona, el American House, sitio en el que pasaban la noche los aventureros más ricos, y acababa de llevar a su jefe el informe sobre Peter Eskildsen.

La cuadrilla de Tim O'Hara constaba de apenas seis hombres, todos de su confianza, suficientes para los asaltos de poca monta que llevaba a cabo el antiguo marino. Desde hacía cuatro meses, sin embargo, había aparecido un competidor en la ruta, una banda más numerosa y mejor organizada, conocida como los Darieni, cuyo jefe se hacía llamar el Jaguar. Cuando Tim se percató de que se trataba de gente más sanguinaria y más osada que la suya, envió un mensajero con la propuesta de operar juntos. El Jaguar aceptó un acuerdo que consistía en que Tim suministraba información precisa sobre los viajeros y los Darieni llevaban a cabo el asalto con la ayuda de algunos de los hombres de Tim. Habían llevado a cabo ya tres con éxito y el antiguo marino se sentía satisfecho con el veinticinco por ciento del botín. Pero, en el fondo, Tim no aceptaba que el Jaguar y sus Darieni se hubieran convertido en líderes de la delincuencia dejándolo a él en un segundo plano, y le molestaba más todavía la aureola de misterio y leyenda que rodeaba al jefe de los Darieni, cuyo rostro nadie había visto nunca. A pesar de todo, estaba dispuesto a seguir con el acuerdo mientras le dejara buenas ganancias y lo acercara más a su sueño de acumular dinero suficiente para trasladarse a San Francisco y adquirir una sala de juegos y —¿por qué no?— quizás algún día su propia mina de oro.

Al alba partieron de Gorgona en sendas mulas Peter Eskildsen, seis argonautas y tres muleros. A la misma hora se reunían junto al desfiladero del río Obispo los Darieni y los hombres de Tim, once en total. Como de costumbre, el Jaguar y sus hombres se cubrían el rostro, no así los tres hombres de O'Hara, quien estaba convencido de que actuar con el rostro descubierto era la mejor garantía de que no quedarían testigos después de cada asalto. Luego de discutir el plan de ataque, los malhechores llegaron en sus caballos al lugar en que se iniciaba el ascenso hacia el poblado de Cruces, un área abierta rodeada de arbustos donde resultaría fácil ocultarse y caer sobre sus víctimas.

Un poco pasadas las ocho de la mañana, Eskildsen y los argonautas se detuvieron para dar descanso a las mulas antes de remontar la cordillera. No habían terminado de apearse cuando sonaron los primeros disparos que hirieron de muerte al que iba detrás de Peter. Los otros intentaron escapar, pero ya estaban rodeados por los asaltantes, que desde sus monturas disparaban sin cesar. Eskildsen y los argonautas respondieron el fuego logrando herir y derribar a dos de los forajidos. En medio de la refriega, el nórdico pudo encaramarse a una de las cabalgaduras que habían quedado sin jinete. En ese instante sintió el impacto de un balazo en el hombro izquierdo, pero se aferró a la crin del animal y emprendió la huida por el camino que conducía de vuelta a Gorgona. «Sigan al albino», gritó alguien. «Dispárenle al caballo», ordenó el Jaguar. Transcurrió menos de un minuto antes de que la cabalgadura de Eskildsen se desplomara abatida por los disparos. Con las balas silbando a su alrededor y percibiendo cada vez más cerca los caballos de sus perseguidores, Eskildsen corrió rumbo al desfiladero que daba sobre el río Obispo y sin pensarlo dos veces saltó al vacío en el instante en que una bala le destrozaba la rodilla izquierda. La última sensación que retuvo fue la de su cuerpo malherido rebotando entre árboles y piedras que no lograban frenar su caída.

8

Incidencias de viaje de John Lloyd Stephens

Diciembre 24

He perdido la cuenta de las veces que la Navidad me ha sorprendido en alta mar. Hace tres días abordé el *Falcon* para trasladarme a Nueva York con la ingrata tarea de informar a los directores y principales accionistas de la empresa sobre las graves dificultades que enfrenta la construcción del ferrocarril y las nuevas inversiones que será indispensable realizar. Espero desembarcar antes del nuevo año.

Estas notas no son, como apunto al comienzo, «incidencias de viaje», ni siquiera reseñas de la construcción de la línea ferroviaria, sino más bien un diario en el que, al contrario de todo lo que hasta ahora he escrito, prevalecen los sentimientos. ¡Cómo puede trastocar una mujer los empeños de un hombre! Nunca antes había sentido emoción semejante a la del reencuentro con Elizabeth. Cuando menos lo esperaba, cuando ya solamente alimentaba esperanzas agónicas, tuve otra vez frente a mí aquellos ojos tan claros que permiten ver los sentimientos más profundos, aquella sonrisa tan dulce que hace creer en los ángeles, aquella indescriptible ternura en las palabras y aun en los silencios. Mi vida ha vuelto a tener sentido y me guía un solo propósito: velar por Elizabeth, colmarla del amor que ella merece, hacer de su vida un enjambre permanente de risas. Así es el amor: cuando lo alcanzamos y la felicidad es ilimitada, nos invade la angustia de pensar que lo podemos perder. Surge entonces la urgente necesidad de protegerlo de lo prosaico, de hacerlo invulnerable al tiempo, a la distancia, al egoísmo, al deseo absurdo de encerrar para siempre a la mujer amada en una urna de cristal donde nada la roce, nada la contamine, nada la perturbe. Pero Elizabeth, además de una bella mujer, es, sobre todo, un ser pleno de inquietudes que requiere su propio espacio, su propia libertad; no puedo pretender anclarla en el oasis sereno de mi propio conformismo. Además, la amo porque es así, independiente, osada, aventurera. Ese afán de ser río que fluye, caudal que no se estanca; esa fuerza interior fue la que la hizo abandonar las comodidades del hogar paterno para ir a forjar una nueva vida en el impredecible Oeste; y es el mismo ímpetu que motivará que deje la existencia más protegida en la capital del istmo para sumarse al equipo del doctor Totten. Siempre supe que de nada valdrían mis razones de que el hospital de la compañía ni siquiera está listo y que muy pronto yo debería viajar a Nueva York. Hoy estoy seguro de que Elizabeth ya tomó la decisión de venir a compartir conmigo las dificultades de la construcción del ferrocarril, las enfermedades, las pestilencias y los innumerables peligros. Es muy probable que a mi regreso la encuentre allí. ¡Ansío tanto que así sea!

Enero 12, 1851

Por primera vez desde que iniciamos la ejecución del ferrocarril transístmico he advertido dudas en la mayoría de los directores y accionistas sobre su viabilidad. Nuevamente, el indeclinable entusiasmo de William Aspinwall ha sido el factor decisivo para que el resto del grupo aprobara por unanimidad aportar los fondos necesarios para continuar con las obras. Las noticias aparecidas recientemente en los diarios han motivado una baja significativa en el precio de las acciones en la Bolsa y, aun así, se ha perdido tanto la confianza en el proyecto que el público ha dejado de comprarlas. Mucho me temo que la próxima vez que se requieran nuevos aportes, algunos socios se abstendrán. Tampoco me extrañaría que terminemos por aceptar a George Law como accionista y director. Hasta William me ha confiado que los aportes de capital al ferrocarril comienzan a afectar las finanzas de Howland & Aspinwall. A fin de que la empresa recupere la credibilidad es imperativo que salgamos cuanto antes de Manzanillo y del Pantano Negro y lleguemos con la vía hasta Gorgona.

Enero 16

Al mediodía de hoy, a bordo del vapor *Crescent City*, emprendo el regreso a Panamá. Durante mi estadía en Nueva York pude percatarme de que el comodoro Vanderbilt ha desatado una campaña feroz contra la ruta de Panamá, acusándola de ser la más insalubre y peligrosa de todas las que actualmente se utilizan para llegar a California. Según él, sus vapores ya están cubriendo la ruta entre el Este de los Estados Unidos y California a través de Nicaragua, utilizando el río San Juan, el lago de Nicaragua y un camino carretero que su empresa, The Transit Company, recientemente terminó de empedrar entre el lago de Nicaragua y el puerto de San Juan del Sur, también construido por él en la costa del Pacífico. Desde allí sus vapores trasladan a los pasajeros hasta California. En su propaganda asegura descaradamente que se puede realizar todo el trayecto de un océano a otro en menos de una semana. Además se burla de Aspinwall y de su ferrocarril transístmico afirmando que Panamá es un hoyo de pestilencia que aguarda a los viajeros para devorarlos y que sus planes no son más que el sueño de un tonto que nada sabe de vías férreas. Lo preocupante es que muchos viajeros están optando por la ruta de Nicaragua, motivo adicional para que aceleremos el paso en la construcción de la línea.

En mi fuero interno comprendo que más que el afán de continuar impulsando las obras del ferrocarril me mueve el deseo de volver a ver a Elizabeth, obsesión que no cesa de aguijonearme. En cuanto vuelva le pediré que estemos juntos por el resto de nuestras vidas.

Enero 24

Lo he escrito antes y ahora lo reitero: en estas notas ya no describo lugares ni dejo constancia de incidencias. Los viajes han perdido importancia frente a las tribulaciones que rondan mi espíritu, tanto que ni siquiera la magna obra que en abierto desafío a la naturaleza estamos llevando a cabo en el istmo es capaz de motivarme a escribir un nuevo libro. No. Estas páginas jamás serán publicadas porque en ellas prevalecen inquietudes y sentimientos que no estoy dispuesto a compartir, salvo con Elizabeth, a quien algún día entregaré este diario. A partir de ahora los ojos de la mujer que amo son el único destino de todas mis palabras.

Enero 25

A mi llegada a Yankee Chagres me aguardaban Baldwin y Totten con buenas noticias: ya se han superado las dificultades del Pantano Negro y los primeros rieles del ferrocarril llegan hasta Monkey Hill, donde el hospital del doctor Totten está casi terminado. «Sin embargo —añadieron—, necesitamos urgentemente una locomotora y vagones de carga que nos permitan trasladar más rápidamente materiales y peones a los sitios de avanzada de los trabajos». La alegría de los ingenieros fue inmensa cuando les informé que se había aprobado unánimemente sufragar las nuevas inversiones y que en menos de tres semanas llegaría la primera locomotora con sus vagones.

«Hay otras noticias que, estoy seguro, te alegrarán aún más», anunció Baldwin. Lo miré inquisitivo y antes de que las palabras salieran de sus labios, por un gesto de inusual complicidad, supe que se trataba de Elizabeth. «La ayudante contratada por el doctor Totten llegó de la capital la semana pasada y ya está a cargo de la administración del hospital», dijo. Y tras una pausa, tratando de vencer su natural timidez, añadió: «Se trata de una dama muy eficiente y bella que me ha preguntado varias veces por tu regreso». Enseguida pregunté cuándo podía trasladarme a Monkey Hill y quien respondió, reprimiendo una sonrisa, fue el coronel Totten.

«Sabíamos que a tu llegada tendrías interés en inspeccionar el avance de las obras del hospital, así es que tenemos listo un bote a vapor para ir a Manzanillo. De allí, en menos de veinte minutos, un carro manual nos llevará hasta Monkey Hill». Una inquietud me asaltó. «¿Dónde vive Elizabeth?», pregunté. «En una pequeña vivienda aledaña al hospital que construyó el doctor Totten», respondió Baldwin.

En el camino traté de prestar atención a los informes sobre las obras del ferrocarril, el número de muertos y enfermos, los planes para reclutar nuevos trabajadores y otros temas de interés, pero lo que decían Totten y Baldwin no lograba apartar mis pensamientos de Elizabeth. Por un momento sentí celos del doctor, pero enseguida los descarté al recordar su extraña apariencia y sus excentricidades. Llegamos al muelle de Manzanillo cuando el día parpadeaba y sin pensar que pronto sería de noche subimos apresurados a la pequeña plataforma que un negro muy fornido puso en movimiento subiendo y bajando el balancín. El vehículo se deslizaba sin dificultad sobre los rieles y, a pesar de que la oscuridad se nos venía encima, pude apreciar la solidez de la calzada de cinco metros de ancho que ya atravesaba Manzanillo, el canal y el Pantano Negro. A medida que nos acercábamos se destacaba la estructura del hospital y entre sombras, como asomada al horizonte, creí divisar una figura vestida de blanco.

Enero 27

Más tarde Elizabeth me contaría que ese atardecer había tenido una premonición y que al escuchar la plataforma de mano supo que yo venía en ella. «Salí a esperarte», me aseguró. Sin preocuparnos de la presencia de Baldwin y Totten nos abrazamos y besamos largamente. «No me hiciste caso», le reclamé quedamente. «Te prometo que será la última vez», respondió coqueta. Y volvimos a besarnos. «No puedo dejarte aquí, en Monkey Hill», le dije. A lo que ella me respondió: «Ya no se llama Monkey Hill, sino Mount Hope porque aunque todavía abundan los monos lo que prevalece hoy es la esperanza: de cura para los enfermos que acuden al hospital y de iniciar con buen pie su camino hacia la otra vida para los que encuentran aquí su última morada. Mi lugar está aquí, ayudando al doctor Totten. Es la única forma en la que siento que puedo colaborar contigo, con tu trabajo, con tu empresa. Además, Jack no se separa de mi lado».

Esa noche, junto a Baldwin y Totten, volví a las barracas de Manzanillo y muy temprano al día siguiente, cuando me disponía a regresar al hospital, Baldwin me pidió que lo acompañara. «Tengo algo importante que mostrarte», dijo. Recorrimos la línea hasta donde llegan los rieles un poco más allá de Mount Hope, dejamos el carro de mano y nos internamos en la espesura. No habíamos caminado una hora cuando en medio del follaje, en un promontorio situado a unos veinte metros del río, surgió ante nosotros una cabaña construida con troncos y techo de paja. El verdor que la rodeaba, la mansedumbre del agua en aquel recodo del río, el silencio que permitía escuchar el canto diáfano de la selva, contribuían a otorgar al lugar una rústica hermosura. «No sé si recuerdas que en el primer viaje de inspección que realizamos juntos hablamos de levantar un bohío donde el río Obispo se encuentra con el Chagres. Ignoro cuánto tiempo nos falta todavía para llegar con la línea hasta allá. Por ahora he hecho construir esta cabaña que pensé que podríamos compartir para disfrutar de la belleza que ofrece aquí la naturaleza. El caudal de agua que ves enfrente era para mí un misterio, pues no es el Chagres, que está mucho más al oeste, ni tampoco uno de sus afluentes. Luego de recorrerlo llegué a la conclusión de que es uno de los brazos del gran río, de esos que surgen por capricho de la naturaleza. Así, pues, frente a ustedes tendrán, si no el Chagres, uno de sus hijos, el más calmado y transparente. Te pido que aceptes esta rústica cabaña como mi regalo de bodas para ti y la dama del hospital. El camino desde Mount Hope no tomará más de media hora a caballo. Espero que ambos sean felices aquí». Por un momento me quedé sin palabras. «Pero, James —reaccioné finalmente—, no puedo aceptar semejante regalo. Es demasiado...». Baldwin me interrumpió: «Demasiado para mí solo pero no para mi buen amigo, su esposa y los hijos que vendrán. Construiré otra más pequeña, allá arriba en la cordillera. Ésta pertenece desde ahora al presidente de la Panama Railroad Company y a su mujer. Ahora entremos, que todavía hay mucho por hacer».

Febrero 9

Creo que hoy escribiré las últimas líneas de estas notas.

Ayer nos mudamos Elizabeth y yo a la cabaña de Baldwin. Así la llamaremos siempre: «La cabaña de Baldwin». No me siento capaz de describir la felicidad que he encontrado junto a Elizabeth y mucho menos confiar al papel la armonía que reina en nuestra intimidad.

Mi vida, que ahora tiene un propósito, ha cambiado radicalmente. Pienso en Mary, mi primera esposa, y su deseo de tener un hijo. «Alguien que me acompañe cuando tú partas a tus interminables viajes», decía la pobre. Pero entonces no me interesaba nada que coartara mi libertad, que limitara la independencia que requería para satisfacer ese afán de escudriñar lugares remotos, de dejar huellas en sitios que el hombre civilizado ni siquiera sabía que existían. Y Mary se quedó sola, inmensamente sola, sola con su tristeza, sola frente a la muerte, sola para siempre. Junto a Elizabeth, sin embargo, siento la ineluctable necesidad de algo que me ate no solamente a la vida sino también a la posteridad. Quizá mañana todavía se lean mis libros pero ellos ya no me pertenecerán; sus dueños serán quienes en ese momento los tengan entre sus manos. Un hijo sería no sólo mío; será mío y de Elizabeth, el primer eslabón de la cadena de amor y esperanza que hoy comenzamos a forjar. Dedicaré al ferrocarril todos mis esfuerzos, pero una vez concluida la magna obra nos consagraremos a velar por nuestro hogar.

Febrero 12

No, en realidad creo que no abandonaré la escritura. Mi amor por las palabras no ha menguado; al contrario, al lado de Elizabeth se ha fortificado. Las palabras de ahora son más musicales, se acomodan, riman, se convierten en versos, en poemas que no caben en este relato.

9

Poco a poco Peter Eskildsen fue recobrando la conciencia. Al principio sentía un dolor sordo en todo el cuerpo pero pronto se percató de que las punzadas más intensas provenían de la pierna y el hombro izquierdos. Intentó abrir los ojos y un fogonazo de luz lo obligó a mantenerlos cerrados. A sus oídos llegó un rumor de agua que agudizó la sequedad de sus labios, su boca y su garganta. Los dedos de su mano derecha le indicaron que yacía sobre tierra húmeda, y volvió a sumergirse en la inconsciencia. Cuando finalmente logró abrir los ojos, el sol comenzaba a caer detrás de los árboles y pudo distinguir un pedazo de cielo entre las ramas. Lentamente volteó la cabeza en dirección a la corriente mansa del río que se deslizaba a pocos metros. «¡Estoy vivo!», pensó sin mucho ánimo, cuando un batir de alas desvió su atención hacia el árbol que se erguía frente a él. En la rama más baja se posaban algunos gallinazos simulando poco interés. Intentó gritar para demostrar que no estaba muerto pero de su garganta salieron solo gemidos inaudibles. La pesadez de los párpados le cerró nuevamente los ojos y cuando volvió a abrirlos dos gallinazos más audaces habían descendido a tierra y ahora sí lo miraban con descarada avidez. Una vez más intentó gritar y alcanzó a emitir un quejido ronco que por un momento detuvo el avance de las aves de rapiña, que mecánicamente ladearon la cabeza y lo miraron con mayor atención. «Me van a devorar vivo», se dijo aterrorizado. Intentó moverse, pero su cuerpo no respondía. Animados por sus compañeros, otros gallinazos descendieron de las ramas, y comenzaron a acercarse con pasos cortos y oscilantes. Desesperado, Peter volvió a gritar, pero ya sus lamentos no lograban detener el avance del enemigo. Con gran esfuerzo, logró levantar el brazo derecho y trató de arrojarles el puñado de tierra húmeda que tenía en la mano. El movimiento logró paralizar una vez más a las rapaces, que otra vez lo observaron de soslayo. «Tengo que llegar al río. Mejor morir ahogado que a picotazos», pensó. Haciendo un supremo esfuerzo colocó la mano derecha bajo su cuerpo, comenzó a empujarse y logró moverse unos centímetros. Los gallinazos observaban la maniobra tratando de decidir si la víctima estaba lo suficientemente herida como para rematarla. Finalmente, el líder batió las alas, cayó sobre el cuerpo del moribundo y dio el primer picotazo en una de sus piernas. Como si obedecieran a una señal de ataque, los demás iniciaron el avance. Impulsado por el pánico, Peter sacó fuerzas de donde no existían y con el brazo y la pierna derechos reptó hasta alcanzar la orilla. Frenéticos al ver que la presa se les escapaba, los gallinazos revolotearon y como una mancha negra cayeron sobre él. Antes de sumergirse en la corriente Eskildsen sintió el ardor de los picotazos en el cuello y la espalda.

En la cantina Goldiggers Hole, Tim O'Hara esperaba malhumorado el regreso de Manuel. «Algo debió salir mal», pensó al escuchar las campanadas de la iglesia que anunciaban el mediodía. Finalmente, escuchó tres toques cortos y dos largos, se abrió la puerta trasera de la oficina y apareció Manuel.

—¿Qué pasó? Debiste regresar hace más de dos horas —lo increpó Tim.

—Hubo algunos problemas, jefe. Los argonautas y el albino se defendieron y lograron matar a dos de la banda del Jaguar y uno de los nuestros. Tuvimos que enterrarlos en el monte.

—¿A cuál de los nuestros mataron?

—A Rodríguez, el cantinero.

—Ése no servía para nada. ¿Y el dinero? ¿Cuánto recogieron?

—Solamente el que llevaban los argonautas. Veinticinco mil dólares en total. No encontramos la plata del albino.

—¿Cómo que no la encontraron?

—En medio de la refriega se apoderó de un caballo y emprendió la huida. Cuando derribamos su cabalgadura salió corriendo y se arrojó al barranco del río Obispo. Llevaba por lo menos dos balazos en el cuerpo, que yo mismo le pegué, y tenía la alforja con el dinero colgada al cuello. Yo propuse que bajáramos a buscarla pero el Jaguar dijo que la operación había terminado y que el que quisiera arriesgarse que lo hiciera por su propia cuenta. Después de que nos dispersamos regresé al lugar, lo inspeccioné bien y confirmé que para descender al cauce del río necesitaría más de cien yardas de cuerda.

—¿No sería más fácil llegar a pie por la orilla?

—Sí, pero lo más probable es que la alforja haya quedado trabada en el barranco. Pienso conseguir soga suficiente para ir allá esta misma tarde.

O'Hara meditó un momento.

—Además hay que asegurarse de que Eskildsen esté bien muerto; no vaya a ser que te haya reconocido. De ahora en adelante también nos cubriremos las caras.

—Dudo mucho que el albino haya podido identificar a nadie. Iban bien armados y la balacera fue tremenda. Por lo pronto, aquí tiene nuestra parte del botín.

—De acuerdo, Manuel. Espera un momento.

El antiguo marino contó los billetes.

—Toma, cien dólares más por el esfuerzo extra. Pero no les digas nada a los otros.

—Descuide, jefe. A lo mejor esta noche le traigo lo que llevaba el albino.

—Iré contigo a buscar las alforjas, aunque me temo que el Jaguar se nos haya adelantado. En realidad, me estoy cansando de recibir sus migajas.

Para entonces ya habían arribado a Gorgona unos muleros provenientes de la capital cargando en sus mulas los cuerpos de los tres compañeros asesinados y de los seis argonautas. Pronto se corrió por el pueblo la noticia del nuevo asalto de los Darieni, y cuando se supo que el cadáver de Eskildsen no había aparecido, comenzaron a tejerse todo tipo de conjeturas. Había quienes llegaban al extremo de afirmar que Eskildsen y el Jaguar eran la misma persona.

Tan pronto como se enteró de la noticia y comprobó personalmente que entre los cadáveres no estaba el de su jefe, Julián Zamora partió a caballo rumbo al sitio del asalto. A la salida del pueblo se encontró con el alcalde y su ayudante, que marchaban en la misma dirección, y se unió a ellos.

—Dicen que el cadáver del albino no aparece —comentó el alcalde.

—A lo mejor no está muerto —respondió el peruano, lacónicamente.

—O se lo llevaron los Darieni —conjeturó el ayudante, un indio impasible.

—No es lo que acostumbran —respondió el alcalde.

Zamora no habló más.

Una confusa mezcla de huellas de mulas y caballos y algunas manchas de sangre seca les indicaron el punto exacto en el que se había producido el asalto.

—Parece que fue aquí donde los mataron —dijo el alcalde mientras desmontaba.

No llevaban mucho tiempo examinando el área cuando aparecieron Tim y el mesero Manuel.

—Y a ustedes ¿qué los trae por aquí? —preguntó el alcalde, incorporándose.

—Uno de los argonautas era un buen amigo —respondió Tim, esquivo.

—El albino era mi jefe en el hotel —añadió Manuel, con cara de afligido.

Julián, que sabía que aquel mesero tenía apenas dos meses de trabajar en el American House y Eskildsen probablemente ni siquiera lo conocía, lo miró fijamente pero no dijo nada.

—El cadáver de su amigo ya está en el pueblo y lo enterraremos esta tarde —dijo el alcalde—. Además, con nosotros está el peruano que vino a ver lo de Eskildsen. Aquí no tienen nada que hacer, así es que les sugiero que vuelvan a Gorgona mientras nosotros investigamos.

El mesero iba a decir algo pero O'Hara lo conminó al silencio con la mirada y ambos emprendieron el retorno.

—Extraño individuo el pelirrojo —comentó el alcalde mientras los veía alejarse. Y añadió en voz baja—: ¿No han oído ustedes aquello de que el criminal regresa siempre al lugar del delito?

Julián, que se había percatado del enorme rollo de soga que pendía de la silla del mesero, continuó sin emitir palabra.

Al cabo de dos horas el alcalde había terminado la investigación. Su ayudante, un nativo experto en huellas, había encontrado el sitio por el que, montaña adentro, los asaltantes habían emprendido la huida.

—Por lo menos uno de ellos iba herido —dijo señalando un rastro de sangre que se internaba en la espesura—. ¿Seguimos las huellas?

—No tiene objeto —respondió el alcalde—. Sabemos que huyen hacia el monte solamente para escabullirse y repartir el botín. Pero allí no puede vivir nadie, así que después de quitarse el antifaz regresarán a su vida habitual hasta que el Jaguar los llame para el próximo asalto. Así lo hacen siempre.

Mientras el alcalde investigaba la ruta de huida, Julián se había interesado por un caballo muerto con el que los gallinazos hacían un festín a doscientos metros del lugar de la refriega, cerca del barranco del río Obispo. Luego de espantarlos, examinó las huellas de botas que conducían hasta la orilla del precipicio y adivinó por qué el cuerpo del nórdico no había aparecido. Se asomó y contempló el hilo de agua que se deslizaba al fondo de la profunda cañada.

—¿Qué hay con el caballo muerto? —preguntó el alcalde cuando volvió a unírseles.

—Poca cosa —respondió el peruano—. Seguramente pertenecía a alguno de los asaltantes, pero se llevaron la silla y no hay manera de identificar nada.

—¿Por qué iría a dar allá? —pensó en voz alta el alcalde.

—Probablemente correteando alguna de las mulas que salió en estampida —respondió Julián, e intercambió miradas con su compañero de raza, que sonrió y le hizo un guiño.

—Entonces regresemos a Gorgona, donde nos aguardan nueve cadáveres a los que hay que dar sepultura —dijo el alcalde—. Tendremos que agrandar el cementerio... —añadió, reflexionando en voz alta.

Después de casi un mes de recorrer juntos los territorios de Texas y Louisiana era muy poco lo que el empresario neoyorquino había logrado averiguar de Randolph Runnels. Las pocas palabras que salieron de labios del antiguo *ranger* hubo de sacarlas con tirabuzón, por lo que pasadas las primeras dos semanas Cornelius desistió de su empeño de hacerlo hablar y se sumió también en un silencio contemplativo. Sin embargo, tan pronto abordaron en Nueva Orleans el barco que los conduciría a Panamá, Runnels había comenzado a buscar a quien pudiera contarle sobre el mítico río Chagres. Al dar con un marino que un año antes lo había navegado desde la desembocadura hasta Barbacoa, el *ranger*, con insospechada locuacidad, se había dedicado a interrogarlo sin descanso. Le obsesionaban los monstruos que habitaban sus tenebrosas aguas, y cuando el marino le aseguró que las aguas que él recordaba eran más bien mansas y claras y que lo más parecido a un monstruo que se había encontrado era algún que otro cocodrilo, Runnels insistió en que quizá no había observado bien, que el río era capaz de cambiar su aspecto para engañar a los incautos. Pronto se corrió entre la tripulación el rumor de que el texano estaba loco.

Ahora que el *Louisiana* iniciaba maniobras para anclar frente a la costa istmeña, Cornelius Van Wyck, con una mezcla de preocupación y curiosidad, observaba a su compañero de viaje que de pie sobre cubierta parecía hipnotizado con el paisaje que surgía ante sus ojos. Cuando entraron en el delta del Chagres, Ran Runnels se quitó el sombrero como si saludara con respeto a aquel río que tanto ocupaba sus pensamientos.

En el bote que los conducía a tierra firme, Runnels sorprendió a Van Wyck al confiarle espontáneamente:

—Quienes no conocen mis motivaciones piensan que estoy loco. Puede estar seguro de que no es así. El río en cuyas aguas comenzamos a navegar guarda una estrecha relación con mi presencia aquí.

—¿A qué se refiere? —preguntó Van Wyck, que no se acostumbraba a las rarezas del *ranger*.

—A que todo esto, la locura del oro, su viaje a Texas, los bandidos de la ruta y, sobre todo, el río que llaman Chagres, son parte de un plan, más bien de una visión divina. También yo soy parte de esa visión y vengo aquí a realizarla.

«Está loco de remate», pensó el neoyorquino. Runnels clavó en él una de sus enigmáticas miradas.

—Sé que en este momento usted también está pensando que estoy loco. Cuando cumpla mi misión y acabe con los grandes pecadores que abundan en la ruta se dará cuenta de lo equivocado que estaba.

—En ningún momento he pensado...

—No hacen falta explicaciones, señor Van Wyck —interrumpió Runnels, enérgico—. Usted seguirá rumbo a California en busca de aventuras que lo alejen del tedio de su vida de empresario; yo permaneceré en el istmo cumpliendo un deber que me ha sido encomendado para saldar mi deuda con el Señor. Cada uno tiene sus propias intimidades que lo llevan a enfrentar el destino, y si los demás no las comprenden nos tildan de locos. Es todo lo que tengo que decir.

Y el *ranger* volvió a sus silencios.

Al desembarcar en Yankee Chagres, Cornelius Van Wyck tuvo la impresión de que entraba en la antesala del infierno. Apenas eran las tres de la tarde y ya se escuchaba la algarabía que provenía de las cantinas y las salas de juego, de donde salían hombres en estado de ebriedad que para no caerse se abrazaban a prostitutas de la peor pinta y luego, tambaleándose juntos, se dirigían a alguno de los edificios que ostentaban improvisados rótulos en los que se leía la palabra *Hotel*. Van Wyck miró a Runnels de reojo, temeroso de que se soltara allí mismo a matar pecadores, pero éste se limitaba a sonreír misteriosamente, casi con complacencia.

Sin ninguna dificultad encontraron las oficinas del ferrocarril, un gran cobertizo repleto de maquinaria y materiales, en cuyo interior, detrás de una mampara de vidrio, un hombre desaliñado escribía en un cuaderno. Por él se enteraron de que el presidente de la empresa se encontraba supervisando los trabajos en la isla de Manzanillo, y aunque Runnels quería continuar enseguida rumbo a Panamá, Van Wyck lo convenció de que sería oportuno aprovechar la presencia de John Stephens para conocerlo y acordar un plan de acción.

—Si se apuran —dijo el empleado— llegarían a Manzanillo antes del anochecer. Nuestro vapor cubre el trayecto en menos de una hora. Puedo acompañarlos al muelle para que lo aborden enseguida.

Un poco antes de la caída de la tarde, Van Wyck y Runnels pusieron pie en Manzanillo y sólo entonces pudo el empresario neoyorquino apreciar, en toda su magnitud, las enormes dificultades que entrañaba el proyecto ferrocarrilero concebido en las cómodas oficinas de Manhattan. A casi un año de haberse iniciado los trabajos y tras haber invertido casi un millón de dólares, aquel sitio seguía siendo un pantano inmundo y fétido donde, en medio del bochorno, nubes de insectos atacaban sin piedad a todo el que osara invadir su territorio. «Si es así hoy, ¿cómo sería antes?», pensó Van Wyck. A un costado del desembarcadero se extendía una zona cubierta por enormes planchas de hierro en la que se amontonaban materiales y equipos. Del muelle partía una calzada de cinco metros de ancho sobre la que se habían colocado los primeros rieles. El resto de la isleta no era más que agua estancada, fango y desechos vegetales. A lo lejos se vislumbraban varios edificios en los que comenzaban a encenderse algunas luces y hacia allá fueron Van Wyck y Runnels caminando sobre los durmientes.

El incipiente poblado consistía de unas cuantas casas a medio terminar y dos grandes barracas toscamente construidas con troncos que todavía conservaban la corteza. Aunque no había calles, las construcciones estaban alineadas unas frente a otras, lo que hacía presumir que se esperaba que algún día surgiera allí una ciudad.

Van Wyck y Runnels abandonaron la calzada para dirigirse a una de las casas por cuyas ventanas escapaba una luz parpadeante. Cuando llegaban se apagó la luz, se abrió la puerta y salieron dos hombres en animada conversación. La creciente oscuridad no permitió al neoyorquino identificar a Stephens hasta que estuvieron a un par de metros de distancia.

—¿John Stephens? —preguntó.

Stephens titubeó un instante, se acercó y a duras penas reconoció al adusto director de la empresa en aquel hombre vestido a la usanza del Oeste, curtido por el sol y con una espesa barba sin aliñar.

—¡Cornelius Van Wyck! —exclamó finalmente—. ¡Qué gusto verte!

Ambos se abrazaron mientras Totten y Runnels estrechaban manos murmurando sus nombres en voz apenas audible.

—Te presento a Randolph Runnels —dijo Van Wyck—. Es el vigilante...

—Le ruego no revelar mi identidad —cortó tajante Runnels.

—Descuide, señor Runnels. Aquí todos somos de confianza —lo tranquilizó Stephens—. Éste es el coronel Totten, encargado de la obra del ferrocarril.

—Ya nos saludamos —dijo Totten, que observaba al texano con curiosidad.

—Vamos a algún lugar donde podamos conversar —sugirió Van Wyck—. El señor Runnels tiene planes que quiere discutir con nosotros y yo quiero saber cómo avanzan los trabajos.

—Entonces regresemos a la oficina —dijo Stephens—. Los invitaría a mi casa, pero queda lejos de aquí.

La oficina consistía de cuatro paredes desnudas, un escritorio, dos sillas, una mesa de trabajo cubierta por mapas y un camastro desordenado, todo ello iluminado por dos lámparas de keroseno que Totten había vuelto a encender.

—Como pueden ver, aquí trabajo y duermo —se excusó Totten.

—Debo confesar —comenzó Van Wyck, mientras se sentaba— que cuando hablábamos de las dificultades que debía enfrentar la obra nunca imaginé las que hasta ahora he podido apreciar: los pantanos, los insectos, el calor, la humedad, la permanente putrefacción. ¡Cuánto daño nos hizo Law!

—Y has visto poco, Cornelius —corroboró Stephens—. El Pantano Negro es peor y mucho más extenso que esta isla. Las primeras cuatro millas de rieles hemos tenido que colocarlas sobre relleno, incluido el que hubo que realizar en el canal que separa Manzanillo del Pantano Negro. Hace solamente un mes que llegamos a Mount Hope, donde la tierra es realmente firme y ya casi hemos terminado allí la construcción del hospital y el cementerio. Lo peor de todo, y lo más doloroso, es que por cada riel han fallecido por lo menos dos obreros. Nuestros principales enemigos no son las dificultades del terreno, sino las fiebres, las pestes y las plagas que merman constantemente la fuerza laboral. Y para rematar, el comodoro Vanderbilt ha enviado a sus agentes a sonsacar a los trabajadores y llevárselos a la ruta de Nicaragua.

—¿Ya está funcionando? —preguntó Van Wyck, alarmado.

—Definitivamente sí. Ya sabes que el comodoro no se arredra ante nada. Al mismo tiempo que denigra la ruta de Panamá, les ofrece a los viajeros el cielo, la luna y las estrellas para que utilicen la suya. Muchos le están haciendo caso. Y a nuestros obreros les asegura que no hay lugar más sano en el mundo que Nicaragua y les garantiza mejor paga. Nos está haciendo mucho daño, razón de más para apurar los trabajos.

—¿Y cuál es la estimación de ustedes? ¿Cuándo terminaremos?

—Precisamente —se adelantó Totten—, nuestro ingeniero de campo, Baldwin, se encuentra ahora estudiando la ruta que lleva hasta el cruce del río Chagres. Sus primeros informes indican que el área del río Mindi, uno de los afluentes del Chagres que debemos atravesar, será más difícil de lo que indicaban los estudios del coronel Hughes. La buena noticia es que la primera locomotora y los carros de carga llegarán aquí la próxima semana, lo que nos permitirá acelerar sustancialmente el ritmo de trabajo.

—La mala noticia —agregó Stephens— es que pronto necesitaremos más dinero y los directores ya comienzan a dudar de que nuestros esfuerzos producirán frutos.

—Hay otra mala noticia —dijo Totten—, y esto le concierne directamente a nuestro amigo Runnels. Los malditos Darieni continúan asaltando y matando viajeros. Hace apenas dos días robaron y asesinaron a un grupo de argonautas que iba rumbo a California. También mataron a un hotelero de la región y a los tres muleros que lo acompañaban.

Cuando Totten terminó de hablar, todas las miradas estaban puestas en Runnels.

Sin inmutarse, el texano preguntó:

—¿Qué patrón siguen los asaltos?

—Ninguno —respondió Totten—. Lo único que tienen en común es que los forajidos parecen estar muy bien informados de la cantidad de dinero o de oro que llevan sus futuras víctimas. Se hacen llamar los Darieni y a su líder se le conoce como el Jaguar.

—Además, no se limitan a robar sino que matan a sus víctimas —añadió Stephens—. Aparte de eso no parecen seguir ningún patrón.

Repitiendo uno de sus tantos gestos, Runnels se llevó la mano a la sien, ladeó la cabeza y dijo con los ojos semicerrados:

—Supongo que las condiciones del resto de la ruta son similares a las de aquí.

—¿Es que puede haber algún sitio peor que éste? —preguntó Van Wyck, satírico.

—Lo que quiero saber es si existen sitios fuera de la ruta donde los asaltantes pudieran vivir —insistió Runnels, molesto.

—No, ninguno —dijo Totten—. Los pueblos a lo largo de la ruta son pocos y pequeños y las montañas que los rodean son absolutamente impenetrables. Salvo los aborígenes que desde siempre las han habitado, allí no puede vivir nadie.

—¿No ha habido supervivientes de los asaltos? —quiso saber Runnels.

—Sí. En una ocasión dieron por muerto a un mulero que luego se recuperó.

—¿Y qué dijo de los asaltantes? ¿Se cubrían el rostro?

—Sí, casi todos llevaban antifaz.

Runnels volvió a su pose reflexiva y concluyó:

—Es evidente que los asaltantes son individuos que conviven con ustedes. Pueden ser meseros, muleros, trabajadores del ferrocarril, soldados o lo que sea. Matan a sus víctimas para evitar que los reconozcan. Llevan, claramente, una doble vida: la normal de todos los días, que les permite enterarse de quiénes van o vienen cargados de oro, y la de forajidos, que es mucho más lucrativa. Seguramente utilizan un sistema de espionaje y cuando se enteran de un cargamento que vale la pena se reúnen para ejecutar sus fechorías. Para combatirlos hay que usar el mismo método: espiarlos, localizarlos y apresarlos. Mientras tanto habrá que proteger los cargamentos más importantes, aunque hay pocas probabilidades de que los podamos atrapar en medio de un asalto. Lo que necesito de ustedes es que mantengan mi identidad en secreto y establezcan para mí una empresa y un cargo que me permita recorrer la ruta y visitar los pueblos sin despertar sospechas. Por mi parte, me encargaré de organizar una red de espionaje para identificar al Jaguar y sus hombres y sorprenderlos en una redada.

Los hombres del ferrocarril se miraron satisfechos. Van Wyck en particular parecía contento por lo lógico y claro que resultaba el razonamiento del texano contratado por él.

—No creemos que vaya a haber ningún problema —dijo Stephens.

—Precisamente nuestro agente en la ciudad de Panamá, Nelson, tiene entre sus negocios uno de transporte de gente y carga a lomo de mulas entre Cruces y la capital del Departamento. Cornelius puede llevarle una carta mía con instrucciones de convertirlo a usted en su socio.

—¿Es un hombre de confianza? —quiso saber Runnels.

—De absoluta confianza —aseguró Stephens—. William Nelson es, además, amigo personal.

—Entonces el plan me parece bueno. Sin embargo, todavía queda algo por aclarar. —Runnels hizo una larga pausa, como si quisiera dar más énfasis a sus palabras—. Para llevar a cabo mi trabajo exijo libertad absoluta. Por lo tanto, no habrá autoridad ni ley a la que tenga que sujetarme.

Las últimas palabras habían salido de labios de Runnels con tal vehemencia que los demás quedaron sumidos en un pesado silencio.

—¿Alguna objeción? —insistió el *ranger*.

—En más de una ocasión —respondió Stephens— he tratado con el gobernador el problema de la falta de seguridad en la ruta. Usted está hoy aquí porque él reconoce que con las guerras civiles, que parecen no tener fin en la Nueva Granada, es difícil que el gobierno central incremente el número de soldados y policías en el Departamento; más bien solicitan al istmo el envío de tropas adicionales. Aunque se negó a dármela por escrito, cuento con su autorización verbal para que la empresa se encargue de proteger a quienes atraviesan el istmo. Usted debe comprender que resulta muy difícil darle carta blanca sin saber qué métodos utilizará para poner orden.

—Los mismos que se utilizan en el Oeste, que es la nueva frontera de los Estados Unidos —respondió Runnels, incisivo—. ¿Es que no se han dado cuenta ustedes de que esta ruta es parte de esa frontera, como lo es también California? ¿Y que aquí no hay Dios ni ley y que no los habrá hasta que llegue la civilización? ¿Y que la civilización cabalga sobre el orden público y el temor de Dios?

«Ya salió el predicador», pensó Van Wyck mientras los hombres del ferrocarril escuchaban al *ranger* desconcertados.

—Confiaremos en su juicio y su prudencia —dijo Stephens, para poner fin a una conversación que degeneraba hacia temas religiosos.

—Entonces, todo está dicho.

Runnels se levantó de la silla y se encaminó a la puerta.

—¿A dónde se dirige? —preguntó Totten.

—De vuelta al Chagres. Pienso iniciar enseguida el ascenso hacia... ¿cómo se llama el poblado al final del río?

—Cruces —respondió Stephens.

—Nombre premonitorio —observó Runnels.

—Pero a esta hora no hay bote que lo pueda llevar allá. Además,
resultaría más práctico que pase la noche aquí y que mañana lo tras-
lademos en carro de mano hasta el final de la línea. Así se ahorrará
parte del trayecto fluvial.

—Aprecio su gentileza, pero debo recorrer el río desde su desembocadura. Espero que mañana a primera hora me puedan llevar de
regreso a Chagres.

—No será ningún problema —dijo Totten, a quien comenzaba a
inquietar la presencia del *ranger*.

Más tarde, cuando Stephens se despedía de Van Wyck, éste contó
al presidente de la empresa la obsesión de Runnels por el río.

—Al tipo se le ha metido en la cabeza que su presencia aquí obedece a una misión divina que le encomendó un mensajero del Señor y
que para cumplirla tiene primero que enfrentarse al Chagres y a sus
monstruos.

—No hay duda de que está algo loco, pero quizá también lo estamos quienes intentamos construir un ferrocarril sobre pantanos
—respondió Stephens, sonriendo—. Y no sólo nosotros, Cornelius.
Afectado por la codicia del oro, el mundo entero ha dejado a un lado
la cordura y se ha olvidado de Dios.

—Amén —dijo Van Wyck y ambos soltaron una carcajada.

Tan pronto se separó del alcalde, Julián Zamora enrumbó su cabalgadura hacia el lugar donde el río Obispo afluía en el Chagres. Estaba
seguro de que Peter Eskildsen había preferido saltar al vacío antes que
dejarse matar y robar por los Darieni y de que lo encontraría, a él o su
cadáver, al fondo de la cañada. El peruano no sabía, realmente, qué lo
empujaba a ir en busca del nórdico. ¿Devoción a un jefe que lo había
tratado bien o el dinero que éste llevaba encima? Sin duda, se trataba
de una buena cantidad pues había visto las alforjas más abultadas que
nunca. De lo que estaba convencido era de que el pelirrojo dueño de la
cantina del pueblo y el mesero del American House tenían algo que ver

con el asalto y de que tarde o temprano ellos irían en busca del dinero. «Hay que llegar primero», se decía mientras espoleaba su caballo.

Aficionado a la caza, Zamora tenía la ventaja de conocer muy bien aquella región, donde abundaban los venados y las pavas de monte. Una suave pendiente lo llevó hasta la confluencia de los ríos y desde ese punto comenzó a vadear el Obispo. No había recorrido dos millas cuando reparó en una bandada de gallinazos que comenzaban a descender en círculo. Aceleró el paso de su cabalgadura y llegó a un remanso del río en cuya orilla flotaba el cuerpo exánime de Peter Eskildsen. Se hallaba sobre un costado, el brazo derecho aferrado a un tronco. Mientras se acercaba, Julián creyó advertir un leve movimiento de la cabeza. Cuidadosamente, tiró el cuerpo hasta la orilla, lo colocó boca arriba, acercó su oído al pecho y sintió el corazón latir débilmente. «Está vivo, pero se está muriendo», pensó horrorizado. Fue en busca de su cantimplora y trató de hacerle beber, pero el nórdico no tragaba. Desesperado, le arrojó agua, le dio unos golpecitos suaves en la cara, le removió el cuerpo y un leve quejido salió de los labios del moribundo. Entonces se percató de las heridas del hombro y de la pierna donde la sangre volvía a enrojecer la tela. Rasgó la camisa de Eskildsen y una manga de la suya y la amarró a la herida. Con la otra manga cubrió la de la rodilla y comprobó con alivio que la sangre se había detenido. «Tengo que sacarlo de aquí cuanto antes», se repetía en voz baja, sin saber cómo hacerlo. Tras pensarlo brevemente, llegó a la conclusión de que la única vía que lo llevaría rápidamente de vuelta a Gorgona era el río. Fue por el tronco al que se había aferrado Eskildsen y lo trajo a la orilla. Un poco más arriba encontró otro de tamaño similar, los unió con trozos de soga, colocó al nórdico de espaldas sobre la improvisada balsa y suavemente la empujó hacia el remanso. Luego fue en busca de su caballo, ató las riendas a uno de los troncos y hombre y bestia se sumergieron en las aguas del Obispo. Aferrado a la balsa, la noche cerrándose a su alrededor, Julián rio para sus adentros al caer en la cuenta de que en ningún momento se le había pasado por la mente el dinero de Eskildsen.

A pesar del cansancio y la sed, James Baldwin no pudo evitar una sonrisa de alivio cuando contempló, iluminada por las últimas luces del atardecer, la cabaña de Stephens, nombre con el que ahora todos conocían la pequeña choza que él construyera tres meses atrás a orillas de aquel brazo del Chagres. «Lo que puede lograr una mujer», pensó Baldwin mientras se aproximaba. Un seto de papos, cuidadosamente recortados, circundaba la cabaña y un camino de guijarros señalaba el camino hasta la entrada. En el pequeño portal guindaban canastas de helechos y cortinas de alegres colores enmarcaban las ventanas. Dos mecedoras, colocadas una junto a la otra, mirando al río, revelaban que ése era el sitio preferido de la pareja. A esa hora comenzaba a escucharse la discordante sinfonía de la selva, interrumpida a ratos por la ensordecedora algarabía de bandadas de loros que volvían a su lugar de reposo. A través de la ventana Baldwin alcanzó a ver dos sombras que se movían en el interior de la vivienda. Cuando estaba a punto de anunciar su presencia las siluetas se fundieron en un abrazo y Baldwin permaneció de pie, en el portal, pensando en la felicidad de la pareja que había convertido en nido de amor la cabaña que él edificara con sus manos. Por primera vez sintió que se tambaleaba su misantropía. Tan pronto las sombras se separaron, James saludó casi gritando:

—John, Elizabeth, ¿pueden recibir a un sediento?

Enseguida se abrió la puerta y Stephens salió a saludar al ingeniero.

—James, ¡qué bueno verte! Casualmente hace un rato comentaba a Elizabeth que me extrañaba que aún no hubieras regresado. Pero pasa, pasa. ¿No quieres darte un baño? El agua del río a esta hora se siente tibia.

—Gracias, pero lo que necesito es calmar la sed. Llevo doce horas caminando y pensé pasar a saludarlos antes de llegar a Manzanillo.

En ese momento apareció Elizabeth con los brazos abiertos para recibir a James.

—Estoy hecho un asco, Elizabeth, y me temo que huelo a tigre.

Sin hacer caso, la mujer lo abrazó y le dio un beso en la mejilla.

—Bienvenido, James. Recuerda que ésta es tu casa..., literalmente hablando.

—No. Es la casa de ustedes. Veo que la has arreglado muy bien. Nada como un toque femenino para embellecerlo todo.

—Los muebles llegaron la semana pasada, en el mismo barco que trajo la locomotora y los vagones.

—¿Llegó la locomotora? —preguntó Baldwin, animado.

—Así es —respondió John—. Ya empezó a transportar materiales y hombres al sitio de avanzada de la obra. Ahora los trabajos marchan a muy buen ritmo.

Al advertir que Baldwin fruncía el ceño, Stephens preguntó:

—¿Pasa algo, James?

—Me temo que la ruta hasta el río Mindi es mucho, pero mucho más difícil de lo que indican los informes del coronel Hughes. No solamente hay pantanos sino que las áreas secas presentan unos desniveles tremendos. El puente que habrá que construir para atravesarlo deberá ser mucho más largo y tener más luz.

—¿Más difícil que el Pantano Negro? —inquirió Stephens, incrédulo.

—En realidad, no. Se trata de otro tipo de dificultad.

—Sentémonos en el portal para que me cuentes. —Stephens tomó a Baldwin del brazo—. Elizabeth, tráele a nuestro amigo algo de beber.

—Agua solamente, por favor.

Era la hora en que los colores de la tarde abandonaban lentamente las aguas del río. En la orilla opuesta, una bandada de garzas remontaba el vuelo.

—Realmente es un sitio muy especial —comentó Baldwin mientras se sentaba.

—Creo que gran parte de la felicidad que Elizabeth y yo disfrutamos se debe a este lugar.

—Antes de hablar de las complejidades que presenta el próximo trayecto debo decirles que en el camino a Mindi descubrí los lugares más hermosos, inhóspitamente hermosos, que he visto en mi vida. Conté por lo menos nueve tipos de palmeras, infinidad de parásitos de diverso colorido y textura, siete clases de helechos e innumerables flores exóticas, entre las que destaca una orquídea blanca como la nieve que tiene en su interior la figura de una paloma. Hay, además, pájaros de plumajes de asombrosos colores, ardillas, liebres, en fin, una muestra exquisita de la Creación.

—Ya veo por qué te demoraste tanto —le reprochó Elizabeth.

Baldwin sonrió y continuó hablando con entusiasmo.

—Recogí muestras de cada una de las especies de plantas. ¿Recuerdas la excusa que dimos a nuestro amigo Eskildsen cuando llegamos por primera vez al istmo, aquel cuento de que veníamos por encargo del Instituto Americano de Ciencias Naturales? Pues el cuento se ha convertido en realidad y me he vuelto un investigador de la flora y la fauna istmeñas. Además...

—¿No oíste lo de Eskildsen? —interrumpió Stephens, taciturno.

—No. ¿Qué le pasó?

—Parece que los Darieni lo mataron.

—¿Mataron al nórdico? —preguntó Baldwin incrédulo.

—Así es. El cuerpo no ha aparecido. Hace cuatro días lo asaltaron mientras trasladaba a la capital el dinero de las ganancias de sus hoteles y casas de juego. También asesinaron a tres muleros y seis argonautas.

—Pobre Eskildsen. Tanto trabajar para acabar así. —El rostro de Baldwin reflejaba un profundo pesar.

—Casualmente ayer conocí al vigilante que hemos contratado para poner orden en la ruta. Llegó a Manzanillo en compañía de Van Wyck.

—¿No me digas que Van Wyck está por aquí?

—Así es, James, y si lo ves no lo reconocerías. El más circunspecto de nuestros directores se ha convertido en un verdadero vaquero. Él y Runnels, que así se llama el *ranger*, partieron ayer mismo de Manzanillo. Cornelius seguirá viaje hasta California y el texano se convertirá en socio de William Nelson en el negocio de transporte. Quiere mantener la identidad en secreto para facilitar su trabajo. Aunque está un poco chiflado, parece que el individuo conoce bien su oficio.

—Ojalá que actúe pronto.

Elizabeth salió para encender la lámpara de keroseno que pendía del techo y fue luego por una bandeja con bebidas y viandas que colocó sobre la mesa que separaba las mecedoras.

—Las delicias de la vida de casado —comentó Baldwin con fingida envidia.

—No sabes lo que te pierdes —respondió Elizabeth—. Los dejo para que hablen de su ferrocarril.

Cuando la mujer se retiró, Stephens dijo bajando la voz:

—Me preocupa que aún no estemos casados.

Baldwin se quedó observando a su amigo y preguntó:

—¿Le preocupa a ella?

—Dice que no, pero sé que las mujeres ansían siempre la seguridad que otorga el vínculo matrimonial.

—Elizabeth es diferente, John. Si no lo fuera, no estaría aquí.

Stephens desvió su mirada hacia el río y tras un largo silencio dijo, sin esforzarse por ocultar la emoción que lo embargaba:

—Nunca he conocido a nadie como ella. Pasa el día entero atendiendo enfermos en el hospital y todavía le queda tiempo para ser la perfecta ama de casa. Todos los arreglos de la cabaña los hizo con sólo la ayuda del negro Jack. Hasta se las ingenió para que en la cabaña haya agua corriente, que llega del río por gravedad a través de un complicado sistema de canales y tubos que ella y Jack inventaron.

—¿Jack también vive aquí?

—No, pero cuida y acompaña a Elizabeth dondequiera que esté. Le ofrecimos construirle un anexo, pero dijo que prefería vivir en Mount Hope, en la casita que tenía Elizabeth al lado del hospital. También ayuda al doctor Totten con los enfermos.

—Un buen hombre, Jack.

—No me sentiría tranquilo sin él. Éste no es lugar para una mujer sola.

—Volviendo a lo del matrimonio, ¿no has pensado en pedirle el favor a algún capitán de barco?

—Sí, pero me dicen que ellos solamente pueden casar cuando están en alta mar. Tan pronto pueda iremos a la capital para celebrar nuestro casamiento como Dios manda. Tú serás nuestro padrino.

—Acepto gustoso, pero ahora debo irme. Todavía me queda mucho camino por recorrer.

Baldwin se levantó.

—¿Por qué no pasas la noche aquí? —ofreció John—. En la sala hay un sofá muy cómodo. Además, todavía no hemos hablado sobre las dificultades de la ruta.

—Tengo un par de ayudantes esperándome allá afuera. Mañana, cuando nos reunamos con Totten, les contaré todo a ambos en detalle.

—Por lo menos quédate a cenar con nosotros.

—Con lo que nos sirvió Elizabeth tengo de sobra. Es mucho más de lo que como cuando estoy en la selva.

Luego de despedirse, Baldwin descendió los escalones del portal y guiado por la luz parpadeante de una linterna se internó en la selva por el sendero de guijarros.

—¡Qué vida la de James! —comentó Elizabeth.

—Lo increíble es lo mucho que la disfruta. Sin su energía y empeño el ferrocarril estaría condenado al fracaso.

A la mañana siguiente, sobre los mapas del área, Totten y Stephens escucharon de Baldwin las muchas dificultades que tendrían que enfrentar para llegar con la línea hasta Mindi. Casi no había terrenos planos, los pantanos, aunque menos extensos, eran mucho más profundos, la selva más impenetrable y el puente que habría que construir para cruzar el río debía ser por lo menos dos veces más largo y alto de lo que preveía el estudio de Hughes.

—Pero ¿qué lugares visitó ese señor para preparar su informe? —exclamó Totten.

—Probablemente ninguno. Me temo que actuó por referencia de terceros —afirmó Baldwin.

—La consecuencia es que habrá que gastar mucho más de lo que presupuestamos —comentó Stephens—. El dinero de que disponemos no alcanzará para llevar los rieles hasta Gatún. Conseguir fondos adicionales no será fácil. Por lo pronto, escribiré a William poniéndolo al corriente de todo.

Había luna y el río estaba en calma la noche en que Julián Zamora descendió por el Chagres transportando sobre dos troncos precariamente unidos el cuerpo exangüe de Peter Eskildsen. Por encima del suave rumor del agua y de los ruidos lejanos de la selva el joven peruano creía escuchar de vez en cuando un leve quejido que lo animaba a no desfallecer.

Tan pronto despuntó el día, Julián se aferró a la rudimentaria balsa y se alzó para contemplar el estado del nórdico. El cuerpo permanecía en la misma posición pero la expresión de su rostro ya no acusaba dolor. «Está aún más pálido», pensó. Temiendo lo peor, le tomó la mano y la sintió fría pero sin rigidez. El saberlo aún con vida lo ayudó a vencer el cansancio y el sueño.

El sol llegaba a su cenit cuando Julián divisó la torre de la iglesia de Gorgona. A cincuenta metros del muelle comenzó a empujar los troncos hacia la orilla y pidió auxilio a gritos a unos boteros que enseguida dejaron sus ocupaciones para acudir en su ayuda.

—¡Es el albino! —exclamó el primero en llegar.

—¡Con cuidado, se está muriendo! —volvió a gritar Julián.

Sobre una improvisada camilla trasladaron a Eskildsen a la casa de Ángel Romero, un español que camino de California había decidido quedarse a practicar la medicina en aquel poblado que le recordaba a su Galicia natal. Después de un rápido examen, el galeno dictaminó con estudiada solemnidad que, a pesar de que había perdido mucha sangre y sufrido varias fracturas, el nórdico sobreviviría.

—Yo puedo encargarme de los primeros auxilios y entablillarlo, pero tan pronto se encuentre en condiciones de viajar habrá que trasladarlo a la capital para que terminen de curarlo —había recomendado.

Esa tarde, en un improvisado mitin celebrado en el atrio de la iglesia, los vecinos escucharon el emotivo discurso del alcalde en el que aseguró que la vuelta a la vida de Eskildsen no era sino la evidencia de que a la larga el bien siempre triunfa sobre el mal. Alabó el heroísmo del joven peruano, quien «a diferencia de otros extranjeros que nos traen angustia, luto y dolor, vino a este rincón apartado del istmo para darnos el más hermoso ejemplo de generosidad». Más tarde, en la misa de acción de gracias, el cura redundó en el «profundo sentimiento cristiano que florecía en el corazón de aquel humilde muchacho, la más pura expresión de amor al prójimo, único capaz de motivar la misericordia divina que hoy ha salvado la vida del hombre de la lejana Europa y lo ha traído de vuelta a nosotros». Julián Zamora escuchaba impávido.

Mientras el pueblo celebraba, en un rincón de la cantina Goldiggers Hole Tim O'Hara y el mesero discutían qué hacer ahora que Eskildsen había aparecido con vida.

—¿Estás seguro de que el albino no te reconoció? —insistió Tim, que llevaba ya varias horas tomando.

—Ya te dije que la balacera fue tremenda y en medio de tanta confusión no creo que pudiera distinguir a nadie —respondió Manuel—. Además, aunque me hubiera visto el rostro, dudo mucho que sepa quién soy. Nunca hemos cruzado palabra.

O'Hara se sirvió otro trago y se lo tomó de golpe.

—Otra cosa que me inquieta —dijo— es la forma en que el indio peruano nos miró cuando nos encontramos con él y el alcalde en el lugar del asalto. Tú también lo notaste, ¿no?

—Sí, aunque todos los de su raza miran así. ¿Qué podemos hacer? ¿Matarlos a él y al albino?

—Si se nos presentara la oportunidad... Pero aquí en Cruces es imposible.

—Oí decir que cuando se encuentre fuera de peligro lo llevarán a un hospital de la capital.

—A lo mejor para entonces será demasiado tarde. De todas maneras, procura mantenerte informado de sus movimientos y avísame si te enteras de algo.

Tan pronto amaneció Julián fue a casa del doctor Romero, quien lo recibió gesticulando y hablando sin cesar.

—Nuestro paciente durmió muy bien y acaba de tragar su primer bocado —dijo satisfecho—. Ha preguntado varias veces por su salvador. ¿Sabía que muchas de las heridas que tiene fueron causadas por picotazos de buitres? Usted no solamente evitó que su alma volara al cielo sino también que su cuerpo lo devoraran las aves de rapiña. ¡Qué bárbaro! Venga, vamos a verlo.

Julián siguió al doctor a un cuartucho ubicado al fondo de la vivienda en el que acomodaba a los pacientes que requerían hospitalización. Sobre una cama angosta, apenas iluminado por una vela a punto de extinguirse, yacía Eskildsen.

—Aquí está nuestro héroe —anunció el galeno.

El nórdico abrió los ojos, extendió el brazo sano hacia Julián y débilmente le estrechó la mano.

—Te debo la vida, muchacho. Te prometo que algún día te compensaré.

—No es necesario, señor Eskildsen. Cumplí con un deber cristiano, como dijo ayer el cura.

—No todos lo cumplen, Julián, por más cristianos que se digan.

—Así es —terció el doctor—. Si habré visto yo cada caso. Recuerdo que...

Y el gallego se soltó a hablar hasta que Eskildsen lo interrumpió.

—Hay algo que necesito decirle a Zamora. ¿Nos permite un minuto a solas?

—No faltaba más. Si me necesitan, estaré en la sala.

—Se lo agradecemos mucho.

Tan pronto el doctor abandonó la estancia, Eskildsen le hizo una
seña a Julián para que se acercara.

—Reconocí a uno de los asaltantes —dijo en voz baja—. Es un mesero que trabaja en mi hotel.

—Se llama Manuel —corroboró Julián—. Esa misma tarde fue al
lugar del asalto con el pelirrojo dueño de la cantina del parque y cuando el alcalde les preguntó qué hacían allí dieron unas explicaciones
confusas. El mesero dijo que había ido porque usted era su jefe y el
yankee porque era amigo de uno de los argonautas asesinados.

—Lo que hace sospechar que ambos son parte de la banda de los
Darieni.

—Es lo que creo y, además, que iban en busca del dinero que usted llevaba encima.

Eskildsen permaneció un momento pensativo.

—Es cierto. Cuando salté al vacío llevaba el dinero colgado del
cuello. ¿No estaba en el fondo de la cañada, donde me encontraste?

—En realidad, no lo busqué. En ese momento lo importante era
salvarle la vida.

—Por supuesto. Pero había más de treinta mil dólares en esas alforjas —se lamentó Eskildsen—. Lo más probable es que el resto de la
banda ya haya dado con él. Sea como sea, vale la pena ir a buscarlo.

—Si usted quiere, puedo ir mañana mismo.

En ese momento tocaron discretamente la puerta y el doctor,
acompañado por dos hombres con indumentaria vaquera, entró en
la habitación.

—No era mi intención interrumpir, pero estos señores son del ferrocarril y dicen tener urgencia de hablar con usted. Les informé que
su salud es todavía precaria, pero ellos insistieron. —El médico vaciló
un momento—. Si me necesitan estaré afuera.

—Buenos días —saludó el más alto de los dos—. Perdone si venimos
a importunarlo, pero estamos aquí de paso y es de suma importancia
que hablemos con usted. Mi nombre es Cornelius Van Wyck. Soy
director de la compañía del ferrocarril y he venido al istmo porque

tengo a mi cargo velar por la seguridad de la ruta de tránsito. Me acompaña el señor Randolph Runnels, socio de la empresa de transporte de William Nelson.

—Yo soy Peter Eskildsen y este joven es Julián Zamora, quien administra mi compañía de transporte. Parece que seremos competidores, señor Runnels. No sabía que Nelson tuviera otro socio.

—Es una larga historia —repuso Runnels, escuetamente.

—Mi misión —prosiguió Van Wyck— es acabar con los Darieni y creo que usted, que sobrevivió a uno de sus brutales asaltos, nos puede ayudar.

Eskildsen guardó silencio.

—¿Reconoció usted a alguno de los asaltantes? —insistió Van Wyck.

Eskildsen dudó un instante.

—¿No cree que esta conversación la debería sostener yo con las autoridades? —preguntó finalmente.

—Señor Eskildsen, usted debe saber mejor que nadie que las autoridades no están en capacidad de mantener el orden. Las noticias de los asaltos y los asesinatos se publican continuamente en los periódicos de mi país y perjudican notablemente nuestro esfuerzo por construir el ferrocarril transoceánico. El propio gobernador del Departamento ha pedido al presidente de nuestra empresa que, en vista de que el gobierno no cuenta con medios para hacerlo, nos encarguemos nosotros mismos de reprimir a los delincuentes. Por eso estoy aquí, solicitando su ayuda.

—Conozco a John Stephens desde la primera vez que puso los pies en Chagres —enfatizó Eskildsen—. Pero dígame: si estuviera en capacidad de suministrarle alguna información, ¿qué haría usted con ella?

—Planear una estrategia para atrapar al Jaguar y su banda.

Advirtiendo que Eskildsen dudaba, Van Wyck insistió:

—Señor Eskildsen, usted es la única víctima que ha sobrevivido al ataque de los forajidos. Si no nos brinda su ayuda, ¿de quién podemos esperarla? ¿Cómo haremos para apresarlos y llevarlos ante la justicia?

—Todavía no tengo claro qué haría usted con la información que pueda proporcionarle.

—Lo mismo que hacen los Darieni. Sospechamos que tienen espías colocados en lugares estratégicos que les informan sobre sus posibles víctimas. Tras los asaltos, retornan a su actividad cotidiana hasta que el Jaguar los vuelve a llamar para otro trabajo. Pensamos establecer una especie de policía secreta que se infiltre en el círculo íntimo de los malhechores para capturarlos en una gran redada cuando los tengamos debidamente identificados.

Sorprendido de lo mucho que se acercaba a la realidad la sospecha del hombre del ferrocarril, Eskildsen se dispuso a cooperar. Sin embargo, quiso saber si era necesario que el socio de Nelson escuchara lo que tenía que decir.

—El señor Runnels goza de nuestra entera confianza y tanto él como el propio Nelson colaborarán en la captura de los forajidos.

—Muy bien, señor..., señor...

—Van Wyck.

—... señor Van Wyck. Tome nota. —Sobreponiéndose al dolor, Eskildsen se incorporó a medias en el lecho—. Uno de los asaltantes es un mesero llamado Manuel que trabaja desde hace dos meses en el hotel American House, que me pertenece. Lo reconocí por su cara de zarigüeya, aunque no me explico por qué él y otros dos de los bandidos no utilizaban antifaz. A los demás no logré identificarlos.

—No usaban antifaz porque no pensaban dejar a nadie con vida —dijo Runnels rompiendo su mutismo—. Usted se salvó de milagro y de ahora en adelante debe cuidarse mucho.

—Así es. El mesero y sus compinches no se sentirán seguros mientras usted siga vivo —confirmó Van Wyck.

—Créame que ya lo he pensado —replicó Eskildsen—. Pero hay más. Me cuenta Julián que cuando él y el alcalde fueron a investigar el lugar del asalto, se aparecieron el mesero del American House que acabo de mencionar y el dueño de la cantina Goldiggers Hole, un ex marino pelirrojo llamado O'Hara. Cuando el alcalde quiso saber qué hacían allí, dieron explicaciones absurdas. Nosotros creemos que el pelirrojo también es miembro de la pandilla y que ambos iban en busca del dinero que yo llevaba encima. No me extrañaría que...

—¿Qué pasó con ese dinero? —interrumpió Runnels.

—En realidad no lo sé. Cuando salté al vacío para escapar de los asaltantes aún lo llevaba conmigo.

—Señor Eskildsen, le agradecemos no solamente su ayuda, que ha sido mucha, sino sobre todo que nos haya recibido a pesar de su delicada condición. Confiamos en su rápida y total recuperación.

—También nosotros esperamos que la captura de los forajidos ocurra cuanto antes.

—Puede estar seguro de que así será. Le tendremos al tanto de cualquier novedad.

—¿Qué opinas, Julián? —preguntó Eskildsen cuando se marcharon los visitantes.

—Que el que tiene cara de *sheriff* no es el que hablaba más, sino el otro, el que casi no habló.

—Lo mismo pienso yo.

Durante los meses de marzo y abril de 1851 los hombres del ferrocarril, estimulados por la constante presencia y supervisión del presidente de la empresa, redoblaron esfuerzos para tratar de llevar los rieles hasta Gatún antes de que terminara la estación seca. La incorporación de la locomotora y sus vagones facilitó enormemente el transporte de hombres y materiales y permitió rellenar los pantanos y las barrancas del trayecto hasta el río Mindi en menos de la tercera parte del tiempo que habían empleado en vencer la gula del Pantano Negro. Sin embargo, poco o nada podían hacer para evitar que los trabajadores siguieran cayendo víctimas de la fiebre amarilla, de la disentería y de las devastadoras epidemias de cólera que con regularidad azotaban al istmo. Todos los días los vagones del ferrocarril depositaban su fatídica carga en el cementerio de Mount Hope, nombre que, gracias a la tenacidad de Elizabeth, iba reemplazando al de Monkey Hill. De poco parecía servir la permanente batalla contra la muerte que libraban el doctor Totten y la «doña del presidente», como apodaron los enfermos a la hermosa auxiliar. Cada tarde el negro Jack, empujando una gran canasta con ruedas construida por él, recorría los pasillos del hospital recogiendo los cadáveres de los infortunados que habían cerrado sus ojos para siempre en aquella tierra olvidada de Dios. Hacia finales de marzo cayó Ulyses Clark, el joven ingeniero que se había convertido en la mano derecha de Baldwin, no solamente por sus conocimientos y amor al trabajo, sino sobre todo porque cumplía sus obligaciones con un entusiasmo y optimismo ejemplares y contagiosos. Mientras duró la lucha de Clark con la parca, James Baldwin se había mantenido a su lado, infundiéndole ánimo y recordándole que antes que él muchos habían logrado vencer la fiebre de los pantanos. Esfuerzo vano porque al cuarto día de haberla contraído, con los ojos desorbitados, como si buscara a Dios para reclamarle su indiferencia, Ulyses Clark entraba en el sueño eterno. A pesar de que durante la ausencia de Baldwin el propio Totten se había hecho cargo de los trabajos, no pudo evitar que se produjera un sensible retraso en el avance de la obra. «Si es que algún día terminamos este maldito proyecto espero que sepamos apreciar cuánto le debemos a Baldwin», había comentado Totten. «Créeme que yo lo supe desde la primera vez que viajamos juntos al istmo. Además de un incansable trabajador, James es un excelente amigo», había respondido Stephens.

A principios de mayo los rieles llegaron a orillas del río Mindi y allí se detuvieron en espera de que el puente estuviera terminado. Para entonces los recursos financieros se habían agotado y la fuerza laboral había disminuido considerablemente. De los seiscientos trabajadores contratados a principios de año quedaban menos de cien y ya no había más dinero. A las solicitudes que hacía Stephens para que enviara fondos adicionales, William Aspinwall había respondido que hacía lo posible, pero que los directores y accionistas principales se hallaban seriamente preocupados por las noticias que aseguraban que las epidemias, los innumerables fallecimientos, los sangrientos asaltos y asesinatos y los fracasos sufridos por la empresa del ferrocarril en el istmo de Panamá habían determinado que la ruta de Nicaragua del comodoro Vanderbilt comenzara a ganar adeptos. En su más reciente misiva, Aspinwall informaba a Stephens de su fallido intento por colocar acciones adicionales a través de la Bolsa. «No solamente no hay quien las quiera comprar sino que el precio ha caído a su nivel más bajo: hoy se consiguen por diez centavos, noventa menos que hace seis meses, lo que además de una tragedia financiera no deja de ser una vergüenza para todos los que alentamos este proyecto. Vanderbilt, con sus publicaciones calumniosas, ha hecho mucho daño, no solamente al ferrocarril sino a toda la ruta de Panamá, lo que también ha motivado una merma en las ganancias de Howland & Aspinwall. Te prometo, no obstante, que no cejaré en mi empeño de obtener fondos adicionales». Lo que omitió decir William en su carta era que Viejo Roble Law se había aprovechado de la situación para adquirir acciones adicionales de la sociedad y ahora era Aspinwall quien se había visto forzado a recurrir a los tribunales para evitar que su viejo y eterno rival se sentara en la Junta Directiva de la empresa.

Lejos de rendirse ante las malas noticias, John Stephens pidió a su banco en Nueva York el envío de una parte sustancial de sus ahorros, cincuenta mil dólares en total, que entregó a la empresa en calidad de préstamo y que permitieron la terminación del puente sobre el Mindi. Desde este punto al poblado de Gatún las condiciones del terreno eran mucho más adecuadas para el tendido de los rieles y dos meses después, pese a los pocos obreros y a la escasez de materiales, los hombres del ferrocarril, empapados por los primeros aguaceros de mayo, pudieron celebrar con discreta alegría el viaje inaugural desde Manzanillo hasta Gatún. A lo largo del trayecto de casi diez millas, la «gran cafetera», nombre con el que los nativos bautizaron a la locomotora, había espantado a todo ser viviente que por primera vez la veía avanzar amenazante sobre los rieles al tiempo que inundaba la selva con sus extraños ruidos, sus chorros de vapor y sus agudos silbidos. Para el mes de junio, sin embargo, la locomotora y sus vagones dejaron de rodar y los trabajos disminuyeron a tal punto que solamente se realizaban las obras indispensables de mantenimiento para evitar el deterioro de lo construido. Solamente diez trabajadores permanecían en el istmo junto a Stephens, Totten y Baldwin.

Las serias preocupaciones que agobiaban a John Stephens parecían disiparse como por encanto desde el instante en que regresaba a su cabaña. Concluido un día más de labores en Manzanillo, el escritor subía en un carro de mano y se trasladaba a Mount Hope para recoger a Elizabeth. Muchas veces tenía que aguardar a que ésta terminara su último recorrido del día por los pasillos del hospital, repartiendo sonrisas frescas a cada uno de los desafortunados. Si la espera era muy larga, John se sentaba a escuchar de labios del doctor Totten sus avances en la lucha contra las enfermedades, avances que lamentablemente eran luego desmentidos por las estadísticas sobre enfermos y difuntos que el mismo doctor mantenía con asombrosa pulcritud. Desde Mount Hope, Elizabeth y John se trasladaban a su hogar en sendas cabalgaduras por un camino que, sin que el presidente de la empresa lo solicitara, los trabajadores por propia iniciativa habían habilitado para ellos.

De mutuo acuerdo, una vez que traspasaban la puerta de la cabaña la pareja dejaba atrás los problemas del ferrocarril, las enfermedades, la muerte y todo lo que pudiera empañar su felicidad. Entre aquellas rústicas paredes procuraban hablar únicamente de cosas alegres: de los hijos que pronto vendrían a completar la familia, de los viajes que juntos emprenderían a lugares remotos y de los nuevos libros que John escribiría. Porque no pasaba un día sin que Elizabeth empujara a John a tomar otra vez la pluma, aunque fuera tan sólo para no perder el hábito.

—Ya lo intenté y llegué a la conclusión de que solamente sirvo para describir lugares ignotos y gentes extrañas —alegaba él.

—Pues yo digo que no es así. Las notas de tu visita al istmo en compañía de James son excelentes, lo mismo que las de tu ida a Bogotá —replicaba Elizabeth.

—Porque se trataba de un viaje —insistía John.

—De un viaje y también de reflexiones íntimas —le recordaba ella.

—Que nadie te autorizó a leer —protestaba él.

Elizabeth, en cambio, sí conservaba la costumbre de confiar a su diario impresiones y sentimientos con inquebrantable disciplina.

—¿Me dejarás leerlo algún día? —preguntaba el escritor viajero.

—Tal vez cuando decida publicarlo y sea tan famosa como tú —respondía, jovial, la enfermera escritora.

Durante aquellos días de intensa felicidad, los recuerdos de Cleveland Forbes, de Jim y de McKennon todavía acudían a la memoria de Elizabeth, impregnados por una mezcla de cariño, nostalgia y remordimiento. No hacía mucho, al enterarse de que William Nelson visitaba Manzanillo, había sugerido a John invitaro a conocer la cabaña. «Le pedí que viniera pero tenía que regresar a Panamá enseguida», había respondido John. Y luego, como si adivinara las inquietudes de Elizabeth, añadió: «Le pregunté por el capitán Forbes y me dijo que desde que se embarcó para Inglaterra no ha vuelto a saber de él». Y aunque ella abandonó el tema, más tarde confiaría a su diario que ésos eran los detalles que fortalecían el inmenso amor y la admiración que sentía por aquel escritor transformado en empresario que tan oportunamente había llegado a su vida.

Cuando los trabajos del ferrocarril se paralizaron por falta de fondos, John propuso a Elizabeth ir a los Estados Unidos. «Mientras yo trato de conseguir más dinero tú visitas a tu padre». Pero ella rehusó. «A mí me necesitan en el hospital. Tú sí debes hacer el viaje porque eres el único capaz de salvar la empresa y ésa es una responsabilidad insoslayable». Más que el cumplimiento de un deber, lo que en el fondo preocupaba a Elizabeth era la salud de John, que en los últimos meses se había deteriorado visiblemente. «Tengo que lograr que John se aleje por un tiempo de las angustias del ferrocarril y de esta tierra de pestilencia», dejó escrito en su diario.

TERCERA PARTE

«El topo del tren roe las raíces
del viento y avanza».

Federico García Lorca, *Salutación*

1

Del diario de Elizabeth Benton

Marzo, 1851

Vuelvo a leer lo escrito a partir del 22 de octubre del año pasado y me doy cuenta de que es un revoltijo de acontecimientos, impresiones y sentimientos que me cuesta entender. Es tanta la confusión que las anotaciones ni siquiera guardan un orden cronológico. La aparición de John y el amor que estalló entre nosotros lo ha convulsionado todo. ¡Bendito amor! Bendita conmoción, que me ha hecho vivir estos últimos meses más intensamente que en toda mi vida. ¿Envejece uno prematuramente cuando los días, las semanas y los meses parecen más largos? El espejo me dice lo contrario. Hasta Jack, que jamás se ha atrevido a hablarme de cosas personales, me ha dicho que nunca ha visto a su ama tan feliz. Y dijo *feliz* porque la palabra *hermosa* está más allá de su osadía. Hoy comprendo que la belleza brota del alma y se manifiesta en la sonrisa que dulcifica el rostro, en la chispa que aviva las pupilas, en el rubor que matiza las mejillas. Así me siento: bella.

El precio de tanta felicidad es el temor constante de perderla. Comprendo que en el sitio que comparto con John la dicha puede terminar en un abrir y cerrar de ojos. Las enfermedades, la peste, los peligros que encierra la naturaleza, todo me aterra y me hace vivir en un permanente desasosiego, un desasosiego dichoso, que me impulsa a bendecir cada día que el Señor nos permite seguir juntos. ¡Cuánto lo amo! A veces me pregunto de dónde surge tanto amor. Ciertamente quise a mi esposo, pero lo que siento por John es tan diferente... Celestial y humano a la vez, más profundo, más intocable, más mío. Recreo en mi mente la primera vez que nos amamos y sonrío al pensar que sólo entonces supe lo que significa entregarse de verdad, el constante placer de compartirlo todo. Robert, más que amarme, me poseía. Sin embargo, cuando John me amó...

No creí posible tanta ternura y delicadeza. Sus labios, más que besar, acariciaron mis manos, mis brazos, mi rostro, mi cuello. Se posaron en mi pecho y murmuraron palabras dulces a cada uno de mis senos. ¡Con qué paciencia, con cuánta dulzura! Más que saborearme, dejaba su sabor en cada uno de mis poros. Y yo me abrí a sus caricias como una flor al rocío cuando llega la primavera. Sus labios se posaron en mi boca, nuestro aliento fue uno y uno nuestro cuerpo y nuestro ardor. Antes de llegar al clímax, John me pidió que abriera los ojos, me miró, y me dijo las palabras más hermosas que puede escuchar una mujer: «Soy tuyo, sólo y para siempre tuyo». Y fluyó entre nosotros el placer infinito del amor.

Para un amor tan grande un nido pequeño, un lugar en el que los espacios sean apenas los necesarios para no separarnos nunca. Por eso la cabaña que Baldwin construyó para nosotros junto al río es ideal. Claro que hay cocodrilos, fieras, insectos y reptiles. ¡Es la selva! Pero también hay pájaros de colores imposibles que cantan melodías interminables; flores que aroman a la hora exacta en que se duerme el sol; árboles que han estado allí mucho antes de que apareciera el hombre, variedades de palmas que nutren a los nativos —y ahora a nosotros— y nos proveen de vestido y vivienda. La lluvia que cae constantemente es el agua que bebemos y los peces del río nos sirven de alimento, al igual que los animales y frutos silvestres que poco a poco aprendemos a conocer y a degustar. El ritmo de la naturaleza acompasa nuestro amor.

La muerte que nos rodea contribuye a que disfrutemos intensamente cada minuto de ese amor y cada hora de nuestras labores. Es una vida dura y, claro, a veces triste. La muerte siempre lo es. John se ha tomado la construcción del ferrocarril como un reto personal y leo la impotencia en sus ojos cuando por más que se empeñan Totten y

Baldwin —nuestro querido Baldwin— no logran superar los obstáculos que pone a su paso la naturaleza. Todavía no consigo entender cómo se lanzaron a construir una vía férrea en semejante lugar. John me ha explicado las maniobras de Viejo Roble Law y la rivalidad que existe entre éste y William Aspinwall, pero ni aun así lo entiendo. A veces pienso que el inmenso pantano con sus fiebres y pestilencias en el que tantas vidas se pierden y se agudizan las bajas pasiones que bestializan al hombre no es más que una metáfora de aquello en lo que ha devenido el mundo. Aquí los hombres mueren y se matan por casi nada. A los que llegan enfermos o heridos al hospital trato de disuadirlos de su quimera relatándoles mi propia experiencia en California, donde son muchos más los que se han partido el espinazo sin encontrar ni una sola pepita de oro que aquellos que se hacen ricos de la noche a la mañana. Pero no escuchan y, sin haberse recuperado del todo, continúan imperturbables su camino hacia la nueva tierra de promisión.

Me atormenta pensar que me voy haciendo insensible al sufrimiento ajeno. Pero ¿cómo evitar que se forme una coraza contra el dolor si cada día llegan al hospital vagones atestados de enfermos, moribundos todos, y cada semana que pasa tenemos que seguirle robando espacio a la colina para acomodar a los pobres infelices que parten de este mundo sin tan siquiera un nombre sobre su tumba? Sí, aquí la muerte mantiene el anonimato. Las pocas cruces en las que podemos grabar un nombre, trabajo que realiza con infinita paciencia el bueno de Jack, pertenecen a los que en su agonía logran decirme cómo se llaman y me piden escribir a sus padres, a sus esposas o a sus hijos cartas que envío sin más dirección que la del pueblo del que salió el desdichado en busca de una mejor vida; cartas que seguramente nadie leerá.

Ha sido esa coraza la que me ha permitido soportar el método que ha ideado el doctor Totten para obtener los fondos con que mantiene el hospital. Tan pronto llegué me confió que la compañía del ferrocarril carecía de recursos suficientes para las obras que necesitaba desarrollar y que él había tomado la decisión de emprender por su cuenta un negocio muy lucrativo. Me llevó a un galpón enorme, situado a un costado del hospital, en el que había cientos de barriles de madera. Con una extraña expresión en el rostro, de compasión y orgullo a la vez, procedió a destapar uno de aquellos barriles. La sangre se me heló al contemplar en su interior el cadáver de un hombre flotando en medio de trozos de encurtido. El doctor aguardaba con curiosidad mi reacción, pero yo no alcanzaba a decir nada. Finalmente explicó: «Son los cuerpos que nadie reclama, o sea, casi todos. Aquí permanecen conservados en salmuera a la espera de ser embarcados rumbo a los hospitales y universidades de los Estados Unidos y Europa para ayudar a los futuros médicos en sus estudios. ¿No le parece una labor encomiable?». Yo continuaba sin emitir palabra. Aunque el doctor había tapado otra vez el barril, el olor a muerte preservada inundaba el área y sentía que impregnaba todo mi ser. «¿No aprueba lo que hago? ¿No cree usted que si la muerte puede ser útil debemos aprovecharla? Llevo enviados más de cuarenta barriles que han producido la nada despreciable suma de cuatro mil dólares. ¿Con qué dinero cree usted que he construido y equipado el hospital? Los muertos sin saberlo han ayudado a los vivos». Finalmente acerté a preguntar si los directores de la empresa estaban al corriente de tan macabro negocio. «No solamente lo saben, sino que lo aprueban y lo aplauden. Es demasiado dinero. La próxima semana embarcaremos veinticinco barriles más, esta vez para Inglaterra». El doctor Totten ladeó la cabeza, me miró fijamente y puntualizó: «Solamente compran cadáveres de blancos. Ni siquiera los mestizos son aceptables». O sea, me dije, el color trasciende la muerte y la piel. ¿Es que también son negros el corazón, los pulmones, los nervios, los músculos...?

Esa noche, mientras disfrutábamos desde el portal de nuestra cabaña del ritual del anochecer, comenté a John que el director del hospital traficaba con la muerte. Me miró con estupefacción y tristeza y luego volvió sus ojos al río. «El doctor Totten no trafica con la muerte, trafica con la vida», me dijo en apenas un susurro y añadió: «Sé que lo que hace es macabro pero sus intenciones son buenas: ayuda a los estudiantes de medicina que luego salvarán vidas y al mismo tiempo obtiene fondos para construir un sanatorio con igual propósito». Yo protesté airada: «Pero se trata de seres humanos, no de animales». John volvió a mirarme y se limitó a decir: «Es ésa, precisamente, la gran pregunta. ¿Son seres humanos aún después de que el alma abandonó el cuerpo?». Iba a responder que tal pregunta estaba vedada a los mortales, pero comprendí que lo que hacía era agregar una preocupación más a las muchas que tenía John y decidí callar. Aunque gritemos por dentro, a veces el amor exige silencio.

Silencio porque John ha llegado a albergar serias dudas sobre el éxito de la aventura ferroviaria. Un cansancio crónico, signo de su desilusión, se refleja en su rostro y en su forma de andar cuando al final del día llega a buscarme al hospital. El entusiasmo con el que antes me comentaba cómo poco a poco iban venciendo los obstáculos ha dado paso a un laconismo que me obliga a preguntarle por el progreso de los trabajos. Su última manifestación de alegría ocurrió cuando finalmente los rieles llegaron hasta Gatún. «¡Hemos vencido a los pantanos!», anunció eufórico mientras me abrazaba. Para entonces, sin embargo, los recursos de la empresa se habían agotado y John había tenido que recurrir a su propio peculio para sufragar los últimos gastos.

Julio 3

Las obras del ferrocarril se han paralizado. Apenas queda una docena de peones que con sus machetes recorren la vía tratando de evitar que la naturaleza reclame lo que es suyo. La situación es desesperada y John ha decidido embarcarse para Nueva York en busca de recursos. También quiere enterarse de primera mano sobre la situación de la ruta que el comodoro Vanderbilt ha abierto a través de Nicaragua. Según él, esa ruta es el escollo más peligroso que enfrenta la empresa, pues si se consolida será muy difícil obtener los fondos necesarios para concluir el ferrocarril transístmico. Me propone que lo acompañe y aproveche el viaje para visitar a mi padre, pero he decidido permanecer aquí, cuidando de nuestra cabaña y de algunos enfermos que todavía luchan por vivir. Para complacer a John, he escrito una larga carta que él hará llegar al influyente senador por el estado de Missouri.

Julio 7

Ayer partió John. Aunque Jack me cuida y procura acompañarme, la soledad ha terminado por abatirme. Las ganas de escribir son pocas y muchas las de llorar.

Julio 9

Esta tarde mi tristeza se ha desbordado y he llorado mucho. Fui a buscar consuelo en los papeles que John ha seguido escribiendo a hurtadillas y descubrí que ahora mi escritor viajero solamente compone poemas de una sensibilidad tan profunda que me acongojé aún más. ¡Cuánto me ama y cuánto teme perderme! En cada uno de sus versos la muerte, agazapada, prepara el vuelo. ¿Por qué temes tanto a la muerte, querido John? ¿Qué sabes que yo ignoro?

Julio 12

La tristeza ha dado paso a la más inmensa, la más sublime y la más auténtica de las alegrías. ¡En mi vientre palpita un nuevo ser! El hijo que tanto anhelamos, el que vendrá a asegurarnos que nuestro amor pervivirá, el que llenará por completo nuestras vidas y poblará de sonrisas nuestro hogar. ¡John, regresa pronto! Es tanta la dicha que me invade que estallaré en pedazos si no la comparto contigo.

Agosto 11

Hoy se cumplen cinco semanas desde que partió John. ¿Dónde estás, qué haces, por qué no escribes? Quiero verme todavía esbelta cuando llegues y que contemplemos juntos cómo madura mi cintura al ritmo del nuevo ser que va llenando mis entrañas. ¿Te ocurre algo, John? ¿Me recuerdas? ¿Me dejarás sola en nuestra cabaña junto al río?

El último vapor —¡con cuánta ansia lo esperé!— debió traer carta tuya pero arribó, se fue y yo seguí con las manos vacías, con los ojos vacíos, con el alma vacía.

Leo tus poemas una y otra vez y vuelvo a estremecerme con esos versos de amor y muerte.

ELEGÍA A LA MUERTE

¿Por qué viajas en mí como una sombra
que oscurece cada uno de mis pasos?
Sólo te vas de mí si ella me nombra
y me cobija luego entre sus brazos.

Aunque te hallé hace tiempo entre las ruinas
jamás hice de ti mi compañera.
¿Por qué, entonces, junto a mí caminas
e intentas marchitar mi primavera?

Detente mientras surge un nuevo día
en los ojos azules de mi amada.
¡Oh, muerte! ¿Por qué insistes, todavía,
en oscurecer esta alborada?

¿En qué pensabas al escribirlos? ¿Qué premonición te perturba?

2

De todas las borrascas que habían azotado las costas del istmo, la que ahora sacudía al *Georgia,* buque insignia de la flota de George Law, era la más violenta que había presenciado John Stephens. El capitán Broomsfield, un viejo lobo de mar de la época de la vela y el viento, insistía en mantener el vapor frente a la desembocadura del Chagres esperando que amainara el temporal para desembarcar sus pasajeros y carga y abandonar cuanto antes aquel maldito lugar. Las olas que las aguas crecidas y turbias del Chagres levantaban en la ría eran tan grandes y violentas como las que el Atlántico enardecido arrojaba contra la ribera, y a la tripulación se le hacía cada vez más difícil controlar el navío. Un techo de nubes oscuras parecía rozar la superficie del mar y resultaba imposible precisar si los rayos, truenos y relámpagos descendían de las alturas o ascendían de las profundidades.

Aferrándose a la baranda del puente para evitar que el viento y las olas lo barrieran, John Stephens avanzó con dificultad hasta alcanzar la cabina de mando. Cuando se disponía a abrir la puerta, un movimiento brusco de la embarcación, que se inclinó sobre babor, le hizo perder el equilibrio y rodar sobre cubierta hasta ir a estrellarse contra el casco de uno de los botes salvavidas, que evitó que cayera al mar.

El marinero que en ese momento luchaba por afianzar las amarras del bote le lanzó una soga que Stephens sujetó como pudo; el barco volvió a inclinarse, esta vez a estribor, y asido a la soga Stephens fue a estrellarse ahora contra la cabina de mando. En ese momento se abrió la puerta y el segundo de a bordo lo sujetó y lo ayudó a entrar.

—No debería haber abandonado su camarote con este temporal, señor Stephens —lo increpó el capitán, que permanecía aferrado al timón.

—Vine a decirle que es inútil tratar de desembarcar y que su barco corre peligro. El fondo del delta está sembrado de navíos que naufragaron intentando lo mismo que hace usted.

—Otros barcos y otros capitanes.

—Pero la misma tempestad, que aún puede empeorar.

Los dos hombres hablaban a gritos para hacerse oír por encima del fragor de la tormenta. El *Georgia* volvió a inclinarse peligrosamente y el capitán lanzó una maldición seguida de una orden ininteligible.

—¿Qué sugiere usted, señor Stephens? ¿No cree que si vamos a naufragar es mejor mantenernos cerca de la costa?

Stephens pasó por alto la ironía del capitán.

—Pocas millas al este de aquí está Navy Bay. Allí puede refugiarse mientras pasa la tormenta.

La recomendación había suscitado la atención del viejo Broomsfield.

—Conozco Navy Bay por las cartas marinas, pero nunca he entrado.

—Pues yo sí, capitán. Frecuentemente arriban allí barcos de la empresa del ferrocarril. Le aseguro que existe suficiente calado y que durante las tormentas las aguas permanecen mucho más tranquilas que en el delta.

El capitán meditó un momento y cruzó una mirada con el segundo oficial que, igual que Stephens, luchaba por mantener el equilibrio.

—¿Cuánto tiempo tomaría llegar a Navy Bay? —preguntó finalmente.

—Con este tiempo, una hora —respondió Stephens—. Llegaríamos antes del anochecer.

—Muy bien, hacia allá iremos. Espero que usted no se equivoque.

El *Georgia* se alejó de la costa y comenzó a navegar rumbo al este. Frente a Navy Bay la tormenta seguía rugiendo, lo que no impidió que tan pronto el capitán divisara la apertura diera la orden de entrar. Stephens seguía la maniobra con una mezcla de fascinación y miedo.

—Es muy arriesgado, capitán. Casi no se ve nada —gritó el segundo oficial.

—Ya lo sé, pero ya no hay marcha atrás —respondió Broomsfield, que había vuelto a tomar el timón.

Atendiendo recomendaciones de Stephens, el comandante mantuvo la nave cerca de la costa por el lado de estribor y tras una última sacudida comenzaron a navegar en aguas menos encrespadas. Aún llovía torrencialmente cuando, acuciados por la curiosidad, los pasajeros subieron a cubierta, donde se enteraron de que permanecerían en Navy Bay esa noche y que al día siguiente regresarían a Chagres para desembarcar. Poco a poco, el aguacero fue dando paso a una llovizna tenue que permitió vislumbrar el muelle y las primeras construcciones de Manzanillo. Los pasajeros comenzaban a preguntarse en qué sitio se hallaban cuando escucharon un pito lejano pero inconfundible. Se acercaron a la borda buscando de dónde provenía y vieron, asombrados, que de las profundidades de la isla, deslizándose lentamente, emergía una locomotora seguida de una plataforma cargada de obreros. El pito volvió a sonar y la locomotora despidió un chorro de humo blanco, como si saludara a los viajeros, que lanzaban vivas y aplaudían.

En la cabina de mando, el capitán, sorprendido, le preguntó a Stephens:

—¿Funciona ya el ferrocarril?

—Tenemos colocadas unas ocho millas de rieles que llegan hasta el poblado de Gatún. Faltan todavía otras cuarenta y dos.

—Pero, hombre de Dios, eso significa que podemos desembarcar los pasajeros aquí mismo para que el tren se encargue de llevarlos hasta allá.

—El ferrocarril no presta servicios al público, capitán.

—¿Por qué?

Stephens dudó un instante

—Porque como le dije aún falta mucho para que esté terminado.

—¿Qué les impide llevar pasajeros hasta Gatún? —insistió Broomsfield.

En ese momento se presentó el segundo oficial para informar que una delegación de pasajeros encabezados por el reverendo Zacarías Smith deseaba entrevistarse con el capitán.

—Quieren bajar a tierra aquí, señor, y tomar el ferrocarril.

Broomsfield miró a Stephens y se encogió de hombros.

—Ya se lo decía.

—Déjeme desembarcar primero a mí para informarle a nuestro ingeniero jefe de lo que ocurre —pidió Stephens.

—Así se hará, pero le advierto que no podré retener por mucho tiempo al resto de los pasajeros.

Cuando el bote que conducía a Stephens llegó al muelle, el coronel Totten aguardaba para ayudarlo a saltar a tierra.

—Bienvenido, John. ¿Me puedes decir qué demonios hace ese barco en nuestra bahía?

—El mal tiempo nos impidió acercarnos a Chagres y le sugerí al capitán que se refugiara aquí. Los pasajeros vieron la locomotora y no demora en llegar una delegación para pedir que los transportemos hasta Gatún.

—Veo que ya están bajando un bote. ¿Qué les digo? —preguntó Totten.

—Estuve pensando que nada nos impide utilizar la línea hasta Gatún y cobrar por el trayecto. Sería una buena manera de recaudar fondos.

—¿No obtuviste más dinero de los accionistas?

—Muy poco. Apenas lo necesario para realizar trabajos de mantenimiento y algunas obras urgentes, aunque Aspinwall me aseguró que antes de un mes enviará más fondos. ¿Cómo está Elizabeth?

Una sonrisa inusual iluminó por un segundo el rostro ensombrecido de Totten.

—Está muy bien, desesperada porque no llegabas.

—Voy enseguida a verla.

—¿No me acompañas a hablar con los pasajeros?

—Por supuesto que no. Confío plenamente en tu juicio.

Mientras caminaban hacia el carro de mano Totten reflexionó en voz alta.

—En realidad transportarlos hasta Gatún no ofrece ninguna dificultad. El problema es que el muelle que tenemos no está en condiciones para recibir las multitudes que viajan hacia California. Además, interferirían en nuestras propias actividades a la hora de desembarcar y trasladar materiales, equipos y mano de obra.

—Tienes razón. Pero no estaría mal que les sacaras unos cuantos dólares a los argonautas que ya están aquí. Creo que pagarían lo que se les pida con tal de que el ferrocarril los lleve a Gatún. Te recuerdo que por el trayecto hasta Gorgona los boteros cobran quince dólares por persona. Ahora me marcho a ver a Elizabeth. ¡Buena suerte, George!

—Buena suerte, buena suerte... —masculló Totten.

Media hora más tarde el reverendo Smith, que lideraba la delegación enviada por los pasajeros del *Georgia,* proponía formalmente al coronel que la empresa del ferrocarril los transportara hasta Gatún.

—Hemos acordado pagar cinco dólares por pasajero, que es la mitad de lo que pagaríamos a los boteros por el trayecto fluvial.

Totten observó con detenimiento al reverendo Zacarías Smith y a sus acompañantes. El hombre de Dios vestía de negro de pies a cabeza. De los otros tres, uno parecía un granjero, el otro un típico joven del Este, bien educado y formal, y el tercero podía pasar por tendero, barbero o maquinista. «Una buena mezcolanza», pensó el coronel.

—Comienzo por decirles que no estamos preparados para transportar pasajeros. Nuestros carros transportan equipos y materiales de construcción destinados...

—Y obreros —intercaló el joven educado.

—... a las obras —continuó Totten sin hacer caso a la interrupción—. Es cierto que al final de la jornada nuestros trabajadores son traídos de vuelta en las plataformas, pero ellos están acostumbrados a esas incomodidades.

—No estamos pidiendo comodidades, señor...

—Totten.

—... señor Totten —observó el reverendo—. Por lo que he escuchado, el viaje por el río y a lomo de mula no es precisamente un paseo campestre.

—Trato de salvar la responsabilidad de la empresa en caso de un accidente, reverendo. En cualquier caso, en vista de que están ustedes aquí a causa de una tormenta y es el deseo del ferrocarril de Panamá ayudarlos en lo posible, estaríamos dispuestos a trasladarlos cobrando a cada pasajero la suma de diez dólares y dos dólares adicionales por cada bulto que lleven consigo.

Totten había exagerado la suma esperando un largo regateo. Su sorpresa fue mayúscula cuando, después de consultar brevemente con sus compañeros de viaje, el pastor manifestó que aceptaban la propuesta.

—Esta noche pernoctaremos a bordo del *Georgia*, señor Totten, y mañana temprano desembarcaremos para ser transportados hasta Gatún por el precio que acabamos de acordar. En total somos trescientos sesenta pasajeros, pero no puedo precisar el número de bultos que portamos. ¿Le parece bien si realizamos el primer viaje a las ocho de la mañana?

—Me parece muy bien. Tendremos enganchadas las tres plataformas y veremos cuántos pasajeros podemos llevar en cada una de modo que viajen lo más seguros que se pueda.

—¿A qué hora piensa usted que terminará de transportarnos?

—Realmente no lo sé. Dependerá de cuántos pasajeros acomodemos en cada plataforma. —Totten reflexionó—. Pienso que no podrían ser más de doce, así es que en cada viaje llevaríamos treinta y seis. Diez viajes en total. La locomotora va y viene de Gatún en media hora, más el tiempo que nos tome cargar y descargar. En unas seis horas deberíamos haber concluido.

—¡Excelente! —exclamó Zacarías Smith—. Podremos recuperar parte del tiempo perdido.

Dos semanas más tarde, tan pronto desembarcó en Nueva York, el capitán Broomsfield se presentó en las oficinas de George Law para contarle su reciente experiencia en el istmo.

—¿Estás seguro de lo que dices? —preguntó por segunda vez Viejo Roble.

—Lo vi con mis propios ojos, jefe. Son ocho millas de vía férrea las que tienen ya listas. No sé cómo hicieron para colocarlas en un área en la que todavía hay más pantano que tierra firme.

—Típico de Aspinwall —pensó en voz alta Law—. Tiene frente a sus narices lo que puede ser la salvación de la empresa, pero como no estaba entre sus planes originales es incapaz de verlo. ¿Y las facilidades de atraque?

—El muelle es rudimentario y no está preparado para recibir pasajeros, pero la bahía es excelente.

—Entonces, mi querido capitán, ha llegado la hora de volver a sentarse con el enemigo.

William Aspinwall no se sorprendió cuando le anunciaron la visita de George Law. «Viene a extorsionarme con la ruta de Nicaragua», pensó. Caballeroso como siempre, lo hizo pasar enseguida.

—William, William, ¿cómo has estado? —saludó Viejo Roble—. Entiendo que las cosas no marchan del todo bien con el ferrocarril.

—Las dificultades usuales, George. No conozco ninguna empresa importante que no las haya tenido en sus inicios. Te pasó a ti cuando decidiste que Nueva York necesitaba un sistema de tranvías, ¿no?

—Así es. Pero yo no tenía que competir con gente como el comodoro Vanderbilt.

«Qué rápido saltó la liebre», pensó Aspinwall.

—No sé si sabes —prosiguió Law— que el viejo zorro ha estado tratando de convencerme de que cambie mi flota a la ruta de Nicaragua.

—Algo he oído.

—Más que salvar su propia ruta lo que pretende es acabar de una vez por todas con el ferrocarril y con la ruta de Panamá. No ignoras que entre sus barcos y los míos transportamos el setenta por ciento de la carga y pasajeros que se desplazan desde el Este hacia California.

Aspinwall permaneció en silencio. El entrecejo ligeramente fruncido le indicaba a Law que su viejo rival estaba más preocupado de lo que aparentaba.

—Pues bien —prosiguió Viejo Roble—, como de costumbre las proposiciones del comodoro son ridículas: todo para él, nada para los demás, así es que todavía no hemos llegado a ningún acuerdo. Por otra parte, sabes que a pesar de nuestras diferencias creo en la ruta de Panamá y en el ferrocarril que estás tratando de construir. ¡Demonios!, si no creyera no habría comprado tantas acciones ni estaría luchando para formar parte de la Junta Directiva.

Aspinwall esbozó una breve sonrisa y continuó sin emitir palabra. Tras un incómodo silencio, Law preguntó de sopetón:

—¿Estás enterado de que tu ferrocarril transportó ya sus primeros pasajeros?

—No sé de qué hablas —respondió William, sorprendido.

Viejo Roble soltó una de sus sonoras carcajadas.

—Me lo imaginaba. Sigues siendo el ingenuo de siempre. ¡Que me cuelguen si sé cómo has logrado éxito en los negocios!

George Law procedió a relatar, en detalle, el incidente ocurrido con su vapor insignia durante la última travesía: la tormenta en Chagres, el refugio en Navy Bay, la alegría de los pasajeros al escuchar el silbido de la locomotora, la negociación con el coronel Totten.

—Si preguntas a tu gente te enterarás de que ese día el ferrocarril recibió sus primeros ingresos, aproximadamente seis mil dólares entre pasajeros y carga. Pero ¿esos idiotas no te han informado nada? Es lo más importante que ha ocurrido en la batalla por las rutas y tú te enteras por boca de tu rival. ¡Increíble!

Aspinwall meditó un momento. En realidad, aunque nada sabía de lo afirmado por Law, había captado la importancia del suceso: el ferrocarril podía sustituir el trayecto fluvial, o, al menos, parte de él.

—¿Qué te trae por aquí esta mañana, George? —preguntó finalmente.

—Muy sencillo, mi querido amigo. En vez de Chagres mis barcos llegarán a Navy Bay y en lugar del río mis pasajeros utilizarán tu ferrocarril. No estoy seguro de hasta dónde llega la línea, pero tendríamos que extenderla por lo menos hasta el final de la ruta fluvial.

El «tendríamos» no pasó inadvertido a Aspinwall.

—No solamente estamos hablando de miles de dólares en ingresos inesperados sino del golpe de propaganda que supondrá para la ruta el hecho de que parte de ella se haga en ferrocarril y que el maldito río quede descartado. ¿Te das cuenta del impacto que la noticia tendrá en la Bolsa, William?

—Claro que me doy cuenta. Y tú ¿qué quieres a cambio?

—¡Maldita sea! Déjame terminar. Según el capitán del *Georgia*, es preciso mejorar sustancialmente las facilidades que actualmente tiene la empresa en Manzanillo, o como se llame el dichoso lugar. Lo traigo escrito.

Viejo Roble sacó de su bolsillo un papel arrugado y comenzó a leer.

—Hay que ampliar el muelle a por lo menos mil pies de largo, cuarenta de ancho y, además, techarlo. En la entrada de la bahía es necesario un faro que permita la navegación segura en tiempo de borrasca. El capitán Broomsfield lo pasó muy mal tratando de adivinar el relieve de la costa. Finalmente, se necesita un edificio para recibir a los pasajeros antes de trasladarlos al ferrocarril. Mi propuesta, William, consiste en construir las mejoras y que la empresa me compense en acciones. Además, debes retirar tus objeciones y demandas judiciales y elegirme en la Junta Directiva.

—¡Por supuesto! —exclamó Aspinwall—. Es lo único que te motiva, ¿no? Ser parte del grupo que toma las decisiones.

—¿Pretendes, acaso, que haga todas esas inversiones y siga mirando desde fuera, como un intruso?

—¿Qué te hace pensar que la empresa del ferrocarril no cuenta con los recursos para hacer ella misma las mejoras en Manzanillo? —Por primera vez en la conversación Aspinwall había elevado la voz.

—Y a ti ¿qué te garantiza que mis barcos no seguirán llegando a Chagres o, peor aún, comiencen a utilizar la ruta de Nicaragua? —gritó Viejo Roble. Luego continuó, en tono más amigable—: Por una vez en tu vida, William, actúa como un hombre de negocios. El precio de las acciones de la Panama Railroad Company está por los suelos y aun así nadie las compra. El comodoro Vanderbilt, con su propaganda negativa, está ganando la batalla de las rutas y, si el ferrocarril no se termina pronto o da señales de hacerlo, no está lejos el día en que nos obligará a todos los armadores a utilizar su ruta. Tú y yo, y otros inversionistas frente a los cuales eres responsable, tenemos invertida una suma considerable en la aventura de la vía férrea que se perderá si triunfa el comodoro, triunfo que te afectaría más a ti que a mí porque Howland & Aspinwall sufriría pérdidas cuantiosas en su ruta del Pacífico. Unirnos ahora es necesario para la salud de nuestras respectivas empresas.

Mientras Viejo Roble hablaba, Aspinwall se levantó de su silla y fue hasta el ventanal, su lugar favorito, donde se detuvo a contemplar los barcos que se balanceaban frente a los muelles de South Street. Todo lo que decía su adversario era cierto y, más allá de cualquier rivalidad o malestar que pudiera causar la presencia del aguerrido irlandés en la Junta Directiva de la empresa, debía prevalecer el interés de los inversionistas, el de las personas que de una u otra forma derivaban su sustento de Howland & Aspinwall y el de todas aquellas que se beneficiarían con la prosecución y culminación de las obras del ferrocarril. Tampoco se le escapaba a Aspinwall la importancia que la batalla por las rutas tendría para el futuro de la navegación. Además, la construcción de un ferrocarril en Panamá no solamente beneficiaría a los inversionistas que habían concebido el proyecto sino que contribuiría significativamente al mayor intercambio de gentes y cosas, el mejor camino para alcanzar la prosperidad económica. La hora de ceder había llegado.

—Bien, George, hablemos de negocios —dijo Aspinwall con firmeza.

Como si no pudiera dar crédito a lo que oía, Viejo Roble miró a William, estupefacto.

—¿Quieres decir que me aceptarías como director en la empresa?

—Quiero decir que por encima de diferencias y rencillas debemos pensar en el interés de quienes dependen de nuestras empresas, en el desarrollo del comercio mundial y en el progreso de este país. Si un acuerdo puede determinar que la ruta de Panamá se imponga a los caprichos de Vanderbilt, entonces esa unión no solamente es deseable sino necesaria. Por supuesto que hay detalles que tendremos que...

George Law no dejó que su interlocutor terminara la frase. Saltó de su asiento, se abalanzó sobre él y lo abrazó. Aspinwall quedó paralizado por unos segundos hasta que, más como una fórmula para escapar a una situación que lo incomodaba en extremo que como gesto de camaradería, correspondió torpemente al abrazo.

—Los detalles no serán problema, William. Comprobarás que cuando empeño mi palabra mi compromiso es total. Para serte franco, no venía preparado para que aceptaras mi proposición. Pensé que, como mucho, pedirías tiempo para consultar a tus socios. Desde ahora te aseguro que tendremos el mejor muelle que se pueda construir, que el faro tendrá una luz Fresnel y que haremos de tu ferrocarril, de nuestro ferrocarril, un verdadero caballo de oro.

La noticia de que Viejo Roble Law y William Aspinwall habían puesto fin a sus diferencias circuló a la velocidad del rayo. Durante dos semanas los periódicos de Nueva York destacaron en sus páginas principales el trascendental acuerdo. «La unión del legendario y audaz empresario George Law y del metódico y visionario naviero William Aspinwall —se leía en *The Tribune*— poco menos que garantiza el triunfo de la ruta de Panamá sobre la que, contra viento y marea, el comodoro Vanderbilt intenta desarrollar a través de Nicaragua. Se dice que el interés principal de los antiguos rivales es la cristalización del ferrocarril de Panamá, que luego de muchos tropiezos ya ha comenzado a prestar servicio a los viajeros que se dirigen a las minas de oro de California. Aunque se trata solamente de ocho millas de vía férrea, el corto trayecto ahorra a los intrépidos argonautas gran parte del traumático tramo fluvial por el peligroso río Chagres. Se comenta también que, como parte del acuerdo, los vapores de la United States Mail Steam Line, propiedad de Law, llegarán directamente al sitio en el que se construye la vía férrea, una pequeña isla cercana a la costa del istmo que lleva el pintoresco nombre de *Manzanillo*. Allí se construirá un moderno muelle para recibir a los pasajeros y trasladarlos directamente a los vagones del ferrocarril. Nuestros periodistas lograron entrevistar al comodoro Vanderbilt, quien, con su característico sarcasmo, comentó que ni aunque se les una el mismo Dios los promotores de la ruta de Panamá lograrán desplazar la suya de Nicaragua, que, según él, es la más conveniente para los viajeros, para los estados del Este y para el rápido desarrollo de los territorios de California y Oregon».

En menos de un mes, las acciones de la Panama Railroad Company subieron de diez a ochenta centavos, las arcas de la empresa volvieron a colmarse y en su reunión del 15 de septiembre de 1851 la Junta de Accionistas eligió a George Law director y tesorero de la sociedad. Dos días después, en la primera reunión a la que asistía, Viejo Roble expuso al resto de la Junta Directiva los pormenores de las nuevas inversiones que su empresa estaba dispuesta a realizar para mejorar las facilidades portuarias de Manzanillo. Para entonces Law ya poseía casi tantas acciones como Aspinwall y Stephens juntos, por lo que se acordó que sus aportes adicionales se registrarían en los libros de la empresa como un préstamo a largo plazo. «Si fracasamos no cobro», dijo Viejo Roble para terminar su intervención, que rubricó con una de sus inesperadas y sonoras carcajadas. William Aspinwall, que en ausencia de John Stephens presidía la sesión, respondió con un corto pero emotivo discurso en el que destacaba la importancia de contar con un director de la audacia, coraje empresarial y visión de George Law. «Nuestras diferencias han quedado en el pasado porque el futuro que tenemos que recorrer juntos así lo exige. Tal como repite siempre Viejo Roble, el proyecto que iniciamos como un caballo de hierro a través del istmo de Panamá se convertirá pronto en un caballo que oro que, aparte de los beneficios que nos pueda producir, contribuirá decisivamente al desarrollo de nuestro país». Concluida la reunión, cada uno de los directores se acercó a estrechar la mano ancha, fuerte y callosa de Viejo Roble.

3

Ignorantes de la repercusión favorable que el incidente del *Georgia* había tenido en las finanzas de la empresa, Totten y Baldwin intentaban en vano mantener el optimismo. Los pocos recursos traídos por Stephens en su último viaje se agotaban rápidamente y habían transcurrido ya dos meses desde que colocaran el último tramo de rieles, apenas media milla más allá de la estación de Gatún. Los hombres del ferrocarril se quejaban también de la falta de apoyo del siempre entusiasta presidente Stephens, quien tan pronto se enteró de que iba a ser padre puso a un lado las preocupaciones empresariales para dedicarse por entero al cuidado de Elizabeth, que comenzaba a padecer los trastornos de la preñez. Las pocas veces que se dejaba ver por las oficinas, Stephens escuchaba con aparente interés los informes de Baldwin sobre la falta de fondos y lo complejo que resultaba el mantenimiento de la vía. De los cuarenta obreros contratados, más de una docena habían fallecido y otros veinte fueron despedidos por falta de recursos. «Estamos llegando al punto en que no podremos contener la naturaleza y la selva hambrienta se tragará los rieles, la locomotora, los vagones... y a todos nosotros», sentenciaba Baldwin. Cuando el presidente terminaba de oír tan desalentadores informes se limitaba a recordar a sus subalternos que en breve llegaría la ayuda prometida por Aspinwall y enseguida empezaba a hablar de Elizabeth, de sus achaques y de la necesidad de que su futuro hijo naciera en los Estados Unidos. Totten y Baldwin se miraban en silencio y después de que Stephens partía de regreso a su cabaña comentaban asombrados hasta qué extremo podía una mujer cambiar a un hombre.

—Está obsesionado —decía Totten, molesto.

—Simplemente enamorado —replicaba Baldwin, risueño.

—Tendremos que resignarnos a no contar con él hasta que Elizabeth dé a luz —concluían ambos.

En el hospital, la ausencia de Elizabeth lo había trastocado todo. Acostumbrado a depender de ella para las funciones administrativas, el doctor Totten se desesperaba al no poder mantener controles sobre el ingreso y atención de los pacientes, los servicios funerarios y los miles de detalles de los que se ocupaba la «doña del presidente». A pesar de sus achaques, Elizabeth procuraba pasar por el hospital por lo menos una vez por semana para tratar de poner un poco de orden. El médico la recibía siempre con la misma frase: «¡Ha vuelto usted, Elizabeth!», y ella respondía: «Sólo por hoy, doctor Totten, sólo por hoy. El hijo sigue sin acomodarse bien».

En la cabaña, donde ahora pasaban juntos la mayor parte del tiempo, el tema de las obras del ferrocarril y del hospital surgía constantemente en las largas conversaciones que sostenían John y Elizabeth. «¿No temes al fracaso?», preguntaba ella, y él respondía que confiaba en Aspinwall, en su voluntad y compromiso con el proyecto. «Me temo que el hospital va de mal en peor y me duele no poder hacer más», decía ella, y él le recordaba nuevamente que ahora su deber primordial era para con el niño que se gestaba en su vientre y para con ella misma. Pero las preocupaciones no empañaban la felicidad que se había instalado en la cabaña del río desde el regreso de John. Aunque para entonces el cuerpo de Elizabeth todavía no dejaba ver que en su interior se formaba un nuevo ser, a John le bastó una mirada a su rostro resplandeciente, a sus ojos llorosos y chispeantes, a su sonrisa de indefinible alegría, para comprender que una nueva luz iluminaba su interior. Stephens jamás olvidaría aquella tarde en que, después de las vicisitudes sufridas a bordo del *Georgia*, regresó finalmente a los brazos de Elizabeth.

Por encima de la arboleda el sol todavía no acababa de ocultarse, pero alrededor de la cabaña ya se habían arrebujado las sombras. A la luz oscilante de la pequeña lámpara de keroseno, John contempló el perfil de Elizabeth que se mecía lentamente en el portal. Se aproximó y, aún sin distinguir sus rasgos, se detuvo, más que a mirarla, a imaginarla. Avanzó procurando no hacer ruido y dejó escapar el silbido con el que siempre anunciaba su llegada.

—¿John? —exclamó Elizabeth, irguiéndose en la mecedora.

Él volvió a silbar y entró al precario círculo de luz.

—¡John! —gritó Elizabeth—. Bendito sea Dios. Te juro que en este preciso instante pedía para que estuvieras bien y volvieras pronto.

Sin decir nada, John subió los escalones, la abrazó con fuerza y ternura, buscó sus ojos, y la besó.

—Estás más hermosa que nunca —dijo él—. Como si eso fuera posible.

—¿Y tú? Déjame mirarte. Uhm, todavía muy delgado. ¿Trabajaste mucho?, ¿cómo te fue con los accionistas?

John no lograba apartar los ojos de Elizabeth. Finalmente dijo:

—¿Es la luz o eres tú la que brillas con un fulgor diferente?

—Es la felicidad de volver a verte, sano y salvo.

—¡Qué preciosa eres, Elizabeth!

Y volvió a abrazarla.

—Además, ahora somos dos los que cobijas en tus brazos —murmuró Elizabeth.

Sin acabar de entender, él la interrogó con la mirada mientras ella le tomaba la mano y la llevaba hasta su vientre.

—Algo, o, mejor dicho, alguien crece dentro de mí. Alguien tuyo y mío.

—¡Vas a tener un hijo! —gritó él, saliendo de su asombro.

Y se fundieron en otro interminable abrazo. El deseo imperioso de volver a poseer a su mujer había dado paso a una renovada ternura, a un afán de protegerla, de mimarla, de amarla aún más.

A la mañana siguiente, Elizabeth despertó acurrucada en los brazos de John. El calor de su cuerpo, el roce de su piel, la visión de uno de los senos, que había escapado del camisón, los labios entreabiertos, excitaron a John.

—No tienes que tener tanto cuidado —dijo al ver que John comenzaba a hacerle el amor sin el ardor acostumbrado.

Para ambos la presencia del hijo había impuesto una nueva forma de quererse, de acariciarse, de entregarse. La pasión se había dulcificado y alcanzaban el clímax con más sosiego, con más conciencia de que el acto de amarse no concluía forzosamente con el agotamiento de los sentidos.

A las pocas semanas del regreso de John, cuando los senos y el vientre de Elizabeth empezaron a redondearse, surgieron las primeras señales de que la llegada al mundo del nuevo ser no sería un camino de miel y rosas. Una hemorragia abundante la obligó primero a guardar cama y después a restringir sus actividades a lo estrictamente indispensable. Las náuseas le impedían ingerir alimentos y muy pronto desaparecieron la lozanía y la hermosura de los primeros días, como si la nueva vida que bullía en su interior necesitara consumir el cuerpo que la albergaba. Al verla tan agostada, John llegó a temer por su salud y en su ánimo la inquietud sustituyó a la serenidad que despertara aquel hijo que tanto había anhelado. Pero la fortaleza y la tenacidad de Elizabeth se impusieron a la desesperanza y desasosiego de John e inesperadamente, un día de principios de octubre, ella se levantó de la cama, fue a la cocina y se preparó un opíparo desayuno. Cuando John quiso saber qué le ocurría, sonrió y le dijo simplemente:

—Tu hijo ha decidido portarse bien.

Para redondear la felicidad de la pareja, dos días más tarde llegó Baldwin de visita trayendo muy buenas nuevas.

—¿Recuerdas el incidente del *Georgia*, el barco que te trajo de regreso? Pues el asunto cogió vuelo —dijo Baldwin con una sonrisa más amplia que la de costumbre—. Parece que finalmente Viejo Roble y Aspinwall se han puesto de acuerdo. Van a habilitar el muelle para recibir a los pasajeros que utilizarán el ferrocarril hasta Gatún. Ayer llegaron a Navy Bay los primeros barcos con materiales y equipos. Según nos informó el capitán Broomsfield, a partir de ahora todos los barcos abandonarán Chagres y desembarcarán en Manzanillo. La noticia causó tanto revuelo que la cotización de las acciones se disparó. El propio Broomsfield nos entregó setecientos cincuenta mil dólares que envía la empresa para continuar con los trabajos y nos aseguró que antes de fin de año vendrán otros setecientos cincuenta mil más. ¡Se salvó el ferrocarril, John!

—¡Sabía que Aspinwall no fallaría! —exclamó Stephens, emocionado—. Pero mejor noticia es que Elizabeth ya superó los trastornos del embarazo. Lleva dos días comiendo muchísimo. ¿No notas la mejoría?

—Por supuesto; se lo iba a comentar —mintió Baldwin.

«El amor, el amor», dijo para sus adentros.

Con seis meses de embarazo, Elizabeth era ahora el espejo de la salud y para alegría del doctor Totten había vuelto a encargarse de la administración del hospital. Aunque después de que la línea superó el área de los pantanos eran menos los hombres que caían víctimas de la fiebre del Chagres, todavía las enfermedades y la muerte seguían siendo el enemigo número uno de la empresa y el doctor Totten continuaba la búsqueda desesperada de un remedio milagroso que le permitiera vencerlas. Su última esperanza la había cifrado en la quinina, por el efecto benéfico que parecía producir en quienes la bebían en grandes cantidades. Tan pronto Elizabeth regresó al hospital le confió su nuevo secreto. «Creo que esta vez sí he dado en el clavo», le dijo, las cejas levantadas, la cabeza ladeada y los ojos más abiertos y redondos que de costumbre. «Lo descubrí por pura casualidad al observar que los contagiados que se embriagaban con ginebra y tónico soportaban mejor la enfermedad o, por lo menos, vivían más tiempo. Al principio pensé que se trataba de algún efecto desconocido de la ginebra, pero pronto comprobé que cuando la daba en grandes cantidades lo único que conseguía era que los desgraciados entregaran su alma al Creador presas de una gran borrachera. La quinina, sin embargo, sí ha surtido efectos positivos y tengo varios pacientes que han superado con creces el plazo fatal». Como de costumbre, Elizabeth reprobó el método poco cristiano que empleaba el excéntrico galeno, pero pronto comprobó que tenía razón, y que los pacientes que ingerían grandes cantidades del amargo líquido parecían soportar mejor los rigores de la fiebre de los pantanos. La recuperación de Elizabeth también permitió a John Stephens reincorporarse a sus labores habituales al frente de la empresa ferroviaria, para alivio de Totten y Baldwin, quienes a la hora de tomar decisiones extrañaban las maneras suaves, la capacidad de análisis y el juicio ponderado del presidente de la compañía.

Una tarde de comienzos de noviembre, mientras los hombres del ferrocarril discutían la conveniencia de iniciar cuanto antes la colocación de los rieles a partir de Panamá, se presentó en las oficinas de la empresa de Manzanillo un hombre elegantemente vestido que buscaba entrevistarse con el gerente.

—Buenas tardes —saludó el visitante—. Mi nombre es Arcesio Aizpurúa y vengo de la capital en busca de información.

—Señor Aizpurúa —dijo Stephens—, Elizabeth me ha hablado de usted.

—Ah, sí, la señora Benton Freeman. —Aizpurúa parecía cohibido—. Una excelente periodista y buena amiga. ¿Cómo se encuentra?

—En estos momentos muy bien. Ahora es la señora Benton Stephens y tiene seis meses de embarazo.

Aizpurúa, que nunca había dejado de alimentar esperanzas, dejó traslucir un gesto de contrariedad que no pasó desapercibido a Stephens.

—Me alegro y lo felicito. Por favor transmítale mis saludos y buenos deseos.

—Lo haré con mucho gusto. Si tiene usted tiempo estoy seguro de que le agradaría recibirlo en nuestro hogar.

—Es difícil, pero se lo agradezco. Verán, la misión que me trae aquí es muy personal y dolorosa.

Totten y Baldwin, que hasta ese momento seguían la conversación con indiferencia, prestaron atención.

—Mi hijo Alberto desapareció hace tres semanas y todos los esfuerzos por encontrarlo han sido inútiles. Se trata de un muchacho inquieto que no se arredra ante nada y en alguna ocasión me habló de conseguir trabajo en la empresa que construye el ferrocarril. Hasta llegó a pedirle a William Nelson una recomendación. ¿Sería posible que sin mi conocimiento se hubiera empleado con ustedes?

Los tres hombres intercambiaron miradas.

—Soy personalmente responsable de la contratación del personal —respondió Totten— y le puedo asegurar que en los últimos dos meses, aunque hemos contratado más de quinientos obreros, la inmensa mayoría son negros cartageneros o de las islas del Caribe. No creo que haya más de dos o tres panameños en la obra y también son de color.

—¿Están seguros? —musitó—. ¿No es posible que esté en alguna otra estación? —La decepción de Aizpurúa era evidente.

—La única estación que tenemos funcionando, además de Manzanillo, es Gatún. Yo me traslado allá todos los días y no se contrata a nadie sin mi autorización.

—¿No ha pensado usted —terció Baldwin— en la posibilidad de que su hijo, como tantos otros jóvenes, se haya embarcado rumbo a California?

—Por un instante tuve la duda, pero habría que conocer a mi hijo: es un idealista al que no le interesa el dinero. Al contrario, en varias ocasiones se ha enfrentado a los buscadores de oro que han hecho de nuestra ciudad una nueva versión de Sodoma y Gomorra. Más de una vez ha ido a parar al hospital, donde precisamente la señora de Stephens se encargó de suturarle las heridas.

«De allí la conoce», pensó Stephens.

Luego de un prolongado silencio, Aizpurúa se acercó a cada uno de los hombres del ferrocarril y estrechó sus manos a modo de despedida.

—De veras sentimos no poder ayudarlo —dijo Stephens—. ¿Seguro que no dispone de tiempo para visitarnos? En cualquier caso, tendrá que pasar aquí la noche.

Arcesio Aizpurúa dudó.

—Se lo agradezco, pero debo regresar a Panamá cuanto antes. Me han designado vicegobernador y como el gobernador anda por Bogotá no quiero dejar el cargo en acefalía por más tiempo. A propósito, si en algo puedo ser útil, me tienen a sus órdenes. A todos los panameños nos interesa sobremanera que la obra del ferrocarril llegue a feliz término.

—Precisamente discutíamos la conveniencia de iniciar cuanto antes la colocación de los rieles desde la capital hacia acá. ¿Cree que tendremos alguna dificultad? —preguntó Baldwin.

—Salvo las lluvias, ninguna. Supongo que esperarán a que entre la estación seca...

—Ése es el plan, aunque debo decirle que a la lluvia ya le perdimos el miedo. ¿Qué nos puede decir de la disponibilidad de obreros?

Aizpuría meditó un momento.

—Es un buen punto —dijo finalmente—. Con la construcción de nuevos hoteles, cantinas y lugares de perdición y la gente que allí labora, por primera vez en la historia no hay desempleados en la ciudad de Panamá. Le confieso que francamente no sé qué es mejor: si las dificultades para conseguir trabajo que enfrentábamos antes o el gravísimo relajamiento de la moral y las buenas costumbres que prevalece hoy. Respondiendo a su pregunta, supongo que todo dependerá de cuánto estén dispuestos a pagar.

—Es precisamente lo que tememos —dijo Totten—. La fiebre del oro ha encarecido todo.

—El precio del tren incluido —replicó Aizpurúa, mordaz—. El trayecto entre Gatún y Manzanillo me costó la nada despreciable suma de diez dólares. Además, en la gobernación se presentó hace un mes un grupo de boteros quejándose de que el ferrocarril estaba acabando con su modo de ganarse la vida.

—No se trata solamente de los boteros, que por ahora han trasladado sus bongos a Gatún —concurrió Stephens—. Todos los que construyeron alojamientos, casas de juego, almacenes y otros negocios en Chagres y Yankee Chagres los han visto desaparecer y con ellos sus inversiones. Es la historia de la humanidad que se repite constantemente: el progreso de unos es la ruina de otros.

—Ruina que arrastra consigo frustraciones y resentimiento social —sentenció Aizpurúa—. Supongo que tendremos que prepararnos para el momento en que la culminación del ferrocarril deje sin trabajo a los muleros y provoque el cierre de otros negocios que hoy prosperan a lo largo de la ruta.

—Es justamente lo que debería hacer un buen gobierno: prever y planificar a largo plazo —replicó Stephens.

—Y lo que marca la diferencia en las tendencias políticas —replicó el vicegobernador—. Mientras los liberales tratamos de anticipar el porvenir del nuevo Estado y nos preparamos para enfrentarlo, los conservadores se aferran al pasado y se empeñan en que nada cambie. Lo peor de todo es que en Nueva Granada, en lugar de discutir civilizadamente las desavenencias, nos dedicamos a matarnos en guerras civiles estériles. Pero, bueno, no vine aquí a filosofar. Gracias por su tiempo.

—Le deseamos éxito en la búsqueda de su hijo —dijo Stephens.

—Se lo agradezco y le reitero mis saludos a la señora Stephens.

Una vez que Aizpurúa traspuso la puerta de la oficina, Baldwin comentó:

—Lástima lo del muchacho. Aizpurúa parece un buen hombre.

—Que además se interesa por las cosas importantes de su país. Todo lo que ha dicho es muy cierto —opinó Stephens.

—No es nuestro problema —precisó Totten—. Estamos aquí para construir un ferrocarril y no para medir sus consecuencias.

Esa noche mientras cenaban, John comentó a Elizabeth la visita de Aizpurúa y la preocupación que lo embargaba por la desaparición de su hijo.

—Me pidió que te saludara. Es obvio que te aprecia mucho.

—Aunque es un hombre tímido, creo que me cortejaba. Igual que yo, enviudó hace poco y tal vez pensaba que las circunstancias nos unirían. Arcesio es una buena persona, aunque su hijo Alberto siempre le da problemas.

—Parece que ha tenido enfrentamientos con los argonautas.

Elizabeth movió la cabeza de un lado a otro.

—Más que eso. Yo lo traté un par de veces en el hospital y el muchacho está desequilibrado. La fiebre del oro lo ha obsesionado de tal manera que odia todo lo que se la recuerda. Era él quien buscaba camorra con los argonautas.

—Si es así, no sería raro que lo hubieran matado y hecho desaparecer su cadáver.

—Pobre Arcesio.

El 14 de diciembre la banda de los Darieni atacó nuevamente. A mitad del trayecto entre Manzanillo y Gatún cayeron sobre el tren, obligaron al maquinista a detener la locomotora y entraron a los vagones para despojar de sus pertenencias a los pasajeros. Los viajeros se defendieron y en la refriega murieron catorce de ellos y dos asaltantes. Aunque fue poco lo que pudieron robar a los pasajeros, los bandidos lograron alzarse con el dinero que enviaba la empresa para pagar el salario de sus obreros.

La casualidad quiso que ese día estuvieran a bordo Peter Eskildsen y Julián Zamora, que desde que le salvara la vida a su jefe había pasado de simple empleado a socio minoritario en la empresa mulera. Tan pronto escucharon los primeros disparos y sintieron que el tren se detenía, supieron que se trataba de un asalto. Empuñando sus pistolas descendieron del último vagón, se parapetaron detrás de las ruedas y comenzaron a disparar contra los maleantes que en ese momento asaltaban los otros vagones. El resto de los pasajeros los imitó y al cabo de media hora los asaltantes se retiraron sin haber logrado llegar a los dos últimos.

—Parece que usted los atrae, jefe —comentó el peruano cuando todo hubo terminado.

—Me temía que algo así iba a suceder —dijo Eskildsen—. Se lo advertí a Baldwin, pero no tomaron medidas suficientes para proteger el tren. Esta misma noche regresamos a Manzanillo para hablar de nuevo con ellos. ¿Te fijaste en el Jaguar?

—Sí. Era el del pañuelo rojo, ¿no?

—Así es. Pero no es el mismo del primer asalto. Éste es más blanco, más joven y no se acomoda tan bien sobre el caballo.

—¿Será que son varios?

—Tal vez. Pero no deja de ser muy extraño.

Al día siguiente, en Manzanillo, Stephens, Totten y Baldwin se reunían para discutir los pormenores del asalto.

—Es obvio que los Darieni tenían información precisa sobre el dinero que enviaría la compañía y el sitio exacto del vagón en el que iba oculto —comentó Totten, consternado—. Todo indica que al primero que mataron fue al guarda que custodiaba el dinero y que éste era su principal objetivo.

—Lo que nos confirma que los asaltantes tienen espías por todas partes —observó Stephens—. ¿Qué se sabe de...? ¿Cómo se llama el *ranger* que trajo Van Wyck?

—Runnels —respondió Totten—. Ran Runnels.

—Sí, Runnels. ¿Qué es de él?

—Hace poco lo encontré en Gatún —respondió Baldwin—. Tuve que presentarme de nuevo porque fingió no conocerme, aunque después me di cuenta de que lo hacía para proteger su identidad. Ya se le reconoce como uno de los socios de Nelson en el negocio de las mulas. Según él, su red de espionaje es más efectiva que la de los Darieni y ha avanzado mucho en la identificación de los maleantes.

—Esperemos que así sea —dijo Stephens—. Este asalto al ferrocarril no nos ayudará. Ya me imagino la felicidad de Vanderbilt cuando se entere de la noticia.

En ese momento les avisaron que Eskildsen traía un mensaje urgente y preguntaba por ellos.

—Hágalo pasar enseguida —dijo Totten.

Un instante después, Peter Eskildsen y Julián Zamora entraban en la pequeña oficina.

—Peter —saludó Baldwin—, ¿qué te trae por aquí?

Eskildsen, que desde el primer ataque que sufrió a manos de los Darieni cojeaba de la pierna izquierda, estrechó la mano de cada uno de los hombres del ferrocarril y Zamora hizo otro tanto.

—¿Supongo que ya supieron del asalto al tren? —inquirió Eskildsen.

—Precisamente hablábamos de eso en este momento. ¿Cómo te enteraste tan rápido? —preguntó Baldwin—. ¿Estabas en Gatún?

—No, Julián y yo viajábamos en ese tren.

—¿Otra vez? —preguntó Totten, incrédulo.

—Así es. Dice Julián que atraigo a los asaltantes. Lo importante es que los volví a ver en acción y quisiera hablar de ello con el vigilante que trajeron.

Los hombres del ferrocarril intercambiaron miradas de alarma.

—¿A qué te refieres, Peter? —dijo finalmente Baldwin.

—Después del primer asalto, mientras convalecía en casa del doctor Romero, me visitaron dos señores de la empresa del ferrocarril. Dijeron que su función era garantizar la seguridad en la ruta y acabar con la banda de los Darieni. A uno de ellos, el de nombre más extraño, no lo he vuelto a ver. Al otro, de apellido Runnels, quien dice ser socio de Nelson, y por lo tanto competidor mío, me lo he topado varias veces en algunos de los pueblos de la ruta. De mis conversaciones con él deduzco que el individuo de mulas no sabe nada, lo que confirma la sospecha que tuve cuando lo conocí: ese tipo vino aquí traído por ustedes para atrapar al Jaguar y acabar con los Darieni. Esa noche le dije que había reconocido a uno de los asaltantes, pero han pasado varios meses y nada ha hecho para apresarlo. No quiero interferir en sus métodos, pero es la segunda vez que me asaltan y ahora creo que sé algo más sobre el Jaguar. Me parece que es importante que hable con el señor Runnels.

—Y nosotros también —dijo Stephens, convencido de que era inútil tratar de engañar al nórdico—. Estoy seguro de que al enterarse del asalto se comunicará con nosotros. Si no, enviaremos por él y tan pronto tengamos noticias te lo haremos saber. ¿Dónde estarás durante los próximos días?

—Me voy a Gatún. Esperaré allí.

—Yo lo acompañaré —dijo Totten—. La seguridad de la línea es ahora una de mis prioridades.

Cuando Eskildsen, Zamora y Totten llegaron a Gatún, ya Ran Runnels se encontraba en el pueblo averiguando, discretamente, los pormenores del asalto. La entrevista se celebró en la oficina que tenía el nórdico en el hotel American House. Runnels había exigido que Zamora lo buscara en la barra y públicamente le informara que Eskildsen y el encargado del ferrocarril querían discutir con él una propuesta de negocios.

—Con mucho gusto hablaré con mis competidores —dijo como para que todos lo oyeran—. ¿Dónde se encuentran?

—Aguardan en la oficina.

Runnels se encaminó hacia el fondo del salón y en voz baja ordenó a Zamora:

—Usted no entra. Quédese cuidando la puerta para que nadie nos interrumpa.

El *ranger* abrió la puerta de la oficina y preguntó en voz alta:

—¿Me dicen que quieren hablar de negocios?

—Así es —respondió Totten, siguiéndole el juego.

Tan pronto cerró la puerta, Runnels cambió la expresión y el tono de voz.

—Espero que se trate de algo importante. Cualquier indiscreción puede dar al traste con mi misión y con el trabajo de meses. El Jaguar tiene espías por todas partes y no me extrañaría que el peruano fuera uno de ellos.

—No exagere, Runnels. Zamora no solamente me salvó la vida sino que ahora es mi socio y mano derecha.

—Siempre me pareció sospechoso que acudiera tan pronto al lugar del asalto. No creo que su intención fuera rescatarlo sino que iba en busca del dinero que usted llevaba encima.

—Veo que su misión le exige desconfiar de todo el mundo, pero es bueno que sepa que durante el último asalto, Zamora, que es un excelente tirador, se encargó de mandar al otro mundo por lo menos a uno de los Darieni.

—¿El peruano estaba en el tren? —preguntó el *ranger*, asombrado.

—Sí. Ambos viajábamos en el último vagón, al que los asaltantes no pudieron llegar.

—Todo esto es muy interesante —intervino Totten—, pero me parece que debemos concretarnos al motivo de esta entrevista. Señor Runnels, el asalto al tren causará un enorme perjuicio al desarrollo de nuestras actividades. No solamente no podemos permitir que vuelva a ocurrir, sino que es necesario tomar acciones urgentes para que los viajeros que utilizan la ruta del istmo se sientan protegidos.

—¿Me está hablando de un despliegue noticioso? —preguntó Runnels, con marcado sarcasmo.

—Despliegue noticioso será el del comodoro Vanderbilt. Le aseguro que tan pronto se entere del asalto al ferrocarril pondrá en circulación la noticia, exagerándola. ¿Podría informarnos del estado de su misión?

Runnels miró hacia el techo, se llevó la mano a la sien, entrecerró los ojos, y dijo en voz baja:

—Mi misión va más allá de atrapar criminales. Si lo que desea saber es si he avanzado en la captura de los Darieni mi respuesta es sí. Estoy próximo a asestarles el golpe final.

—¿El golpe final? —preguntó Eskildsen.

—O por lo menos definitivo.

—Ni siquiera ha encarcelado usted al mesero ni al dueño de la cantina Goldiggers Hole —reprochó el nórdico.

—Por supuesto que no. Fue siguiéndolos que mis espías lograron identificar a casi todos los miembros de la banda.

—¿Casi todos?

—Todavía no estoy seguro del Jaguar. Al principio pensé que era O'Hara, pero ése no tiene ni la inteligencia ni la disciplina que se requieren para liderar nada.

—Precisamente del Jaguar quería hablarle. El que dirigía el grupo en el primer asalto no es el mismo que impartía órdenes durante el asalto al tren.

Runnels pareció sorprendido.

—¿Está usted seguro?

—Por supuesto. El primer Jaguar era un hombre alto, moreno, buen jinete. El de anteayer era un tipo blanco más bien bajo, que se acomodaba mal en el caballo.

La mirada de Runnels volvió a perderse en el vacío.

—«Hombres de mil caras se interpondrán en tu camino dificultando la misión» —murmuró finalmente. Y enseguida añadió—: Eso explica muchas cosas, amigo mío. A medida que avanzaba en la investigación comencé a sospechar que el Jaguar era un mito, una leyenda inventada para atemorizar a las autoridades y crear liderazgo entre los malhechores. En mis pesquisas he identificado a tres miembros de la banda que podrían ser el Jaguar. Ahora tengo la certeza de que los tres lo son —dijo Runnels, y soltó una carcajada intempestiva—. ¡No existe un líder sino un triunvirato! Señores, mi investigación está completa. Necesito dos semanas para preparar el último acto.

—¿Qué piensa hacer? —quiso saber Totten.

—¿Recuerda nuestra primera entrevista? Pedí manos libres para acabar con la plaga que cayó sobre este camino infernal, sobre esta ruta de insaciables pecadores. En verdad les digo... —la voz de Runnels subía de tono y sus ojos, clavados una vez más en un punto indeterminado, se desorbitaban— que la hora de la venganza divina, la hora del Señor, ha llegado. Sonarán las trompetas del Apocalipsis, desaparecerán los monstruos que habitan los ríos invisibles en los que navega la miseria humana y la paz descenderá finalmente desde las alturas para redimir nuestras culpas, como en Sodoma y Gomorra.

—¡Amén! —respondió Totten, irónico.

—Amén —respondió Runnels, todavía iluminado, y abandonó la estancia sin despedirse.

Totten y Eskildsen se miraron, entre divertidos y consternados.

—Ese hombre está loco —aseveró contundente el nórdico—. Además, es peligroso.

—Pero es nuestro loco y quienes están en peligro por ahora son nuestros enemigos. Desde la primera entrevista anunció que su presencia en el istmo obedecía a una misión que le había sido confiada por el Señor, pero quienes recomendaron sus servicios aseguran que jamás ha habido un vigilante más efectivo en la persecución de criminales que Ran Runnels.

4

DEL DIARIO DE ELIZABETH BENTON

Noviembre 7, 1851

Durante los últimos tres meses sentí que me extinguía, que la vida que se gestaba dentro de mí arrebataba la mía. Que tú, mi pequeño John, nos exigías comprender que el acto de traer un nuevo ser al mundo, además de fuente de inconmensurable dicha, es un desafío a la naturaleza y al paso del tiempo, como si al procrearte John y yo jugáramos un poco a ser Dios.

Pero hoy el pequeño se ha aquietado en mi interior, poco a poco recupero las fuerzas y vuelvo a sentarme, en el portal de nuestra cabaña, para ver pasar el río que, igual que los días que jalonan nuestra existencia, corre incesante, siempre el mismo aunque siempre renovado, sin que las aguas sepan que son las mismas que más tarde desaparecerán para siempre en el mar. Y vuelvo a tomar la pluma.

En los meses de angustia, cuando languidecía, más que por mi salud temí por la de John. ¡Cuánta entrega y preocupación! Por mucho que le rogaba que regresara a sus labores, que Jack y Josefina sabrían cuidar bien de mí, él insistía en permanecer a mi lado, en llevarme a la cama los alimentos que inútilmente trataba de ingerir. Advierto que es la primera vez que menciono a Josefina en este diario. A veces somos así de egoístas y nos olvidamos de la gente humilde, gente de todos los días, de esas personas cuya existencia transcurre paralela a la nuestra sin que nos percatemos de que están allí y de que son seres humanos como nosotros, con sentimientos, anhelos y temores.

Josefina llegó una tarde al hospital acompañando a su hermano, un botero que había sido herido por varios disparos en una de las tantas batallas entre los nativos de Chagres y los aventureros que llegan a Yankee Chagres. Él murió antes de que el doctor Totten pudiera hacer nada y Jack, el bueno de Jack, se dio a la tarea de consolar a Josefina. Cuando ésta preguntó: «¿Qué voy a hacer ahora? Mi hermano era lo único que tenía en el mundo», le respondió, instintivamente, que se quedara en el hospital Nueva Esperanza para ayudar con los enfermos. Creo que desde que la vio sintió algo por ella. Josefina regresó a Chagres para enterrar a su hermano pero tres semanas después volvió a aparecer por el hospital y desde entonces ella y Jack no se han separado. ¡Me alegro tanto por él! Josefina es una mujer hermosa. Aunque no es negra, sino apenas mulata, su parecido con mi querida Jessie es asombroso. Fue lo primero que me dijo Jack cuando se atrevió a hablarme de ella. «He vuelto a encontrar a mi Jessie». Enseguida supe que era cierto, que para él Josefina era la reencarnación de Jessie, a la que seguía amando. El amor... ¿Habrá en nuestros corazones uno capaz de abarcar a todos los seres?

Noviembre 10

Tan pronto me sentí recuperada obligué a John a reintegrarse al ferrocarril, que, gracias a Dios y a George Law, marcha viento en popa. Ahora todos los pasajeros desembarcan en Manzanillo para tomar el ferrocarril hasta donde llegan los rieles. La empresa tiene dinero fresco y más de mil obreros trabajan en las obras. Lamentablemente, la muerte sigue dando zarpazos despiadados, lo que significa que el macabro negocio de cadáveres del doctor Totten prospera. No se trata ya solamente de la fiebre del Chagres, la disentería y el cólera. Con el crecimiento de Manzanillo el lugar está plagado de prostitutas que, igual que los trabajadores, llegan de todas partes. La mayoría de ellas, las que menos cobran por sus bíblicos servicios, son negras o mulatas de por aquí. Pero también hay norteamericanas, francesas, italianas, españolas, orientales, que se venden a mejor precio. La promiscuidad y la falta de higiene han hecho que se desaten verdaderas epidemias venéreas y son muchos los que llegan al hospital en busca de ayuda. Los afectados por las infecciones más severas, como la sífilis, casi nunca salen de allí, a menos que lo hagan en uno de los barriles del doctor Totten.

Releo lo que acabo de escribir y me cuesta trabajo creer que esas palabras hayan salido de mi pluma. Es como si la proximidad de la muerte minara poco a poco nuestra compasión... Ya no queda nada sagrado sobre la faz de esta tierra de locura y perdición.

Noviembre 26

Después de mucho rogar, convencí a John de que me llevara a Manzanillo. La ciudad que surge en medio del pantano es un lamentable caos. Las edificaciones son todas de madera rústica y se yerguen a lo largo de una sola calle que no es más que un prolongado lodazal. Para trasladarse la gente utiliza unos tablones que ponen, quitan y vuelven a poner hasta que logran llegar a su destino. La mayoría de los edificios son cantinas, casas de juego y hoteles, todos construidos sobre zancos que los mantienen aislados de las aguas putrefactas, de los reptiles y arácnidos que todavía se sienten dueños del lugar. Se escucha un jolgorio permanente mientras se observa a las mujeres de la calle —del lodazal, más bien— en plena faena. Al expresar mi decepción y mi vergüenza, John me recordó que así habían empezado todos los pueblos de la frontera. A mi mente acudió Westport, el pequeño villorrio a orillas del río Missouri donde vi por última vez a Robert. ¡Qué lejano se me hace el recuerdo! Como si alguien que no fuera yo hubiera vivido esa otra vida.

Para justificar su optimismo, John me llevó al puerto y me mostró verdaderos signos de progreso. El muelle es muy amplio y moderno. Un vapor acababa de llegar y los pasajeros, eufóricos, caminaban hacia nosotros por un largo espigón techado. A un costado los obreros le daban los últimos toques a una construcción de mampostería y ladrillos. «Éste es el primer edificio permanente que se levanta. Albergará la futura estación de Aspinwall», me dijo. «¿Aspinwall?», pregunté. «Sí. Aspinwall. Es el nombre que hemos escogido para Manzanillo.

Es un homenaje a William, a cuya visión y empeño se debe su existencia». Irónica, expresé dudas sobre si semejante foco de pestilencia,
sordidez y desvergüenza podía ser digno homenaje para un hombre
virtuoso como lo era Aspinwall y le recordé que Yankee Chagres se
había fundado con mucho entusiasmo para desaparecer en menos
de dos años. «Imaginaba que reaccionarías así y por eso no quería
traerte, pero eres tan testaruda», me respondió. Y añadió optimista:
«Te aseguro que aquí surgirá una ciudad importante cuyo nombre
recordará a las futuras generaciones al empresario responsable de su
fundación».

Noviembre 30

Ayer tuvimos el placer de recibir una de las visitas periódicas de Baldwin. Si alguien disfruta su trabajo en este mundo loco es este ingeniero singular que tiene a su cargo el trazado de la ruta. En el fondo
es un verdadero misántropo, que goza de su soledad descubriendo
lugares nuevos. John y yo nos divertimos mucho con sus pintorescas
y originales descripciones de los paisajes, de la naturaleza y de las
gentes. Baldwin es un observador minucioso y un narrador nato que
cuando quiere ser más preciso nos lee de un cuaderno de tapas duras
que lleva siempre consigo para anotar todo lo que llama su atención.
Estuvo especialmente elocuente cuando nos relató anécdotas de las
excentricidades que ha despertado la fiebre del oro. Contó la llegada
de veinte camellos que algún chiflado tuvo la ocurrencia de traer de
los desiertos de Arabia para reemplazar a las mulas. «Lo veía y no lo
podía creer. ¡Camellos en el istmo! Las pobres bestias duraron menos
de un mes. A los que no se desbarrancaron se les pudrieron las pezu-
ñas, que, acostumbradas a la arena seca y ardiente, no soportaron la
humedad del trópico». Habló también de su encuentro con otro empresario que hizo traer a Panamá dos toneladas de hielo. «Lo envolvió en sacos con sal, lo embarcó en Boston y a los tres meses, después
de atravesar el cabo de Hornos, lo recibió en Panamá. ¡Se imaginan
la novedad y el escándalo! Me asegura que hizo buen negocio pues,
aunque durante la travesía casi la mitad se le convirtió en agua, con
el resto obtuvo una buena ganancia vendiéndolo a cantinas, hoteles

y casas de juego que pagaban lo que fuera por brindar hielo a sus asombrados clientes». Pero los relatos que más disfrutamos son los que hace nuestro amigo de las estaciones por las que va avanzando la línea del ferrocarril. Entusiasmado, nos hace revivir con él cada paso que da: sus dificultades para romper la barrera de la manigua; o para encontrar un camino que bordee las profundas cañadas en las que abundan los reptiles y las fieras; o para determinar los sitios más adecuados donde cruzar los muchos ríos y riachuelos que corren a fundirse en el Chagres antes de desembocar en el Atlántico. Los nombres de los lugares por los que va tendiendo la ruta los recoge de boca de los nativos que no saben cuándo ni cómo se originaron: Lion Hill, Ahorca Lagarto, Bohío Soldado, Frijoles, Tabernilla, Barbacoa; extrañas denominaciones que Baldwin va anotando sobre el mapa para luego ensartarlas en una línea dentada que representa la ruta que algún día recorrerá el ferrocarril. Con el dedo índice sobre el mapa señala el recorrido, se detiene en Barbacoa y dice gravemente: «Llegar hasta este punto no será mayor problema, sobre todo después de las dificultades de Manzanillo y el Pantano Negro. Pero aquí, en Barbacoa, debemos atravesar el Chagres, lo que nos obliga a construir un puente de más de seiscientos pies de largo. Ése será nuestro próximo gran desafío».

Si bien su versión detallada de los avances de la ruta resulta apasionante, donde Baldwin se revela como un verdadero poeta es en las descripciones de la naturaleza que extrae de las notas de su cuaderno. Oyéndolo es fácil imaginarse los pájaros de pico descomunal, vívidos colores y vuelo torpe que los nativos llaman tucanes; los enormes árboles de tronco desnudo coronado por un penacho de hojas muy verdes que llevan el nombre de Panamá; la gran variedad de mariposas que pintan el aire con colores y matices nunca vistos; los tapires, saínos, monos perezosos, osos hormigueros, cangrejos de tierra y otros extraños animales que el ingeniero descubre por primera vez y describe con maestría.

Concluida la visita, Baldwin guarda su cuaderno, se echa a la espalda la vieja mochila de cuero y se pierde de nuevo en la espesura. El cálido eco de su voz permanece vibrando entre nosotros y salpicando de notas alegres nuestras tertulias.

Diciembre 23

Esta mañana acompañé a John a la inauguración del edificio que albergará el terminal atlántico del ferrocarril. En vista de lo avanzado de mi embarazo —los cálculos indican que el pequeño me habita desde hace casi ocho meses— John se resistía a llevarme, pero mi deseo de conocer a George Law, que viajó para la ceremonia, fue más fuerte que su reticencia. Accedió a condición de que no me separara de él y que no le soltara a Viejo Roble ninguna impertinencia. «Solamente quiero preguntarle si sabe cuánto le costó a la empresa su maniobra de comprar todos los terrenos de la costa», bromeé.

El acto fue más solemne de lo que yo anticipaba. Además del gobernador del Departamento, asistió también, en representación del gobierno de la Nueva Granada, un señor muy estirado, don Victoriano de Diego Paredes, quien por coincidencia pasaba por Panamá camino de Washington, donde ocupará el cargo de ministro de su país. Cuando John me lo presentó, se inclinó, me besó la mano y me dijo que era un gran amigo y admirador de mi esposo. «Hombres visionarios como él son los que mueven las ruedas del progreso —exclamó en perfecto inglés y añadió—: Es por eso que nos honraremos designando con el nombre de Aspinwall a esta ciudad que hoy da sus primeros pasos rumbo a un futuro grandioso». A la hora de los discursos, el señor Paredes fue pródigo en alabanzas para Aspinwall, para John, para Law y para todos los que de una manera u otra colaboraban en la realización de la magna obra del ferrocarril. Aseguró que con verdadero placer y agradecimiento designaba con el nombre de Aspinwall a esta ciudad que hoy se fundaba para ser, en un futuro no muy lejano, el emporio comercial de las Américas y del mundo entero. John se vio obligado a corresponder con un breve discurso en el que hábilmente combinó el castellano y el inglés y me hizo sentir orgullosa de su elocuencia y su perfecto dominio de ambos idiomas.

Pero el punto sobresaliente de ese memorable día fue, sin duda, mi conversación con Viejo Roble Law. Tan pronto lo vi pude comprobar lo acertado del apodo: George Law es un hombre altísimo, recio, muy erguido a pesar de sus sesenta años, de facciones toscas que tal vez un día fueron hermosas, ojos de un azul muy oscuro que contrastan con su barba y cabellos blancos. Lleva siempre en los labios una sonrisa casi infantil en la que se mezclan sarcasmo y picardía. Hago un esfuerzo para recordar en detalle nuestra conversación: «Desde hace tiempo quería conocerlo, señor Law. John me ha hablado mucho de usted». «Ya supongo lo que le habrá contado. Sin embargo, es imperdonable que a mí no me haya hablado de usted. Imagino que cuando se tiene un tesoro tan valioso uno no quiere compartirlo con nadie. Menos aún si ese tesoro lleva otro dentro». «Es usted muy amable. No es ésa la imagen que uno se forma después de saber lo difíciles que hizo las cosas para la empresa del ferrocarril y, por supuesto, para mi marido». «El problema no fui yo, mi estimada señora, sino la testarudez de William Aspinwall, que no quería que un hombre elemental y rudo se sentara alrededor de la misma mesa directiva con los distinguidos caballeros del Este que lo acompañan». «Entre los cuales, por supuesto, se encuentra mi marido». «Permítame disentir, señora. Su marido es tan extraño a ese grupo como lo soy yo. Aunque usted no lo crea, nos parecemos más entre nosotros que nosotros a ellos. Yo vengo de una isla muy pobre y distante, abatida por mares tempestuosos. Creo en el trabajo, en el progreso y en la justicia y he tenido la fortuna de emprender obras pioneras en su campo. Su marido, como usted sabe mejor que yo, es un artista, un descubridor de tierras lejanas, ignotas y antiguas, un hombre único que ahora persigue una quimera. Ambos hemos venido a auxiliar a nuestros estirados socios neoyorquinos: yo, para obligarlos a enfrentarse a la realidad; Stephens, para abrirles la puerta de los sueños». «Su elocuencia me conmueve, señor Law». «No es usual en mí... ¿Me permite llamarla Elizabeth? Seguramente ante usted no me queda más remedio que utilizar palabras dignas de su belleza e inteligencia. En cuanto a las dificultades causadas a la empresa, que usted me reclama, debo confesarle que a veces admiro la terquedad de nuestro común amigo Aspinwall. Construir un ferrocarril en este sitio olvidado de Dios, y muy recordado por el demonio, es una verdadera proeza. Debe usted aceptar, sin embargo, que, de no haber sido por mí, esta ciudad, "futuro emporio comercial de las Américas", como ha dicho el ministro, no existiría, y Aspinwall no habría visto su nombre esculpido en la historia para orgullo propio y de sus descendientes». «Espero que acepte que lo que ha prevalecido siempre en usted es el interés por el dinero». «Para bien o para mal, mi querida señora, el dinero es la rueda que mueve el mundo.

Yo solamente ayudo a que gire un poco más rápido». En ese momento se acercó John e invitó a Viejo Roble a visitarnos en nuestra cabaña para continuar allí tan amena charla. «Nada me agradaría más —contestó el irlandés gentilmente—, pero todavía tengo que recorrer la vía hasta la última estación... ¿Cómo se llama?... ¿Frojiles?». John soltó una carcajada. «Frijoles, George, Frijoles». Law también rio. «Frijoles —dijo con dificultad—. Lo cierto es que, aunque soy partidario de combinar placer y trabajo, es hora de continuar trabajando, que a eso vine. El placer me lo ha proporcionado el haber conocido y departido con su exquisita señora. Le felicito, Stephens, no solamente por la belleza de su consorte sino por su valentía. No debe ser nada fácil concebir y dar a luz a una criatura en este lugar tan ajeno a la civilización».

Creo que a John no le gustó que de camino a casa le comentara lo fascinante que me había parecido la personalidad de Viejo Roble Law. «Tú no tienes que hacer negocios con él», respondió lacónico.

Diciembre 25

Esta Navidad deja un recuerdo imborrable. Hoy por la mañana aparecieron en la cabaña Baldwin y el coronel Totten en compañía de un hombre vestido de riguroso negro. «Tenemos visita», me dijo John. Por la mirada cómplice que intercambió con los hombres del ferrocarril comprendí que los esperaba. «Les presento al reverendo Jeremías Lockwood, de la iglesia bautista», anunció Totten. Muy circunspecto, el hombre estrechó mi mano, luego la de John y, clavando la mirada en mi descomunal barriga, dijo que se alegraba de que hubiéramos decidido enaltecer nuestra relación. Al advertir mi sorpresa, John se limitó a sonreír.

En el umbral de la cabaña, con el rumor del río como música de fondo, se celebró la ceremonia. Totten y Baldwin actuaron como padrinos y Jack y Josefina, que habían venido a celebrar con nosotros el advenimiento del Redentor, fueron los testigos. Josefina me adornó con un modesto pero hermoso velo de novia elaborado por ella misma y después John y yo intercambiamos los mismos anillos que ya llevábamos, arras y promesas. El juramento de amarnos hasta la muerte me causó un estremecimiento involuntario que hizo que John me apretara la mano con más firmeza. Tan pronto el reverendo Lockwood bendijo nuestra unión, le pedí que repitiera el rito con Jack y Josefina, y ahora los sorprendidos fueron todos los demás. «No tengo ninguna objeción en sacramentar la unión de personas de color», anunció con voz grave. Le coloqué a la novia el velo cuya blancura resaltaba aún más sus hermosas facciones, prestamos nuestros anillos y arras y John y yo actuamos de padrinos y Baldwin y Totten como testigos. La nueva pareja juró también amarse en la bondad y en la adversidad, en la salud y en la enfermedad, hasta que la muerte los separara. Volví a turbarme al escuchar la infausta palabra, pero, pendientes como estábamos de la felicidad de Jack y Josefina, nadie lo notó. El pastor nos entregó el certificado que formalizaba nuestro matrimonio y prometió elaborar otro para Jack Forbes y Josefina Peña y entregárselo a Totten tan pronto regresara a Aspinwall. Se sirvieron viandas y pasteles que Josefina había preparado en secreto, descorchamos una vieja botella de champaña y aquella mañana de Navidad nos olvidamos del ferrocarril, de la fiebre del oro y del constante asedio de la muerte. Hasta el reverendo Lockwood dejó a un lado su mesura y contó anécdotas que revelaban un agudo sentido del humor. «De haber sabido que hoy era día de matrimonios habría traído conmigo a una de las compañeras de viaje con la que sería muy fácil sacrificar la soltería. En lugar de dos habríamos sido tres los sentenciados», comentó jocoso al despedirse.

Cuando nos quedamos solos, agradecí a John tan precioso regalo al tiempo que le recordaba que en nuestro amor las solemnidades legales no eran necesarias. «Entre nosotros no, pero tal vez sí lo son para el hijo que está por nacer. Nadie puede anticipar las exigencias del mundo que le espera». Como si entendiera, el pequeño John se dejó sentir mientras un dolor intenso recorría mis entrañas. «Creo que llegará antes de fin de año», le susurré a mi esposo.

Enero 3, 1852

Hace cuatro días que esa criatura que palpitaba dentro de mí decidió, por fin, reclamar su lugar en el mundo. Llegó con el Año Nuevo, como un presagio de tiempos inéditos, de esperanzas reverdecidas. Escuchar su primer llanto, contemplar su carita arrugada, compartir con John la felicidad de saber que nuestro paso por el escenario de la vida no será efímero, son sensaciones y recuerdos que se quedan con nosotros para siempre. Mientras escribo estas líneas, John, que acaba de retirar a su hija de mi pecho, la pasea por la habitación y la arrulla.

Sí, quien vino a colmar nuestra alegría no fue el pequeño John sino la pequeña Elizabeth. Aunque ambos anhelábamos un varón, ahora juramos que preferíamos una niña. Se ama lo que se conoce y ese ser diminuto ha despertado sentimientos que sólo alcanzamos a comprender cuando nos sabemos responsables de otra vida. «Tu belleza merecía ser repetida», me dice John. «Tu inteligencia también», le respondo, y acordamos esmerarnos para que Elizabeth goce de la compañía de un hermanito lo antes posible.

El comportamiento del doctor Totten durante el parto me ha confirmado que no alcanzamos a conocer verdaderamente a las personas hasta que compartimos con ellas experiencias profundas.

¡Con cuánta paciencia y ternura se dedicó a atenderme! Cuando finalmente colocó a la pequeña sobre mi pecho brillaban lágrimas en aquellos ojos redondos e inexpresivos. Y encima me agradeció el privilegio de haberle permitido contribuir a traer un nuevo ser al mundo. A pesar de sus rarezas, el doctor Totten no solamente es un buen médico sino, más importante aún, un excelente ser humano.

Enero 5

Mientras trataba de saciar el increíble apetito de la pequeña Elizabeth, John se acercó sigiloso y dejó sobre mi regazo unos versos.

> *Un gran dolor que florece,*
> *un llanto pequeño que enciende sonrisas,*
> *un dulce cansancio,*
> *un nuevo presagio,*
> *un aliento eterno que arraiga sin prisa.*

Un inmenso fulgor que madura,
que todo lo adorna con rosas de sol; una frágil calma,
un rumor de alas,
un camino incierto bordeando el dolor.

Un afán absurdo de estancar el tiempo en un río de auroras,
de paz y de amor, y la angustia inerme
de saber que siempre
los nuevos capullos anhelan ser flor.

¡Cuánto te amo, John! Creo que lo primero que descubrí en ti cuando el destino, o, mejor dicho, la Providencia te trajo a mi lado, fue la infinita sensibilidad que anida en tu corazón.

5

Pasada la medianoche, el mesero Manuel salió del American House y se encaminó hacia su casa, en las afueras de Gorgona. Atravesó el parque central y tomó una de las calles laterales. La media luna que a veces asomaba entre las nubes era suficiente para iluminarle el camino. Se adentraba ya en los suburbios cuando cuatro hombres enmascarados emergieron de entre las sombras y, sin pronunciar palabra, lo golpearon en la cabeza, lo ataron de pies y manos, lo amordazaron, le colocaron una capucha y, como un fardo, lo subieron a lomos de un caballo. Dos horas después, en la cantina Goldiggers Hole, un desconocido avisaba a Tim O'Hara que el Jaguar quería verlo inmediatamente para un trabajo importante. Medio ebrio, Tim siguió al mensajero hasta una casa ubicada a un lado del parque. «Nunca se había arriesgado a venir tan cerca», conjeturó el pelirrojo frente a la puerta. Tan pronto la traspuso, los mismos cuatro individuos cayeron sobre él y siguieron similar procedimiento al utilizado con el mesero.

Esa noche del 30 de marzo de 1852, un total de 14 hombres de la banda del Jaguar fueron capturados en Gorgona por órdenes de Ran Runnels. Simultáneamente fueron apresados 26 individuos vinculados a los Darieni: 9 en Aspinwall, 3 en el poblado de Cruces, 2 en Paraíso y 12 en la ciudad de Panamá. En la operación, cuidadosamente sincronizada, Runnels había movilizado sesenta de sus hombres, los mismos que durante los últimos meses habían espiado y anotado los movimientos de cada uno de los sospechosos. Durante los cinco días siguientes, siempre al amparo de la noche, los prisioneros fueron llevados a un viejo galpón abandonado entre el poblado de Paraíso y la capital, que alguna vez sirviera de almacén de depósito a un aserradero. Durante el tiempo que duró la redada y el traslado, los desgraciados habían recibido solamente pan y agua y, atendiendo órdenes estrictas de su jefe, sus captores no les habían dado explicación alguna. Por fin, la tarde del 7 de abril se presentó Runnels. Muchos de los capturados lloriqueaban mansamente, otros gritaban pidiendo perdón y los más audaces exigían explicaciones y clamaban venganza. Tal era el hedor que despedían después de más de una semana de aliviar sus necesidades sin poder siquiera despojarse de las ropas que Runnels se vio obligado a colocarse en sentido opuesto de la corriente de aire.

—¡Silencio! —gritó el vigilante texano en su precario español—. Por si acaso lo ignoran, están aquí para pagar por sus delitos. Responderán ante la ley por todos sus asesinatos y robos. Como aquí no hay autoridad ni orden, la única ley soy yo.

Haciendo caso omiso de las protestas y murmullos de arrepentimiento, Runnels volvió a exigir silencio.

—Es tarde para quejas y lamentos. ¿Acaso sintieron lástima cuando sus víctimas les pedían compasión? ¿Se conmovieron ante sus lágrimas y su sangre? —La voz de Runnels se agudizaba con cada frase—. No se puede pecar sin pagar las consecuencias, ni violar las leyes del Señor sin recibir la sanción correspondiente. Mi misión en la tierra es la de castigarlos y mandarlos al otro mundo, donde se quemarán para siempre en las llamas del infierno. El castigo será ejemplar para que quienes vean sus cadáveres sepan que el crimen no paga. Si algo de decencia les queda les sugiero que la empleen en arrepentirse por la vida pecadora que han llevado. La misericordia divina es infinita y tal vez logren de Él un perdón que yo nunca podré darles.

Los condenados gemían y juraban, todos menos uno que tambaleándose se puso en pie y gritó con voz ronca:

—No veo el rostro de quien predica con maldiciones pero estoy seguro de que se parece más al del Demonio que al del Señor.

Con un gesto, Runnels detuvo a uno de sus hombres que se abalanzaba sobre el sublevado.

—Aunque lleves una capucha, sé quién eres, desgraciado —gritó el texano—. Tu padre es un hombre decente por quien siento lástima. Los demás malhechores que te rodean son la escoria del mundo, pero tú has descendido más bajo que ellos porque a pesar de que provienes de un hogar cristiano escogiste revolcarte en la maldad. ¡Te sentencio mil veces vulgar criminal!

—Criminales son todos los que como tú y tus secuaces se han convertido en cómplices de los malditos aventureros que por llenarse de oro los bolsillos han venido a vejar la ciudad de mis padres y mis abuelos.

Un silencio expectante siguió a las palabras del rebelde. Con el rostro transfigurado por la ira, Runnels se aproximó a quien osaba desafiarlo, le removió violentamente la capucha, clavó en él sus ojos desorbitados y, en voz queda, le dijo:

—El rostro que ves es el del Ángel del Señor... y será el último que vean tus ojos antes de descender a lo más profundo de los infiernos.

Consciente de que era el acto final de su vida, con la poca saliva que le quedaba el muchacho escupió a su captor. Lentamente, Runnels se limpió el rostro, sacó el revólver de la cartuchera, lo apoyó sobre el corazón de Alberto Aizpurúa y disparó sin titubear.

Al escuchar la detonación los demás cautivos creyeron que los ejecutarían allí mismo y se intensificaron los llantos, los ruegos y las lamentaciones. Pero Ran Runnels tenía otros planes.

Los pocos parroquianos que, muy entrada la noche, todavía disfrutaban del aire fresco del mar se preguntaban qué propósito animaría a aquellos hombres que, a horas trasnochadas, levantaban febrilmente una estructura de madera sobre el enlosado del Paseo de las Bóvedas. Pasadas las cinco de la madrugada, cuando el andamiaje estuvo terminado, dos carromatos cubiertos, flanqueados por ocho hombres a caballo, descendieron por la Calle de las Monjas en dirección al extremo sur de la ciudad. El repicar de los cascos ahogaba los ayes y gemidos que salían del interior de las carretas, y si algo escuchaban las beatas que a esa hora arrastraban su sombra para acudir a rezar maitines, las buenas mujeres lo atribuían a alguna excentricidad de los aventureros que desde hacía más de dos años habían caído sobre la villa trastornando para siempre su tranquilidad.

En Las Bóvedas, Ran Runnels, que había supervisado personalmente la erección del gigantesco patíbulo, se paseaba inquieto de un lado a otro. El sol comenzaba a rasgar las sombras cuando finalmente arribó el lúgubre cortejo. Treinta y nueve encapuchados fueron bajados de las carretas y conducidos a empellones hasta el sitio en el que aguardaba el texano. Detrás de él, cuarenta cuerdas con sus respectivos lazos se mecían al vaivén de la suave brisa del amanecer. Los hombres fueron obligados a ascender los tres escalones del patíbulo y colocados cada uno frente a su dogal.

—¿Dónde está el cadáver de Aizpurúa? —preguntó Runnels, molesto.

—Lo dejamos en la carreta —respondió uno de sus ayudantes.

—Tráiganlo enseguida, que aunque esté muerto también lo vamos a guindar.

A las seis de la mañana, media hora más tarde de lo previsto por Runnels, se removieron las capuchas a los prisioneros y se les colocó el lazo alrededor del cuello. El pánico acalló momentáneamente las lamentaciones. Sólo se escuchaba el constante batir del mar contra las murallas y el chillido de alguna gaviota tempranera. El ominoso silencio fue quebrado por Runnels, quien gritó a los desgraciados que disponían de un minuto para encomendarse al Señor por última vez.

—Si es que todavía saben rezar —añadió sarcástico.

—Yo también soy norteamericano y no merezco este trato —chilló de pronto Tim O'Hara, la barba rojiza empapada de baba y lágrimas que comenzaban también a humedecer la áspera soga que le rodeaba el pescuezo.

Runnels se acercó al antiguo marino y lo fulminó con la mirada.

—Eres una vergüenza para el país que te vio nacer. Todos estos indios, negros y mestizos tal vez no tuvieron más opción que convertirse en malhechores, pero a ti el Señor te creó blanco y norteamericano y no tienes más excusa que tu propia depravación. Te ahorcaría dos veces si pudiera.

Runnels dio la espalda a O'Hara, volvió a colocarse frente a los ajusticiados y exclamó con voz firme:

—¡Se terminó el tiempo!

Al extremo del improvisado patíbulo, un hombre aguardaba la señal para activar la palanca que abriría las trampas por las que caerían los cuerpos de los ajusticiados. Con estudiada calma, el *ranger* texano levantó su brazo derecho.

—¡Ya! —gritó al tiempo que bajaba bruscamente la mano.

Al primer intento se abrieron solamente quince de las cuarenta trampas. Mientras los cuerpos lanzaban patadas contra la muerte, el verdugo volvió a activar la palanca con mayor fuerza y ocho cuerpos más iniciaron el macabro baileteo. El verdugo movió varias veces más la palanca, pero al final tres de los sentenciados permanecían de pie sobre trampas que rehusaban responder al burdo mecanismo. Enfurecido, Runnels terminó de abrirlas de una patada. Escasos seis minutos después, cuarenta cadáveres, las manos atadas a la espalda y la cabeza grotescamente inclinada a un lado, se balanceaban a la luz del amanecer. El cuerpo de Alberto Aizpurúa se distinguía por la rigidez del cuello y por la mancha oscura que teñía su camisa a la altura del corazón.

Concluido el linchamiento, los hombres de Runnels se dispersaron por la ciudad repartiendo volantes en los que se leía:

AVISO

EN LA MADRUGADA DE HOY, 8 DE ABRIL DE 1852, SE HA HECHO JUSTICIA CONTRA LA BANDA DE FORAJIDOS DENOMINADA LOS DARIENI QUE VIOLANDO LAS LEYES DE DIOS Y DE LOS HOMBRES SE HA DEDICADO A ASALTAR, ROBAR Y ASESINAR A SUS SEMEJANTES EN LA RUTA DEL FERROCARRIL. TODO AQUEL QUE SE SIENTA TENTADO A REPETIR ESOS ACTOS DELICTIVOS CORRERÁ LA MISMA SUERTE.

RAN RUNNELS

La noticia recorrió las calles de San Felipe y del arrabal con la asombrosa rapidez con que se propagan los rumores y las desgracias en las comunidades pequeñas. Poco tiempo después, un grupo de parroquianos, cuyo número aumentaba por minutos, contemplaban horrorizados los cuarenta cuerpos que oscilaban en el improvisado patíbulo

que el vigilante texano había levantado sobre el más agradable de los
paseos de la ciudad.

—¿Adónde hemos llegado...?

—Esto es cosa del mismo demonio...

—Es culpa de las autoridades, que no hacen nada por reprimir el
crimen...

—¿Es que van a dejarlos ahí, colgados?...

—Pobres diablos...

—El de la izquierda, ¿no se te parece al hijo del vicegobernador
Aizpurúa?...

—¡Ave María Purísima!

A media mañana, cuando ya los gallinazos comenzaban a volar
en círculo, se presentaron en el lugar de los hechos el gobernador, el
vicegobernador, el presidente del Consejo Municipal y el jefe de la
policía. Arcesio Aizpurúa no tardó en reconocer el cadáver de su hijo
y un temblor irreprimible, mezcla de ira y vergüenza, se apoderó de
él. Finalmente exclamó con voz ronca, entrecortada por el llanto:

—¿Qué clase de locura y de justicia es ésta? ¿Con qué derecho un
extranjero indeseable viene aquí a matar a nuestros hijos? ¿A quién se
le puede ocurrir que Alberto era miembro de una banda de forajidos?
¡El único asesino es él y tendrá que pagar!

Mientras Aizpurúa continuaba maldiciendo, el gobernador dio la
orden de bajar los cadáveres y darles cuanto antes cristiana sepultura.
El cura, Fermín Jované, chantre de la catedral, terminó los primeros
rezos por el alma de los ajusticiados y ofreció encargarse personalmente de los ritos mortuorios.

Los voluntarios que esa mañana se ofrecieron para cortar las sogas
tuvieron que cubrirse el rostro con pañuelos. «No huelen a muerto
sino a mierda y orina», dijo uno de ellos. Decepcionados, los gallinazos fueron a posarse en las ramas de los árboles que daban sombra al
paseo y desde allí contemplaron impotentes cómo se les escapaba tan
suculento manjar.

El linchamiento estremeció a todo San Felipe y al arrabal, y aunque las autoridades desmontaron el patíbulo y enterraron los cuerpos
con premura, no pudieron evitar que quienes lograron presenciar el
macabro espectáculo se encargaran de propagar la noticia, añadiendo
detalles y exageraciones de su cosecha. Al final del trágico día, en lu-

gar de cuarenta se decía que los ajusticiados habían sido ochenta y en el arrabal se aseguraba que Alberto Aizpurúa no era el único miembro de familias distinguidas que había caído víctima del despiadado hombre de Texas. Prueba de ello era la prisa con que las autoridades, ayudadas por la iglesia, habían hecho desaparecer los cadáveres.

Dos días después, sin embargo, *The Star & Herald* aclaraba en una edición especial que en total eran cuarenta los ahorcados. Añadía que, sin duda por un grave e injusto error del hombre contratado por la compañía del ferrocarril para mantener el orden público, entre los ajusticiados se encontraba el vástago de una prominente familia de Panamá y sugería que el hecho de que el cadáver del infortunado joven fuera el único que presentaba una herida de bala en el pecho hacía suponer que había muerto antes que los demás y en diferentes circunstancias. El extenso reportaje concluía diciendo que fuentes fidedignas aseguraban que, al enterarse del ajusticiamiento, el gobernador, Bartolomé Calvo, había retado a duelo al señor Ran Runnels reafirmando así que nadie podía tomar la justicia en sus manos.

Pero si bien la extensa noticia del periódico reflejaba fielmente lo sucedido, se quedaba corta en cuanto al lance de honor porque, además del gobernador, el que, para lavar semejante afrenta, también envió padrinos al vigilante texano fue Arcesio Aizpurúa. Después de la masacre, sin embargo, nadie había vuelto a saber de Randolph Runnels, quien seguramente ignoraba que los padrinos designados por Aizpurúa lo buscaban afanosamente con el propósito de notificarle la causa de honor que tenía pendiente. Anticipando un posible encuentro, a partir del día de la tragedia el vicegobernador, que jamás había disparado un arma, llevaría siempre encima una vieja pistola. «Donde lo vea lo mato... o me mata él a mí», repetía constantemente.

La noticia del linchamiento llegó hasta el poblado de Aspinwall en boca de Peter Eskildsen, quien, sin ocultar su alegría, alababa la acción de Runnels. Tan pronto John Stephens tuvo en sus manos la edición de *The Star & Herald* que confirmaba la veracidad del relato del nórdico, convocó a Totten y a Baldwin a una reunión urgente.

Sin más preámbulo, Totten dijo indignado:

—Sospechaba que el tipo estaba loco, pero nunca pensé que llegaría a tal extremo.

—El relato de lo ocurrido es realmente espeluznante —comentó Stephens—. Pobre Aizpurúa: perder un hijo así.

—En la noticia que trae el periódico se dice que Runnels trabaja para nosotros —observó Baldwin, preocupado—. Es como decir que la empresa del ferrocarril fue la que ordenó el linchamiento.

—Baldwin tiene razón; será necesario hacer una aclaración —opinó Stephens.

—O por lo menos informar a las autoridades que nada tuvimos que ver con las ejecuciones —añadió Totten.

—Creo que debemos ir más allá —opinó Stephens—. No podemos ganarnos la animadversión de los panameños, sobre todo ahora que hemos comenzado la colocación de los rieles entre Panamá y Cruces.

—No es que quiera excusar la salvajada de Runnels —dijo Totten, algo más calmado—, pero no hay que perder de vista que también los panameños estaban hartos de los crímenes de los Darieni. En la misma edición de *The Herald* que trae el recuento de los acontecimientos se recuerda la incapacidad de las autoridades por imponer y mantener el orden público.

—Pero el linchamiento es un delito, aquí y en Texas —protestó Baldwin—. Y es imposible que las autoridades de la Nueva Granada mantengan el orden cuando hay más de mil aventureros desaforados que pasan por Panamá cada semana rumbo a las minas de oro. Te aseguro que en California la situación debe ser igual de confusa.

Al final de la conversación los hombres del ferrocarril acordaron que, además de aclarar a las autoridades y a los panameños que la empresa ferroviaria nada había tenido que ver con el proceder de Runnels, citarían al texano para imponer límites a su actuación.

Pero parecía que a Runnels se lo había tragado la tierra. Un mes después del incidente comenzaron a tejerse toda suerte de rumores: que algunos sobrevivientes de la banda de los Darieni habían dado cuenta de él; que, asustado por la reacción de las autoridades, había decidido regresar a los Estados Unidos; que, tras el éxito de su misión, el comodoro Vanderbilt le había ofrecido mucho más dinero para que saneara de bandoleros la ruta de Nicaragua...

Lo cierto es que la oleada de violencia parecía haber cesado. Salvo algún incidente aislado de poca importancia, los viajeros atravesaban el istmo rumbo a California o regresaban de las minas cargados de oro sin temor a nuevos asaltos y el ferrocarril avanzaba sin más contratiempos que los obstáculos que ponía a su paso una naturaleza que se resistía a rendirse ante los avances de la tecnología.

Los rieles habían llegado hasta Barbacoa y los hombres del ferrocarril estudiaban la mejor manera de construir el largo puente sobre el Chagres, cuando comenzaron a surgir en la ruta nuevos brotes de bandolerismo. Una paca de mulas fue atacada a la salida de Cruces y dos de los muleros asesinados; tres días después, un bar de Gorgona fue tomado por asalto y los jugadores despojados de su dinero; y a la noche siguiente, en el hotel American House un viajero fue robado y asesinado en su propia habitación. El hecho más grave ocurriría, sin embargo, una semana más tarde en Bohío Soldado, cuando John McGlynn, un pagador de la empresa del ferrocarril, fue despojado de tres mil dólares y brutalmente acuchillado. Antes de expirar McGlynn identificó a su atacante como Thomas Copeland, aventurero que desde hacía dos meses había comenzado a ganarse fama de vago y pendenciero entre los habitantes de Aspinwall, donde, entre otras cosas, se le acusaba de maltratar y robar a las prostitutas. Entonces, reapareció Ran Runnels.

En la cantina One Last Drink, situada al final de la calle principal de Aspinwall, Copeland era el centro de atención de rameras y borrachos que escuchaban con fingido interés las hazañas del antiguo vaquero en la frontera norteamericana.

—Antes de marcharme de los Estados Unidos —alardeaba Copeland— fui el más temible de los vigilantes texanos. No había ladrón, cuatrero o asesino que se me escapara. Aquí vine para ofrecer mis servicios a la empresa del ferrocarril pero, como ven, he decidido disfrutar primero de unas vacaciones. Cantinero, ¡otra ronda para mis amigos!

Gritos de aprobación, carcajadas y comentarios soeces coreaban la generosidad y las ocurrencias de Copeland, que ya a las cinco de la tarde comenzaba a dar señales de embriaguez. En ese momento, por encima de la algarabía, se escuchó la voz aguda de Runnels.

—Thomas Copeland, está usted arrestado.

Junto a Runnels se encontraban Julián Zamora y dos individuos más, uno de ellos un negro descalzo. Todos portaban escopetas de cañón recortado.

Copeland se irguió lentamente, dejando ver la pistola que llevaba al cinto, y con un dejo de desprecio preguntó:

—¿Y quién es usted para arrestarme?

—Soy Ran Runnels y hoy por hoy represento la ley del hombre y de Dios en esta ciudad.

Al escuchar el temido nombre, los que rodeaban a Copeland se replegaron hacia el fondo del salón. Viéndose solo, el forajido cambió de actitud.

—¿Qué piensa hacer conmigo?

—Colgarte por tus crímenes, entre ellos el asesinato de John McGlynn.

Las piernas de Copeland comenzaban a flaquear cuando Runnels y dos de sus hombres cayeron sobre él, le ataron las manos a la espalda y lo sacaron a empellones de la cantina. Una turbamulta de borrachos y aventureros los seguía gritando y chapoteando en el lodo de la calle central.

El coronel Totten, que en ese momento repasaba las cuentas del día, se asomó a la ventana de su oficina a ver a qué obedecía el alboroto. A través de la lluvia que comenzaba a caer logró distinguir a Runnels y enseguida tomó su capote, se sumó al tumulto y una cuadra más adelante le dio alcance.

—Runnels, ¿de qué se trata ahora? —refunfuñó Totten.

—Coronel Totten, cuánto tiempo sin verlo —dijo Runnels con fingida cortesía.

—Hace más de un mes que enviamos por usted. ¿No se lo dijo su socio Nelson? —le reprochó Totten.

—No, no he visto a Nelson —respondió lacónico el *ranger*. Mientras hablaban llegaron al patio del ferrocarril.

—No me ha dicho qué piensa hacer —insistió Totten.

—Voy a colgar a este criminal y así cumplir con la misión que ustedes me encomendaron.

—¡Nadie le dijo que se tomara la justicia en sus manos! —exclamó Totten por lo bajo.

—Si recuerda nuestra conversación, pedí libertad para actuar.

—No para linchar a la gente.

Runnels se detuvo en seco y miró fijamente a Totten.

—Coronel, después de que ajusticié a los Darieni cesaron los asaltos y asesinatos en la ruta. Todavía quedan malhechores que actúan aisladamente, como este infeliz que ha ultimado a varias personas, entre ellas a un empleado de su empresa. Cuando se corra la voz de que el que la hace la paga, este pueblo y el resto de la ruta serán lugares más seguros. Los viajeros podrán utilizar sus trenes y los tres mil obreros de su empresa colocar rieles sin temor a que los asalten. Para eso fui contratado y siempre cumplo con mis obligaciones. Ahora, ¡déjenme actuar!

Totten se mordió la lengua y no dijo nada.

Cuando llegaron al final del patio, los agentes de Runnels soltaron a Copeland, que cayó a tierra de rodillas y empezó a suplicar por su vida. Como si respondiera a una señal, la turbamulta, que se incrementaba por momentos, comenzó a vociferar pidiendo la horca para el asesino.

—¿Lo ve usted, Totten? Es el pueblo el que clama justicia —dijo Runnels, satisfecho.

—No confunda a esta horda de jugadores, aventureros y prostitutas con el pueblo, Runnels —replicó Totten, dándole la espalda.

—Es la misma gente para la que ustedes construyen un ferrocarril. No serán el pueblo, pero sí sus clientes —alcanzó a oír Totten mientras se alejaba. Y volvió a morderse la lengua.

El *ranger* se encaminó hacia la gigantesca grúa de vapor que la empresa del ferrocarril utilizaba para descargar los barcos, tomó la soga con el dogal, que le entregó Zamora, y la lanzó por encima del gigantesco brazo de la grúa. Dos veces falló en su intento y, cuando finalmente acertó, un grito de aprobación surgió del fondo de la multitud. Se dirigió luego al operador, que sentado en el pescante contemplaba la escena, estupefacto.

—Cuando dé la señal, haga funcionar la máquina.

Ordenó entonces a sus hombres que levantaran del suelo a Copeland y él mismo colocó el lazo y corrió el nudo alrededor del cuello del infeliz, que ahora aullaba implorando piedad.

—Tiene treinta segundos para encomendarse a su Creador, aunque no creo que su misericordia llegue a tanto.

La muchedumbre comenzó a corear.

—Uno, dos, tres..., veinte, veintiuno..., veinticinco, veintiséis...

A medida que se aproximaban a los treinta, el ritmo y el tono de la cuenta fue disminuyendo y al final lo único que se escuchaba eran los gemidos y las plegarias incoherentes del condenado.

—Señor... Ave María... Padre Nuestro... —murmuraba el infeliz, hasta que finalmente soltó un grito desgarrador.

—¡No quiero morir!

Impávido, Runnels dio la orden de activar la grúa. El operador obedeció y la máquina comenzó a resoplar y a expeler vapor mientras levantaba el largo brazo en cuyo extremo el cuerpo de Copeland, como un títere, iniciaba la danza de la muerte.

Veinte segundos más tarde todo había concluido. Desde lo alto de la grúa el cuerpo inerte del ajusticiado se mecía y giraba lentamente de un lado a otro. En lontananza, el día clausuraba sus últimas claridades.

La nueva hazaña del vigilante texano volvió a escandalizar a las autoridades del Departamento, que insistieron en que no permitirían que un extranjero desalmado continuara usurpando las funciones públicas y reviviendo el ojo por ojo y diente por diente bíblico. Sin embargo, el gobernador y los habitantes del istmo sabían que se trataba de meras palabras, necesarias tal vez para mantener la dignidad del cargo, y que si bien el proceder del texano era aborrecible y ajeno a las tradiciones y costumbres de los istmeños, por lo menos contribuía a mantener algo de orden dentro del caos provocado por la fiebre del oro. Tan pronto supo de la reaparición de Runnels, Arcesio Aizpurúa, la vieja pistola al cinto, recorrió nuevamente las calles de la ciudad, pero el vigilante había vuelto a esfumarse sin enterarse de que el padre de Alberto Aizpurúa lo buscaba para matarlo.

En sus informes periódicos a la Junta Directiva, Stephens y Totten destacaron el horror que habían sentido ante los métodos atávicos que el vigilante contratado por el director Van Wyck había empleado para combatir a los forajidos. Reconocían, no obstante, que la oleada de crímenes parecía controlada y que los trabajos avanzaban satisfactoriamente. «Por el lado del Atlántico hemos llegado con los rieles hasta Barbacoa, donde habrá que construir un puente de importantes dimensiones para atravesar el Chagres. Esperamos que acepten la propuesta de sustituir la estructura de madera sugerida en el informe Hughes por una de hierro capaz de resistir las crecientes del río».

6

Del diario de Elizabeth Benton

Marzo 15

Durante los últimos dos meses la pequeña Elizabeth me ha mantenido alejada de estas notas. Josefina y Jack me ayudan en las faenas de la casa, pero después de amamantarla, asearla y arrullarla es poco el tiempo del que dispongo para escribir. Pronto cumplirá tres meses y todavía está tan indefensa como el día en que irrumpió a la vida. He venido observando con más detenimiento a los animales que habitan alrededor de la cabaña y noto que sus vástagos se emancipan mucho antes que los seres humanos. Solamente los pichones permanecen un largo periodo en sus nidos, piando, desnudos, con sus picos muy abiertos, totalmente dependientes del calor y los alimentos que les trae la madre. Hasta que empluman, ensayan sus alas y echan a volar. Como lo hará un día mi pequeña. Y aquí surge otra diferencia esencial. Después de que dejan a la madre, los animales se van para siempre y quizás algún día el macho desafíe a su propio padre por la supremacía del grupo. Los humanos, aunque vivamos separados o no congeniemos con nuestros padres, mantenemos siempre atados los lazos familiares. Aunque suene risible, creo que los animales ignoran que tienen abuelos, a diferencia de nosotros, que seguimos respetando y queriendo a los progenitores de nuestros progenitores. En mi caso, la nieta ha obrado el milagro y, desde que comuniqué a mi padre el nacimiento de Elizabeth, he recibido dos cartas suyas. No son para mí, sino para ella, pero igual da: en sus reflexiones y consejos se adivina amor familiar.

Desvarío, lo sé, pero la llegada de la pequeña me ha obligado a pensar en cosas que antes pasaban desapercibidas. Al caer la tarde, cuando John regresa de sus tareas, procuro comentarlas con él. Sonríe, filosofa un poco, toma a su hija en los brazos, le susurra al oído hasta que se duerme, la deja en su cuna y entonces me habla del ferrocarril, de sus frustraciones y de su deseo de terminar pronto para regresar al mundo civilizado, donde Elizabeth pueda crecer en un ambiente sano. No le digo que nuestra cabaña, la hermosa morada que nos regaló Baldwin y que con tanto cariño hemos cuidado, más que el nido que cobija nuestro amor ahora se me figura un sitio rodeado de constantes peligros, un obstáculo para que nuestra hija crezca sin tropiezos. Guardo silencio porque advierto en John tantas o más ansias que yo por escapar de aquí.

Abril 4

Esta mañana, después de dos meses de ausencia, apareció nuevamente Baldwin. «Vengo a conocer a la pequeña», dijo a modo de saludo. Mientras la contemplaba dormida en su cuna percibí en su expresión una nostalgia desconocida. «Algún día tendrás tus propios hijos», le dije. Más que sonreír, hizo una mueca y me preguntó por John. «Salió hace un rato con Jack a buscar leña», le respondí, y nos sentamos en el portal a contemplar el fluir sereno del río. Hablamos de la belleza del paraje, de mi angustia por las inseguridades y las pestes que nos asediaban y de mi decisión de retornar a los Estados Unidos tan pronto se colocara el último riel. «Me temo que todavía falten varios años», dijo Baldwin. «¿Varios? ¿Cuántos son varios?», pregunté yo, mortificada, en el preciso momento en que John y Jack regresaban cargados de leña. «Veo que también trabajas los domingos», saludó James, bromeando. «Esto no es trabajo sino el simple cumplimiento de mis obligaciones domésticas», respondió mi esposo y se abrazaron. Curiosa por conocer los informes del ingeniero de campo sobre el avance de la obra, me senté a escuchar.

Según Baldwin, el problema más serio que ahora enfrentaban era la decisión tomada por la Junta Directiva de utilizar madera en vez de hierro en la construcción de los puentes a lo largo de la ruta. «No solamente quieren ahorrar dinero, sino tiempo. Aunque es bien sabido que en este ambiente la madera se deteriora en pocos meses, el razonamiento es que, una vez terminada la obra, el ferrocarril generará recursos de sobra para sustituir todas las estructuras de madera por estructuras de hierro». John explicó que era precisamente lo que le decía Aspinwall en su última carta, en la que también recordaba que se seguían las recomendaciones del informe del coronel Hughes. «Informe que lo único que ha hecho es complicarlo y retrasarlo todo —comentó Baldwin irritado—. Son ciento setenta y dos ríos o riachuelos que debemos cruzar con puentes o alcantarillas. La estrategia de construir provisionalmente con madera puede utilizarse con los puentes más pequeños, pero la estructura de un puente como el que estamos construyendo en el Chagres debe hacerse con hierro desde el principio. Me temo que allí tendremos un desastre que provocará un gran retraso». Volví a repetir la pregunta: «Entonces, ¿cuándo concluirá la obra, James?». Baldwin respondió que no podía asegurarlo, pero que en su opinión pasarían por lo menos dos años antes de que la primera locomotora recorriera la ruta de un extremo a otro. «Estamos avanzando sin dificultad de Panamá hacia la cima, en Cruces, y ese tramo lo completaremos en un año. Pero el que falta entre Barbacoa y Cruces, aunque más corto, es mucho más complicado precisamente por el caudal del Chagres y lo abrupto del terreno. Para acelerar la construcción pensamos contratar hasta siete mil obreros, que llegarán de todos los puntos del planeta. Lo último que escuché de Totten es que uno de los navíos de Howland & Aspinwall traerá más de mil chinos de Oriente». Yo no me pude contener. «¿Dónde atenderán a siete mil infelices cuando caigan víctimas de las enfermedades y los ataques de las serpientes y cocodrilos? El hospital Nueva Esperanza ya no se da abasto, a pesar de los esfuerzos del doctor Totten. ¿Y dónde piensan enterrar los muertos?». Tras un momento de silencio, Baldwin explicó que en la isla de Taboga, en el Pacífico, se había iniciado la construcción de un amplio hospital y que habría enfermerías en cada una de las estaciones de la ruta. Mi esposo, por su parte, se encargó de recordarme que en las decisiones de Aspinwall prevalecía siempre un sentido de equidad y de compasión. Fue Baldwin quien dijo la última palabra: «No hay duda de que el número de enfermos y muertos aumentará en la medida en que aumente el de los obreros. Sin embargo, estamos trabajando para proporcionarles, por lo menos, vivienda y alimentos además de los cuidados que sus enfermedades requieran». El resto de la conversación giró en torno a la brutal eficacia de los métodos utilizados por el texano Runnels para poner fin a los crímenes en la ruta. «Lo que significa que extirpando la impunidad se extermina también el crimen», razonó Baldwin, irónico. Me alegré cuando escuché a John afirmar que nada justificaba los linchamientos porque siempre terminaban pagando justos por pecadores.

Concluido el almuerzo, me fui a atender a Elizabeth mientras los hombres del ferrocarril continuaban su conversación en el portal. La última vez que me asomé, ambos dormitaban plácidamente.

Abril 12

La peor de mis pesadillas se ha hecho realidad. Hace tres días Elizabeth amaneció prendida en fiebre. Rechazaba el pecho y la poca agua que bebía la devolvía enseguida. Sin dudar un instante pedí a John trasladarnos a la capital. Hacia el mediodía llegamos al hospital Nueva Esperanza para abordar el tren. El doctor Totten, tras un breve reconocimiento, trató de animarme asegurando que todos los niños se enfermaban y que en su opinión el mal que sufría Elizabeth no era la fiebre del Chagres. En Barbacoa nos pasamos a una paca de mulas que el propio Julián Zamora se ofreció a conducir y en la madrugada siguiente atravesábamos las murallas de la ciudad.

Fuimos directamente a casa del doctor Icaza, quien nos recibió en pijama, y tras examinar a Elizabeth confirmó que la fiebre obedecía a una infección de la garganta y que no había síntomas ni de la peste de los pantanos ni del cólera. Me aconsejó seguir hidratándola e intentando darle el pecho y me pidió que me tranquilizara y se la llevara al día siguiente al hospital San Juan de Dios para una nueva evaluación.

Hoy, gracias a Dios, Elizabeth ha superado la crisis y vuelve a pegarse con fruición a mi pecho. Pero mi angustia sigue intacta y el episodio ha servido para confirmarme que para proteger a mi hija debo alejarla cuanto antes de este sitio malsano que es el istmo. John lo comprende y hemos comenzado a hacer planes para trasladarnos a Washington. Él nos acompañaría para dejarnos instaladas en casa de mi padre, que en todas sus cartas pide conocer a su nieta, y aprovechará para reunirse con Aspinwall y el resto de los directores de la empresa. Por un momento pensó renunciar a la presidencia para dedicarse por entero a nosotras, pero lo he convencido de que su deber era regresar y permanecer al frente del proyecto hasta su culminación.

Abril 17

Durante nuestra breve estadía en Panamá nos hospedamos en casa de William Nelson, ahora convertido en un personaje muy importante en la vida de la ciudad. Él determina quiénes viajan a California y quiénes se quedan a esperar otro barco, y su oficina frente al parque permanece rodeada de argonautas ansiosos de conocer cuándo les tocará el turno. Sin que yo se lo preguntara, me informó que el capitán Cleveland Forbes continúa haciendo la ruta entre Inglaterra y Nueva York y que McKennon todavía es el segundo de a bordo en el *California*. «Hace poco zarpó rumbo a San Francisco. Sigue siendo el mismo hombre entusiasta de siempre y sigue tratando de convencer a Cleveland para que vuelva a comandar su antiguo barco». Las palabras de Nelson volvieron a remover en mí sentimientos de culpa que creí superados. Culpable, sobre todo, por darle alas a una ilusión y por ignorar lo frágiles que pueden ser los sentimientos...

Aunque en la ciudad se percibe algo más de orden, cada vez es más evidente la influencia de los extranjeros, en su gran mayoría norteamericanos, que por aquí pasan rumbo a El Dorado. En la calle se escucha hablar más inglés que castellano, el único periódico que circula regularmente sigue siendo el *The Star & Herald* y casi todos los hoteles, restaurantes, cantinas y salas de juego llevan nombres foráneos. A pesar de que los panameños con los que pude departir admiten que el flujo de viajeros les ha traído una inesperada bonanza económica, en sus palabras, como en sus silencios, es fácil advertir un profundo resentimiento hacia cualquier cosa que les recuerde a mi país. A los extranjeros, sin distingos, los llaman despectivamente *yankees* y los culpan de todo lo malo que ocurre en la ciudad. Que se expresen así los desposeídos resulta natural, pero escucharlo de labios del muy distinguido doctor Icaza es preocupante.

Antes de regresar a Aspinwall, le pedí a John que me acompañara a dar el pésame a Arcesio Aizpurúa. Nos recibió en un modesto despacho que ocupa en el edificio de la gobernación. ¡Dios mío, pobre hombre! Ha perdido mucho peso, viste descuidadamente, su voz no tiene matices y su mirada vaga en el vacío. Antes de la despedida nos confesó que lo más doloroso es que aún no ha podido reivindicar el honor familiar. «Ese criminal, no conforme con asesinar a mi hijo y manchar el nombre de la familia, vive en la clandestinidad y no me da la oportunidad de batirme a tiros con él». Como John y yo permanecíamos callados, continuó como si hablara consigo mismo. «Todos piensan que enfrentarme a un pistolero profesional es una forma de suicidio, y tal vez tengan razón. Pero creo en la justicia divina y cualquiera que sea el desenlace no puede ser peor que el deshonor y la incertidumbre». Cuando nos levantamos para irnos, en un tono airado y cargado de reproche, le preguntó a John: «¿Cómo es posible que una empresa que se dice seria haya contratado a semejante asesino?». John, cuya mano apreté implorando comprensión, aseguró que la compañía del ferrocarril no aprobaba los métodos de Runnels. «No es suficiente, no es suficiente», repetía Aizpurúa cuando, casi con prisa, abandonamos su despacho.

En el trayecto de regreso, entre Gatún y Mount Hope, con Elizabeth durmiendo plácidamente en mis brazos, me pude percatar del enorme trabajo que ha significado la construcción del ferrocarril en semejantes parajes. Pantano y selva eran lo único que se divisaba desde la ventanilla del vagón, y me invadía la sensación de que en un descuido la jungla nos engulliría de un solo bocado o que nos hundiríamos en aquellas aguas putrefactas sin dejar huella. Cada vez que el vagón atravesaba lentamente alguno de los muchos puentes, el andamiaje de madera gemía, como suplicando que aligeraran el peso. Pensé entonces en el extenso puente que se construirá en Barbacoa para cruzar el Chagres y le hice prometer a John que insistirá para que los directores acepten las sugerencias de Totten y Baldwin de cambiar el armazón de madera por uno de hierro.

Abril 30

Mañana zarpa el *Illinois* rumbo a Nueva York y yo debo abordarlo junto a John y la pequeña Elizabeth. Dentro de dos semanas estaré en Washington, cómodamente instalada en la casa de mi padre, y mi marido regresará a seguir luchando contra las enfermedades y la naturaleza. Él procura mostrarse animado, pero ¡lo conozco tan bien!, ¡hay tanta tristeza en sus ojos!

Esta tarde salí al portal para contemplar por última vez cómo las sombras se duermen en el río mientras todavía hay claridad en la cúpula de los grandes árboles que cobijan la cabaña de Baldwin. Los pericos escandalizaban más que de costumbre, como si al unísono quisieran reprocharme que abandonara el hogar. De pronto todo fue quietud y silencio. ¿Meditaba también la naturaleza? La noche terminó de descender lentamente y detrás de mí las ventanas se iluminaron. En el interior de la cabaña las sombras de Jack y Josefina iban y venían, dando los últimos toques a la cena. En breve aparecería John y nos sentaríamos a la mesa a comer y a comentar los acontecimientos del día, ahora sazonados con las pequeñas hazañas de nuestra niña, que ya sabe sonreír. A partir de mañana todo cambiará. Regresaré a la gran ciudad de la que salí hace toda una vida, a la casa sólida y segura de mi progenitor, donde mi hija crecerá sin angustias y sin peligros. Atrás queda clausurada una etapa de mi vida, sueños y emociones que jamás volverán a repetirse. «Así debe ser —pensé—. Hoy la prioridad es la felicidad de Elizabeth». Me fui a asomar a su cuna, donde dormía profundamente, inocente, ajena a cualquier peligro, a cualquier preocupación. Se veía tan saludable que me obligué a recordar la terrible angustia sufrida durante su enfermedad y me repetí que la decisión de alejarla de aquí era la única que tenía sentido. Además, John está de acuerdo... Pero ¿lo está realmente? ¿Le he dado, acaso, alternativa? El sacrificado será él. Me ha dicho que cerrará la cabaña y se irá a vivir con Totten en Aspinwall, que para él equivale a clausurar todo vestigio de felicidad. Procura tranquilizarme, asegurando que aun antes del alumbramiento había pensado en el traslado de la pequeña a los Estados Unidos. «Recuerda que vivimos para ella», es su frase favorita. Pero no es cierto, John. También vivimos para nosotros. Aquí reside la esencia de nuestra felicidad, que será también la de Elizabeth. ¿Cómo no lo supe ver antes? Dejarte aquí, solo, es también dejarla a ella, es dejarme a mí misma. Si algo te ocurriera en mi ausencia nunca me lo perdonaría. Ni tampoco la pequeña. ¡Nos quedamos, John! Nos quedamos en esta cabaña junto al río, rodeados de peligros, de enfermedades, de incertidumbres. Pero juntos, siempre juntos, que es como afrontan el destino los seres que se aman.

Mayo 1

Anoche John y yo tuvimos nuestro primer gran altercado. Él llegó preguntando cómo iban los preparativos para el viaje y yo le respondí que, luego de pensarlo mucho y consultarlo con la pequeña Elizabeth, habíamos decidido quedarnos. Creyendo que se trataba de una broma, sonrió de mala gana. «No nos vamos, John. Hablo en serio», insistí. Entonces, por primera vez, conocí su ira. «Pero ¿es que te has vuelto loca? La decisión de trasladarlas a ti y a la niña a los Estados Unidos fue largamente ponderada y decidimos que era lo mejor para ambas. Además, también yo debo viajar a Nueva York para evitar que se cometa un grave error en la construcción del puente sobre el Chagres. ¿Por qué ese cambio ahora? Los peligros siguen latentes. ¿Qué ocurrirá si vuelve a enfermar? ¿Cómo te sentirás si por esta incomprensible decisión tuya contrae la fiebre del Chagres y se nos muere?». Esperé a que se calmara un poco y cuando finalmente se sentó, me acomodé junto a él, le tomé una de las manos y traté de razonar. «Desde el momento en que decidí que quería pasar el resto de mi vida a tu lado, supe que el camino que recorreríamos no sería fácil. Pero era yo quien estaba uniendo mi vida a la tuya, a tus esfuerzos por llevar adelante una obra casi imposible. Por eso, ¿recuerdas?, contra tu voluntad me trasladé al hospital para tratar de ayudar. Claro que me asusté con la enfermedad de Elizabeth, pero ella también es parte de nosotros, de nuestros sueños y desvelos, de nuestros triunfos y fracasos. Mi instinto de madre y esposa me grita que debemos mantenernos juntos porque solamente así seremos capaces de enfrentar y vencer las dificultades que sin duda se presentarán. Sí, John, es cierto que la vida en estos lugares es más riesgosa y que Elizabeth puede enfermar y morir. También tú, también yo. Pero lo que realmente

importa es que estemos ambos allí para apoyarla y apoyarnos si algo
ocurriera. Como hicimos hace unas semanas. Si tu deber te exige viajar a Nueva York, hazlo. Nosotros aguardaremos tu regreso en esta
cabaña que es nuestro único, nuestro verdadero hogar». Tras permanecer callado un largo rato, John se levantó, se dirigió a la cuna de la
pequeña, la contempló extasiado y luego me abrazó y me dijo, con
palabras entrecortadas por la emoción: «Gracias, Elizabeth. Te prometo que jamás nos separaremos. Le pediré a Totten que sea él quien
viaje a Nueva York».

Así es, John. Jamás nos separaremos. Jamás.

7

Como si quisiera brindar el espectáculo de su legendaria belleza, el *Sea Witch*, su velamen desplegado al máximo, se deslizó raudo frente a la ciudad de Panamá antes de fondear en la isla Perico. Previamente, William Nelson había hecho circular entre los habitantes la noticia de que esa tarde llegaría el más hermoso de aquella generación de clípers que dieran a Howland & Aspinwall la supremacía de los mares. El Paseo de las Bóvedas se encontraba colmado de gente de San Felipe y de los arrabales y con ellos se mezclaban muchos argonautas que desde hacía semanas aguardaban el arribo del barco que los llevaría a la ansiada California.

«Es un barco muy hermoso y estilizado pero ¿por qué ese nombre?», se preguntaban los curiosos, y alguno de esos sabihondos que abundan en los pueblos explicaba muy serio que el nombre *Sea Witch* se lo habían dado los trabajadores del astillero que juraban que mientras duró la construcción del navío cada mañana amanecía en la proa la figura de una mujer vestida de blanco que se esfumaba tan pronto se sentía observada. La conversación se desviaba entonces hacia el motivo de su visita al istmo y otro explicaba, con igual seguridad, que con el advenimiento del vapor los momentos de gloria del *Sea Witch* habían quedado en el pasado y Howland & Aspinwall había decidido sacarlo de la ruta del Oriente para que pasara sus últimos años ayudando a trasladar la avalancha de aventureros que pasaban por Panamá rumbo a California.

El único que sabía el verdadero motivo del inusual viaje del clíper a Panamá era William Nelson, quien mientras el barco echaba anclas se aproximaba en un bote de remos por estribor. Acostumbrado a esos menesteres, a pesar de su corpulencia, Nelson subió sin dificultad por la escalera de mano y una vez a bordo estrechó efusivamente la mano del capitán.

—¿Todo bien? —preguntó, y, olfateando el aire, añadió sarcástico—: Excepto el hedor, quiero decir...

—Todo bien —respondió el capitán, algo amoscado—. No pretende usted que naveguemos tres meses con la bodega atestada de chinos, sin facilidades sanitarias, y que encima el barco tenga olor a rosas.

—Por supuesto que no, capitán. Bromeaba. ¿Cuántos pasajeros trae en total?

—Cuatrocientos cincuenta y tres *coolies*. Únicamente perdimos cinco durante la travesía. Considerando el tiempo que llevan encerrados, los demás se encuentran en bastante buen estado. El resto de los ochocientos contratados vienen en el *Orient Empress*, que debe estar aquí en menos de una semana. ¿Cómo piensa llevarlos a tierra?

—En botes como el que me trajo aquí. No hay otra forma.

—¿Y de cuántos dispone?

—Veinte en total. Pensé que usted podía facilitarme otros.

—Puede disponer de los quince que llevo. Pero sugiero que esperemos el arribo del *Orient Empress* con el resto de la carga para entregárselos todos juntos, bien aseados y alimentados.

—Una semana... —meditó Nelson—. La empresa del ferrocarril los espera desde hace un mes. Pero concuerdo con usted en la conveniencia de transportarlos a todos juntos.

Cuatro días más tarde llegaba el *Orient Empress* con el resto de los chinos y una mañana de octubre del año 1852 los panameños pudieron ver, fascinados, la larga fila de casi ochocientos *coolies* que desfilaban por la calle Central. Todos eran pequeñitos, vestían la misma bata azul de tela burda, el mismo sombrero de paja, coniforme y de amplias alas, las mismas alpargatas negras y las mismas medias blancas. Lo que más movía a burla entre los curiosos era la larga moña que les llegaba hasta la cintura. La cabeza baja y las manos enfundadas en las amplias mangas, marchaban en riguroso silencio, con pasos cortos y rápidos, casi arrastrando los pies. Fuera de las murallas, muy cerca del mercado público, la empresa del ferrocarril había hecho reunir todas las mulas de las empresas de Nelson y Runnels y de Eskildsen y Hurtado para ayudar a transportar a los nuevos trabajadores hasta Cruces.

Cinco meses antes, en Nueva York, la Junta Directiva de la Panama Railroad Company había sido convocada a una reunión extraordinaria para tratar varios asuntos que requerían una toma de decisiones urgentes. El primer tema de la agenda, y el más importante, era la consideración de la última solicitud del coronel Totten, firmada también por el presidente Stephens, de reemplazar la estructura de madera prevista para el puente sobre el Chagres por una de hierro. Lo más grave del asunto era que en su carta Totten advertía a los directores que de no aceptarse su solicitud él no podría hacerse responsable de la seguridad de la obra, lo que lo obligaría a poner su cargo a disposición de la junta. William Aspinwall había apoyado enseguida la solicitud de Totten, haciendo énfasis en que, además del ingeniero jefe de la obra, el propio presidente de la empresa recomendaba el cambio. Pero los directores se hallaban poco dispuestos a triplicar el costo del puente y, menos aún, a extender en varios meses el plazo de terminación de una obra que ya había comenzado a rendir dividendos. Como la discusión se prolongaba más allá de lo que su paciencia toleraba, Viejo Roble Law tomó la palabra con una propuesta que, según él, resolvería el dilema.

—Está claro que el coronel Totten no construirá ese puente de madera. También sabemos que su presencia en la obra es necesaria, como la de Stephens, que nos representa a todos nosotros allá. Lo que sugiero es que elevemos a Totten al cargo de supervisor general y contratemos a alguien que sea capaz no solamente de construir el maldito puente, de madera, como está en los planos del coronel Hughes, sino que tenga además la experiencia necesaria para acelerar el ritmo de los trabajos.

—¿Y quién es esa persona? —preguntó el vicepresidente Center.

—El ingeniero Minor Story. Que yo sepa, no existe hoy en día en este país, ni en ningún otro, nadie que tenga mejor reputación como constructor de ferrocarriles, caminos y puentes.

—El joven prodigio —comentó Aspinwall.

—Joven comparado con nosotros, William. Si no me equivoco, Story ya debe estar cerca de los cuarenta años. Ha trabajado para mí en un par de ocasiones y su eficiencia y capacidad organizativa son impresionantes.

—¿Significa que no has tenido que demandarlo? —preguntó Center, y todos, Viejo Roble incluido, rieron de buena gana.

Todavía reían cuando la propuesta de George Law fue aprobada, encomendándosele a él mismo llegar a un acuerdo satisfactorio con Story.

Se pasó entonces a discutir la necesidad de contratar más trabajadores y se leyó otra comunicación de Totten en la que solicitaba la contratación de por lo menos mil adicionales. «Si de verdad queremos acelerar los trabajos —escribió Totten— necesitaremos un mínimo de siete mil obreros permanentes en la obra. Recomiendo que se explore la posibilidad de contratar chinos, que, aunque parecen frágiles, me aseguran que son excelentes trabajadores».

—¿Chinos? —preguntó Law—. ¿Traer chinos del otro lado del mundo?

—Es lo que sugiere Totten —respondió Horatio Allen—. A solicitud de William estuve estudiando el asunto y, a pesar de la distancia y del costo de transporte, la mano de obra china es más económica que la que hemos reclutado hasta ahora. No se contrata directamente al *coolie* sino a un agente laboral que trabaja desde Cantón y se encarga de reclutar a los chinos, que lo que realmente quieren es venir a América en busca de nuevos horizontes. El agente cobra por cada *coolie* veinticinco dólares mensuales, que equivale a algo menos de un dólar diario. La única condición es que debemos proporcionarles los alimentos y otras yerbas esenciales de su milenaria cultura: arroz, ostras secas, pescado crudo, frijoles, repollo salado, té, opio...

—¡Es el mismo sistema esclavista que implantaron los ingleses en Georgia y Virginia durante la época colonial! —reclamó Aspinwall—. Me temo que nuestras leyes no lo permiten.

—Las nuestras no, pero las de China sí. Comoquiera que sea, es problema del agente laboral en Cantón —respondió Allen.

—Hasta ahora hemos sido justos en la contratación de trabajadores —insistió Aspinwall—. No quisiera empañar esa trayectoria.

—Ya vas, William, ya vas otra vez a tratar de arreglar el mundo tú solito. —Había sorna pero también respeto en el tono de Viejo Roble—. ¿No has pensado que tal vez nosotros representamos la única oportunidad que tendrán esos pobres diablos de escapar de la miseria milenaria que existe en China?

—Law tiene razón —recalcó Allen—. Más que el dinero a los chinos les interesa salir de su país.

—Me someto a lo que disponga la mayoría —dijo finalmente Aspinwall—. Espero que no tengamos que arrepentirnos algún día.

La carta de Aspinwall, comunicando la designación del ingeniero Minor Story como director de la obra y el ascenso del coronel Totten a supervisor general llegó a manos de John Stephens una semana antes de la fecha anunciada para el arribo del nuevo contratista al istmo. En la nota William explicaba el razonamiento empleado por la mayoría de la junta, con el que él no concordaba, y le solicitaba a Stephens que apoyara a Story en la medida de sus posibilidades. El presidente de la empresa fue enseguida en busca de Totten, que en esos momentos inspeccionaba en el muelle el desembarco de la tercera locomotora, y, sin mayores rodeos, le comunicó la decisión de los directores.

—Así es que me promueven a supervisor —rezongó Totten, rascándose la cabeza—. Supongo que es una manera elegante de expresar que ya mis servicios no son necesarios.

—No creo que sea así, George. Más bien es tanto el respeto que te tienen que han buscado la forma de construir el puente a su manera y al mismo tiempo mantenerte en el proyecto. ¿Conoces a Story?

—Todo el que está en mi campo sabe de él. Es un joven prodigio, egresado de las mejores universidades del país, con fama de serio y competente. Me sorprende que si tiene tanto trabajo como dicen haya aceptado desplazarse al istmo.

—El ferrocarril transístmico es ya una obra conocida en todos los círculos y tal vez quiera añadir a sus experiencias el haber trabajado en el trópico.

—Es precisamente lo que me preocupa: que no tiene ninguna experiencia ni con la jungla, ni con los pantanos, ni con las lluvias, ni con los ríos de estas regiones olvidadas de Dios. ¿Qué ocurrirá con Baldwin?

—En la carta Aspinwall no lo menciona, así es que seguirá encargado del diseño de la vía. ¿Cuándo regresará del sector del Pacífico?

—En realidad no lo sé. Creo que en estos momentos está buscando la mejor ruta entre Culebra y Paraíso. No le hará ninguna gracia la decisión de la junta.

Una semana después, a bordo del *Georgia*, arribó Minor S. Story a Aspinwall. Venía acompañado de su equipo de trabajo, integrado por cuatro ingenieros más jóvenes que él. Stephens y Totten fueron a recibirlo al muelle, donde se encontraron con un joven de mediana estatura, rubio, de ojos claros y barba muy bien cuidada. Aunque se esforzaba por expresar simpatía, no podía evitar que todo en él, sus gestos, su actitud, el uso exagerado de tecnicismos, revelaran a un individuo consciente de su excelente educación y acostumbrado a mandar y ser obedecido. Cada una de sus afirmaciones recibía la aprobación de los ayudantes. Una vez en la oficina insistió en informar inmediatamente a Totten del motivo de su designación, de sus planes de trabajo y de la necesidad de que ambos trabajaran en perfecta armonía.

—Quiero que me vea como alguien que ha venido a continuar su obra —dijo el joven ingeniero con más condescendencia que amabilidad—. Puede que mis métodos, que son los que se enseñan hoy en la universidad, no coincidan con los suyos, pero eso no significa que el objetivo que nos guía no sea el mismo: concluir este trascendental proyecto de modo que podamos sentirnos orgullosos como profesionales y como norteamericanos y que los accionistas que nos han contratado obtengan el mejor producto al menor costo posible.

—Muy bien dicho —corearon los ayudantes.

El coronel se limitó a afirmar que cooperaría en todo lo que estuviera a su alcance. Concluida la entrevista, un frustrado Totten le comentó a Stephens:

—No me gusta nada. Este muchacho en lugar de equipo de trabajo tiene un séquito dedicado a hacerle la corte. Solamente les faltó aplaudirlo.

Story y sus hombres pusieron manos a la obra desde el mismo día de su llegada. En la oficina revisaron y ordenaron los pliegos de planos y las hojas de control y hasta reacomodaron los muebles. Se trasladaron luego al almacén de depósito e impartieron instrucciones para la reubicación de los materiales y equipos. En el patio de máquinas Story dispuso la colocación de rieles y plataformas giratorias adicionales para facilitar el movimiento y retorno de las locomotoras y los vagones. De todo se iba enterando Totten a través de los empleados que acudían a él en busca de orientación, situación que motivó que el coronel reuniera a todo el personal que laboraba en Aspinwall para presentarles a Story y comunicarles que él pasaba a supervisor general y que el ingeniero recién llegado y su equipo se encargarían del día a día de los trabajos. Terminada la reunión, Story se acercó a Totten y le reclamó en voz baja:

—Eso estuvo muy bien, coronel, pero ha debido advertirles que quien no siga mis instrucciones será despedido. La vida me ha enseñado que la disciplina es fundamental para llevar adelante cualquier tarea.

Totten se quedó mirando largamente a su joven colega y decidió que había llegado el momento de hablar con claridad.

—Sígame a la oficina, Story; usted y yo tenemos que conversar.

Al observar que el joven ingeniero se disponía a llamar a sus hombres, lo tomó del brazo y le dijo, en tono que no admitía réplica:

—A solas.

Una vez en la oficina, Totten hizo que un molesto Story ocupara la silla detrás del escritorio y él se sentó enfrente.

—Me remordería la conciencia si no le confío algunas cosas que desde ayer me dan vuelta en la cabeza. Comienzo por decirle que esos trabajadores, a quienes pretende despedir si no acatan sus instrucciones, no están aquí solamente por la paga. Ellos forman parte de un grupo de gente que, como Stephens, como el jefe de campo Baldwin y como yo, creemos que el ferrocarril es una obra que debe ser construida a toda costa. Observe que...

—Yo también pienso...

—Le ruego que no me interrumpa —dijo Totten con firmeza—. He utilizado el verbo «creer» porque en el proceder de esos hombres hay mucho de fe, una actitud casi religiosa que los motiva a soportar el peligro permanente que significa habitar en el istmo, expuestos a enfermedades que ni siquiera aparecen en los libros de medicina y para las cuales no hay cura conocida. ¿Sabe cuántos han muerto a causa de la fiebre del Chagres? Según mis cálculos ya pasan de dos mil.

Y no crea que solamente mueren los braceros. No. He visto morir ingenieros como usted, con toda una vida por delante, y doctores y contadores y maestros y enfermeros. La lista es muy larga. Así es que puede tener la seguridad de que cuando despida a alguno de esos hombres le será muy difícil reemplazarlo, a la vez que estará disminuyendo las probabilidades de culminar los trabajos. Aunque también le haría un favor porque significa que podría regresar con su familia y olvidarse de la pesadilla que vive aquí diariamente. Usted, por supuesto, ignora lo que es trabajar en el trópico, como lo ignoraba yo antes de llegar a Cartagena para construir el Canal del Dique. Puedo asegurarle que en el planeta no hay sitio más inhóspito, más malsano, más insalubre y pernicioso que éste en el que estamos construyendo el ferrocarril. Aquí llueve despiadadamente todos los días durante nueve meses y los tres meses restantes llueve casi todos los días. Y la lluvia llega acompañada de tormentas eléctricas que disparan rayos que también traen muerte y destrucción. El área entera de la costa es un gran pantano en el que habitan los cocodrilos más feroces, las serpientes más mortíferas, los mosquitos y las chitras más voraces. Fuera del pantano hemos tenido que enfrentarnos a una jungla tan tupida que ni siquiera la luz del sol es capaz de penetrarla. No hay forma de conocer a ciencia cierta el caudal de los ríos porque fluctúa de un momento a otro, dependiendo de cuánto llueva en la cabecera. Y le repito, Story, usted nunca ha visto llover como llueve aquí. Ni tanto ni tan largo. Es como si allá arriba corriera un río que a veces el Señor desvía hacia acá. Recuerde que son ciento setenta y dos ríos y riachuelos los que debe cruzar el ferrocarril, siendo el Chagres, por supuesto, el más caudaloso. Déjeme hablarle ahora del puente que usted pretende construir de madera. El problema no es cuán largo será ni cuánto pueda pesar el tren. He conocido puentes de madera más extensos que soportan trenes más pesados. El problema, el gran problema, amigo mío, es el río. He visto ese río crecer más de treinta pies después de dos días de lluvia continua. Y los nativos me aseguran que ellos han presenciado crecientes aún más grandes. En tales condiciones, no hay forma de apoyar y construir una estructura de madera, no importa el peso que deba soportar. Por eso, y no por capricho, insistí en un puente de hierro. Tampoco yo quiero gastar más dinero, ni prolongar innecesariamente el tiempo de la construcción. Pero estoy seguro de lo que afirmo: no es posible construir un puente de madera sobre el río Chagres si por allí debe pasar un ferrocarril.

Las últimas palabras, dichas por Totten con sorprendente vehemencia, suscitaron un prolongado silencio.

—Le agradezco que se haya expresado con tanta claridad —dijo finalmente Story, levantándose de su silla—. Nos encontramos aquí mismo mañana a las siete en punto para recorrer la vía.

A las siete y dos minutos del día siguiente, en una locomotora seguida de cuatro vagones y un carro plataforma, partían de Aspinwall los hombres del ferrocarril. Aunque Totten había sugerido que un solo vagón era suficiente, Story quería comprobar el comportamiento de la locomotora en condiciones similares a las que operaría una vez que estuviera terminada la vía.

—Ya sabemos cómo funciona —había insistido Totten—. Todas las semanas despachamos un tren hasta Barbacoa repleto de aventureros.

—Pero ninguno de los pasajeros se preocupa por observar el desempeño de la locomotora y del resto del tren, ¿no es cierto? —fue la respuesta de Story.

La primera parada la harían en Mount Hope para visitar el hospital y recoger a Stephens. Durante el corto recorrido, Story se trasladaba de una ventanilla a la opuesta, de allí a la locomotora y después hasta el último vagón, siempre seguido por sus ayudantes, a quienes dictaba observaciones e instrucciones que eran diligentemente anotadas en un gran cuaderno de tapas verdes. Al arribar a Mount Hope, una vez que Stephens subió a bordo, Story dio instrucciones de continuar la marcha enseguida.

—Pero ¿no quiere usted visitar el hospital? —preguntó Totten.

—¡Ni como constructor de ferrocarriles ni como paciente! —exclamó Story, ocurrencia que provocó la risa de sus ayudantes—. Lo que quiero decir —se excusó, condescendiente— es que la atención de los enfermos no es función que me concierna directamente. Le ruego que la mantenga como una de sus responsabilidades.

Totten y Stephens se miraron sin decir una palabra.

Antes de llegar al río Mindi comenzó a llover torrencialmente y Story, fascinado por su primer encuentro con un aguacero tropical, redobló sus esfuerzos por observarlo todo. Iba de un lado al otro, pasaba a la locomotora, se desplazaba hasta el último vagón y permanecía

largo rato frente a la barandilla trasera, observando el panorama que
iba quedando atrás. Al advertir que, conforme se aproximaban al río
Mindi, la locomotora disminuía la velocidad, preguntó, impaciente:

—Coronel, ¿por qué se ha alterado la velocidad de marcha? Si la
línea está bien construida no hay por qué hacerlo, ni en los puentes,
ni en ningún sitio, excepto, tal vez, en alguna curva muy cerrada, casi
siempre consecuencia de un mal diseño.

—Por simple precaución, ingeniero —respondió el coronel con desgano—. Las estructuras de los puentes, como usted bien sabe, se han
construido provisionalmente con madera. Hasta que las reemplacemos
por las permanentes de hierro los maquinistas tienen instrucciones de
aminorar la velocidad para evitar vibraciones adicionales. Le recuerdo
que, aparte del peso de los cuerpos, las vibraciones también...

—Le ruego me ahorre la lección, coronel. En la universidad me
enseñaron toda la física aplicada a la construcción de puentes que se
puede aprender.

Totten pasó por alto la petulancia del joven ingeniero, volvió a intercambiar miradas con Stephens, y se limitó a decir, con sutil ironía:

—Trataré de recordar que usted ha estudiado en las aulas univer-
sitarias lo que yo nunca podré aprender de mi trabajo en el campo.

El convoy dejó atrás las estaciones de Mindi, Ahorca Lagarto,
Bohío Soldado, Frijoles y Tabernilla y a las dos de la tarde llegó a
Barbacoa. A lo largo de todo el trayecto Story y sus hombres habían
seguido la misma rutina y el cuaderno verde se iba llenando de datos
y recomendaciones, una de las cuales sugería buscar nombres más
apropiados para las diferentes estaciones. Inútil resultó la explicación de Totten de que se trataba de nombres acuñados a lo largo de
la historia del istmo y que era conveniente mantenerlos para el buen
entendimiento con los nativos.

—Son nombres impronunciables que según me ha dicho uno de
mis ayudantes, buen conocedor del castellano, ni siquiera tienen un
significado coherente.

—Frijoles es lo que comen aquí todos los días y Barbacoa una
forma de cocinarlos —farfulló Totten, con voz apenas audible que,
sin embargo, provocó una risotada de Stephens.

Tan pronto descendieron del tren en Barbacoa, sin reparar en el
almuerzo que se le tenía preparado, Story fue directamente a conocer

el sitio escogido para la construcción del puente. Desde lo alto de la ribera, con gesto desafiante, contempló por primera vez el río que se había constituido en su rival. Calculó en trescientos pies la anchura del cauce y en cien la altura de las laderas, y al observar que descendía embravecido y arrastrando troncos, piedras y lodo, quiso saber en cuánto se estimaba la creciente provocada por la lluvia, que continuaba cayendo incesante. Totten hizo llamar a uno de los nativos que se desempeñaba como ayudante de campo y le formuló la pregunta.

—Alrededor de quince pies. En realidad no ha llovido tanto.

Al escuchar la traducción de labios de su experto, Story, molesto, se dirigió a Totten.

—¿Es que no tienen una manera más científica de calcular el caudal de un río? ¿Debemos depender del cálculo empírico y sin fundamento de un nativo?

—Pronto se dará cuenta de que aquí muchas cosas dependen de la experiencia de quienes han vivido en estos lugares desde hace varias generaciones. No, no conozco ninguna manera científica de calcular cuánto crecerá el río Chagres después de un aguacero como el de hoy. Recuerde que la lluvia que provoca la creciente que estamos viendo no es la que cae aquí sino la que ha estado cayendo allá arriba, en las montañas, donde nace el río.

—Ya veremos —dijo Story.

En el trayecto de regreso, el joven ingeniero se dedicó a repasar las anotaciones del cuaderno y a discutirlas con sus ayudantes. Si el Pantano Negro, la selva, las lluvias, el calor, el Chagres y las picaduras de los mosquitos y las chitras lo habían impresionado, no lo dejaba entrever.

Diez días después del recorrido de la ruta, Minor Story convocó al coronel Totten y a John Stephens a una reunión en la que, para sorpresa de éstos, ningún miembro de su séquito estaba presente. Con su consabida seriedad comenzó por informarles que había llegado a una decisión final sobre el puente.

—Atendiendo las recomendaciones del supervisor general y los datos de campo recopilados por el equipo de trabajo, hemos hecho algunos cambios en el diseño que pueden ver resaltados en rojo: los taludes se refuerzan con una capa de piedra y mortero y se elevan doce pies; el apoyo de los estribos también se refuerza de la misma manera; se duplica el entramado de las estructuras inferiores y se aumenta en cuatro pies el ancho de la calzada.

Totten examinó detenidamente el nuevo diseño antes de preguntar:

—Para sus nuevos cálculos, ¿en cuánto ha estimado la creciente más alta del Chagres?

—En treinta pies, doce más que lo contemplado por Hughes.

—No es suficiente.

—Hemos estudiado la anchura del cauce, la velocidad del río, la cantidad de lluvia que cae y pensamos que sí lo es. Nuestro cálculo original arrojaba veinticinco pies, pero lo hemos aumentado a treinta para cubrirnos.

—Por el bien del proyecto, le deseo suerte y me permito una nueva recomendación.

Story esperó a que Totten prosiguiera.

—Hace poco llegaron cerca de ochocientos chinos a trabajar en la vía. Pensaba utilizarlos precisamente en la construcción del puente porque su poca estatura y peso les permite moverse en las alturas con una agilidad de la que carecen los demás braceros. Le sugiero...

—¿Chinos? ¿Habla usted en serio?

Había incredulidad y algo de sorna en la expresión de Story.

—Ochocientos *coolies*, sí, señor. Ya deben estar en Culebra tendiendo rieles hacia Panamá. Pero, créame, son perfectos para trabajar en su puente.

—Nuestro puente, coronel.

—Su puente, ingeniero. Le recuerdo que el mío se construirá de hierro.

8

Por primera vez desde que comenzara a visitarlos, John y Elizabeth advirtieron en James Baldwin señales de desaliento. Su sentido del humor, sus narraciones entusiastas sobre los secretos de la naturaleza, su tradicional optimismo frente a los retos que ofrecía la obra del ferrocarril, habían dado paso a una actitud de franco pesimismo.

—En realidad no le guardo ningún rencor a Minor Story —había afirmado mientras cenaban la noche de su llegada a la cabaña—. Se equivoca en lo que pretende hacer pero está cumpliendo con su trabajo. Lo que sí me molesta, y mucho, es la actitud de la Junta Directiva. ¿Cómo es posible que después de tantos sacrificios y muestras de lealtad traten así al coronel Totten? ¿Dónde queda la famosa ecuanimidad de Aspinwall?

—Te recuerdo —interrumpió Stephens— que William no estuvo de acuerdo con la decisión de la mayoría de la junta, pero él no puede imponer su criterio sobre los demás.

—¡Sí puede! —exclamó Baldwin, indignado—. Aspinwall es el líder indiscutible del proyecto.

—Lo era hasta que tuvo que pactar con Viejo Roble, que es un hombre hábil y ahora tiene influencia sobre algunos de los directores.

—En cualquier caso, presenté mi renuncia al coronel porque no quiero estar allí cuando el puente colapse, pero no me la aceptó y me pidió que regresara al sector del Pacífico por un par de meses hasta que estén concluidos los trabajos en Barbacoa.

—Tampoco la habría aceptado yo, James. Los tres formamos un equipo que, querámoslo o no, lleva sobre los hombros la responsabilidad de terminar la obra.

—Bueno, basta de puentes y ferrocarriles —intervino Elizabeth—. Abre ese cuaderno y cuéntanos qué ha llamado tu atención en los últimos dos meses.

—Lo haré con gusto, pero antes déjenme pronosticarles que el puente se vendrá abajo con la primera creciente importante del río. Debido a la curvatura del cauce, la cabeza de agua adquiere su mayor velocidad en el sitio donde actualmente se están construyendo los taludes. Por eso no solamente sugerí la necesidad de construirlo de hierro, sino unos cincuenta metros más abajo, aunque el ancho del cauce sea un poco mayor. No me hicieron caso porque parece que ahora lo que importa es ahorrar dinero y tiempo para sacarle el mayor provecho a la inversión.

—Y adelantarnos a la ruta de Nicaragua —comentó Stephens—. No lo olvides. Pero, como dice Elizabeth, basta de puentes. Dinos: ¿qué otras cosas interesantes has encontrado?

—No necesito el cuaderno porque lo más interesante que he descubierto en estos últimos meses no pertenece al reino de la naturaleza. ¿Ya supieron de la llegada de los chinos?

—Algo me comentó John. Son como ochocientos, ¿no?

—Así es. Setecientos cincuenta y seis para ser exactos. Lo que quiero contarles es que hace dos semanas los vi trabajando por primera vez. Los hombrecitos —creo que ninguno pasa de los cinco pies de estatura— son como un gran ejército de hormigas que sustituyen la poca fortaleza física con el trabajo en equipo, una máquina perfectamente sincronizada cuyas piezas se mueven al unísono. Me cuentan que al principio los demás trabajadores, sobre todo los irlandeses, que los doblan en peso y fuerza bruta, se burlaban de ellos, pero que muy pronto se dieron cuenta de que los *coolies* son más eficientes clavando rieles y durmientes, precisamente porque en lugar de alardear de su robustez individual se apoyan unos a otros. El capataz encargado de las obras entre Barbacoa y Gorgona me ha dicho que por cada cien metros de rieles que colocan el resto de los trabajadores, los chinos instalan ciento cincuenta.

—Nunca he visto un *coolie*. ¿Cómo son? —preguntó Elizabeth, fascinada con el relato.

—Como les dije, son pequeñitos y de la misma estatura, visten una especie de sotana azul, muy amplia, usan grandes sombreros de paja en cuya parte posterior asoma el largo moño que les llega hasta la cintura y calzan alpargatas. Mientras trabajan no hablan y todos se mueven al mismo ritmo. Su gran eficiencia ha determinado que Story, siguiendo la recomendación del coronel, haya destinado doscientos de ellos para trabajar en la estructura del puente. Es admirable la agilidad con la que se desplazan de una viga a otra, como si volaran.

Baldwin calló un instante.

—Parecen una bandada de mariposas azules —dijo finalmente.

—Siempre regresas a la naturaleza —comentó Elizabeth, risueña—. Aunque sea metafóricamente.

—Y hablando del puente, ¿cómo va la construcción? —quiso saber Stephens.

—Avanza a gran velocidad. La última vez que lo vi, hace tres días, el armazón ya casi alcanzaba la altura de las laderas. Debo reconocer que es una hermosa construcción y que Story es un magnífico administrador. Es el primero en llegar a la obra por la mañana y el último en retirarse por la tarde.

—¿Y para cuándo piensa terminar?

—La última vez que conversé con él me comunicó, con su natural arrogancia, que el 2 de enero la primera locomotora atravesará el puente y que tú, Totten y yo estamos invitados a celebrar el evento.

El puente sobre el río Chagres estuvo listo dos semanas antes de la fecha señalada por Minor Story para su inauguración, gracias, en gran parte, a la eficacia de los *coolies*. En realidad era una armoniosa y sólida estructura que emergía de los terraplenes junto al cauce para ir ascendiendo en un arco elíptico hasta unirse a cinco metros del soporte final de la calzada. Unos días antes de la colocación de los últimos travesaños había llovido copiosamente y el río había crecido más de quince pies sin ninguna consecuencia. Durante los días precedentes a la apertura, Story probó la resistencia de su obra, primero con un carro de mano, luego con dos que partieron de las márgenes opuestas y se encontraron en la mitad, después con una locomotora y finalmente con un tren completo, que incluía cuatro vagones y dos plataformas. Para su gran satisfacción y orgullo, la estructura soportó la carga con apenas algunos quejidos característicos de la madera al expandirse.

El gran día llegó y en el extremo norte del puente, bajo una tolda levantada para la ocasión, se reunieron Story, sus ayudantes, Stephens, Elizabeth, Totten, Baldwin, los capataces de la empresa y unos cincuenta obreros representando las diferentes razas que laboraban en la obra. En medio del grupo se destacaba el manchón azul de los *coolies*. De la capital habían venido el gobernador, el alcalde, el jefe del ejército, el representante de la Iglesia católica, otras autoridades menores y un periodista de *The Star & Herald*.

La ceremonia comenzó con la bendición del puente por parte del cura Fermín Jované, quien antes de rociar el agua bendita destacó, con breves palabras, la importancia de la obra en el desarrollo del istmo y del mundo. Se sucedieron luego discursos del gobernador, del alcalde y de Stephens. No bien terminó de hablar el presidente de la empresa, se escuchó el silbido de la locomotora que, lanzando bocanadas de humo, apareció en lontananza seguida de varios vagones. Sin disminuir la velocidad, el tren cruzó el puente para ir a detenerse a pocos metros del lugar de la celebración. En un gesto simbólico, mientras los invitados aplaudían, el maquinista descendió de la locomotora y le entregó a Story una palanca de marcha. Emocionado, el joven ingeniero habló para agradecer a los invitados su presencia y a cada uno de los trabajadores la entusiasta contribución que había hecho posible la construcción del puente en tiempo récord. Su discurso, a la vez sobrio y elocuente, terminó con la promesa de que antes de finales de ese año de 1853 el primer ferrocarril interoceánico uniría las ciudades de Aspinwall y Panamá. Más aplausos y vítores celebraron sus palabras y luego todos fueron a brindar por el éxito alcanzado y a compartir un suculento almuerzo.

En una de las mesas, John Stephens, Elizabeth, el coronel Totten y James Baldwin intercambiaban impresiones.

—Muy... estimulante la ceremonia.

—... Story tenía muy bien planificado cada detalle. Hay que reconocer que el individuo es un organizador eficiente.

—... Y muy buen ingeniero. Nadie hubiera podido construir un puente de esas características utilizando sólo madera.

—... Ni a mayor velocidad.

—... Lástima que se vaya a caer.

La última afirmación, salida de labios de Baldwin, provocó un profundo silencio, finalmente quebrado por Elizabeth.

—¿Tan seguro estás? La estructura parece muy firme y el río ni siquiera moja los taludes.

—Pero lo hará —dijo Totten—. Y no solamente los mojará. Acaba de comenzar la época de menos lluvias, aunque presiento que todavía las nubes guardan mucha agua. Tal vez el puente aguantará los próximos tres meses, pero tarde o temprano, cuando llegue la estación lluviosa, el Chagres desencadenará una de sus crecientes apocalípticas y entonces sobrevendrá la catástrofe.

—¡Qué horror! —exclamó Elizabeth—. Espero que en ese momento no circule ningún tren.

—Eso no debe preocuparnos porque en caso de que llueva por un periodo de más de veinticuatro horas yo mismo ordenaré la suspensión de la salida de los trenes —dijo Stephens.

Una semana después de la inauguración del puente, el 9 de enero, amaneció lloviendo en Aspinwall. Al principio era apenas una llovizna leve, propia de la época, pero hacia el mediodía nubes oscuras y amenazantes que se aproximaban desde el Atlántico habían obligado a encender las bujías en las oficinas de la Panama Railroad. A las dos de la tarde ya llovía torrencialmente y a las siete de la noche el agua amenazaba con sobrepasar los zancos sobre los que se levantaban los edificios en Aspinwall. Acompañado por Totten, y con el agua arriba de las rodillas, Stephens recorrió el camino hasta la estación y ordenó la suspensión del servicio de trenes hasta tanto cesaran las lluvias. No transcurrió mucho tiempo antes de que Story se presentara en la oficina a reclamar airadamente a Totten la decisión tomada.

—La orden no fue del coronel sino mía —dijo Stephens, esforzándose por mantener la calma—. Se trata de una precaución necesaria para proteger los bienes del ferrocarril y la vida de los pasajeros.

—Le recuerdo que el encargado de las obras soy yo —reclamó Story.

—Así es, ingeniero, usted tiene la responsabilidad de la construc-

ción de la vía pero el responsable de la marcha de la empresa, incluyendo la circulación de los trenes, soy yo. —Stephens se levantó como
para dar más énfasis a sus palabras—. Ningún tren saldrá hasta que
no deje de llover.

Una chispa de rabia fulguró en los ojos de Story.

—Ésta es una situación insostenible que tendremos que arreglar
con el resto de la Junta Directiva —dijo antes de salir dando un portazo.

Totten y Stephens permanecieron en silencio hasta que el presidente de la empresa anunció que iba a ver cómo se encontraban su
mujer y su hija.

—El brazo del río donde está la cabaña nunca rebasa las orillas,
pero es mejor que yo esté allá —dijo.

—¿Cómo llegarás con este tiempo? Hasta las quebradas más inocentes son peligrosas.

—Descuida; conozco de memoria el camino y cada uno de sus
riachuelos. Si la vía no está inundada, tomaré un carro de mano hasta
Mount Hope y de allí seguiré a caballo.

—Anda con Dios, John. Yo permaneceré aquí a ver qué ocurre.

El día siguiente transcurrió sin que el aguacero amainara y hacia
el final de la tarde la isla de Manzanillo estaba completamente inundada. El agua entraba en los pisos bajos de las edificaciones y cubría
la calzada y los rieles que conducían hasta el Pantano Negro. En el patio
de máquinas Story y Totten habían laborado arduamente, junto a sus
empleados, para poner a salvo los equipos más valiosos y entrada la
noche decidieron trasladarse a la estación de Barbacoa a fin de verificar las condiciones del puente. Para llegar hasta el Pantano Negro
tuvieron que utilizar un bote y abordaron un carro de mano que parecía flotar sobre las aguas que ya comenzaban a rebasar el nivel de los
rieles. En Mount Hope se les sumó Stephens.

—¿Todo bien en la cabaña? —preguntó Totten.

—Todo bien. Parece increíble, pero el brazo del Chagres que corre
junto a ella nunca se desborda.

—¿Se seca cuando cesan las lluvias? —preguntó Story, más por
ser amable que por verdadero interés.

—No. Nunca se seca, aunque el caudal baja bastante. Según Baldwin, es un brazo tan alejado e independiente del Chagres que los capri-

chos del gran río no lo afectan. ¿Creen ustedes que podremos seguir hasta Barbacoa en esa plataforma de mano?

—Espero que sí —contestó Totten—. Todo depende de los daños que haya sufrido la vía, principalmente en los puentes y alcantarillas.

—O de los que todavía pueda sufrir, porque lo que es este aguacero no da señales de amainar —comentó Stephens.

El pequeño carro, en el que Totten, Stephens, Story y dos de sus ayudantes se turnaban para accionar el balancín, cruzó sin tropiezos el puente del río Mindi y pasó también sin mayores dificultades por las estaciones de Gatún, Lion Hill y Ahorca Lagarto, pero justo antes de llegar a Bohío Soldado tuvieron que detenerse porque los rieles de una de las alcantarillas habían sido barridos por las aguas.

—¿Podremos cruzar a pie? —preguntó Stephens.

—No se ve nada y no hay forma de saber la fuerza ni la profundidad de la corriente sin entrar en el agua —dijo Totten, mientras se amarraba una soga a la cintura—. Denle vuelta a la cuerda en aquel árbol para mayor seguridad y no me suelten, que no quiero ir a parar al Atlántico.

A tientas, el coronel empezó a caminar sobre la calzada y desapareció en la oscuridad. Instantes después se escuchó su voz.

—El agua no me pasó de las rodillas. Parece que alguien no hizo bien su trabajo cuando clavó los rieles.

Salvado el escollo, los hombres calcularon que faltaban escasos tres kilómetros para llegar a Barbacoa y continuaron a pie sobre los durmientes. En Bohío Soldado se unió al grupo uno de los capataces nativos que había trabajado en el puente. A la pregunta de Totten de cómo veía la situación, dijo que antes había visto llover más largo, pero nunca tan fuerte y tan largo a la vez.

—Puede que tengamos la gran creciente —sentenció.

En Frijoles y en Tabernilla se les unieron algunos trabajadores más, y un poco antes de las cinco de la mañana, el cortejo arribó a Barbacoa, donde los esperaba Baldwin.

—Al final de la tarde de ayer —informó enseguida sin saludar— la creciente era de más o menos veinte pies. El puente estaba intacto la última vez que fui a revisarlo.

—Gracias —respondió Story, conmovido por el interés de quien consideraba su adversario.

Sin necesidad de ponerse de acuerdo, en silencio y como atraídos por un imán, los hombres siguieron caminando en la oscuridad rumbo al gran río. Faltaban aún trescientos metros cuando escucharon el rugido de las aguas. Story quiso proseguir para ver el estado del puente, pero Totten y Stephens lo disuadieron.

—Falta poco para que amanezca y no vale la pena correr riesgos —dijo Stephens, con afabilidad.

Y todos se sentaron a esperar.

Cuando las sombras comenzaron a desprenderse y la lluvia se redujo a una ligera llovizna, Story no pudo aguantar más. Con paso resuelto comenzó a marchar hacia el puente. Stephens, Totten, Baldwin y el resto de los hombres siguieron tras él.

—¡Allí está! —gritó el joven ingeniero cuando, a través de la niebla, logró divisar el arco superior—. ¡Resistió la creciente!

A esa hora no se podía avistar el caudal del río y los hombres se detuvieron en la entrada para esperar que terminara de amanecer. Aunque el sol rehusaba asomarse, la neblina que cubría el cauce se fue disipando poco a poco hasta que finalmente se hicieron visibles las aguas del río.

—Ha sido una creciente terrible, ¿no? —preguntó Story.

—Todavía está al mismo nivel de ayer —observó Baldwin.

—Pero en la cabecera sigue lloviendo —dijo el capataz en tono sombrío.

—¿Y entonces? —preguntó Totten.

—Habrá que esperar. Creo que veremos otra cabeza de agua —presagió.

—¿Qué significa eso? —quiso saber Story, que había vuelto a su tono arrogante.

—Que, como en la cabecera continúa lloviendo, el río crecerá todavía más —respondió Baldwin—. Tendremos que esperar.

Los hombres volvieron a sentarse y aprovechando que ya no llovía encendieron una hoguera y prepararon café y tortillas. Story y sus asistentes, aunque molestos, se notaban optimistas.

El ruido comenzó a escucharse un minuto antes de que apareciera la cabeza de agua.

—¿Está tronando otra vez? —preguntó Stephens.

—No son truenos, ¡es el río! —dijo Baldwin, alarmado.

El capataz se había puesto de pie.

—¡La creciente que viene es muy grande! —gritó consternado, y arrancó a correr hacia el puente.

Todos lo siguieron hasta más allá de la entrada. El ruido, un trueno profundo y constante, aumentaba por segundos hasta que finalmente pudieron ver la cabeza de agua que, como una ola gigantesca, bajaba rompiendo las orillas y arrastrando lodo, árboles y piedras, tan inmensa que parecía que llegaría a la altura del puente. El ruido era ahora ensordecedor.

—¡Nunca he visto nada parecido! —gritó Baldwin, sin que nadie pudiera oírlo.

Los nativos habían huido despavoridos y Totten comenzó a gritar al resto de los hombres que se alejaran del puente. Pero Story, los ojos fijos en el río, se resistía.

—¡Mi puente aguantará! —aullaba frenético.

Totten hizo una seña a Baldwin y entre ambos trataron, inútilmente, de arrancarlo del puente. Fue necesario que el más robusto de sus ayudantes, con un certero golpe en la barbilla, ablandara las piernas de su jefe, se lo echara al hombro y lo alejara de allí.

Pero ni siquiera en la orilla el grupo se sentía a salvo. Daba la impresión de que la cabeza de agua rebasaría las laderas y se los tragaría a todos.

—¡Aquí estamos seguros! —gritó Baldwin, tratando de que su voz se oyera por encima del infernal estruendo.

Para entonces Story se había recuperado y contemplaba la escena hipnotizado. La creciente arrasó primero los taludes, arrancó después los estribos y finalmente, como un juguete en manos de un niño, toda la estructura del puente colapsó y se fundió con la cabeza de agua que, implacable, siguió su marcha destructora hacia el océano.

Poco a poco el ruido se fue alejando y un impenetrable silencio, en el que toda la naturaleza parecía callar, envolvió a los hombres del ferrocarril. Deseoso de solidarizarse con la pena de su joven colega, Totten se acercó a Story, le puso la mano en el hombro y aseguró que nunca había presenciado una creciente semejante.

Pero Story no lograba salir de su estupor. Sin emitir palabra, se acercó al borde y permaneció allí, frente al río, la mirada fija en el inmenso vacío que había quedado en el sitio que una vez ocupara su hermoso puente.

Tres días después de la tragedia, mientras el coronel Totten y Stephens preparaban su informe para la Junta Directiva, recibieron la visita de Minor Story.

—Vengo a despedirme —dijo el ingeniero.

Su aspecto y su actitud distaban mucho de los de aquel ingeniero arrogante y pleno de confianza que hacía menos de cinco meses había llegado al istmo dispuesto a conquistar el Chagres con un puente de madera y a concluir una obra que escribiría su nombre en las páginas de la historia. Estaba más delgado, no vestía con la pulcritud usual, sus maneras eran suaves y se había apagado aquella chispa que antes encendía su mirada.

—¿Qué hará usted ahora? —preguntó Stephens.

—Lo primero, por supuesto, informar personalmente a la Junta Directiva de lo ocurrido y entregarle mi renuncia al cargo. En mi informe recomendaré que se vuelva a colocar al coronel Totten al frente de la obra.

—Le agradezco el gesto.

—Nada hay que agradecer. Aunque tal vez no le interese saberlo, en estos cinco meses he aprendido de usted lecciones muy importantes, de esas que no se enseñan en la universidad.

—No es para tanto —dijo Totten, incómodo—. Es usted un gran ingeniero que todavía tiene mucho que dar.

—Sólo que me retiro de la ingeniería.

—¿Cómo? —preguntaron casi al unísono Stephens y Totten.

—Así como lo oyen. Tengo una pequeña finca en Virginia donde produciré el mejor algodón de la región. He ideado una nueva manera de cultivarlo que si resulta hará más productivo cada acre. Pero no quiero aburrirlos y mi barco zarpará en breve, así es que debo irme. Si tienen listo el informe para la Junta Directiva me ofrezco a llevarlo personalmente.

—Se lo entregaré yo mismo en el muelle —dijo Totten.

Tan pronto desembarcó en Nueva York, Minor Story cumplió lo prometido y después de explicar ante la Junta Directiva los pormenores de la catástrofe del puente sobre el río Chagres y de entregar su renuncia recomendó encarecidamente que volvieran a confiar al coronel George Totten no solamente la construcción de un nuevo puente sino la terminación del resto de los trabajos.

—Les recuerdo —dijo a los directores— que obras destinadas a formar parte de la historia, como lo será sin duda el ferrocarril interoceánico, necesitan tener al frente a verdaderos visionarios que se entreguen al trabajo con fe, y más que fe, con mística. Hombres como John Stephens, como James Baldwin y el coronel Totten son la única garantía del éxito.

Del joven prodigio de la ingeniería no se volvió a tener noticias.

Al día siguiente de la partida de Story, el coronel Totten se reunía con Stephens y Baldwin para planificar la construcción del nuevo puente sobre el Chagres, definir el resto de la ruta y establecer una fecha aproximada para la terminación de las obras. Tan pronto alcanzaron un consenso envió otro informe a la Junta Directiva indicando que en breve iniciaría la construcción de los taludes en el sitio escogido por Baldwin y solicitando el envío inmediato del hierro necesario para la construcción ya que «de este puente dependerá en gran medida que terminemos los trabajos en la fecha que nos hemos propuesto». Sobre el resto de la ruta, explicaba que, para evitar la construcción de otro puente de grandes dimensiones, se modificaría la ruta original dejando por fuera el poblado de Cruces. «En lugar de atravesar el río Obispo para ascender hasta Cruces —escribía Totten—, haremos un corte en la división continental a la altura de Culebra de modo que el punto más alto no supere los doscientos cincuenta pies, modificación que no sólo disminuirá el tiempo de recorrido sino que hará más eficiente el funcionamiento de las locomotoras. Simultáneamente, estaremos colocando rieles entre Culebra y la ciudad de Panamá para empalmar con los que ya se construyen de Panamá hacia Culebra. Con el fin de acometer los nuevos trabajos y concluir la obra antes de que termine el año de 1854 —continuaba el informe—, requerimos autorización para contratar braceros adicionales y mantener así la cantidad de siete mil indicada en informes anteriores. Habrá que traerlos de diversos puntos del planeta porque en Cartagena y en el Caribe ya se agotó la fuente de negros». A pesar de la eficiencia demostrada por los chinos, los problemas suscitados entre éstos y el resto de los trabajadores motivó que Totten no recomendara a la junta contratar más *coolies*.

Tres semanas después, en el mismo barco que trajo la carta aprobando lo solicitado por Totten, llegaba el primer cargamento del hierro para la construcción del nuevo puente. «Los obreros adicionales que se solicitan —expresaba la carta firmada por Aspinwall— están siendo contratados en Irlanda, Inglaterra, España, Francia, Alemania, India y Malasia y muy pronto estarán arribando al istmo».

Hacia mediados del año 1853, con casi siete mil obreros trabajando en diversos sitios de la ruta, el problema laboral se había convertido en uno de los más acuciantes. Se producían enfrentamientos frecuentes entre los miembros de las diferentes razas, lo que obligaba a los capataces a agruparlos de modo que las que más rivalizaban trabajaran en sitios distantes, sin mezclarse. Una de las dificultades que persistía era la de los celos que los privilegios otorgados a los chinos despertaban en los demás trabajadores, particularmente en los irlandeses, que enviaron una delegación para quejarse ante Totten de que los *coolies* consumían opio. Según ellos, la única explicación de la mayor eficiencia de los chinos era que trabajaban bajo los efectos de estupefacientes, lo que constituía una competencia desleal para con el resto de los trabajadores «además de estar prohibido por las leyes de Dios y de los hombres». Aunque Totten desestimó la queja, no pudo evitar que uno de sus asistentes la transmitiera a los directores de la sociedad en Nueva York.

Sin embargo, el enfrentamiento más serio entre la empresa y sus obreros se produciría cuando un grupo de doscientos trabajadores, encabezados por el contingente francés, se confabuló con el alcalde de Cruces, Sebastián Juárez, para exigir un aumento de salario. El acuerdo consistía en que, si cada uno de los obreros aceptaba entregarle un dólar, el alcalde ejercería su autoridad y exigiría que en lugar de ochenta centavos por hora la empresa pagara a sus braceros un dólar veinte. En vista de que Totten rehusó acatar tan descabellada imposición, apenas el coronel apareció por Cruces, Juárez ordenó su arresto y personalmente lo encarceló.

—Ahí se queda hasta que pague a sus obreros lo que es justo —dijo despectivamente.

—Está cometiendo una arbitrariedad de consecuencias impredecibles —le advirtió Totten.

No habían transcurrido veinticuatro horas de la detención cuando Ran Runnels, Julián Zamora y veinte miembros de su Guardia del Istmo entraron a galope en Cruces, amarraron una soga a la ventana de la celda en la que se encontraba el jefe del ferrocarril y, con la ayuda de un par de caballos, abrieron un gran boquete en la pared por el que, sacudiéndose el polvo, emergió un asombrado coronel Totten.

Runnels se dirigió entonces a la oficina del alcalde, a quien encontró escondido debajo del escritorio. Lo sacó de allí, le ató las manos a la espalda y a empujones lo condujo hasta la plaza pública. El pueblo había salido a la calle y observaba la escena con una mezcla de horror y diversión. Consciente de la fama del vigilante texano, el alcalde imploró por su vida durante todo el trayecto.

—No he hecho nada para merecer la horca, ¡piedad, misericordia! —chillaba.

—Cállese, imbécil, que no lo voy a ahorcar —le decía Runnels por lo bajo.

Al llegar a la plaza, el texano amarró a Juárez a un árbol, le rasgó la camisa y le propinó veinte azotes en la espalda. Terminado el castigo, entregó el látigo a uno de sus hombres, subió a su cabalgadura y, junto a Totten, Zamora y el resto de su Guardia del Istmo, abandonó el poblado.

—Supongo que debo darle las gracias —dijo Totten cuando aminoraron el paso.

—Supongo que sí —respondió Runnels, lacónico como siempre.

Continuaron en silencio y al divisar Gorgona Runnels aproximó su caballo al de Totten, cuya incómoda posición en la silla acusaba su poca afición al caballo.

—Tengo algo que decirle, coronel.

Totten se le quedó mirando, aprensivo.

—Mi misión en el istmo ha concluido. Los crímenes en la ruta han cesado, los trenes circulan sin problemas de seguridad y los trabajadores laboran sin temor a que los asalten. Usted comprende que no vine aquí a resolver disputas laborales ni a sancionar funcionarios corruptos sino a combatir desalmados.

—¿Y qué nos garantiza que una vez que se marche usted los malhechores no volverán?

—Dejo una Guardia del Istmo muy bien entrenada y armada. Ellos saben lo que tienen que hacer y Zamora será un buen líder.

—¿El joven peruano que usted creía que era miembro de la banda de los Darieni? —preguntó Totten, sarcástico.

—El mismo. A veces nos equivocamos, aunque insisto en que ese muchacho, que optó finalmente por el buen camino, estuvo a punto de escoger el malo.

—¿Y qué piensa Eskildsen de todo esto?

—Está de acuerdo. También a él le interesa que sus hoteles y sus pacas de mulas cuenten con protección adecuada.

—Entonces, ¿regresa usted a Texas?

—Por ahora no. Me han dicho que en la ruta de Nicaragua también confrontan problemas con los malhechores. Creo que me daré una vuelta por allá.

—¿Trabajará para el comodoro Vanderbilt? —preguntó Totten, decepcionado.

Entraban ya en el pueblo de Gorgona y Runnels detuvo su caballo.

—Usted no se ha dado cuenta, coronel, de que yo no trabajo para los hombres. Mi misión se desarrolla ante Dios, que es quien guía mis pasos. La profecía que me trajo aquí se ha cumplido porque en las aguas del Chagres ya no existen monstruos ni navegan pecadores. Veremos si en Nicaragua ocurre lo mismo con el río San Juan.

El texano se despidió de Totten tocándose el sombrero, dio media vuelta a su cabalgadura y se alejó seguido de sus hombres.

«No hay la menor duda de que está loco, como tantos otros que abundan en estos tiempos en que el mundo entero parece haber perdido la razón», se dijo Totten. Y, espoleando sin maña su caballo, concluyó en voz alta:

—Pero fue un loco efectivo.

9

Una tarde de septiembre, mientras Totten supervisaba la construcción del nuevo puente, se le acercó uno de los capataces.

—Coronel, parece que tenemos problemas con los chinos.

—Ya había notado que hay muy pocos trabajando. ¿Qué es lo que ocurre?

—Yo mismo no lo sé. Pero me mandaron a decir que quieren hablar con el jefe.

—Que vayan mañana a la oficina antes de las diez. Mientras tanto asegúrate de que regresen al trabajo.

Al día siguiente, cuando llegó a su oficina de Barbacoa, Totten se encontró a un *coolie* acuclillado junto a la puerta.

—¿Y el intérprete? —preguntó el coronel, sin realmente esperar una respuesta.

—Jin Yang Li habla inglés —respondió el chino, sorprendiendo a Totten.

Jin Yang Li no era un *coolie* cualquiera. Nacido en el Norte, Yang Li recordaba que entre los miembros más antiguos de su familia todavía se hablaba de los buenos tiempos en que la dinastía de los Manchú había conquistado y dominado toda China. Su abuelo le había dado el nombre apegándose fielmente a la tradición que enseñaba que un nombre cuidadosamente escogido traería buena fortuna al recién nacido. Al apellido familiar Jin, uno de los más antiguos de Manchuria, había agregado, como nombre propio, Yang, que significa océano, y Li, que significa fuerza. «Tu destino es el que sugiere el nombre que escogí para ti», le repetía constantemente el abuelo, quien tras contarle historias interminables concluía con la misma profecía: «Recuerda que tú eres Yang Li, que naciste en el año del tigre y que algún día te convertirás en un verdadero océano de fortaleza». Poco después de morir el abuelo, el padre de Yang Li, que, con el rango de capitán, representaba la autoridad máxima de su aldea nativa, cayó en desgracia ante el comandante de la provincia y la familia se vio obligada a emigrar al Sur. Tras un accidentado viaje de más de seis meses, la familia se estableció en Sam Sin, una pequeña villa situada en las afueras de Cantón. La suerte quiso que en la misma aldea habitara una vieja maestra inglesa, viuda de un misionero desde hacía mucho tiempo, que dedicó sus últimos años a tratar de enseñar inglés a los tres hermanos Jin. Sólo Yang Li, que recordaba vívidamente las enseñanzas del abuelo, se interesó por aprender aquella extraña lengua que, según la señora de los ojos celestes, le serviría para conquistar el mundo. Y así, cuando se presentó en la aldea un comerciante de Cantón ofreciendo pasajes para ir a América a todo el que aceptara un contrato para trabajar allá durante un año, Yang Li, que ya contaba veintitrés años, supo que la profecía de su nombre comenzaba a cumplirse y firmó enseguida. A cambio de su trabajo solamente recibiría hospedaje, alimento y un dólar semanal, pero transcurrido un año quedaría en libertad para hacer realidad el sueño del abuelo. A pesar de que él les aseguró que en América cumpliría su destino, se haría rico y enviaría a buscarlos a todos, la familia quedó desconsolada. Pero como en el idioma chino América se dice Jin San, que significa Montaña de Oro, la familia se sobrepuso a su pena, bendijo a Yang Li y lo acompañó hasta el puerto de Cantón, donde, deslumbrados por el *Sea Witch*, compartieron con él la satisfacción de que sería un hermoso barco el que abordaría el más joven de los Jin para realizar su mágico viaje.

El primer desencanto que sufrió Yang Li fue comprobar que en el gran barco viajarían junto a él trescientos cincuenta *coolies*, individuos ignorantes y carentes de linaje familiar. El segundo se produjo cuando se vio en aquella enorme bodega en las profundidades del barco, sin ventilación ni facilidades sanitarias. Quizás entonces comprendió que desde ese momento y a lo largo de aquel año tendría que resignarse a ser un *coolie* más. Su tercer y mayor desencanto sobrevino al desembarcar en el istmo. «¿Es América?», preguntó al intérprete, y su pregunta quedó sin respuesta. Pero si aquella tierra era América, distaba mucho de ser la montaña de oro imaginada. El lugar de trabajo era caluroso, húmedo, pobre y peligroso, la labor de cargar y colocar rieles y durmientes agotadora, y las barracas donde dormían inmundas y malolientes. Los primeros días fueron terribles y Yang Li lloró en silencio su desilusión y la lejanía de su familia. Pronto se sobrepuso y, poco a poco, gracias a su mejor educación y dominio del inglés, comenzó a convertirse en el líder natural de los casi ochocientos *coolies* que habían llegado a trabajar en el ferrocarril interoceánico.

—¿Cuál es el problema? ¿Por qué han dejado de trabajar? —preguntó Totten, sin más preámbulo.

—Mi nombre es Jin Yang Li —dijo el *coolie*, sin responder a la pregunta.

Por primera vez, Totten se fijó en el individuo que tenía delante y se percató de que era diferente del resto de los *coolies*. De mayor estatura y más esbelto, pómulos altos, rostro menos redondo, piel menos amarilla y ojos más abiertos.

—Muy bien, Yang Li. No se quede ahí parado; siéntese y cuénteme qué está pasando.

—Gracias, señor. A los *coolies* no les importa trabajar duro sin recibir dinero ni vivir en barracas miserables. No les importan las burlas de los otros trabajadores y de los capataces. Todo lo soportamos porque sabemos que cuando termine el año seremos libres en América.

Yang Li hizo una pausa y sus ojos, dos rayas inquisidoras, se clavaron en los de Totten, que no salía de su asombro por lo bien que se expresaba el *coolie* en inglés.

—¿Y entonces? ¿Cuál es el problema?

—Tampoco nos importa que el destino haya dispuesto que algunos de nosotros mueran por la fiebre del Chagres. Todo lo soportamos porque cuando terminamos nuestro día de trabajo podemos olvidar las cosas malas que nos afligen y soñar con nuestra familia y con una vida mejor.

Yang Li volvió a hacer una pausa y a buscar la mirada de Totten, que comenzaba a sentirse incómodo.

—Siga, siga —ordenó impaciente.

—Nos hace falta el opio, señor, que es lo que nos permite escapar de nuestra desdicha. Hace una semana que no lo recibimos y los *coolies* sufren de tristeza.

—¿Eso es todo? —preguntó Totten, a la vez incrédulo y decepcionado.

—Para nosotros es bastante.

—Hoy mismo averiguaré por qué no ha llegado el opio. Lo más probable es que se haya perdido algún cargamento. Regrese pasado mañana y le tendré una respuesta.

—Gracias, señor.

Yang Li se levantó, hizo una reverencia y abandonó la oficina. Pero nadie supo darle cuenta a Totten de lo que había ocurrido con el opio de los chinos. Disgustado, envió por el administrador del comisariato, quien llegó esa noche en el tren destinado al traslado de obreros.

—Pensé que usted lo sabía, coronel —dijo el encargado de las compras y suministros, excusándose—. Hace varios días recibimos una comunicación en la que se nos avisaba que no se enviaría más opio al istmo porque el consumo de estupefacientes está prohibido por las leyes del estado de Nueva York.

—¿Y quién dio tal orden?

—La comunicación la firmó el señor Center, vicepresidente de la empresa.

—En el contrato con el agente de los chinos decía muy claro que se le suministraría una ración diaria de opio a cada uno. Son sus costumbres, que yo no apruebo, pero si con ello trabajan mejor, ¡qué rayos me importa! El opio lo fuman aquí y no en Nueva York. ¿En cuánto tiempo puede usted tener en el comisariato un nuevo cargamento?

El gerente dudó un instante.

—¿Quién dará la orden de comprarlo?

—¡Yo mismo, demonios! Necesito a los chinos trabajando eficientemente si queremos terminar la construcción en el plazo previsto.

El gerente volvió a dudar.

—Pero, con todo respeto, señor, yo tengo instrucciones del vice-presidente de la empresa.

—Y yo le diré a Stephens que como presidente las revoque y le ordene comprar el maldito opio.

—Me parece bien, pero tome en cuenta que el opio le cuesta a la empresa quince centavos diarios por cada *coolie*, o sea, aproximadamente un total de ciento veinte dólares por día.

—¡Saltó la liebre! Debí imaginarlo. No se trata de cumplir la ley sino de gastar menos, aunque con ello se retrase la obra. ¿Es que no hay quien entienda que nuestra prioridad es poner a funcionar el ferrocarril lo antes posible para que produzca ganancias?

A petición de Totten, Stephens revocó las instrucciones del vice-presidente Center y ordenó al gerente del almacén que tomara enseguida las medidas necesarias para llevar un nuevo cargamento de opio al istmo. Cuando el capataz se lo comunicó a Yang Li, éste volvió a insistir en hablar con Totten, quien lo recibió al otro día.

—Ya aclaré la situación y pronto volverán a recibir su opio —dijo el coronel tan pronto Yang Li entró en su oficina.

—La situación es ahora muy grave, señor. Hay mucha melancolía entre los chinos.

—¿Y usted? ¿No sufre de melancolía como los demás *coolies*?

Yang Li bajó la cabeza y guardó silencio.

—Yo lo veo muy sano y alerta —insistió el coronel, que comenzaba a interesarse por el relato del chino.

—Yang Li está triste, pero siempre está triste. Yang Li no fuma opio porque no es un *coolie*. Yang Li es un descendiente de los Manchú. Y los Manchú son seres orgullosos.

—¿Y, entonces, qué hace Yang Li en este lugar?

—Quise venir a la montaña de oro para cumplir los deseos de mi abuelo y ayudar a mi familia.

—¿La montaña de oro? ¿Es que también a China llegaron las noticias de las minas de California?

—No, señor. Para nosotros toda América es la montaña de oro.

Sin entender la alegoría del chino, Totten puso fin a la conversación prometiéndole que haría lo posible para que el opio llegara cuanto antes.

A la mañana siguiente, mientras Totten desayunaba en su tienda de campaña, apareció el capataz jadeando y con los ojos desorbitados.

—Ha ocurrido una gran tragedia, coronel. Por favor, venga conmigo enseguida —suplicó.

—Pero ¿de qué se trata? ¿Por qué estás tan alterado?

—Son los chinos. ¡Se están matando! Tiene que verlo con sus propios ojos.

Las barracas de los *coolies* se hallaban lejos de los demás campamentos y distaban unos quince minutos de la tienda de Totten. El primer suicida lo encontraron en uno de los árboles a la orilla del camino. El *coolie* se había ahorcado con su propia moña y su cadáver se mecía plácidamente en el extremo de una rama.

—Pero ¿qué es lo que ha hecho este infeliz? —exclamó Totten, alarmado.

—No es el único, coronel. Hay muchos más.

A medida que se acercaban al campamento iban apareciendo más y más cuerpos que, como grotescas guirnaldas azules, pendían de los árboles.

—Esto es inverosímil. ¿Cómo pueden matarse así? —murmuraba Totten una y otra vez, la voz a punto de quebrársele.

Pronto se dieron cuenta de que ahorcarse con sus moñas o con lianas no había sido el único método empleado por los *coolies* para quitarse la vida. En las márgenes del río encontraron innumerables cuerpos flotando boca abajo y al voltearlos se dieron cuenta de que para ahogarse se habían atado al cuello sacos de henequén rellenos de piedras.

—Yang Li me lo había advertido —se lamentaba Totten, las manos en la cabeza sin poder contener las lágrimas.

Siguieron avanzando y en otro sitio, próximo al campamento de los malayos, encontraron decenas de cuerpos degollados.

—Éstos no se suicidaron —dijo Totten, alarmado.

Luego averiguaría que algunos *coolies*, incapaces de matarse ellos mismos, habían entregado a los malayos el poco dinero ahorrado a cambio de que accedieran a degollarlos, a lo que aquéllos procedieron con gran entusiasmo y eficiencia.

Al atardecer del fatídico día, Totten y sus hombres habían contado quinientos noventa y cuatro suicidas. Para quitarse la vida, tal vez por vergüenza, algunos se habían internado en lo más profundo de la maleza y sus cuerpos fueron localizados gracias a los gallinazos que, atraídos por la carroña, desde tempranas horas habían iniciado su ominoso vuelo circular sobre el área de la tragedia. Apurado por sepultar los cuerpos, el coronel ordenó suspender las obras en Barbacoa y encomendó a los dos mil obreros que allí trabajaban la excavación de una gran zanja en la cual fueron arrojando los cadáveres. Apilados unos sobre otros, los *coolies* parecían muñecos rotos e inservibles. Al final de la tarde, solamente quedaba como vestigio de la catástrofe la tierra removida que cubría la enorme fosa común en cuyo interior yacían aquellos hombres pequeñitos, de ojos rasgados, que hacía apenas unas semanas, con sus batas azules, sus sombreros de paja, sus largos moños y sus alpargatas negras, iban de un lado a otro, en silencio, trabajando sin descanso, con la esperanza de que un día no muy lejano serían libres de emprender una nueva vida en Jin San, en América, en la montaña de oro.

Tan pronto se sobrepuso al impacto de la tragedia, una de las primeras decisiones tomadas por Totten fue la de prevenir que el resto de los *coolies* corriera la misma suerte. Personalmente fue en busca de Yang Li, a quien localizó en el patio central de las barracas hablando enérgicamente a algunos de los sobrevivientes que, acuclillados a su alrededor, lloraban histéricamente. Le pidió reunirlos a todos y llevarlos al patio del ferrocarril.

—¿Qué piensa hacer con ellos? —quiso saber Yang Li, preocupado.

—Todavía no lo sé. Por lo pronto, evitar que también se maten.

Conmovidos por la noticia del suicidio de los chinos, y todavía sin creer que realmente hubiera ocurrido, esa misma noche llegaron a Barbacoa Stephens y Baldwin. En la tienda de Totten se sentaron a escuchar de sus labios el espantoso recuento de la tragedia.

—Si no es porque lo oigo de ti no lo creería —musitó Stephens rompiendo el silencio que surgió cuando el coronel concluyó su relato.

—A mí mismo me cuesta creer que no se trata de una pesadilla —confesó Totten.

Baldwin, que permanecía cabizbajo, finalmente levantó la mirada y preguntó:

—¿Y todo a causa del opio?

—No. Pensándolo bien, no creo que la falta de opio fuera lo único que provocó el suicidio masivo —respondió Totten—. Entre los *coolies* hay uno mejor educado, que habla inglés, y de mis conversaciones con él he llegado a la conclusión de que los chinos vinieron aquí engañados. Se les había prometido que irían a trabajar a América —que en su idioma significa montaña de oro— y se encontraron en medio de esta pocilga, donde muchos enfermaron y fallecieron a consecuencia de la fiebre de los pantanos. Aun así, animados por la anhelada libertad que disfrutarían al vencerse el año de su contrato, trabajaban con entusiasmo, aguantando abusos de los otros trabajadores y todas las demás condiciones insoportables de esta tierra maldita. Concluida la jornada de trabajo, volvían a sus barracas, a sus rezos, a sus comidas y a su opio... Cada bocanada era un paso para huir de una realidad que los agobiaba. Cuando se les privó del opio se les vino encima de golpe todo el cúmulo de miserias y, perdida toda esperanza, decidieron huir para siempre.

Totten hizo una pausa esperando que se le desanudara la garganta.

—Yang Li me había advertido de la melancolía que los embargaba, pero jamás imaginé que llegarían a este extremo.

—Ni tú ni nadie —dijo Stephens, tratando de consolarlo.

—¿Qué vamos a hacer con los que quedan? ¿Cuántos son? —preguntó Baldwin.

—Menos de doscientos —contestó Totten—. He pensado enviarlos a algún lugar donde el consumo de opio esté permitido. Creo que en Jamaica hay una colonia china bastante grande que labora en los cañaverales. Los mandaré allá en el primer barco que zarpe.

A la mañana siguiente el coronel hizo llamar a Yang Li a su despacho para comunicarle su decisión. Curioso por conocer al chino, Baldwin se quedó en Barbacoa mientras John Stephens regresaba a contarle a Elizabeth la tragedia antes de que se enterara por boca de terceros.

Yang Li llegó acompañado del capataz y luego de las reverencias de rigor, más solemnes por la presencia de Baldwin, se sentó a escuchar. En su rostro no se percibía emoción alguna.

Cuando Totten terminó de exponer su plan, Yang Li se quedó mirándolo, impávido, sin emitir palabra.

—¿Qué le parece? ¿Por qué no dice nada? —dijo Totten, impacientándose.

—Casi todos los *coolies* se irán a Jamaica, por el opio y para fugarse de esta tierra maligna. Algunos, como Yang Li, se quieren quedar.

—¿Por qué permanecería Yang Li en esta tierra maligna? —preguntó Baldwin intrigado, adelantándose a Totten.

—El ferrocarril es muy importante, Aspinwall será muy importante también. Yang Li piensa que tal vez ésta sea la América que él y su abuelo soñaron.

—Después de lo ocurrido, no quiero más *coolies* trabajando en el ferrocarril —cortó Totten, tajante.

—Yang Li puede hacer cualquier otra cosa —respondió enseguida el chino.

—¿Cuántos *coolies* más cree usted que se quedarían? —preguntó Baldwin.

—Diez o veinte. Los demás temen mucho la fiebre del Chagres.

Baldwin llamó a Totten aparte.

—Suficiente han sufrido estos pobres seres. Si algunos se quieren quedar estoy seguro de que, con su fama de buenos trabajadores, no tendrán dificultad en encontrar empleo. Aquí se necesita de todo. Por lo pronto, este Yang Li me resulta simpático y lo puedo emplear como ayudante.

—Creí que te gustaba trabajar solo.

—Más que solo, en silencio. Y este oriental parece apreciar el mutismo tanto o más que yo.

Cinco días después de los suicidios, ciento ochenta *coolies* abordaron el pequeño vapor *Gorgona* rumbo a Jamaica. Los dieciséis que permanecieron en el istmo no demoraron en encontrar trabajo, tres de ellos en el hospital Nueva Esperanza y el resto en los hoteles de Eskildsen. Para entonces, Yang Li acompañaba a Baldwin en sus interminables jornadas en busca del mejor lugar donde colocar los rieles. Aparte de hablar sólo lo necesario, lo único que el ingeniero de campo exigió a su nuevo ayudante fue cambiar el kimono azul por una camisa y un pantalón caqui y las alpargatas por botas altas con suela de caucho. Y aunque también le solicitó cortarse el moño no tuvo ninguna objeción en que continuara protegiéndose del sol y la lluvia con el gran sombrero de paja.

10

Del diario de Elizabeth Stephens

Septiembre, 1853

Reviso lo escrito a lo largo de este último año, notas dispersas que he ido guardando para ordenar y añadir más tarde a este diario. Después de leerlas decido mantenerlas aparte. Más que un relato de mis vivencias parece un álbum de recuerdos de Liz: la primera vez que logró sentarse sin ayuda, su primer diente, el primer rizo que corté y guardé, sus primeros pasitos, mi temor obsesivo de que en un descuido se ahogara en el río. También he descrito en ellas mi felicidad, nuestra felicidad de verla crecer sana y alegre. ¡Cuánto la quiere John, Dios mío! Es tanta la ternura y devoción por su hija que a veces me arranca lágrimas. Ella espera su regreso al final de la tarde y apenas lo ve venir por el caminito de piedras, ríe y grita emocionada, reclama sus brazos y ya no se separan más hasta la hora de la cena. Desde que comenzó a caminar, John procura llegar más temprano para llevarla de la mano a recorrer el pequeño sendero que él mismo, con la ayuda de Jack, ha abierto detrás de la cabaña. Allí descubren juntos pájaros, ardillas, mariposas y, sobre todo, monos que con sus chillidos y acrobacias son los que más divierten a Liz. Invariablemente, John le pide que me cuente todo lo que han visto en la selva y ella, que apenas balbucea, se me queda mirando con ojos muy abiertos, me sonríe con picardía ¡y me la como a besos!

Mientras yo me dedicaba a llenar páginas y páginas con destellos de nuestra dicha hogareña, el ferrocarril, a pesar de sus fracasos y todas las penalidades, seguía, milla a milla, ganándole terreno a los pantanos, a la selva, a los ríos y a las montañas. Los hombres, una vez más, vencen a la naturaleza, pero ¡a qué costo! A la tragedia cotidiana de la pérdida de vidas se suman las desgracias que irremisiblemente acompañan a las grandes obras. Ninguna tan atroz como la que ocurrió unos meses atrás, cuando casi seiscientos chinos decidieron quitarse la vida de la manera más grotesca y dramática concebible. Aunque John no vio los cuerpos ahorcados, ahogados o acuchillados por sus semejantes, el relato del coronel Totten, a quien le tocó la penosa tarea de descubrir y contar los cadáveres, es suficiente para poner los pelos de punta y sentir que se encoge el corazón. A la de los chinos hay que sumar la catástrofe del puente sobre el Chagres, que no costó vidas pero significó un golpe terrible para la moral de los trabajadores y retrasó en un año el avance de la obra. Además, los linchamientos de Runnels —el verdugo como lo llaman todos—, no obstante haber puesto fin a los asaltos en la ruta, han dejado un sabor amargo en el ánimo de John y los demás jefes de la empresa, responsables de su llegada al istmo. La consecuencia de tantas tragedias es que el entusiasmo que animaba a los hombres del ferrocarril ha ido decayendo. Lo advierto a diario cuando John me habla de la obra y sus avances y me recuerda el alto costo, no en dinero, sino en dolor, en sufrimiento, en el relajamiento de la moral, en la locura general con la que el oro de California ha contagiado a la humanidad entera. Hasta Baldwin, el más animoso y optimista de todos, deja entrever una veta oculta de amargura y arrepentimiento, y en cada una de sus visitas queda flotando ahora entre nosotros algo de tristeza por las numerosas desventuras que la obra del ferrocarril ha ocasionado. Durante la última de sus visitas, en la que vino acompañado de uno de los chinos supervivientes de la tragedia, Baldwin y John se sentaron a analizar las cifras del más reciente informe del coronel Totten. Aunque parezca increíble, el ferrocarril, cuya construcción está aún lejos de terminar, ha transportado ya más de sesenta mil viajeros y recolectado aproximadamente un millón de dólares entre pasajeros y carga. Según ellos, al ritmo que va, la Panama Railroad Company será la empresa más productiva de cuantas se han conocido en la Bolsa de Nueva York. Totten asegura que la línea estará concluida a fines de 1854, o sea, dentro de un año, y que antes de que transcurran cuatro años los accionistas habrán recuperado su inversión y comenzarán a distribuir ganancias. Un verdadero caballo de oro, como dice Viejo Roble Law.

¿Quedan, por ello, justificados tanto dolor, tantas penurias, tantas muertes? Cuando los inversionistas que apostaron a la monumental obra reciban sus jugosos beneficios, ¿se acordarán acaso de los miles y miles de seres humanos que han sucumbido víctimas de las enfermedades, de las fieras, de todos los excesos que acompañaron la colocación de cada uno de esos travesaños? Aunque procuro ahorrarle mis angustias a John, no puedo evitar confiárselas al bueno de Baldwin. Él me contempla, con sus ojos soñadores, y me recuerda que si sentimientos como los que me atormentan hubieran prevalecido a lo largo de la historia jamás habríamos conocido ni las pirámides de Egipto, ni el Coliseo romano, ni las ruinas mayas descubiertas por John. Y fijando la mirada en su nuevo ayudante añade: «Ni la muralla china». Yo vaticino que algún día los hombres tendrán que crear leyes que eviten que la bonanza de unos sea la miseria de otros. «El progreso se construye sobre dolor y lágrimas, querida Elizabeth —me dice Baldwin—. Hace tres semanas que estamos trabajando entre Panamá y Paraíso y en ninguna parte se observan mejor que en la capital del istmo las contradicciones que te preocupan. Aquella villa señorial y tranquila es ahora un hervidero de aventureros, terreno abonado para que se manifieste sin límites la ambición humana. Mientras unos ganan dinero a manos llenas, otros se lamentan al observar cómo se desarraigan sus costumbres, sus tradiciones, su modo de vida. Miran pasar el progreso sin tomar parte en él». «O más bien siendo sus víctimas, como el pobre Arcesio Aizpurúa —digo yo—. ¿Sabías que terminó enloqueciendo del todo? Se niega a aceptar que Runnels abandonó el istmo y continúa recorriendo las calles, buscándolo afanosamente para batirse con él. Da pena verlo». ¡Pobre Arcesio!

Diciembre 20

Había decidido no volver a abrir este diario. ¿De qué puede servir ahora escribir? Hay penas tan profundas que ni siquiera las palabras logran descender hasta el rincón donde habitan, y entonces los silencios se convierten en llanto irreprimible. Por el bien de Liz, tan ajena a este dolor infinito, procuro sonreír, enmascarar la tristeza. Pero no lo consigo. ¿Cómo conciliar la felicidad que ella derrama sobre mí con el inmenso pesar que me abruma?

Tal vez debí presentirlo, igual que lo presentía mi querido John. La muerte le rondaba en sus versos, en sus largos silencios, en el afán de exprimir cada minuto de felicidad que nuestra pequeña le brindaba. Pensaba yo entonces que su vehemencia no era más que una reacción ante el temor de que Liz se nos fuera. Hoy comprendo que siempre lo obsesionó el temor de su propia partida a destiempo. ¡Qué ironía! Decidí quedarme aquí, en este sitio plagado de enfermedades y peligros, a riesgo de la seguridad de mi hija, ignorando que la vida que ponía en la balanza era la de él.

Fue el doctor Totten quien lo trajo a la cabaña aquella tarde lluviosa y sombría de fines de noviembre. «El presidente Stephens se siente muy mal», fueron sus únicas palabras. No tuvo que decir más. Consumido por la fiebre que lo hacía temblar al punto que no lograba articular palabra, John se esforzaba por decirme que todo estaba bien. Lo más doloroso de aquel primer momento fue la infinita tristeza que inundó su rostro cuando no pudo aceptar los brazos que le tendía Liz. Con la ayuda del doctor Totten lo acosté y lo cubrí con frazadas. No hubo necesidad de que el doctor me confirmara que la fiebre del Chagres se había ensañado con mi esposo. ¡Había visto tantos hombres temblar así! A la fiebre y a los terribles dolores de cabeza seguirían las convulsiones, las náuseas incontrolables y los vómitos de sangre hasta que en pocos días su piel y sus ojos amarillearían, como las hojas en el otoño.

El doctor Totten había traído varias botellas de agua de quinina. «Es lo único que puede ayudarlo ahora», me dijo. Si lo sabría yo, que había presenciado la muerte de tantos y tantos seres que ahora yacen bajo una cruz anónima en el cementerio de Mount Hope. Sabía también que el combate era ahora entre el mal y John, y que lo único que podía hacer era sentarme a su lado, aplicarle compresas húmedas y esperar. Hacia la madrugada comenzaron las arcadas violentas y los vómitos. Me sentí esperanzada al no encontrar rastros de sangre.

Tan pronto amaneció llegó el coronel Totten. Tratando inútilmente de disimular su gran preocupación, hizo lo posible por animarme: «Recuerda que Trautwine y Baldwin cayeron víctimas de la enfermedad y lograron vencerla. Y aunque solamente lo saben algunos de mis ayudantes, también a mí me atacó la fiebre del Chagres y dos semanas después estaba de vuelta en el trabajo». Le agradecí al coronel sus buenos deseos y oculté el pesimismo que me embargaba: conocía muy bien la poca fortaleza física de mi esposo y su obsesión con la muerte. Al final de la mañana, John recobró momentáneamente el sentido y balbuceó el nombre de Liz. Se la mostré desde la puerta del cuarto y ella volvió a tenderle los brazos, sorprendida y llorosa porque su padre no la tomaba entre los suyos. Poco después, John volvió a sumergirse en la inconsciencia y esa noche ya había sangre en sus vómitos. Los hermanos Totten continuaban animándome, pero todos sabíamos que únicamente un milagro podía salvar a John. Arrodillada junto al lecho comencé a rezar con tal fervor que llegué a convencerme de que el Señor atendería mis ruegos, porque en su infinita misericordia no podía privar a la pequeña del amor de su padre. Pero la fuente de los milagros estaba agotada.

¿Por qué será que Dios se oculta cuando más necesitamos de Él?

Dos días después de contraída la enfermedad, la tez y los ojos de John habían adquirido el odioso color amarillo. Para entonces yo no permitía a Liz asomarse al cuarto donde él agonizaba. Si a esa tierna edad era capaz de albergar recuerdos, quería que los de su padre fueran los del hombre sano y apuesto, los mismos que hoy procuro inútilmente traer a mi memoria. Cuando pienso en John —y siempre pienso en él—, el recuerdo de su rostro sonriente y de su mirada viva se escabulle y da paso a aquella cara afilada, amarillenta, vacía de miradas y sonrisas. Entonces, en lo más profundo de mi soledad, le pido a Dios que por lo menos me permita guardar el recuerdo de su buena imagen. Pero todavía sigue sin escucharme.

John falleció el 28 de noviembre, cinco días después de contraer la fiebre amarilla. Ese mismo día, a tiempo de verlo expirar, apareció James en la cabaña. «Vine tan pronto me enteré», logró decirme antes que se quebrara su voz y el llanto inundara sus ojos. Y allí, en la cabaña junto al río, frente al cuerpo exánime de John, lloramos juntos hasta agotar el caudal de las lágrimas.

Diciembre 23

Por segunda vez el mundo se había desmoronado a mi alrededor. Pero ahora se trataba de un mundo más intenso, más único, más irrepeti-

ble, más mío. Y no solamente se desmoronaba ese mundo sino que
también yo me hacía pedazos. Durante aquellas noches de insomnio
junto a un John agonizante, cuando el dolor, como una lanza, pe-
netraba en mi ser y con cada golpe adquiría más filo y se hundía más
profundamente, sentí que me desmembraba y se caían mis manos, y
mis brazos, y mis piernas, y el resto de mi cuerpo estallaba en pedazos,
cabeza y corazón volando hasta desaparecer.

El llanto desconsolado de Liz, y después sus mimos y sus risas,
volvieron a poner juntas las piezas del rompecabezas en que me he
convertido, próxima a deshacerme en cualquier momento. ¿Por qué
no podemos mantenernos para siempre niños, inocentes, íntegros,
atentos solamente al momento que vivimos? Liz revolotea a mi alrededor, me guía de la mano por los pasillos del barco para mos-
trarme el océano, se acurruca en mis brazos antes de dormir y, ajena
al dolor, ríe como si su padre jamás la hubiera cobijado. ¿Es ésa la
manera como todos deberíamos afrontar la muerte? ¿Intuyen, acaso,
los niños la relación entre la vida y el más allá? ¿Podremos algún día
aprender de ellos que el dolor, igual que la felicidad, son instantes y
no eternidad, y que es lícito volver a ser dichosos aunque el ser amado ya no esté para compartir esa dicha? ¿Dónde estás, John? ¿Dista
tanto el lugar en el que ahora moras que la intensidad de mi amor,
y el grito permanente de dolor con el que te llamo, son incapaces de
conmoverte? ¿O es que Dios prohíbe a los que llegan a su reino escuchar a los que aguardamos nuestra hora? En el vientre del barco que
ahora nos lleva de vuelta a Nueva York viaja el cuerpo de John. El
doctor Totten se esmeró en aplicar sus conocimientos para que al final del viaje todavía conserve la frescura de la muerte. La técnica que
utilizó para embalsamarlo es la misma que continúa empleando para
preservar los cadáveres que envía a los Estados Unidos y a Europa.
¡Cuánta ironía! Yo que tanto me horroricé ante semejante barbarie
hoy llevo conmigo, suspendido en la muerte, al ser que más he amado
y amaré mientras viva, para que descanse para siempre junto a sus
antepasados.

Desde hace varias noches, cuando finalmente logro conciliar el
sueño, me asalta la misma pesadilla: levanto la tapa del ataúd en el que
ahora habita John y encuentro solamente la risa macabra y la mirada
vacía de una calavera.

Mientras dejo que la pluma vaya desgranando la impotencia, el dolor y la ira que me abruman, contemplo a Liz, que indiferente a todo lo que no sea su pequeño mundo, a cada instante renovado, se entretiene guardando mis zapatos en el último cajón de la mesita de noche. Para ella nada hay más importante en este momento que lograr que los zapatos se acomoden sin que ninguno sobre. Y como el cajón es muy pequeño, lo intenta sin éxito una y otra vez. Así son los niños, inocentemente ingratos. Los juguetes que quedaron en su pequeña habitación de la cabaña y los juegos que se inventaba —recorrer el senderito en la jungla descubriendo algo nuevo cada día, ver cómo se alejaban flotando en el río los barquitos de cartón que le fabricaba Jack, y jalar, con inusitada crueldad infantil, los bigotes de su padre—, todo ello quedó atrás, se esfumó en el tiempo. Y tú, mi pequeña, sigues intacta en tu entusiasmo, sin que nada, nada, pueda privarte de esa felicidad que nace espontánea en ti, sin que las trampas del mundo puedan perturbarte. Hasta que un día... Razón tenía tu padre cuando escribió aquellos versos en los que palpitaba su ansiedad al comprender que «los nuevos capullos anhelan ser flor».

Diciembre 25

Todavía en alta mar. Primera Navidad sin John y, en breve, primer nuevo año, primer cumpleaños de Liz, dos años ya. El tiempo, que antes volaba, se ha detenido. ¿Transcurre tan raudo cuando somos felices y tan lento cuando la tristeza nos ahoga?

Diciembre 27

¿Debo aceptar que la vida siga su curso como si nada? Amanecer sin John, vivir sin John, morir sin John. Pero el íntimo dolor de no tenerlo no se puede igualar al que siento al pensar que Liz nunca albergará siquiera el recuerdo de su padre. No recordará la ternura de esos brazos que la cargaban, la dulzura de la voz que la arrullaba, la limpieza de su mirada, la bondad sin fin que transmitía su sonrisa. Yo tuve el mejor esposo y sé que con el paso del tiempo los buenos recuerdos vendrán a mitigar este dolor que pace en mi interior. Liz solamente recordará de su padre lo que yo le cuente, pero las palabras nunca pueden reemplazar a las sensaciones. ¿Cómo describir la dulzura hasta sentirla, la ternura hasta sentirla, el amor hasta sentirlo?

Enero 2, 1854

Hoy, finalmente, arribamos a Nueva York. Desde la cubierta del barco contemplo la ciudad que dejé hace cinco años. Ha cambiado mucho pero, al mismo tiempo, no ha cambiado nada. Edificaciones cada vez más altas, mayor movimiento de barcos en el puerto, la misma escena sólo que más intensa. Tomo a Liz en los brazos y ella, con exclamaciones y alguna palabra de su incipiente vocabulario, muestra su entusiasmo por la nueva realidad que se abre ante sus ojos. ¡Cuán distinta esta barahúnda del paisaje elemental que rodea la pequeña cabaña junto al río! La cabaña de Baldwin que finalmente quedó con él. Tuve que insistir para que aceptara. «Casi nunca estoy más de dos días en el mismo lugar, ¿cómo podré cuidarla?», me preguntó. Finalmente accedió, pero sólo hasta que Liz y yo regresáramos. «Porque sé que volverán», dijo. Ay, James, ¿acaso piensas que soportaría el dolor de volver al sitio que fue testigo de tanto amor y tanta felicidad, hoy desaparecida? ¿Crees que soy tan fuerte como para soportar que cada instante, cada lugar, me traiga el recuerdo de John? No, James, no sé realmente cuál será mi destino, nuestro destino, pero dudo que Liz y yo regresemos allí. Es una etapa de mi vida clausurada para siempre.

En el muelle, William Aspinwall nos recibe con muestras de pesar y cariño. Como si supiera que se trata de un amigo de su padre, Liz le tiende los brazos y se abraza al magnate naviero, que, sorprendido, reacciona con una generosa y espontánea sonrisa. Con Liz aún en los brazos, me toma la mano, me besa la mejilla y me deja saber en voz baja lo mucho que le ha dolido la muerte de su gran amigo y socio. «El mundo no será el mismo sin él», termina diciendo, y nos conduce a la entrada del muelle, donde aguardan dos coches: un landó muy elegante, tirado por dos hermosos caballos blancos; el otro, tirado por un cabizbajo caballo negro que conducirá los restos de John. El dueño de la funeraria, auxiliado por dos eficientes empleados, introduce el ataúd en la carroza y mientras seco mis lágrimas sorprendo empañados los ojos celestes de Aspinwall. Liz, todavía en sus brazos, nos observa curiosa. Auxiliadas por el cochero y su ayudante, que ya han cargado el equipaje, subimos al carruaje y, una vez dentro, William —me ha pedido que no lo llame señor Aspinwall— me ruega que aceptemos su hospitalidad. «En mi casa he arreglado un par de habitaciones para usted y su hija. Será un placer hospedar a la esposa y a la hija de John Lloyd Stephens e insisto en que me permitan ese honor».

Resulta asombroso cuánto se parece Aspinwall a la imagen que me había formado de él. Cualquiera que ignore que se trata de uno de los empresarios más importantes y ricos del país pensaría que ese hombre apacible, de mirada transparente y melancólica, es un predicador o el rector de un colegio. Ahora comprendo mejor su rivalidad con Viejo Roble Law: uno es la antítesis del otro.

La mansión de Aspinwall, ubicada al norte de Manhattan, muy lejos del bullicio, refleja la personalidad de su propietario. Amplia, elegante y austera a pesar de algunos detalles que revelan la fortuna del dueño. Lo que más llama la atención son los muchos objetos procedentes del Lejano Oriente, biombos, alfombras y jarrones de exquisito gusto, que hablan de las incursiones de Howland & Aspinwall en la China milenaria.

En la noche, mientras cenaba en compañía de su bellísima esposa y sus cuatro hijos, me enteré de que William Aspinwall es mucho más que un magnate naviero. Aparte de ser director de bancos y compañías de seguros, preside varias obras de beneficencia y el comité filantrópico de su iglesia.

Al otro día, cuando nos dirigíamos a la casa de la familia de John, en Greenwich Village, William me confió que era depositario y albacea del testamento de John. «Tú eres la única heredera de sus acciones en la Panama Railroad Co. Un día no muy lejano, esa inversión valdrá mucho más de los doscientos sesenta mil dólares en los que hoy se cotiza en la Bolsa. El resto de los bienes los deja a su hermana, Elena, que pronto conocerás. Debo advertirte que es una mujer temperamental y de carácter difícil. Tras la muerte de la madre de John, el padre cayó enfermo y desde hace años yace postrado en el lecho. Elena, que es la mayor de los hermanos, sacrificó su juventud cuidando primero a la madre y luego al padre, y hoy es la única que permanece en la casa familiar. La más pequeña se casó con un marino inglés y vive en algún lugar de la India desde donde envía tarjetas cada Navidad contando lo feliz que es y exacerbando, sin sospecharlo, la desdicha de la solterona». Las advertencias de William resultaron insuficientes. Lo primero que escuché de Elena, antes siquiera de que William terminara de presentarnos, fue: «Así que usted es la responsable de que mi hermano sacrificara su gloria y muriera tan joven». William aclaró enseguida que la decisión de ir a supervisar las obras del ferrocarril la había tomado John, aun en contra de su consejo. «Como seguramente usted no ignora, su hermano era un hombre que se entregaba intensamente a todo lo que emprendía». Elena insistió: «Pero también sabía hasta dónde llegar y en las pocas cartas que escribió desde Panamá no hacía otra cosa que hablar de la maravillosa mujer que compartía su vida. No, señor Aspinwall, no fue el ferrocarril lo que lo retuvo en la jungla tropical, expuesto a los peligros y enfermedades que terminaron por arrebatarle la vida. Fue esta mujer». Yo no pude reprimirme más. «Tal vez le consuele saber que su hermano y yo nos amamos profundamente y que de ese amor nació una hermosa criatura que lleva su apellido y algunos de sus rasgos y gestos». Elena me miró entonces con ojos fulgurantes de ira. «No venga usted a hablarme de amor; no sea hipócrita», dijo con acritud. Y cuando le entregué los objetos personales de John, entre ellos su libro sobre las ruinas mayas, que siempre llevaba consigo, me dijo con desprecio: «Imagino que se quedará usted con su obra póstuma, que es lo más valioso que deja». Luchando por contener lágrimas de rabia, respondí que lo único que había escrito John durante sus últimos años eran versos que no estaba dispuesta a compartir con nadie. Y como la situación sólo podía empeorar, William se apresuró a sacarme de aquella casa cargada de resentimiento y frustración.

Las escenas que se sucedieron luego han quedado en mi memoria con la vaguedad de las cosas que queremos olvidar. Más que los rostros adustos de los que venían a despedir a John, recuerdo el afán insólito de su hermana Elena por acaparar las manifestaciones de condolencia. Aparte de escritores, artistas y empresarios, acudieron a los funerales los directores de la empresa del ferrocarril y algunas figuras políticas, cuyas caras y nombres he olvidado. De todos, el único que me demostró auténtico pesar y cariño fue George Law. «Sé que Aspinwall se ocupará de usted y su pequeña, pero también quiero que sepa que puede contar conmigo para lo que se le ofrezca». Y, para protegerme de la hermana arpía, él y William me flanquearon en la iglesia y en el cementerio, donde finalmente los restos de John descansaron al lado de los de su madre. Terminadas las exequias hice un último esfuerzo por despedirme de Elena, quien me lanzó una mirada displicente antes de darme la espalda. ¿Tendrá ella razón, John? ¿Fui yo la que al aparecer en tu vida te condenó a una muerte temprana?

Enero 12

Mañana saldremos para la casa de mi padre en Washington. Liz y yo hemos pasado una semana con la familia Aspinwall, siete días durante los cuales todos se desvivieron por hacerme olvidar. Cuando el tema de la vida en el trópico surgía, casi siempre debido a la natural curiosidad del más pequeño de los niños, William desviaba la conversación hacia asuntos menos penosos. No obstante, al final de nuestra estancia encontré ánimo para contarles a William y a su esposa Ana detalles sobre mi experiencia en el istmo: las calamidades, las carencias, los peligros y, sobre todo, la presencia constante de la muerte. Ellos escuchaban compungidos y William expresó que jamás imaginó que los obstáculos fueran de tal magnitud. Entonces, para disipar un poco el aire sombrío que quedaba flotando en el ambiente, les hablé de la belleza de los parajes naturales, de los pintorescos hallazgos de Baldwin, de nuestra cabaña en el río y de lo inmensamente felices que allí habíamos sido. Al aire sombrío sucedió entonces uno de dulce melancolía.

Enero 16

A medida que pasan los días, mi adorado John, me convenzo más y más de que mis palabras carecen de sentido si no son para ti. Hoy quiero contarte que, lejos de mitigar mi angustia, el tiempo ha hecho que el dolor emerja del fondo de mi alma y se vaya adueñando también de mi cuerpo. Te extrañan mis manos, te extrañan mis brazos, te extraña mi boca, te extraña todo mi ser. ¡Añoro tanto tus caricias que me estremezco cuando revivo los deleites de nuestro amor!

Enero 18

Solamente han transcurrido tres días desde que llegamos a casa de mi padre, el flamante senador por el estado de Missouri, y ya siento unos deseos irresistibles de huir. ¡Qué poco ha cambiado! Aún no terminaba de abrazarnos a nuestra llegada cuando ya habían comenzado las recriminaciones. «Aquí estarás a salvo de los peligros del trópico y podrás educarte y tener amigos», le decía a Liz, mientras observaba sus facciones y su complexión, más como un médico que reconoce a un paciente que como el abuelo que se encuentra por primera vez con su nieta. «Gracias a Dios parece sana», exclamó finalmente. Yo me limité a decirle que, a pesar de sus sesenta años, también él se veía sano. Y era muy cierto. Mi padre me parecía ahora más alto y fornido. «Para sobrevivir en Washington es preciso estar en buena forma», dijo, y añadió en tono burlón: «Aunque no tanto como para sobrevivir en la jungla de la que has salido... A propósito, siento mucho lo de tu marido. Sé que era un hombre importante y siempre me extrañó que desperdiciara su vida en ese foco de pestilencia». Yo reaccioné enérgica: «Si algo hizo John Lloyd Stephens fue no desperdiciar un minuto de su vida. Te aseguro que la obra del ferrocarril, que él soñó y ayudaba a ejecutar, hará que su nombre brille en la historia mucho más que el tuyo». Él se me quedó mirando entre divertido y resignado. «Vaya, vaya, veo que no has cambiado nada. Siempre con una piedra en cada mano dispuesta a arrojarlas a la cabeza de tu progenitor». Yo, que estaba cansada del viaje y lo único que anhelaba era tomar un baño y que me dejara tranquila con mi hija y mis recuerdos, le pedí que me perdonara si lo había ofendido. Asombrado, me miró largamente, sonrió con su característica autosuficiencia y llamó al mayordomo para que nos acompañara a nuestras habitaciones. Si en algún momento cruzó por mi mente la idea de volver a vivir con mi padre, esa misma tarde la descarté.

Enero 29

A veces dudo de las motivaciones de mi padre. No sé si realmente quiere tanto a su nieta o si, sencillamente, pretende ganársela y obligarme así a vivir a su lado el resto de mis días. O ambas cosas. Mientras escribo, se ha quitado el saco y el chaleco y retoza sobre la alfombra del amplio salón con Liz y Spot, el vivaracho cachorro que le regaló ayer. La felicidad de mi pequeña es la misma que reflejaba su carita cuando regresaba de sus paseos por el sendero abierto por John detrás de la cabaña, que hoy seguramente se ha tragado la jungla. Pero, para jugar con su hija, John regresaba a la pequeña cabaña luego de trabajar en el pueblucho de Aspinwall, y de recorrer a caballo y a pie, asediado por el calor y los insectos, el sendero de piedras que orillaba el río. Mi padre, en cambio, regresa de su despacho en el Capitolio por las amplias calles de Washington, montado en un cómodo carruaje que lo protege del frío invernal y lo deposita frente a la puerta de su mansión en la elegante avenida Connecticut. Que Liz ignore la diferencia me hace sentir inmensamente triste.

Sin embargo, no hay duda de que el senador por Missouri y su nieta se aman y no tengo ningún derecho a privarla de la existencia confortable y segura que le ofrece. Aunque la mía se haya convertido en un pequeño infierno de dudas y contradicciones.

Abril 6

El invierno, con sus noches interminables y gélidas, había adormecido mis ganas de escribir. Pero hoy, cuando la primavera, aunque tímida, vuelve a pintar colores en la gris monotonía de esta gran ciudad, recibo una esquela de William Aspinwall con la grata nueva de que la próxima semana vendrá de visita. Abro de nuevo este diario que yacía abandonado en el fondo de una gaveta, releo lo escrito —¡cuánto ayudan la distancia y el tiempo a dar perspectiva a las cosas!— y dejo que la pluma vuelva a deslizarse sobre la página en blanco.

Los últimos meses han sido testigos de una lucha velada con mi padre por la atención de Liz. Mi ventaja de pasar con ella todo el día mientras el abuelo atiende sus graves problemas de Estado queda opacada cuando él llega al final de la tarde cargado de regalos. Como ya no cabe ni uno más en la habitación de Liz, ha hecho habilitar una de las recámaras de huéspedes como cuarto de juegos. En mi contra pesa, además, la realidad de que soy la única que impone disciplina a una niña cada vez más mimada por su abuelo. Así pues, los pequeños triunfos que logro a lo largo del día se desvanecen abrumados por los regalos y los mimos de mi padre. A veces pienso que trata de demostrar que de no haber sido por mi tradicional rebeldía también yo habría podido ser su consentida.

Abril 14

¡Qué visita tan agradable la de William Aspinwall! Llegó ayer temprano, con regalos para mí —un soberbio jarrón chino— y para Liz —una muñeca que se mueve impulsada por resortes—. Pero su mejor obsequio fue la noticia de que Howland & Aspinwall estaba construyendo un nuevo buque de vapor, el más moderno y lujoso de la flota, que «llevará el nombre de John Lloyd Stephens en honor al hombre que tanto contribuyó a la construcción del ferrocarril de Panamá». Me aseguró que el espléndido navío estará terminado a principios del próximo año. «Con dos mástiles y dos chimeneas, alcanzará velocidades récord y tendrá capacidad para novecientos pasajeros que disfrutarán de comodidades nunca antes vistas, entre ellas agua corriente, fría y caliente. Sin duda, será nuestro mejor barco y te avisaré con tiempo para que vengas a Nueva York a bautizarlo el día de la botadura». Prometí no faltar. Durante la cena mi padre, influenciado por la paz que proyecta William, dejó a un lado sus maneras bruscas y jactanciosas para escuchar con atención el análisis desapasionado que hacía nuestro visitante de la situación general de la nación y de los enfrentamientos que muy pronto provocaría la esclavitud. Con menos vehemencia de la acostumbrada, mi padre arguyó que en el fondo se trataba de un asunto económico. «El gran problema es que los estados del Sur, que son los más pobres, dependen de la esclavitud para su subsistencia», sentenció. William guardó silencio un instante y luego respondió sin alterar el tono de su voz: «El gran problema, senador, y es uno que tendremos que enfrentar todos los que habitamos este gran país y, más que nadie, sus gobernantes, es que se trata en realidad de un asunto humanitario y éstos, a diferencia de los meramente económicos, nunca se han resuelto sin grandes conmociones». Consciente de que la opinión de Aspinwall reflejaba exactamente la expresada por mí en las largas discusiones que sosteníamos sobre el tema, mi padre me miró, sonrió y concedió, casi festivo: «En este asunto estoy en franca desventaja, así que pasemos a otro tema: ¿qué opina usted del desempeño del presidente?». Y la sobremesa continuó hasta que el reloj de la biblioteca dio las doce campanadas y nuestro invitado se despidió presuroso, excusándose por haber abusado de nuestra hospitalidad. ¡Qué hombre tan íntegro, afable y prudente es ese amigo de John!

Junio 6

Hoy escribo sentada bajo el arce que desde siempre custodia la casa de la hacienda de mi padre en las afueras de Saint Louis. Él insistió en que pasáramos aquí los meses de verano, que resultan tan tediosos en Washington. Liz está encantada con sus nuevos juguetes: un pony, un ternero, varios gansos, patos y gallinas, y todo lo que hay en esta pequeña hacienda que, según ella, Tom —mi padre no quiere que le llame abuelo— le ha regalado. Él, que está en plena campaña de reelección, pasa con nosotras únicamente los fines de semana, así que dispongo de mucho tiempo para estar a solas con mi hija y evitar que el consentimiento del abuelo acabe por convertirla en una de esas detestables niñas malcriadas de sociedad. John jamás lo perdonaría.

Septiembre 23

De regreso a Washington, después de un verano delicioso en Saint Louis, vuelvo a escribir. Durante tres meses disfruté de la naturaleza y los espacios abiertos en compañía de mi hija, que, aunque es tierna y cariñosa, ya comienza a dar señales de independencia y rebeldía. ¡Cuánto me alegra que se parezca más a su padre y a mí que a su abuelo! Lo que ha heredado de nosotros será una barrera infranquea-

ble contra las constantes zalamerías de mi padre, quien, a pesar de
su empeño, por más que insista no logrará hacer de Liz otra de esas
niñas ricas que se preocupan únicamente por las cosas banales.

No sé por qué pienso así... ¿Vestigios de mi antigua rebeldía?
¿Defensa de una libertad que después de otorgármela a plenitud
el destino me arrebató? No, no debo tener quejas ni dudas sobre el
amor que mi padre le dispensa a Liz. El amor es un sentimiento insus-
tituible, sólo que en ocasiones conviene moderarlo.

Octubre 12

¡Carta de Baldwin! ¡Qué alegría! Antes de abrirla ya habían vuelto las
sensaciones de aquellos días plenos de emoción que el tiempo ha ido
arrinconando en la memoria. Para saborearla mejor, la copio íntegra.

Querida Elizabeth:

*Sé que comprenderás y perdonarás mi demora en escribirte. El lapso
fue necesario para terminar de asimilar el rudo golpe que la muerte
de tu esposo propinó a quienes lo conocimos. Ni siquiera es preciso que te diga —ya ves que lo hago de cualquier forma— que la
ausencia de ustedes lo ha cambiado todo. Seguimos, Totten, yo, los
otros cincuenta ingenieros y los siete mil obreros, empeñados en la
construcción del ferrocarril, pero hoy lo hacemos casi mecánicamente, guiados por unos diseños que van variando a medida que la empresa nos presiona para que terminemos lo antes posible. Nos falta
el consejo oportuno, la prudencia, la comprensión y —¿por qué no
decirlo?— el calor humano con el que John hacía menos rutinaria,
menos dolorosa si se quiere, esta obra que tanto nos ha cambiado a
cada uno de nosotros. Pero basta de reflexiones. Esta carta, más que
transmitir sentimientos que tú, mejor que nadie, conoces, tiene el
propósito de llevarte noticias de lo que por acá ocurre.*

*Lo primero, primero. La cabaña, nuestra cabaña, sigue allí junto
al río. Para conservarla como se merece decidí que hacía falta una
mano femenina. ¿Recuerdas a Edith Pearson, aquella muchacha de
Nueva Orleans que llegó con los bautistas para trabajar como en-*

fermera en el nuevo hospital que la compañía construyó en Aspin-wall? Hoy es la señora Baldwin y hace un par de días me anunció que dentro de nueve meses vendrá alguien más a darle calor —¡más calor!— a nuestra cabaña. Como puedes ver, he hecho un verdadero esfuerzo para que este entrañable lugar, que hoy cuido, no eche de menos a sus dueños.

La otra noticia —en realidad, todavía no pasa de la categoría de rumor— es que el duro de nuestro coronel Totten también ha encontrado a alguien que muy en breve lo liberará de su tradicional misantropía. Según dicen por allí —de él no he podido extraer más que gruñidos—, se trata de una hermosa dama de San Felipe. Y yo me pregunto: ¿no será que también aprendimos de John que la vida sin una mujer a nuestro lado no vale la pena?

Jack y Josefina —siempre preguntan si hemos sabido algo de us-tedes— están muy bien, esperando en cualquier momento el naci-miento de su primer hijo. Me pidieron que te dijera que si es varón se llamará John y si es mujer, por supuesto, Elizabeth. Les sugerí que te lo escribieran ellos mismos, pero no se atreven. ¿Recuerdas a Jin Yang Li, aquel coolie *que sobrevivió a la tragedia y luego se convir-tió en mi ayudante? Convenció a Eskildsen de que lo apoyara para montar una tienda en Aspinwall, donde vende todo lo imaginable. Trabaja sin descanso para realizar su sueño de traer a la Montaña de Oro al resto de su familia. Pronto lo logrará.*

La construcción del ferrocarril avanza cada día a mayor veloci-dad. Toda la ruta está trazada, así que, para dicha —¿o desdicha?— de Edith, mis ausencias son más breves. Ahora tengo a mi cargo el corte que hacemos en Culebra a fin de bajar a doscientos cincuenta pies la altura de la cordillera. Éste es el último gran reto que nos queda por delante, pero para fines de este año ya podremos tender los rieles y después, un poco más allá de la cima, empatar con los que vienen desde Panamá. El puente sobre el Chagres está terminado y, aunque no es tan vistoso como el que construyera Story, sin duda resistirá cualquier creciente. Totten está muy orgulloso de su puente y asegura que a principios del próximo año inauguraremos —¡finalmente!— toda la obra.

Guardo para una próxima carta mis nuevos hallazgos en este trópico húmedo y caliente que nunca deja de darme sorpresas. Ahora

tengo que terminar y entregársela a Jack, que aguarda mientras es-
cribo para llevarla personalmente al capitán del próximo buque que
zarpa de Aspinwall rumbo a Nueva York. No dejes de escribir pronto
y contarnos de ti: de la vida en Washington y, sobre todo, cómo le va
sentando la civilización a la pequeña Liz. ¿Extrañas todavía a estos
amigos que siempre te llevan en el corazón?

JAMES

P. D. Me olvidaba transmitirte los saludos afectuosos de los herma-
nos Totten y desear lo mejor para tu padre.

¡Qué deliciosa carta! Por supuesto que escribiré, mi querido James.
Y lo haré enseguida, mientras aún se agitan en mi alma los sentimientos que acabas de revivir.

Noviembre 16

¿Por qué me atrae tanto el otoño? En contraste con las copas de los
árboles, que semejan bolas de fuego, las primeras ráfagas de frío nos
obligan a arrebujarnos en los lugares más íntimos de la casa, donde
el calor de la chimenea es permanente. Tal vez mi vida ha sido un
poco como el otoño: ha estallado en llamas, en colores y esplendor
para luego quedar desnuda, abandonada y fría, como quedan los árboles cuando llegan las heladas del invierno. Así me siento, aunque
mi padre asegure que nunca me ha visto más bella. Insiste en que lo
acompañe a algunos de los eventos sociales que tanto abundan en
esta ciudad, sobre todo en esta época del año, cuando políticos y
empresarios, obligados por los rigores invernales, aprovechan para
envolverse en sus mejores pieles. No recuerdo cuántas veces me he
negado, pero hace una semana me suplicó que lo acompañara a la fiesta
de gala con la que el presidente Pierce da la bienvenida en la Casa
Blanca a los nuevos miembros del Congreso. Me recordó que su nombre se menciona como uno de los posibles candidatos para las próximas elecciones presidenciales y que cuando los líderes políticos se den
cuenta de que la primera dama será una mujer de belleza e inteligencia

incomparables sus acciones subirán aún más. Yo solté una carcajada y le dije que 1856 estaba todavía muy lejos. «En política todo está a la vuelta de la esquina», me respondió, muy serio. Le recordé entonces mi luto y él me señaló que si algo distinguía mi carácter era, precisamente, mi inconformidad ante las fatuas normas de convivencia que pretende imponernos la sociedad. Total, tuve que acompañarlo a la dichosa fiesta. ¡Cuánto lujo y cuánta vanidad! Algo me había contado John, que en su época de escritor y viajero insigne asistió a varios de esos eventos, pero nunca esperé tanto. Me sentía insignificante con mi discreto vestido negro y mis modestas joyas ante el despliegue de opulencia de que hacían gala las damas que esa noche se congregaron en el centro del poder. Mi padre me soplaba al oído los nombres de los personajes más importantes y me repetía lo satisfecho que se sentía por la buena impresión que yo causaba. Lo cierto es que, al despedirnos, el mismo presidente, mientras me besaba la mano, felicitó a mi padre por haberse hecho acompañar por la más hermosa de las damas. Por lo visto, para tener éxito en política la galantería es una cualidad indispensable.

John, ¡si supieras cuánta falta me hiciste esta noche! Muchos hombres distinguidos se me acercaron con gentilezas en las que percibía insinuaciones de relaciones futuras, pero ¡qué pobres diablos se me figuraban al compararlos contigo! Mi padre me recrimina constantemente. «Tienes toda la vida por delante y tú y tu hija merecen una nueva oportunidad de ser felices». Él ignora —nunca lograría entenderlo aunque se lo explicara mil veces— que recordarte es la única dicha que concibo y que para mí nunca habrá otro Lloyd Stephens. Jamás.

Febrero 8, 1855

¡Tengo tanto que contar! Tantas emociones encontradas, tantas satisfacciones y, a la vez, tanta incertidumbre.

Hace tres días asistí a la botadura del vapor *John Lloyd Stephens*. El carruaje de William me recogió en Washington y me llevó a Nueva York, donde, por supuesto, me hospedé con los Aspinwall. Esa misma noche se reunieron en su casa los directores de la empresa del fe-

rrocarril para celebrar la noticia recién llegada del istmo de que la vía
férrea estaba terminada y que un tren ya había hecho la travesía completa de Aspinwall a Panamá sin contratiempos. En un acto sencillo
William brindó «por la culminación de la obra, y, en especial, por
John Lloyd Stephens, representado aquí esta noche por su viuda, quien
mañana nos hará el honor de bautizar el vapor que inauguraremos
en su honor. Saludo también a George Totten y James Baldwin, sin
cuya dedicación y profesionalidad la obra no hubiera sido posible,
y a todos los hombres que en ella laboraron». Terminado el brindis,
pidió la atención de los presentes para leer un trozo del informe final
de Totten sobre la obra.

*Con esta carta remito los datos que completan la información que a
lo largo de estos cinco años he estado enviando a la empresa. Como
pueden observar los señores directores, el costo aproximado de la
obra ascendió a ocho millones de dólares. Debo señalar, sin embargo,
que aparte del costo financiero, la obra ha tenido un costo en vidas
humanas y en dolor imposible de medir. En nuestros cementerios se
cuentan por miles los seres humanos que vinieron al istmo de todas
partes del mundo a trabajar en la portentosa obra del ferrocarril interoceánico. Cientos perecieron y se perdieron para siempre en medio
de la jungla tropical, sin que fuera posible darles cristiana sepultura.
La mayoría de las lápidas, debo confesarlo, no tienen siquiera un
nombre que identifique los restos de quienes allí yacen y en cada
rincón del planeta seguramente existen familias que aguardan el regreso de sus seres queridos, ignorantes de que su espera es inútil.
Quienes tuvimos la responsabilidad de construir el ferrocarril de Panamá comprendemos que si bien algún día no muy lejano el dinero
invertido en la obra por los accionistas producirá réditos cuantiosos,
la pérdida de capital humano jamás podrá ser recuperada.*

William dobló y me entregó la carta de Totten, me miró con unos ojos
más tristes que de costumbre y volvió a recordar a los allí presentes
que uno de los que habían entregado su vida a la obra del ferrocarril
había sido el fundador y primer presidente de la empresa. «Estoy
seguro de que John Lloyd estará muy satisfecho de saber que con la
botadura del buque que lleva su nombre estaremos honrándolo no

solamente a él sino a todo ese capital humano de que nos habla el coronel Totten». Cada uno de los directores se acercó para repetirme lo orgullosos que estaban de haber compartido con John la tarea de construir el ferrocarril de Panamá. Viejo Roble me envolvió en un abrazo de oso mientras repetía: «Fue un gran hombre, fue un gran hombre». Yo dejé que las lágrimas hablaran por mí.

Un personaje que me impresionó mucho esa noche fue Cornelius Van Wyck, un neoyorquino transformado en hombre de la frontera, que se pasó la velada contando las maravillas de la vida bucólica. Según él, vino a Nueva York únicamente para tratar de convencer a sus familiares y amigos de que regresen con él a California, donde «se puede disfrutar de los territorios más amplios, más verdes y más libres que el hombre pueda imaginar». Por lo visto, afortunadamente, el afán de algunos individuos por trasladarse a California va más allá del oro.

A las cuatro de la tarde del día siguiente llegamos al astillero de Smith & Dimon, a orillas del río Hudson, para el lanzamiento del *John Lloyd Stephens*. Mientras esperábamos la hora de la ceremonia, William me invitó a conocer el nuevo buque de la flota de Howland & Aspinwall y juntos nos dirigimos al puente en busca del capitán que nos serviría de guía. En el cuarto de derrota, rodeado de mapas y cartas de navegación, estaba Cleveland Forbes. «No sé si lo recuerdas, pero el capitán Forbes comandaba el *Atlantic Runner* en tu primer viaje al istmo», dijo William. Cleveland se puso de pie, sonrió y me tendió la mano. En su expresión no había sorpresa alguna y yo traté de disimular la mía. «Por supuesto que recuerdo al capitán Forbes», me apresuré a decir. «Un barco también comandado por él, el *California*, me llevó de San Francisco a Panamá. ¿Cómo están Jim y McKennon?», pregunté con naturalidad. William nos miraba desconcertado, mientras escuchaba a Cleveland contarme que Jim seguía como su ayudante, que estaba muy entusiasmado con mi visita y pronto aparecería para saludarme. «En cuanto a McKennon —dijo apesadumbrado—, me temo que las noticias no son buenas. Hace más de un año aceptó comandar un viejo velero inglés, el *Oriental Knight,* que transportaba chinos de Shanghai a San Francisco. El día que finalmente debutó como capitán, el barco zarpó de San Francisco pero nunca llegó a su destino. Pobre McKennon, siempre pensé que volvería a verlo y a escuchar su risa alegre y contagiosa —dijo con verdadera pena—. Imaginarás cuánto lo extraño, yo que más que su capitán fui su amigo. Sin embargo, me consuela saber que realizó el anhelo de tener su propio barco. Hay tantos que nunca ven sus sueños cristalizar». William, con expresión que reflejaba su creciente asombro, aprovechó el silencio que siguió a las palabras de Cleveland para recordarnos que se hacía tarde y todavía teníamos por delante el recorrido del barco.

Durante la ceremonia de botadura hubo brindis, discursos y aplausos. Yo permanecí todo el tiempo entre William y Cleveland, pensando en las ironías que nos depara la vida. El nuevo capitán del *John Lloyd Stephens* y yo no intercambiamos más palabras hasta que al despedirnos me dijo lo mucho que había lamentado la muerte de mi esposo. «Pensé escribirte pero enseguida me llegó la oferta de Aspinwall para comandar su nuevo barco y preferí esperar la oportunidad de expresarte mis condolencias personalmente». Me limité a darle las gracias.

Esta noche, mientras escribo, busco en la soledad de mi dormitorio sosiego y lucidez para descifrar las emociones que luego del encuentro con Cleveland Forbes se han asomado a mi alma. Aunque él nada dejó entrever, una mirada, una sonrisa cómplice, un gesto involuntario, bastaron para convencerme de que todavía mantiene encendido algún rescoldo de amor. Y yo ¿sentí algo más que una placentera sorpresa? ¿Volví a turbarme ante la apostura de aquel hombre que una vez estuvo dispuesto a abandonarlo todo por mí? ¿Se rasgó, acaso, el espeso velo de dolor que me cubre para que un tenue rayo de esperanza ilumine mi soledad? ¿Fue el encuentro de esta tarde una mera casualidad o es que existen realmente los senderos del destino? Y si así fuera, ¿cuál puede ser el significado de que el hombre que irrumpió en mi vida después de mi primera viudez reaparezca hoy, cuando todavía no he dejado de llorar la pérdida del más maravilloso de los seres humanos? ¿Cómo es posible, Señor, que Cleveland Forbes sea el primer comandante del buque construido precisamente para honrar a mi John?

11

Cuando el capitán del *Illinois* informó a sus pasajeros que la costa de Panamá estaba a la vista, Elizabeth Stephens abandonó su camarote y subió a cubierta, donde se encontró con la heterogénea y abigarrada muchedumbre que constituían sus compañeros de travesía. Comerciantes, médicos, profesores, abogados, ingenieros, militares, religiosos, pero, sobre todo, aventureros, se apretujaban contra la borda de estribor para contemplar por primera vez el legendario lugar por el que desde hacía más de cinco años cruzaban los miles y miles de viajeros que habían cifrado en las minas de California sus esperanzas de un mejor futuro. A Elizabeth le bastó repetir tres veces «permiso, por favor», con amabilidad y coquetería, para que los hombres abrieran ante ella una calle de honor que le permitió llegar hasta la baranda. Era un hermoso día de abril de 1856 y en lontananza se dibujaba el relieve azulado de la cordillera del istmo.

Elizabeth recordó la primera vez que desde la cubierta del *Atlantic Runner* contempló el mismo paisaje que ahora se abría ante sus ojos, cuando, plena de ilusiones, iba al encuentro de su esposo para comenzar juntos una nueva vida en el lejano Oeste. Habían transcurrido desde entonces apenas ocho años, que a Elizabeth, sin embargo, se le figuraban una eternidad. Ni sus ansias de libertad y de forjar su propio futuro ni su temperamento rebelde e independiente pudieron evitar que cuando el amor llamó a su puerta la abriera de par en par. De su primer esposo conoció apenas las delicias de los amores de juventud, aquellos que, envueltos en el ropaje del romanticismo, llegan en el momento en el que la hegemonía paterna se ha convertido en una carga que el espíritu no puede sobrellevar. Con John Lloyd Stephens aprendería más tarde que el verdadero amor es aquel que nos permite descubrir nuestra propia capacidad de amar y comprender que hay más gozo en dar que en recibir. Sí, con John se dio toda y agotó la posibilidad de volver a enamorarse. Después de John, pensaba, razonaba, pero la palabra *amor* se había borrado de su vocabulario.

Transcurrieron dos meses desde el encuentro con Cleveland Forbes antes de que Elizabeth recibiera la primera carta del capitán del *John Lloyd Stephens*. En una nota amistosa, casi formal, expresaba su alegría por haber vuelto a verla el día de la inauguración del barco construido en honor de su difunto esposo, «sin duda un gran hombre que reunía cualidades muy diversas, desde escribir libros hasta dirigir obras tan importantes como el ferrocarril de Panamá, cuya muerte significó una lamentable pérdida, no sólo para ti sino para todo el país». Extraña carta que Elizabeth no contestó.

Cuatro meses más tarde llegaba la segunda carta de Cleveland. Preguntaba si había recibido la primera e insinuaba su deseo de volver a verla. Todavía el tono era más impersonal que íntimo y, esta vez, Elizabeth respondió con una lacónica misiva en la que, claramente, aunque sin herirlo, le dejaba saber que su único interés en la vida era velar por la felicidad de su hija.

Nuevamente volvió a escribir Cleveland, esta vez una carta más larga en la que aseguraba que comprendía las prioridades de Elizabeth, le contaba lo agradable que resultaba navegar en el moderno y lujoso buque construido en honor de John Stephens y sugería que quizás ella debería realizar en él un viaje a California. «Tú más que nadie disfrutarías observando cómo San Francisco ha dejado de ser el villorrio de aventureros y camorristas que conociste para transformarse en una ciudad vigorosa y próspera».

A Elizabeth no se le hubiera ocurrido pensar siquiera en la propuesta de Cleveland de no haber sido por el encuentro casual que, dos semanas después de recibida su última carta, tuvo con Frank Walker.

Salía Elizabeth en compañía de su padre del teatro Ford cuando un señor muy distinguido se le acercó para preguntarle si ella era la señora Freeman. Elizabeth reconoció enseguida al banquero de San Francisco que tanto la ayudara durante el tiempo que ella vivió en aquella ciudad.

—Soy Elizabeth, sí, y usted es Frank Walker. ¡Qué sorpresa! ¿Qué lo trae por Washington?

El senador se adelantó a responder.

—El señor Walker es el delegado demócrata de los territorios de California y Oregon y seguramente ha venido para participar en la convención que escogerá al próximo candidato a la presidencia. Yo soy el senador Thomas Benton, de Missouri, y es un placer conocerlo.

—¡Qué coincidencia! —exclamó Walker—. Llegué hace apenas dos días y pensaba visitarlo mañana en el Capitolio. Cuando me embarqué en San Francisco el nombre del senador Benton figuraba entre los probables candidatos a la presidencia por nuestro partido, pero antes de ayer, al desembarcar en Nueva York después de apenas seis semanas, leí en el *Daily News* que usted ha declarado públicamente que ya no aspira a la candidatura.

—Es cierto, amigo Walker. Es una larga historia. Por ahora le digo que las fuerzas políticas se han movilizado de tal forma que mis posibilidades son hoy muy remotas. Si no tiene otra cosa que hacer esta noche, ¿por qué no adelantamos nuestra cita, vamos a mi casa y compartimos algunos fiambres? Además de conversar de política, usted y mi hija tendrán la oportunidad de ponerse al día.

—Acepto encantado, senador Benton. Será un verdadero honor que me reciba en su casa y un gran placer conversar con su hija después de tanto tiempo.

Esa noche los Benton se enteraron del formidable desarrollo de la ciudad de San Francisco.

—Si vuelves, Elizabeth, no la reconocerías. Tenemos un nuevo puerto capaz de acomodar media docena de navíos, no quedan ya vestigios del cementerio de barcos que afeaban la bahía, el orden prevalece en la ciudad y comenzamos a disfrutar de algunas actividades culturales, esas que hacen tan agradable la vida acá en el Este. No sé si usted sabe, senador, que su hija fue propietaria del mejor almacén de San Francisco cuando la fiebre del oro recién comenzaba.

—Algo me ha contado, pero ignoraba que fuera tan próspero.

—Mientras estuviera detrás de la caja, pendiente de cada venta, todo iba bien. Pero, como te imaginarás, papá, no era trabajo para una mujer sola.

—Debo reconocer —dijo Walker— que comprarle a su hija La Mano de Dios fue el mejor negocio de mi vida. Hace poco abrí una sucursal en Sacramento y ambos establecimientos son una verdadera mina de oro, literalmente pues casi todos los clientes pagan con el precioso metal.

—Me encantaría visitar California —dijo el senador, recordando con nostalgia los espacios ilimitados de su niñez en Missouri.

—¿Y por qué no lo hace? Yo regresaré a San Francisco la próxima semana. Tendré la oportunidad de viajar en el *John Lloyd Stephens*, que me aseguran es el vapor más lujoso que se ha construido.

Padre e hija se miraron.

—No sé si sabe que mi hija es la viuda de John Lloyd Stephens.

Walker iba a preguntar por aquel capitán de barco que convenciera a Elizabeth de abandonar San Francisco pero se contuvo.

—No, no lo sabía y lo siento mucho. Stephens fue un gran norteamericano.

—Gracias, Frank. Ya ha pasado más de un año desde la muerte de John y, como ves, ahora vivo en Washington, con mi padre y mi hija, Liz.

—Que es la más hermosa criatura que ha nacido —irrumpió el senador, rompiendo el tono sombrío que había adquirido la conversación.

La tertulia continuó muy amena y al despedirse Frank Walker reiteró varias veces la invitación para que padre e hija lo visitaran en San Francisco.

—Mi casa es la de ustedes y será un privilegio recibirlos en ella.

—Muchas gracias, amigo Walker. Créame que tengo mucho interés, igual que sin duda lo tiene mi hija. Ya le avisaremos.

Pocos días después del encuentro con Frank Walker, Elizabeth recibió una carta de William Aspinwall en la que, tras un amable preámbulo, le proponía realizar un viaje a Panamá para comprobar lo fácil que resultaba atravesar el istmo ahora que ya estaba terminada la línea ferroviaria. «La idea es que escribas tus experiencias para que nosotros las hagamos publicar de modo que los futuros viajeros puedan contar con el testimonio confiable de alguien que, además de haber realizado la travesía, domina el arte de narrar. Como sabes, se han publicado cientos de relatos de gente que hizo el viaje de Nueva York a California cuando en Panamá todavía se navegaba por el Chagres y se iba a lomo de mula, publicaciones que no nos han hecho ningún favor. Vanderbilt, que no escatima esfuerzos por salvar su moribunda ruta de Nicaragua, todavía utiliza esos relatos desfasados para lanzar vituperios contra la ruta de Panamá y nuestro ferrocarril. Así que una narración que describa con estricto apego a la verdad, y con gracia, las experiencias de un viajero que se embarca en Nueva York, desembarca en Aspinwall y luego toma el ferrocarril hasta Panamá resultaría muy oportuna y beneficiosa. Por supuesto que sería estupendo si además estuvieras dispuesta a continuar el viaje hasta San Francisco. Te recuerdo que el *John Lloyd Stephens* hace la ruta del Pacífico y zarpa desde Panamá cada seis semanas».

La carta de Aspinwall fue el último empujón que necesitaba Elizabeth para decidirse a emprender el viaje. Conversó con su padre, quien lamentó no poder acompañarla porque la política estaba al rojo vivo y se requería su presencia en Washington. Liz, que a sus cuatro años se sentía muy a gusto con el abuelo Tom y le había cobrado singular cariño a la nana que desde hacía dos años la cuidaba, únicamente se preocupó por saber cuántos regalos le traería su madre.

Aspinwall se hizo cargo personalmente de cada uno de los detalles del viaje. Elizabeth zarparía en el *Illinois* el 4 de abril, desembarcaría en Aspinwall a más tardar el 13, el 14 abordaría el tren para Panamá y el 15 se embarcaría en el *John Lloyd Stephens* rumbo a San Francisco.

Acostumbrada a ser honesta consigo misma, Elizabeth se preguntaba qué era realmente lo que la impulsaba a emprender tan largo viaje. ¿Interés por cumplir con William Aspinwall, y contribuir, además, al desarrollo de la empresa que su esposo había soñado construir? ¿Nostalgia por volver a la gente, a los lugares y a las vivencias cuyos recuerdos la marcaron para siempre? ¿Simple capricho o curiosidad por saber si era cierto que todavía ardía en Cleveland la llama del amor? En su fuero interno, comprendía que, aunque cada una de esas razones era suficiente para justificar su decisión, la verdadera causa que latía detrás de todos sus actos era su profundo anhelo de libertad, esa falta de conformismo que la mantenía en estado de perenne inquietud. Para Elizabeth el presente era sólo un momento del que era preciso escapar hacia el futuro, que ofrecía el atractivo de lo ignoto. Después de la muerte de John, se había resignado a seguir mansamente el camino que su condición de viuda, madre e hija le imponían. Pero con el transcurso del tiempo, que con un borrador invisible va limpiando los tableros del alma, Elizabeth sabía que aquella vieja impaciencia volvía a adueñarse de su espíritu y que la vida, desconocida y misteriosa, todavía la esperaba.

El *Illinois* entró en las aguas serenas de Navy Bay y, todavía acodada a la borda, Elizabeth contempló, ahora con ojos de cronista, el remozado villorrio de Aspinwall. Visto de lejos, parecía una ciudad en pleno desarrollo. Contiguo al largo y techado espigón del muelle se levantaba la estación, un elegante y macizo edificio de dos plantas. Más allá, una locomotora seguida de varios vagones abandonaba el patio del ferrocarril y entraba lentamente en la estación. En la avenida principal los edificios aparentaban solidez y permanencia y en las nuevas calles laterales una docena de construcciones en progreso confirmaban el vigor que impulsaba el desarrollo de la terminal atlántica. Ningún vestigio quedaba de aquel pantano que seis años antes sobrecogiera el ánimo de los hombres del ferrocarril. Elizabeth descendió a su camarote, hizo algunas anotaciones en su cuaderno de viaje y, con corazón inquieto, se aprestó a desembarcar.

Mientras descendía por la pasarela, buscó entre los que aguardaban en el muelle algún rostro familiar y se mortificó al no encontrar ninguno. Pero tan pronto puso pie en tierra reconoció al hombre que, riente, se le acercaba con los brazos abiertos.

—James, ¿dónde dejaste la barba? Casi no te conozco. Eres otra persona, más joven y más guapo.

—Bienvenida, Elizabeth. Edith es tantos años menor que yo, que antes de la boda me exigió afeitármela para ver si así acortábamos la diferencia de edad. ¡Sigues igual de hermosa! ¿Cómo están Liz y tu padre?

—Liz está muy bien y mi padre también. Lo mucho que se quieren me permitió realizar este viaje. ¿Y los Totten? ¿Y Jack?

—Aquí estoy, señora.

Con un niño en brazos y Josefina a su lado, Jack reía y lloraba al mismo tiempo.

—¡Qué niño tan hermoso! —dijo Elizabeth tomándolo en sus brazos.

—Se llama John.

Los ojos de Elizabeth se anegaron de lágrimas.

—Ya me había contado Baldwin que Josefina estaba esperando. Me alegro que haya sido varón... y que se llame John.

—Y nosotros estamos felices de verla —dijo Josefina—. Quisiéramos que aceptara ser su madrina.

—Por supuesto que acepto. Hagan los arreglos para cuando regrese de San Francisco.

Advirtiendo la curiosidad en el rostro de Baldwin, Elizabeth le contó la razón del viaje.

—... y por eso estoy aquí, de vuelta al periodismo —dijo cuando terminó.

—¡Así es que ahora eres la cronista del ferrocarril! —exclamó Baldwin con jovial admiración.

—No sólo del ferrocarril; de toda la ruta de Panamá —dijo Elizabeth con fingido orgullo—. De una vez por todas pondremos en su lugar al comodoro Vanderbilt. ¿Y los Totten?

—El coronel vive en Panamá y espera informes de tu viaje para ir a recibirte a la estación. Al doctor Totten lo veremos más tarde, en el hospital Nueva Esperanza. Ambos están muy bien. ¿Cuántos días estarás con nosotros?

—El *John Lloyd Stephens* zarpa de Panamá el 15 por la noche, o sea, mañana mismo. Pensaba disponer de dos días completos en el istmo pero el mal tiempo nos hizo perder un día y medio en la travesía. Me quedaré aquí esta noche y mañana tomaré un tren que me permita llegar a tiempo al barco. Espero disponer de más tiempo para visitar la ciudad de Panamá a mi regreso de San Francisco.

—Precisamente mañana martes hay un tren que sale a las dos de la tarde. Pero vamos, no hay un minuto que perder y Edith y el pequeño James te esperan en la cabaña.

Después de un breve recorrido por Aspinwall, durante el cual Elizabeth pudo apreciar mejor el progreso de la pequeña ciudad, abordaron un tren especial de la compañía que en menos de quince minutos los trasladó a la estación de Mount Hope. Mientras atravesaban el Pantano Negro, Elizabeth observó con curiosidad numerosas cuadrillas laborando en diversos puntos.

—Se sigue trabajando mucho —comentó sorprendida.

—En la isla ya completamos todos los rellenos —explicó Baldwin—. Aquí nos está costando más. Me temo que pasarán un par de años antes de que logremos sanear todo el pantano.

En el andén de la estación de Mount Hope, más delgado y orejudo de lo que ella recordaba, aguardaba el inconfundible doctor Totten.

—No reconocerá el viejo hospital —le dijo a Elizabeth, mientras le estrechaba ceremoniosamente la mano.

Y era cierto. Nuevos pabellones, más amplios y mejor ventilados, nuevos equipos, y, sobre todo, más médicos y enfermeras, daban fe de que el doctor Totten mantenía el entusiasmo en su lucha permanente contra la muerte.

—Tenemos menos casos de fiebre amarilla, pero más de disentería y cólera. Aunque el número de pacientes se ha incrementado, la tasa de mortalidad ha ido disminuyendo. Quiero que sepa que Jack se ha convertido en mi mano derecha. Ha aprendido tanto que a veces me ayuda con los diagnósticos y las curaciones.

Elizabeth felicitó a Jack, que sonreía con modestia, y sin poder contenerse, preguntó a Totten en voz queda por el negocio de los barriles.

El doctor ladeó la cabeza desnuda y sus labios dibujaron la consabida mueca que en él equivalía a una sonrisa.

—Dejó de ser necesario ahora que la compañía me provee de fondos suficientes.

En medio de abrazos y lágrimas, Elizabeth se despidió del doctor Totten, de Jack y de Josefina, prometió pasar con ellos más tiempo a su regreso y en compañía de Baldwin volvió a subir al tren.

—Ya es poco lo que falta —dijo James, mientras la locomotora reiniciaba la marcha—. Un poco más allá de Mindi he construido un apeadero que nos deja muy cerca de la cabaña.

En el tren, a solas con sus pensamientos, Elizabeth se felicitaba por haber superado las primeras emociones de la jornada. Las lágrimas derramadas habían sido pocas y la alegría de ver a sus amigos le había permitido superar la angustia del regreso. ¿Mantendría igual fortaleza en el momento de enfrentarse al lugar en el que había vivido el más grande de los amores y sufrido la más profunda de las penas?

—Ya estamos aquí —dijo James, cortando sus cavilaciones.

El vagón se detuvo frente a un pequeño cobertizo levantado a unos cinco metros de la vía en cuyo interior aguardaba un quitrín. Junto al cobertizo, en un improvisado corral, pastaba un caballo que ni siquiera se inmutó con la llegada del tren. Luego de ayudar a Elizabeth con el equipaje, Baldwin fue en busca del animal, que mansamente se dejó sujetar al coche.

—He arreglado el camino que utilizaba John, de modo que Edith, Jimmy y yo no tengamos que recorrerlo a caballo —dijo Baldwin—. Este quitrín es uno de los pocos lujos que me he permitido.

—Del que yo me alegro —respondió Elizabeth, sonriente.

A medida que se aproximaban a la cabaña, James y Elizabeth se fueron quedando sin palabras y cuando divisaron el río ya se había instalado entre ellos un elocuente silencio. Los primeros recuerdos llegaron a Elizabeth en alas del olor inconfundible de la naturaleza virgen, de la tierra húmeda, de las flores de imposibles colores que nadie sembraba. A su mente retornaron entonces las palabras de Baldwin y las repitió en voz alta: «He descubierto que en este trópico salvaje hasta el verdor aroma». Junto a los olores le llegó también la música de la selva, en la que armonizaba el rumor del río, el canto de las aves, el zumbar de los abejorros, el grito alegre de los monos. Todo aquello la condujo a través del tiempo a la primera vez que John le mostró su futuro hogar. Y las lágrimas volvieron a brotar.

El quitrín dejó atrás el recodo del río y la cabaña apareció luminosa al final del camino sembrado de guijarros por el que todas las tardes John regresaba a su lado. El dolor y la nostalgia se le hacían insoportables y pidió a Baldwin que se detuviera. Secándose inútilmente las lágrimas, descendió para continuar a pie y momentos después divisó a Edith, que, con el pequeño en los brazos, caminaba hacia ella. «En ellos se renueva la dicha que vivimos», se dijo, y dejó de llorar.

La noche del reencuentro con su pasado también hubo en la cabaña más risas que lágrimas y Elizabeth pudo, finalmente, hacer las paces con su dolor. Aunque la felicidad de su hija estaría siempre de primera en su lista y el recuerdo de John jamás la abandonaría, aceptaría los consejos de su padre y sus amigos y trataría de volver a disfrutar la vida. «A partir de mañana», se prometió antes de conciliar el sueño.

Ese martes, 15 de abril, un espléndido día fresco y soleado, el tren que partió de Aspinwall hacia Panamá hizo una inusual parada entre las estaciones de Mindi y Gatún para recoger a Elizabeth.

—No olvides que prometiste quedarte varios días con nosotros a tu regreso de San Francisco —le recordó Baldwin cuando avistaron la locomotora.

—No saben cuánto me ayudaron y lo bien que lo pasé en compañía de ustedes. La próxima vez que regrese a la cabaña espero poder contener las lágrimas.

—Yo también —respondió Baldwin, en broma y en serio.

El tren se detuvo en medio de una nube de vapor y, después de que el revisor terminó de subir su equipaje, Elizabeth abrazó apresuradamente a Baldwin, le besó la mejilla y ascendió al vagón donde el mismo empleado, muy solícito, la condujo hasta su asiento en la sección de primera. Mientras el tren iniciaba su marcha, Elizabeth se acercó a la ventanilla para despedirse una vez más de su amigo. Momentos después Baldwin había desaparecido de su vista pero Elizabeth continuaba asomada, moviendo su brazo en un largo adiós, como si se despidiera también del pasado que dejaba atrás.

Viendo pasar las aguas oscuras y putrefactas de los pantanos, la manigua hosca e impenetrable, los numerosos ríos y riachuelos, las profundas cañadas y las abruptas pendientes, Elizabeth alcanzó a comprender, finalmente, las increíbles dificultades que habían tenido que vencer los hombres del ferrocarril. «¿Cómo hicieron para instalar rieles en semejantes lugares? ¿Qué mágico espíritu los animaba?», se preguntó. El tren, un expreso especial, pasó sin detenerse por las estaciones de Lion Hill, Ahorca Lagarto, Bohío Soldado, Frijoles y Tabernilla. Cuando el convoy disminuyó la velocidad y entró en el puente sobre el Chagres, Elizabeth contempló el majestuoso río, que ahora corría lento y sereno, y revivió la tragedia de aquel ingeniero que osó desafiar la furia de sus crecientes con un imponente pero frágil puente de madera. Asomada al profundo vacío que se abría debajo del vagón, escuchó el quejido de los travesaños y un ligero estremecimiento recorrió su cuerpo. Luego de atravesar el puente, el tren se detuvo brevemente en Barbacoa, cargó agua, recogió algunos pasajeros y retomó la marcha. Las rústicas estaciones de Gorgona, Matachín y Empire, nombres que trajeron a su memoria los inolvidables relatos de Baldwin, desfilaron raudas ante sus ojos. En Culebra, punto más alto del trayecto, el tren volvió a detenerse para cargar agua antes de iniciar el suave descenso hasta el Pacífico. Cerca de la estación de Panamá, disminuyó la velocidad y Elizabeth se sorprendió al contemplar la gran cantidad de viviendas improvisadas que gritaban a los cuatro vientos la descarnada pobreza de sus moradores, casas de barro y techos pajizos que le recordaron la primera vez que contempló el poblado de Chagres. Las callejuelas, polvorientas y mal alineadas, se hallaban atestadas de gente de color que parecía vagar sin ningún propósito. «¿Cómo harán esos pobres seres cuando llegan las lluvias?», se preguntó, compungida. El tren se detuvo en la terminal y el revisor se le acercó para preguntarle por el destino de su equipaje.

—Debo abordar el vapor *John Lloyd Stephens*. ¿Puede enviarlo allá?

—Por supuesto, señora. Es parte del servicio del ferrocarril. ¿Quiere que le llevemos también su bolso de mano?

—No, muchas gracias. El bolso se queda conmigo.

En el andén, al pie de la escalerilla, esperaban el coronel Totten y William Nelson.

—Bienvenida —dijeron al unísono.

El coronel la abrazó con torpeza y Nelson hizo lo mismo con más soltura y le pidió que le permitiera ayudarla con su bolso de mano.

—Cuídelo mucho que allí guardo mi diario y mis apuntes sobre la ruta.

—Espero que haya escrito algo bueno sobre nosotros —bromeó Totten.

—El servicio en el tren fue excelente. Todavía me parece increíble que lograran construir una línea férrea en semejantes parajes.

—Le confieso que cada vez que hago el recorrido yo mismo me sorprendo de que la obra haya podido realizarse. Lo cierto es que, dentro de lo inhóspito del área, Baldwin supo escoger los mejores sitios para tender los rieles. Supongo que lo habrá visto en Aspinwall.

—Claro que sí, coronel. Pasé con James y su familia una noche deliciosa en la cabaña del río. Hablando de familia, me cuentan que abandona usted la soltería.

La espesa barba que circundaba el rostro del coronel no logró ocultar su breve sonrojo. Fue Nelson quien respondió muy ufano:

—Aunque todavía lo niega, lo cierto es que la familia Alemán —¿los recuerda usted?— ya ha iniciado los preparativos para la boda.

—Habladurías, habladurías —gruñó Totten—. ¿Quiere comer algo antes de zarpar? —preguntó cambiando el tema.

—¿No es tarde ya? Pensé que zarpábamos a las cinco.

—No habrá marea hasta las nueve y son apenas las cuatro, así es que disponemos de algunas horas. Si quiere vamos al Pacific House, donde se come el mejor pescado de la ciudad.

Camino del hotel Elizabeth le comentó a Totten y a Nelson lo impresionada que estaba por la sórdida pobreza que circundaba la estación del ferrocarril.

—Cuando escogimos el sitio no existían las chozas que vio usted desde el tren ni el barrio de La Ciénaga era entonces tan miserable —respondió Totten—. Con la terminación del ferrocarril, además de los boteros y los muleros, también quedaron sin trabajo los empleados de hoteles, cantinas y salas de juego instaladas a lo largo de la ruta, y todos se han ido moviendo hacia la ciudad en busca de oportunidades de empleo. Como hoy la conexión del ferrocarril al vapor es casi inmediata, aquí también han quedado cesantes muchos que laboraban en los hoteles, restaurantes, bares y otros sitios de diversión creados para atender a los viajeros que se pasaban días y semanas esperando el barco que los llevaría a California. El resultado es el que usted ha visto: cientos de familias miserables que colman los arrabales de la ciudad. Los individuos que vimos a la salida de la estación vendiendo frutas, comidas improvisadas y otras bagatelas son parte de esos infelices.

—Por lo menos en la ciudad se nota más orden y tranquilidad —observó Elizabeth.

—Es una percepción engañosa —dijo Nelson—. Ya se han producido algunos enfrentamientos entre extranjeros y nativos. A veces siento como si estuviéramos viviendo sobre un barril de pólvora.

—No exageres, William. El ferrocarril ha traído prosperidad y los panameños están hoy mejor que antes.

—Prosperidad para algunos, pero, como tú mismo acabas de reconocer, miseria para otros.

Eran las cuatro y quince de la tarde cuando Elizabeth, William Nelson y el coronel Totten se sentaron a almorzar en una de las mesas de la terraza del Pacific House que daba sobre la playa. Acababan de ordenar cuando escucharon unas detonaciones.

—Son disparos —dijo Nelson, alarmado.

—Como en los viejos tiempos —comentó Totten, sin darle importancia.

Unos minutos más tarde llegó hasta ellos el repicar desaforado de las campanas de la iglesia de Santa Ana, próxima a La Ciénaga.

—Algo inusual ocurre —observó Nelson—. Voy a averiguar y vuelvo enseguida.

Diez minutos más tarde, sofocado y dando evidentes señales de preocupación, regresaba Nelson.

—Lo que sucede es muy grave —dijo mientras se secaba el sudor del rostro—. Parece que hubo un altercado entre un viajero y un vendedor de frutas. La trifulca se ha generalizado y hay varios heridos. Los nativos, que hasta ahora han llevado la peor parte, están saliendo de sus casas armados con machetes y cuchillos. No es seguro permanecer aquí.

En ese momento se oyeron varios disparos más y el mesero que los atendía llegó gritando.

—Están saqueando y prendiendo fuego a la tienda de McAllaster y han asaltado también el Ocean Hotel, aquí al lado.

—¿Quiénes? —preguntó Totten.

—La gente de La Ciénaga —respondió el mesero—. Algunos viajeros están disparando. Yo me largo de aquí y les sugiero que ustedes hagan lo mismo.

—¿Y la policía? —gritó Totten, pero el mesero ya se alejaba por la playa.

Cuando salieron a la calle, Elizabeth, que hasta entonces había permanecido tranquila, sintió que el pánico se apoderaba de ella. Una turba de nativos, armados con machetes, palos y piedras, perseguían a varios pasajeros del *Illinois* que intentaban escapar hacia la playa. Algunos extranjeros se habían parapetado dentro del Ocean Hotel y desde allí disparaban sus armas. Frente a Elizabeth se desplomó un negro herido de bala y su compañero, enardecido, persiguió hasta darle alcance a un pobre muchacho que cayó al suelo implorando piedad. Sin dudar un momento el negro hundió su machete en el pecho de la víctima y fue en busca de otro en quien descargar su furia.

—¡Dios mío! —exclamó Elizabeth, horrorizada—. Se están matando.

—¿Vas armado? —preguntó Nelson a Totten.

—No, pero en la estación guardamos algunos rifles y pistolas. Hay que llegar allá como sea. Vamos por la playa.

Ambos hombres flanquearon a Elizabeth, entraron nuevamente al Pacific House, descendieron a la playa y llegaron hasta el muelle. Cientos de personas, la mayoría mujeres y niños, corrían por el andén hacia el vapor *Taboga*, encargado de trasladar a los pasajeros a los barcos que aguardaban en la bahía.

—¿Qué hacemos? —preguntó Totten.

—El transbordador no podrá zarpar hasta que suba la marea. Vamos a la estación.

La terminal era un caos. Algunos viajeros se habían colocado junto a las ventanas y desde allí disparaban sus rifles y pistolas tratando de detener la turbamulta que se acercaba peligrosamente amenazando con derribar la puerta. En medio del salón el coronel Totten reconoció al jefe de la estación, que intentaba imponer orden, y fue hacia él.

—¿Dónde está el resto de los pasajeros del *Illinois*? —gritó por encima del estruendo.

—A la mayor parte de los niños y las mujeres se los llevaron al *Taboga* y los demás están refugiados en los despachos del segundo piso. Calculo que aquí hay unos cien hombres, pero la gran mayoría están todavía allá afuera, en los hoteles o quién sabe dónde.

—¿Y las armas?

—Ya las repartí. Si quiere la mía, se la dejo.

—No, guárdela usted. ¿Cuál será el lugar más seguro para la señora Stephens?

—Supongo que el segundo piso, donde están refugiadas las mujeres y los niños.

—Entonces, acompáñela y cuídela.

—¿Y usted que hará, coronel? —preguntó Elizabeth, afligida.

—Tratar de organizar la defensa de la estación. ¿Por qué no llegarán las autoridades? ¿Qué piensas tú, Nelson?

—Precisamente, que debo ir a buscar al gobernador Fábrega para que movilice a la gendarmería.

—Por favor, no salga con la matanza que está ocurriendo allá afuera —suplicó Elizabeth.

—Iré por la playa, no se preocupe. Además, mucha de esta gente me conoce y algunos me deben favores.

Acababa Nelson de abandonar la estación cuando alguien gritó:

—¡Llegó el gobernador con la policía!

—Ya era hora —exclamó aliviado Totten y se dirigió a la puerta lateral para salir a dialogar con el representante de la autoridad.

Pero nadie ordenó el cese de fuego a los pasajeros que disparaban desde la estación, y cuando el gobernador, tras calmar los ánimos, se aproximaba al edificio, un disparo le voló el sombrero y otro hirió la pierna del secretario que marchaba junto a él. Al ver que agredían a su jefe, la reacción de la policía fue inmediata. Enfurecidos, comenzaron a descargar sus armas sobre la terminal. Las ventanas volaron en pedazos y el populacho, que ahora se sentía respaldado por los agentes del orden, renovó su ataque con mayor furor. Elizabeth comenzaba a ascender las escaleras cuando el encargado de la estación recibió un balazo en el cuello y se desplomó a su lado. Instintivamente, se arrodilló junto al herido para tratar de contener la sangre que manaba a borbotones. En el momento en que sacaba un pañuelo del bolso la puerta de la entrada cedió y un grupo de nativos enloquecidos irrumpió en el edificio. Lo último que vieron sus ojos fue un rostro oscuro, desfigurado por el odio, y la hoja filosa de un machete que se acercaba a su pecho.

A bordo del *John Lloyd Stephens* el capitán Cleveland Forbes, demasiado lejos de la costa para oír los disparos, sólo cayó en la cuenta de que algo insólito ocurría cuando, ya entrada la noche, el segundo de a bordo le informó que en el área de la terminal del ferrocarril se había declarado un incendio. Consideró bajar un bote para ir a tierra a averiguar qué sucedía, pero, consciente de que el transbordador *Taboga* llegaría con los primeros pasajeros mucho antes de que el bote pudiera ir y volver, descartó la idea. Mientras esperaba a que subiera la marea, pensó en Elizabeth y un mal presagio le mordió el corazón. Cerca de las diez de la noche se divisaron las luces del *Taboga* y el capitán Forbes fue él mismo a recibir a los pasajeros. Cuando comprobó que en el grupo venían únicamente mujeres y niños supo que los sucesos habían sido graves. Con rostro sombrío, el capitán del *Taboga* lo llevó aparte para contarle que los nativos de La Ciénaga se habían sublevado y asaltado la terminal del ferrocarril.

—Se produjo una matanza espantosa. En el momento de zarpar se estimaba en veintidós el número de pasajeros asesinados. Hombres, mujeres y niños.

—Pero ¿qué motivó semejante locura?

—No lo sé, capitán. Los informes son confusos y contradictorios.

Desesperado, Cleveland regresó corriendo a verificar si entre los pasajeros recién llegados estaba Elizabeth. Al no encontrarla volvió a interrogar al capitán del *Taboga*.

—¿Quedan todavía mujeres y niños en tierra?

—Entiendo que sí, capitán. Sé que algunos viajeros se refugiaron en el segundo piso de la estación. Vendrán en el próximo viaje.

Una hora más tarde, el *Taboga* se amarraba nuevamente al *John Lloyd Stephens* y los miembros de la tripulación, informados de la tragedia de La Ciénaga, no se sorprendieron al ver a su capitán recibiendo personalmente a cada uno de los pasajeros, cuyos rostros acusaban los momentos de angustia vividos. Los primeros en trasladarse del *Taboga* al *John Lloyd Stephens* fueron los niños y las mujeres. En la semipenumbra, Cleveland creía adivinar las facciones de Elizabeth en cada mujer joven que ascendía por el puente. Cuando el último pasajero se hubo transferido, subió a la pasarela con la esperanza de encontrarla rezagada en el transbordador.

—No hay más pasajeros, capitán —dijo el comandante del *Taboga*, que aguardaba para ordenar la retirada del puente.

—¿Está seguro?

—Completamente seguro. Los conté personalmente. Recuerde que hay veintidós que ya no podrán hacer el viaje.

Cleveland llamó al segundo de a bordo para informarle que regresaría a tierra en el *Taboga* y que el *John Lloyd Stephens* no zarparía esa noche.

—Avíseles a los pasajeros que zarparemos al despuntar el día. Después de lo ocurrido ellos comprenderán.

Tan pronto el transbordador se arrimó al muelle, Cleveland saltó al andén y corrió hasta llegar a la estación. La encontró desierta y en tinieblas. Ya se marchaba cuando un hombre uniformado, con un rifle en una mano y una lámpara en la otra, salió del cuarto de equipaje.

—¿Qué busca, capitán?

—¿Qué ocurrió con los cuerpos de los que murieron esta tarde?

—Oí decir que los llevarían a la catedral y que mañana los sepultarían.

Hacia allá se encaminó Cleveland. Las calles del arrabal y de San Felipe estaban desoladas, las casas sumidas en una total oscuridad y un ominoso silencio acompañaba sus pasos presurosos sobre la calzada. Al encontrar cerrada la entrada del templo, Cleveland se dirigió a la vicaría y comenzó a golpear vigorosamente la puerta hasta que un hombre en pijama le abrió.

—Es pasada la medianoche. ¿Se puede saber qué ocurre?

—Perdone usted. Soy el capitán Cleveland Forbes, del vapor *John Lloyd Stephens*. He sido informado de que esta tarde asesinaron a varios de mis pasajeros y necesito comprobar quiénes son.

—Yo soy Fermín Jované, chantre de esta catedral. Sí, fue lamentable la tragedia ocurrida en la estación. Los cuerpos reposan en la nave de la iglesia. ¿Busca usted algún pasajero en particular?

Cleveland dudó un instante.

—Sí, padre. Busco a la pasajera Elizabeth Stephens.

—¿La viuda del constructor del ferrocarril?

—La misma.

Hubo un momento de tenso silencio.

—El coronel Totten, supervisor del ferrocarril, no quiso dejar aquí el cuerpo de la señora Stephens. Me explicó que...

—Entonces ¿está muerta?

—Así es, capitán. Lo siento mucho.

Al ver que el hombre se derrumbaba, el padre Jované le ofreció apoyo y lo llevó hasta su reclinatorio personal en la pequeña capilla del vicariato.

—Puede quedarse aquí el tiempo que desee.

Cleveland cayó de rodillas.

Epílogo

Los hombres del ferrocarril dispusieron que los restos de Elizabeth Stephens descansaran en una modesta sepultura, a un costado de la cabaña del río. La lápida decía, simplemente: «Aquí reposa Elizabeth Stephens, esposa de John Stephens. 1825-1856». Después de la ceremonia, a la que únicamente acudieron los amigos más íntimos, James Baldwin se trasladó a Washington para llevar al senador Benton y a Liz algunos objetos personales de Elizabeth, entre ellos el diario, que, milagrosamente, se había salvado del pillaje y de las llamas. No transcurrió mucho tiempo antes de que Thomas Benton enviara por los restos de su hija, que hoy reposan en la cripta familiar del templo bautista de la ciudad de Saint Louis.

Cuando Liz Stephens cumplió dieciocho años, su abuelo, que hacía mucho tiempo había abandonado la política para dedicarse por entero a ella, puso en sus manos, junto con el título de propiedad de su hacienda de Missouri, el diario de Elizabeth. «Mucho hemos hablado de tu madre, pero ya es hora de que la conozcas por ti misma», había dicho el anciano. En la misma carpeta estaban también las notas de viaje y los versos de su padre. Liz leyó y releyó aquellos relatos, de singular belleza y autenticidad, y tomó la decisión de volver algún día al mítico lugar de su nacimiento, donde se habían conocido, se habían amado y habían perdido la vida sus progenitores.

Cumplidos los veinticinco años, cuando ya el abuelo había muerto, se le presentó a Liz la oportunidad de realizar su sueño. Graduada de la Universidad de Columbia con especialidad en literatura clásica y en periodismo, pasó a ocupar desde muy joven el cargo de editora asistente de la revista *Harper's Monthly*, y cuando el editor decidió hacer un reportaje sobre el ferrocarril de Panamá, Liz fue la escogida. «La empresa concebida por Aspinwall y promovida por tu padre —había dicho su jefe—, que construyó la primera línea férrea que unió el Atlántico con el Pacífico en plena fiebre del oro, fue la más próspera en los anales de Wall Street. Pero la apertura del ferrocarril transcontinental en los Estados Unidos en 1868 determinó que la ruta de Panamá perdiera importancia. Creo que un reportaje de lo ocurrido en estos veinte años sería bien recibido por nuestros lectores. Nadie puede escribirlo mejor que tú».

Liz Stephens desembarcó en Aspinwall un 29 de junio de 1872. Llovía copiosamente y su paraguas no pudo evitar que se empapara en el corto trayecto que separaba el muelle de la terminal del ferrocarril. Una vez en el amplio vestíbulo, se dirigió al despacho en cuya puerta se leía «Gerente de Estación». Un joven norteamericano, en mangas de camisa y con corbata, la recibió muy ceremonioso.

—¿En qué puedo servirla, señorita?

—Lo que busco, en realidad, no tiene que ver con trenes. Me pregunto si podría indicarme cómo llegar a la cabaña de James Baldwin.

El joven se quedó mirándola atónito.

—¿Cómo dice? ¿Qué cabaña?

—La cabaña de James Baldwin. Solamente sé que fue construida hace más de veinticinco años junto a un brazo del río Chagres.

—Si me espera un momento llamaré a uno de nuestros empleados más antiguos para ver si él puede ayudarla. Siéntese, por favor.

Al cabo de cinco minutos el joven regresó acompañado por un nativo de tez oscura y cabellos blancos, que caminaba con dificultad.

—Éste es el señor Pineda, que labora en el ferrocarril desde que se inició su construcción.

—Mucho gusto, señorita. ¿Me dicen que busca usted la cabaña de Baldwin?

—Así es.

—Aquí se la conoce como la cabaña de Stephens.

Hubo un momento de silencio.

—John Stephens era mi padre —dijo Liz, quedamente.

—Ya lo sospechaba, señorita. Es usted el vivo retrato de su madre. «La doña del presidente», la llamábamos cariñosamente. Yo trabajé para su padre y para el coronel Totten como capataz de línea entre Gatún y Barbacoa.

—Me da mucho gusto conocerlo, señor Pineda. Y Baldwin, ¿vive todavía en la cabaña?

—Eso creo. Desde la muerte de su esposa y de su hijo dejó de trabajar para el ferrocarril y no se le ha vuelto a ver en Aspinwall.

—¿Cuándo ocurrió eso?

—Hace dos años, señorita. Un barco procedente de Jamaica nos trajo la última epidemia de cólera.

—¡Qué tragedia! —exclamó Liz, apesadumbrada—. ¿Cómo puedo llegar a la cabaña de Stephens?

—Tomando el tren hasta Mindi. Después tendrá que alquilar un coche, aunque no sé si todavía exista un camino transitable que la lleve hasta allí. Debería contratar un guía.

—Le agradezco mucho su ayuda. Y a usted también, señor gerente —dijo la muchacha, levantándose.

—De nada, de nada —se apresuró a decir el joven, impresionado por la serena belleza de Liz—. Estaba pensando que para ahorrarle camino puedo arreglar que uno de nuestros trenes se detenga un poco después de Mindi, más cerca de la cabaña. También puedo hacer que en uno de los vagones carguen un par de caballos. Casualmente, mañana domingo es mi día libre y me ofrezco a acompañarla... si a usted no le molesta.

—Al contrario, acepto encantada.

Sin saberlo, en la sonrisa de Liz se asomaba la misma inocente picardía que recordaba la de su madre.

—Mi nombre es Joseph Porter.

—Mucho gusto, Joseph. Ya sabes mi nombre.

—Joe para mis amigos.

—Entonces, mucho gusto, Joe. Para mis amigos yo soy Liz. ¿Existe todavía el hotel American House?

—Sí, claro, pero hay algunos más modernos y elegantes.

—Prefiero el American House por razones... sentimentales. ¿A qué hora partirá nuestro tren?

—¿Le parece bien a las ocho?

—Me parece muy bien. Nos vemos mañana, entonces.

Liz dedicó el resto del día a recorrer la ciudad de Aspinwall, a la que los lugareños insistían en llamar Colón, y le resultó difícil imaginarla como era hacía veinte años, cuando los hombres del ferrocarril se enfrentaron por primera vez a aquella isla-pantano conocida como Manzanillo.

A las ocho en punto de la mañana siguiente Liz y Joe se encontraron en la terminal y minutos más tarde partía el tren. Siguiendo instrucciones de Joe, después de pasar la estación de Mindi la locomotora disminuyó la velocidad.

—El maquinista me aseguró que conoce el sitio exacto donde se inicia el camino que conduce a la cabaña de Stephens —comentó Joe.

Liz estaba tan extasiada con aquel paisaje, distinto a todo lo que habían visto sus ojos, que no prestó mucha atención a las palabras de Joe hasta que el tren se detuvo.

—Parece que ya llegamos —dijo el muchacho—. Voy por los caballos.

Mientras Joe iba en busca de las cabalgaduras, Liz descendió del tren y se entretuvo tratando de localizar el camino de la cabaña. Desde la locomotora el maquinista la guio por señas hasta que finalmente divisó entre la maleza lo que parecía un techo derruido. Hacia allá se encaminó y se entusiasmó al comprobar que se trataba de los restos de un cobertizo. A un lado, oculto por los herbazales, se adivinaba un pequeño corral y un poco más allá se percibía una apertura en la manigua.

—Creo que aquí es —gritó a Joe, que se aproximaba con los caballos.

La muchacha subió ágilmente al suyo y emprendieron la marcha.

—Se nota que alguna vez hubo aquí una calzada más amplia y que todavía utilizan este camino de vez en cuando —observó Joe.

Sumida en sus pensamientos, Liz respondió con un lacónico «sí» y ambos continuaron en silencio hasta que llegaron al río.

—Debemos estar cerca —dijo Liz, rompiendo finalmente el mutismo, mientras intentaba en vano recordar algo de aquel lugar que había conocido cuando apenas contaba dos años.

De pronto, a la vuelta de un recodo surgió la cabaña. ¡Qué distinta a como Liz la imaginara! Ningún jardín la adornaba, el techo estaba semidestruido, las ventanas rotas y faltaba uno de los escalones que conducían al portal.

—Parece que está abandonada. ¿Vivirá alguien aquí todavía? —preguntó Joe bajando la voz.

No había terminado de hablar cuando apareció un hombre vistiendo un overol que alguna vez había sido azul y una camisa igual de desteñida. Tenía el cabello blanco y estaba totalmente rasurado. Liz descendió del caballo y fue a su encuentro.

—¿James Baldwin? —preguntó, insegura.

—Por supuesto que soy yo, Elizabeth. ¿Por qué tardaste tanto? —respondió Baldwin, sonriendo con nostalgia.

Confundida y temerosa de que Baldwin hubiera perdido el juicio, Liz aclaró:

—Soy Liz Stephens, la hija de John y Elizabeth.

—No. Tu sobrenombre es Liz pero te llamas Elizabeth, como tu madre. Te pareces mucho a ella, aunque esos ojos soñadores son de tu padre. Bienvenida, muchacha.

Baldwin abrió los brazos y recibió en ellos a Liz mientras Joe contemplaba la escena sin saber qué hacer.

—Venga, pase, que un amigo de Elizabeth también lo es mío. Comprenderá que ella y yo tenemos mucho de que hablar.

—Por mí no se preocupen. Esperaré junto al río —dijo Joe.

Mientras se sentaban en las desvencijadas sillas del portal, Liz informó a Baldwin que trabajaba para el *Harper's Monthly* y le habían dado el encargo de contar la historia del ferrocarril.

—Yo ya no trabajo para el ferrocarril. Dejé de hacerlo después de la muerte de Edith y Jimmy. Ahora soy agente del Instituto Americano de Ciencias Naturales y me pagan por hacer lo que más me gusta: recolectar plantas. —Baldwin se dio una palmada en el muslo y soltó una carcajada—. Recuerdo que cuando tu padre y yo llegamos por primera vez a Chagres, con la misión secreta de estudiar la posibilidad de construir un ferrocarril, nos hicimos pasar por científicos que venían a estudiar la naturaleza. ¡Y eso es exactamente lo que hago treinta años después! ¿Así es que quieres oír historias del ferrocarril? ¡Si tendré yo algunas que contarte!

Y Baldwin comenzó a hablar. Y habló a sus anchas como en los viejos tiempos. De la visión de Aspinwall y del entusiasmo y generosidad de Stephens, sin duda los grandes pioneros del ferrocarril; del coronel Totten, «el más trabajador de los hombres que he conocido, único capaz de haber llevado a cabo la fabulosa obra del ferrocarril»; de Peter Eskildsen, el nórdico desterrado, convertido en magnate hotelero, dos veces víctima y sobreviviente de la banda del Jaguar; de Julián Zamora, el humilde peruano que vendió su pasaje para California y tras innumerables peripecias llegó a ser jefe de la Guardia del Istmo; de Arcesio Aizpurúa, aquel distinguido panameño que sufrió hasta enloquecer la invasión de su ciudad por aventureros de todas las calañas y latitudes, responsables a la postre de la muerte de su hijo; de Randolph Runnels, el vigilante texano, quien luego de linchar forajidos en Panamá y en Nicaragua finalmente regresó al istmo para convertirse en un aburrido comerciante; de Jack, el esclavo negro norteamericano que encontró la libertad y la felicidad en Panamá; del enigmático doctor Totten y su incansable lucha contra la muerte; de Yang Li, sobreviviente del suicidio masivo de los chinos, hoy próspero propietario de varias tiendas a lo largo de la ruta; y de los miles y miles de hombres de todas las razas que murieron en el esfuerzo de construir un ferrocarril que contribuyera al progreso de la humanidad.

El antiguo jefe de campo habló sin interrupción durante casi dos horas. Cuando terminó, un silencio solemne, interrumpido únicamente por el rumor del río y los sonidos de la selva, envolvía la cabaña.

—Ven, tengo algo que mostrarte —dijo Baldwin levantándose y tomando a Liz de la mano.

Después de rodear la cabaña el hombre y la muchacha se detuvieron frente a un camino que se internaba en la jungla.

—¡El sendero de mi padre! —exclamó Liz.

—¿Lo recuerdas? —preguntó Baldwin, asombrado—. Eras tan pequeña...

—Lo leí en el diario de mi madre.

—El diario de tu madre... ¡Las cosas que habrá escrito ella! ¿Quieres recorrerlo? Yo iré por el amigo Joe para que no se aburra.

Liz penetró en la jungla y se sorprendió al advertir que, a diferencia de la cabaña, el camino que ahora recorría se hallaba primorosamente cuidado. «Tal como decía mi madre, a Baldwin lo único que le interesa es la naturaleza», pensó. Cuando llegó al final del sendero, se sentó en una pequeña banca hecha de un tronco caído a esperar que acudiera a su memoria alguna reminiscencia de aquellos paseos vespertinos con su padre. Pero nada: por más que se esforzaba, los recuerdos de aquellos primeros años se le habían escapado para siempre.

Al cabo de un rato apareció Joe.

—Siento interrumpir el hechizo, pero el tren pasará a recogernos en menos de una hora.

—No hay cuidado; ya me iba.

De vuelta en la cabaña, Baldwin acompañó a los jóvenes hasta sus cabalgaduras.

—¿No está muy solo aquí? —preguntó Liz.

—Los recuerdos vencen la soledad. ¡Y tú me has hecho recordar tanto! Vete ahora, que ya hace tiempo me cansé de llorar.

Concluida la visita al más íntimo amigo de sus padres, Liz se consagró a la misión que la había traído al istmo. En el hospital Nueva Esperanza se desilusionó al saber que el doctor Totten había regresado a los Estados Unidos y que Jack laboraba ahora en el hospital San Juan de Dios en la capital. Visitó el cementerio de Mount Hope y vio con sus propios ojos las miles de cruces, la mayoría sin nombre, que marcaban el sitio donde yacían aquellos seres anónimos que habían sucumbido construyendo la línea. A bordo del tren recorrió el trayecto entre Aspinwall y Panamá y reconoció los singulares nombres de cada una de las estaciones. Sin darse cuenta, mientras anotaba sus impresiones repetía las mismas palabras de su madre: «¿Cómo hicieron aquellos hombres para instalar rieles en semejantes lugares? ¿Qué mágico espíritu los animaba?», escribió. Finalmente, llegó a Panamá y pudo apreciar los efectos devastadores que la apertura del ferrocarril en los Estados Unidos había tenido sobre la ciudad, mezcla insólita de razas, de idiomas, de culturas y de desigualdades. Trató de imaginarla en los tiempos de la fiebre del oro, cuando miles y miles de aventureros habían dado al traste con sus adormecidas tradiciones y costumbres. Para el final dejó el recorrido por el Paseo de las Bóvedas, idílico lugar en el que sus padres habían despertado

al amor, y allí, ensimismada en el paisaje ilimitado que se abría ante
sus ojos, comprendió que, como todas las grandes obras, el ferrocarril
de Panamá, más que una empresa exitosa, había sido el resultado de la
imaginación, el optimismo, el entusiasmo, el tesón y el sacrificio de
los héroes que la hicieron posible.

La crónica de Elizabeth Stephens fue el tema principal de la edición de *Harper's Monthly* correspondiente al mes de octubre de 1872.

El ferrocarril de Panamá

En los anales de la Bolsa de Nueva York, ninguna empresa ha
sido más productiva que la Panama Railroad Company. Sus
acciones se cotizaron en cifras récord y los dividendos que
recibieron sus accionistas no han tenido parangón en Wall
Street. No en vano se la conoció como «el caballo de oro».
Sin embargo, quien se detenga a estudiar la epopeya que fue
la construcción del ferrocarril a través del istmo de Panamá,
comprenderá que más que la historia de una corporación, se
trata de una historia de seres humanos, de verdaderos visionarios que en un momento de sus vidas estuvieron dispuestos...